直良さんの明石時代

―手紙で綴る―

春成秀爾　編

舞子から淡路島を望む（渡辺九一郎さん画）

目次

直良信夫さん（東京・江古田の書斎で、1968年）

はしがき

直良信夫さん（一九〇二―一九八五）は考古学・古生物学、古植物学、動物生態学などの分野で偉大な足跡をのこした研究者である。四季の自然観察、峠歩きなどの趣味をもち、その方面の著書や随筆も一〇冊余り著し、子供向けの自然科学、考古学などの普及書も二〇冊をこす。

直良（旧姓村本）さんは、岩倉鉄道学校工業化学科を一九二〇（大正9）年に卒業後、農商務省臨時窒素研究所に勤め、考古学の研究を趣味にしていた。しかし、病気になり退職、一九二三年夏、故郷の大分県臼杵に帰る途中、少年時代に励ましの声をかけてくれた臼杵町立実科高等女学校の教師、直良音さんに会うために、姫路に寄る。その頃、音さんは姫路市立高等女学校に勤めていたからである。そして、そのまま姫路で療養生活をおくりはじめる。やがて音さんが明石市立高等女学校に勤めることになったので、明石市大蔵谷に移り住み二人は正式に結婚することになる。一九二四年（大正13）年秋のことである。

直良さんは、翌一九二五（大正14）年の初夏、自宅に「直良石器時代文化研究所」の表札をかける。音夫人が働き、療養中の若冠二三歳の浪人一人からなる研究所である。すでに名をなしていた鳥居龍蔵さんが前年に「鳥居人類学研究所」をつくったことに刺激をうけて、青年の客気がつくらせた「研究所」であった。

渡辺九一郎さん（一九〇六―）は、明石・神戸に住み、会社勤めをしながら、考古学の研究者になることを一二、三歳の頃から夢みて、考古学の勉強に励んだ人である。しかし、渡辺さんの夢は家庭の事情で早く破れ、以後は油絵を描くことを趣味にして渡辺さんは生きた。

この冊子は、明石に住み、同じ志をもっていた二人が知り合い、共に学んでいた青年時代に交換したハガキ・手紙のうち、直良さんが渡辺さんにだした分を中心に編んだもので、音（雅号が菱江）さんが書いたものを一部含む。今から七〇年近い昔に、友情を大切にした直良さんという人の心の記録といえるものである。

直良さんから渡辺さんに宛てたハガキと封書は、一九二五（大正14）年から一九八五（昭和60）年まで、一二四通（ハガキ一〇七通、封書一七通）ある。第一部はそれらを年代順に並べることにしたけれども、いつ書いたのか年月がもう一つはっきりせず、渡辺さんの推定によるものがあった。その中に、前後の手紙の内容が一部矛盾するものがあり、それは私の方で適当に移すことにした。手紙の中には出てこないけれども直良さんの活動ぶりがわかることに関しては、手紙と手紙の間に＊印をつけて挿入し、また、註で手紙の内容の一部を説明しておいた。

渡辺さんから直良さんに宛てた手紙は一通ものこっていない。しかし、渡辺さんから春成宛に書いた直良さんの思い出を記した文章があるので、それを第二部に載録した。

さらに、直良さんと親交のあった諸研究者に宛てた直良さんの手紙、あるいは諸研究者から直良さんがもらった手紙、さらには直良さんの日記の一部、自著の序文などを第三部に載録した。これによって、明石時代およびそれ以後の直良さんの足取りを不十分ながら手紙でたどることができるようにした。直良さんと親しい友人で、のちに日本の考古学界を担うことになる森本六爾さんや、直良さんのもとで中学生時代に考古学の手ほどきをうけ、京都大学で大成した小林行雄さんが直良さんの手紙の中に登場する。第一部の註および第三部の直良さんと小林さんの文章で彼らの若い日の姿も浮かびあがってくるようにした。

直良さんが渡辺さんにだした手紙類を私が初めて手にしたのは一九五七（昭和32）年二月、中学二年生の時であった。その日、渡辺さんのお宅で見せてもらった直良石器時代文化研究所所報の『播磨国明石郡垂水村山田大歳山遺跡の研究』は、直良さんがコンニャク版で印刷し製本・発行した若人のあふれるばかりの情熱が感じられるまことに刺激的な冊子で、それまで象・鹿化石の採集と飛行機のソリッドモデル作りに熱中していた私を考古学に転向させるきっかけになった。渡辺さんとの交流が縁となってその後一九五八年七月、直良さんの著書『日本旧石器時代の研究』を入手するために手紙を出したことをきっかけにして直良さんとも知り合い、一九六三年五月、早稲田大学の研究室に直良さんを訪ねた。以来、私が直良さんからもらった手紙類も四〇通をこえる。

直良さん－渡辺さんの青年時代の友情の一端に初めてふれてから四二年たつ。直良さんはすでに一九八五（昭和60）年一一月に亡くなり、渡辺さんは親がつけた名前をこえて九二歳の長寿の人になった。今、直良さんの手紙を通しで読むと、直良さんの『近畿古代文化叢考』の記述にひかれて、大歳山、元住吉山、名倉町、国府、吉田、加茂、投上などの遺跡に石器と土器を求め、さらには西八木海岸に化石採集に通った私の明石時代まで思い出す。

あと一月もしないうちに紀元二〇〇〇年を迎える。直良さんの生きた二〇世紀という時代は日本国民にとってというより、世界中の人々にとってまさに激動の一〇〇年であった。直良さんはこの間に、当時、不治といわれた肺の病いにとりつかれ、さらに関東大震災と太平洋戦争で二回にわたって財産や収集品等を焼失した。しかし、不屈の学問魂と並外れた努力によってそれらの災難をみごとにのりこえて、学界に大きな遺産をのこした。本書によって、直良さんの多方面にわたる学問の形成過程、篤実な学問精神とその底を流れる暖い人柄、そして戦争に翻弄された昭和前期の人々の思潮を後世に伝えることができるならば幸いである。

一九九九年一二月

春成秀爾

第一部　明石時代
——直良さんから渡辺さんへ——

淡路島松帆海岸の直良さん（1927年8月30日）

＊**一九〇二**（明治35）**年**

一月一日　村本（直良）信夫さんは大分県北海部郡臼杵町二王座で村本幸一・シメさんの次男として生まれる。

＊**一九一六**（大正5）**年**

奈良女子高等師範学校を卒業して臼杵町立実科高等女学校の先生になった直良音さんと、村本信夫さんは臼杵の自宅付近で知り合う。村本さんは当時、母の畑仕事の手伝いをしながら『早稲田中学講義録』で独学していた一三歳の少年であった。

＊**一九一八**（大正7）**年**

四月　岩倉鉄道学校第一本科工業化学科に入学。

＊**一九二〇**（大正9）**年**

三月　岩倉鉄道学校を卒業。

四月　農商務省臨時窒素研究所に就職。黒田修三さんの下でブッチャー氏法による空中窒素の固定法を研究。

＊**一九二二**（大正11）**年**

四月　明石郡垂水村にある舞子介類館を訪れ、矢倉和三郎さんに会う。貝類学の奥深さを知り、また、近所の大歳山遺跡に案内され、縄文土器が多数埋まっているすばらしい遺跡であることを知る。

六～一〇月　東京府荏原郡目黒町中目黒の八段山遺跡を調査。

某月　歴史の講演会で喜田貞吉さんに会い、これまでの研究について話す。喜田さんから自分の主宰する雑誌『民族と歴史』（のちに『社会史研究』と改称）に投稿するよう勧められる。

＊**一九二三**（大正12）**年**

二月三日　国立窒素研究所第一部第七号研究室で「目黒の上高地に於ける先史人類遺跡遺物及文化の化学的考察」を脱稿、このころ肺の病いにかかる。

七月一日　『社会史研究』第一〇巻第一号に「目黒の上高地に於ける先史人類遺跡遺物及文化の化学的考察（上）」を発表。(1)

1　村本信夫さんの生家（右）と直良音さんの下宿（正面）

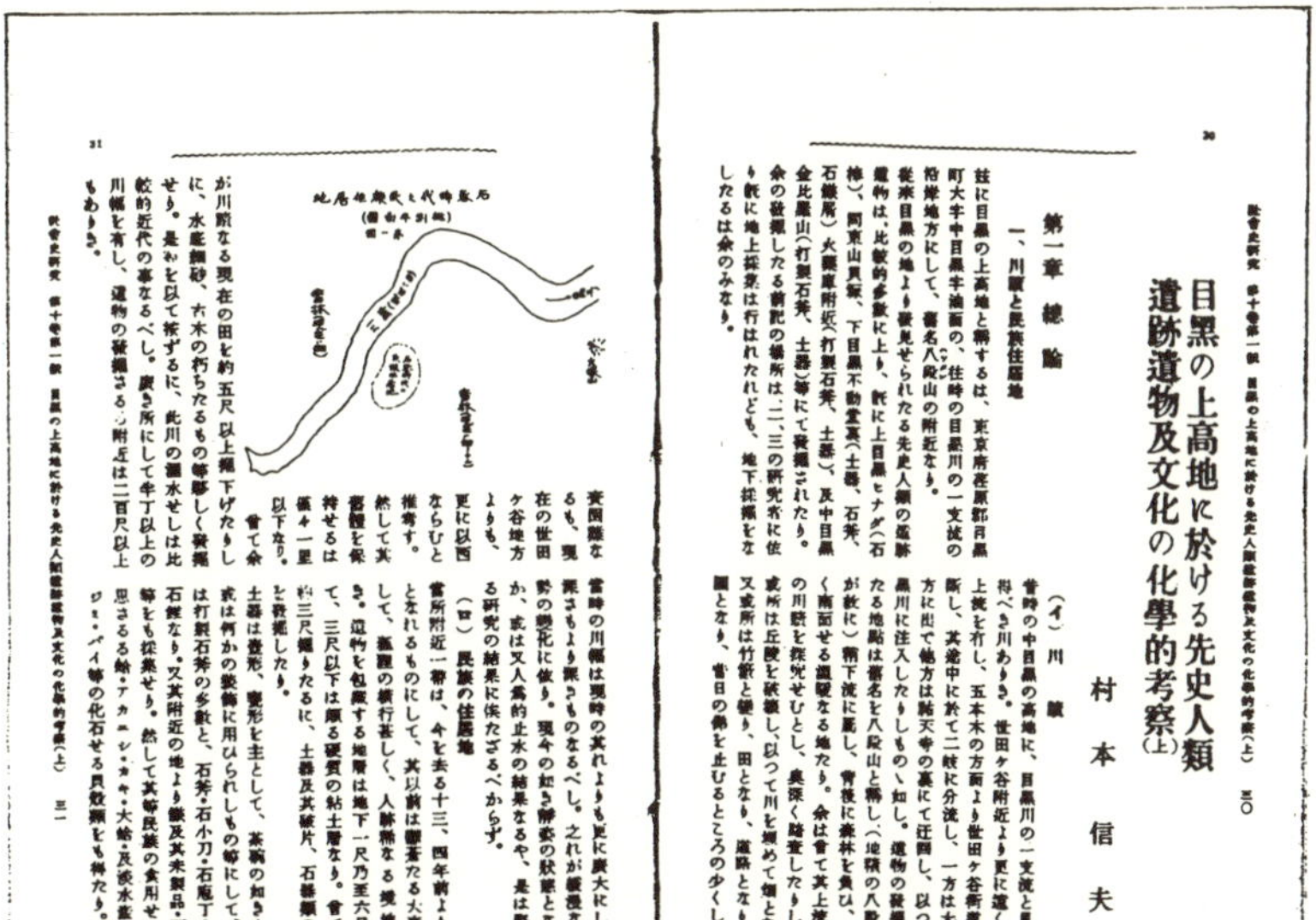

目黒の上高地に於ける先史人類遺跡遺物及文化の化學的考察(上)

村本信夫

第一章　總論

一、川瀬と民族住居地

玆に目黒の上高地と稱するは、東京府荏原郡目黒町大字中目黒字油面の、往時の目黒川の一支流の沿岸地方にして、俗名八段山の附近なり。

従來目黒の地より發見せられたる先史人類の遺跡遺物は、比較的多數に上り、旣に上目黒ヒナダ（石棒）、同東山貝塚、下目黒不動堂裏（土器、石斧、石鏃類）火藥庫附近（打製石斧、土器）、及中目黒金比羅山（打製石斧、土器）等にて發掘されたり。余の發掘したる前記の場所は、二、三の研究者に依り旣に地上採集は行はれたれども、地下採掘をなしたるは余のみなり。

（イ）川瀬

昔時の中目黒の高地に、目黒川の一支流と見做し得べき川ありき。世田ヶ谷附近より更に遠くに其上流を有し、五本木の方面より世田ヶ谷街道を横斷し、其途中に於て二岐に分流し、一方は大崎地方に出で他方は祐天寺の裏にて迂回し、以つて目黒川に注入したりしものゝ如し。遺物の發掘されたる地點は俗名を八段山と稱し、（地積の八段あるが故に）稍下流に屬し、背後に森林を負ひ、少しく南面せる温暖なる地たり。余は曾て其上流地方の川跡を探究せむとし、奥深く踏査したりしに、或所は丘陵を破壊し、以つて川を埋めて畑となし、又或所は竹籔と變り、田となり、道路となり、庭園となり、昔日の俤を止むるところの少くして殆

實困難なるも、現在の世田ヶ谷地方よりも、更に以西ならむと推測す。然して其器類を保持せるは僅々一里以下なり。

曾て余が川跡なる現在の田を約五尺以上掘下げたりしに、水底細砂、六木の朽ちたるもの等夥しく發掘せり。是れを以て按ずるに、此川の涸水せしは比較的近代の事なるべし。廣き所にして半丁以上の川幅を有し、遺物の發掘さるゝ附近は二百尺以上もありき。

當時の川幅は現時の其れよりも更に廣大にして、深さもより深きものなるべし。之れが緩慢なる地勢の變化に依り、現今の如き靜姿の狀態となりしか、或は又人爲的止水の結果なるや、是は堅實なる研究の結果に俟たざるべからず。

（ロ）民族の住居地

當所附近一帶は、今を去る十三、四年前より田畑となれるものにして、其以前は鬱蒼たる大森林にして、狐狸の横行甚しく、人跡稀なる境地たりき。遺物を包藏する地層は地下一尺乃至六尺にして、三尺以下は頗る硬質の粘土層なり。曾て余は約三尺掘りたるに、土器及其破片、石器類の多數を發掘したり。

土器は壺形、甕形を主として、茶碗の如きもの、或は何かの裝飾に用ひられしもの等にして、石器は打製石斧の多數と、石斧・石小刀・石庖丁・礫石・石錐なり。又其附近の地より鉄及其未製品・石棒身等をも採集せり。然して其等民族の食用せしと推思さるる蛤・アカニシ・カキ・大蛤・及淡水産なるシジミ・バイ等の化石せる貝殼類をも得たり。只缺む

2　村本（直良）信夫さんの最初の論文（1923年7月）

村本（直良）さんの最初の論文となる。その「第一章総論」の一部。

一、川瀆と民族居住地

茲に目黒の上高地と称するは、東京府荏原郡目黒町大字中目黒字油面の、往時の目黒川の一支流の沿岸地方にして、旧名八段山の付近なり。

従来目黒の地より発見せられたる先史人類の遺跡遺物は、比較的多数に上り、既に上目黒ヒナダ（石棒）、同東山貝塚、下目黒不動堂裏（土器、石斧、石鏃屑）、火薬庫付近（打製石斧、土器）、及中目黒金比羅山（打製石斧、土器）等にて発掘されたり。余の発掘したる前記の場所は、二、三の研究者に依り既に地上採集は行はれたれども、地下採掘をなしたるは余のみなり。

二、研究の主眼

斯学従来の研究方法は、人類解剖学的、或は其他の実験科学の比較考究にして、特に科学的方法の一法たる化学的穿鑿は閑却され、極めて寥々たる有様なり。然れども奥深なる組織的研究に従はんとせば、必ずや化学の力を籍らざるべからず。方今土器模様の分層的観察を以って、直ちにアイヌ土器の制作者も、漸遷的に弥生式土器、祝部土器の作者と同一なる心的民族性系統を有するとの説ありて、前両者の甄別を好ざるものあるが如し。然しながら当所に於ては、其遺物より見るに余は軽々しく其説を信ずるを得ず。

本報文は余の唱ふる多元的事実を忠実に鮮明せむが為と、其民族文化の真髄を究めむが為に、従来の研究方法に加ふるに化学的方法を以ってせり。

余元より浅学非才にして、よく此の大を成すを得ずと雖も、方々の研究に幾分たりとも資するを得ば、余の本望之に越すはなし。

（1）　土器の胎土分析など考古資料を物理学・化学の立場から追究する直良さんの研究を今日的な視点から評価したものに、成瀬正和さんの「わが国「胎土分析」の先駆者・直良信夫」『日本文化財科学会会報』第一五号、一九八八年がある。

某月〜八月　長野県上田市別所村で療養。
八月三一日　姫路市五軒邸の直良音さんを訪ね、六年ぶりに再会。音（菱江）さんは姫路市立高等女学校の先生。「菱江」は、菱の花の絵を昭憲皇太后に献上したことからあたえられた雅号。
九月一日　関東大震災。村本さんは東京にのこしていたものすべてを失う。直良さんからの要望で、村本さんは姫路で療養生活を始める。
九月某日　兵庫県飾磨郡御国野村国分寺台地上の弥生遺跡を発掘。
一〇月二八日　岡山県児島郡粒江村西粒江（船元）貝塚を発掘。
一一月一〇日　岡山県児島郡東粒江磯ノ森貝塚を踏査。
一一月二五日　岡山県浅口郡西大島村津雲八幡山貝塚と津雲貝塚を踏査。
一一月某日　国立窯素研究所を退職。

＊

一九二四（大正13）年

三月二五日　日本歴史地理学会の例会で喜田貞吉さんの講演を聞く。
三月三一日　菱江さんは姫路高等女学校を退職。
五月一〇日　村本さんは旅行中、別府で「但馬播磨発見のアイヌ式遺物に就いて」を脱稿。
七月三日　国立窯素研究所第七号研究室で「日本石器時代の貝器」を脱稿。
八月二二日　国立窯素研究所第一部第七号研究室で「化学的に観たる日本石器時代遺物」を脱稿。
九月二九日　菱江さんは明石市立高等女学校の家庭科の先生になる。このころ、明石市大蔵谷小辻二五四二ノ一に転居し、直良さんの明石での療養生活が始まる。
一一月二四日　岡山県上道郡草ヶ部貝塚を発掘。
一二月二二日　大分県西国東郡高田町来縄貝塚を発掘。

＊ **一九二五（大正14）年**

一月二九日　「第三号研究室」で「実験化学の立場より見たる本邦の石器時代状態について」を脱稿。

二月一七日　明石郡垂水村大歳山および付近の形状を実測。

三月初旬　大分県西国東郡高田町来縄貝塚を二回目の発掘。

五月　直良石器時代文化研究所を開設。あいさつ状とその趣旨。菱江さんが清書し謄写版印刷。

拝啓　初夏の好季と相成候処貴家益々御清福に被為渉欣賀至極に奉存候。陳者　私儀東京存住中は一方ならぬ御高庇に預り難有奉深謝候。さて今般左記寓居に於て予ての懸案なる、日本石器時代文化の研究を専念に遂行仕り度「直良石器時代文化研究所」と命して開所仕り候間一層御高教賜り度願上候。

先は右御挨拶旁々御願迄如斯御座候。

過日、貧しい研究の結果を時折、所報の形に於て発表し皆様の御叱正を仰ぎ度き心算に御座候。

大正十四年　月　日

明石市大蔵谷小辻二五四二ノ一（通称人丸東坂下、兵電人丸前下車）

直良石器時代文化研究所

直　良　信　夫

「直良石器時代文化研究所」開設主旨

私共が単に遺物を採集したり、或は骨董的に弄する事に興味を感じていた時代は既に過ぎ去りました。少くとも私共は純真的に此の島国の土に偉大なる足蹟を遺した私共の祖先の功績を偲ぶと共に、そこから又新なる熱光を見出して物的に若くは心的に行詰れる現代人類生活の転行を図ると同時に人類共存の福音と、土への帰接を企てねばなりません。砂上に建設せられたる高塔文明が、稍々もすれば私共に絶大なる悩みと悲哀とをもたらす現代に於て、私共はいつも、土に生きて、土に萌芽した自然生活時代の祖先の生活をなつかしむものであります。

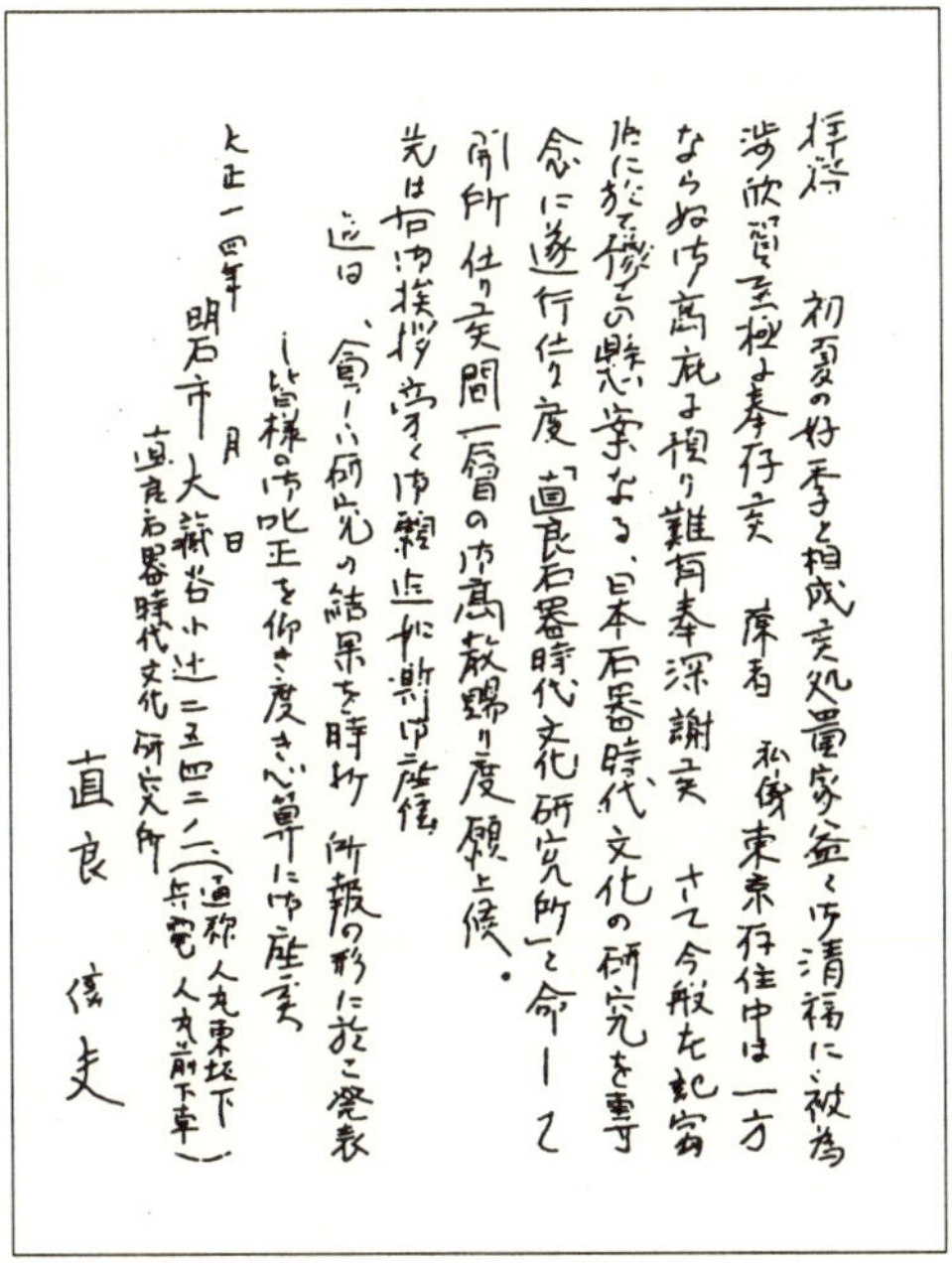

拝啓　初夏の好季と相成候処愈々御清福に被為渉欣賀至極ニ奉存候　扨者　私儀東京存住中は一方ならぬ御高庇ヲ蒙リ難有奉深謝候　さて今般左記宿所におゐて多年の懸案なる、日本石器時代文化の研究を専念に遂行仕度「直良石器時代文化研究所」と命して開所仕り候間一層の御高教賜り度願上候。

先は右御挨拶旁々御願迄如斯御座候

追日、新しい研究の結果を時折所報の形に於て発表し皆様の御叱正を仰ぎ度き心算に御座候

大正一四年　月　日

明石市大蔵谷小辻二五四二ノ二（通称人丸東坂下　兵営人丸前下車）

直良石器時代文化研究所

直良　信夫

3　直良さんのあいさつ状（直良菱江さんが清書）

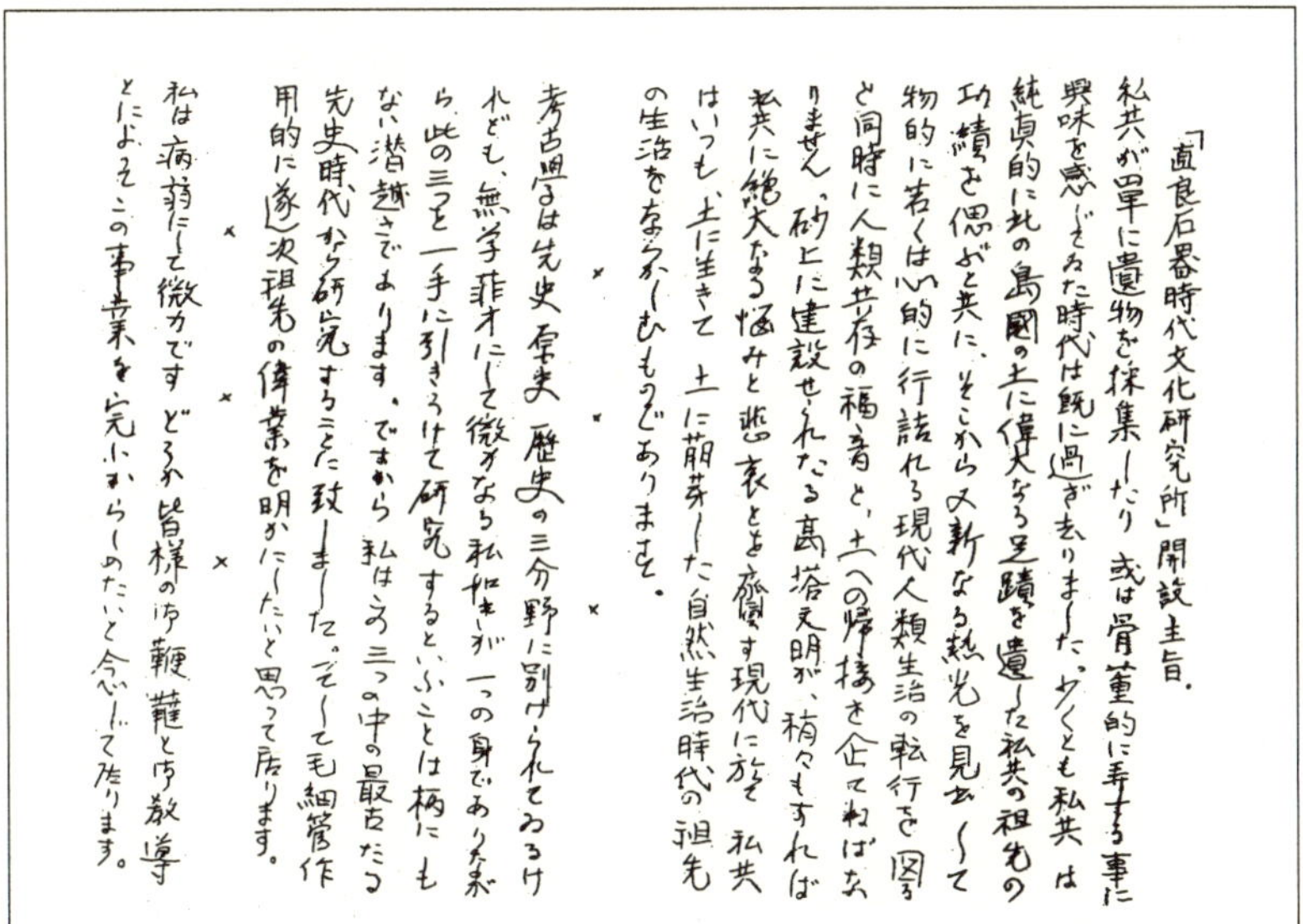

「直良石器時代文化研究所」開設主旨.

私共が単に遺物を採集したり或は骨董的に弄する事に興味を感じてゐた時代は既に過ぎ去りました。少くとも私共は純真的に此の島国の土に偉大なる足蹟を遺した私共の祖先の功績を偲ぶと共に、そこから又新なる熱光を見出して物的に若くは心的に行詰れる現代人類生活の転行を図ると同時に人類共存の福音と、土への帰接を企てねばなりません。砂上に建設せられたる高塔文明が、稍々もすれば私共に絶大なる悩みと悲哀とを齎す現代に於て私共はいつも、土に生きて土に萌芽した自然生活時代の祖先の生活をなつかしむものであります。

×　×　×

考古学は先史原史歴史の三分野に別けられてゐるけれども、無学菲才にして微才なる私如きが一つの身でありながら此の三つを一手に引きうけて研究するといふことは柄にもない潜越さであります。ですから私はその三つの中の最古たる先史時代から研究する事に致しました。そして毛細管作用的に逐次祖先の偉業を明かにしたいと思つて居ります。

×　×　×

私は病弱にして微力です　どうか皆様の御鞭韃と御教導とによつてこの事業を完ふせらしめたいと念じて居ります。

4　「直良石器時代文化研究所」開設趣旨（直良菱江さんが清書）

考古学は先史、原史、歴史の三分野に別けられているけれども、無学非才にして微力なる私如きが一つの身でありながら、此の三つを一手に引きうけて研究するということは柄にもない僭越さであります。ですから、私はこの三つの中の最古たる先史時代から研究することに致しました。そして毛細管作用的に逐次祖先の偉業を明かにしたいと思って居ります。

私は病弱にして微力です。どうか皆様の御鞭撻と御指導とによってこの事業を完ふならしめたいと念じて居ります。

＊　＊

1　一九二五（大正14）年五月二三日　「直良石器時代文化研究所」から「明石市茶園場一六九六　渡辺九一郎様」宛のハガキ

前略

四月の人類学雑誌(1)の上でおめにかかりました。はじめて御便りを差し上げます。ぶしつけの失礼を御許し下さい。西と東で少しは距離も御座いますが、同じ明石で御座いますから一度御来遊下さい。午後は大抵居りませんが午前でしたらいつも居ります。どうぞ御来遊下さい。

大蔵谷小辻二五四二ノ一（人丸東坂下）

（1）『人類学雑誌』第四〇巻第四号、一六六頁の「会報」入会者欄。渡辺さんは直良さんに会う前に、『社会史研究』（『民族と歴史』を改題）、『中央史壇』に載っている直良さんの論文を読んでおり、化学の立場から考古学にアプローチする特異な研究者として直良さんの存在を知っていた。直良さんが東京から姫路を経て明石に転居したのは前の年の秋である。そして、直良さんが「直良石器時代文化研究所」を名乗るようになったのは、この年の「初夏」つまり五月のことである（第二部2を参照）。渡辺さんは直良さんが二十代前半の人で、同じ明石に住んでいるなどとは夢にも思っていなかった（第二部1参照）。直良（旧姓、村本）さんは一九〇二（明治三五）年一月一日（戸籍上は一〇日）生まれ、渡辺さんは一九〇六（明治三九）年一二月二九日生まれであるから、二人の交際は直良さんが二三歳、渡辺さんが一八歳のときに始まったことになる。

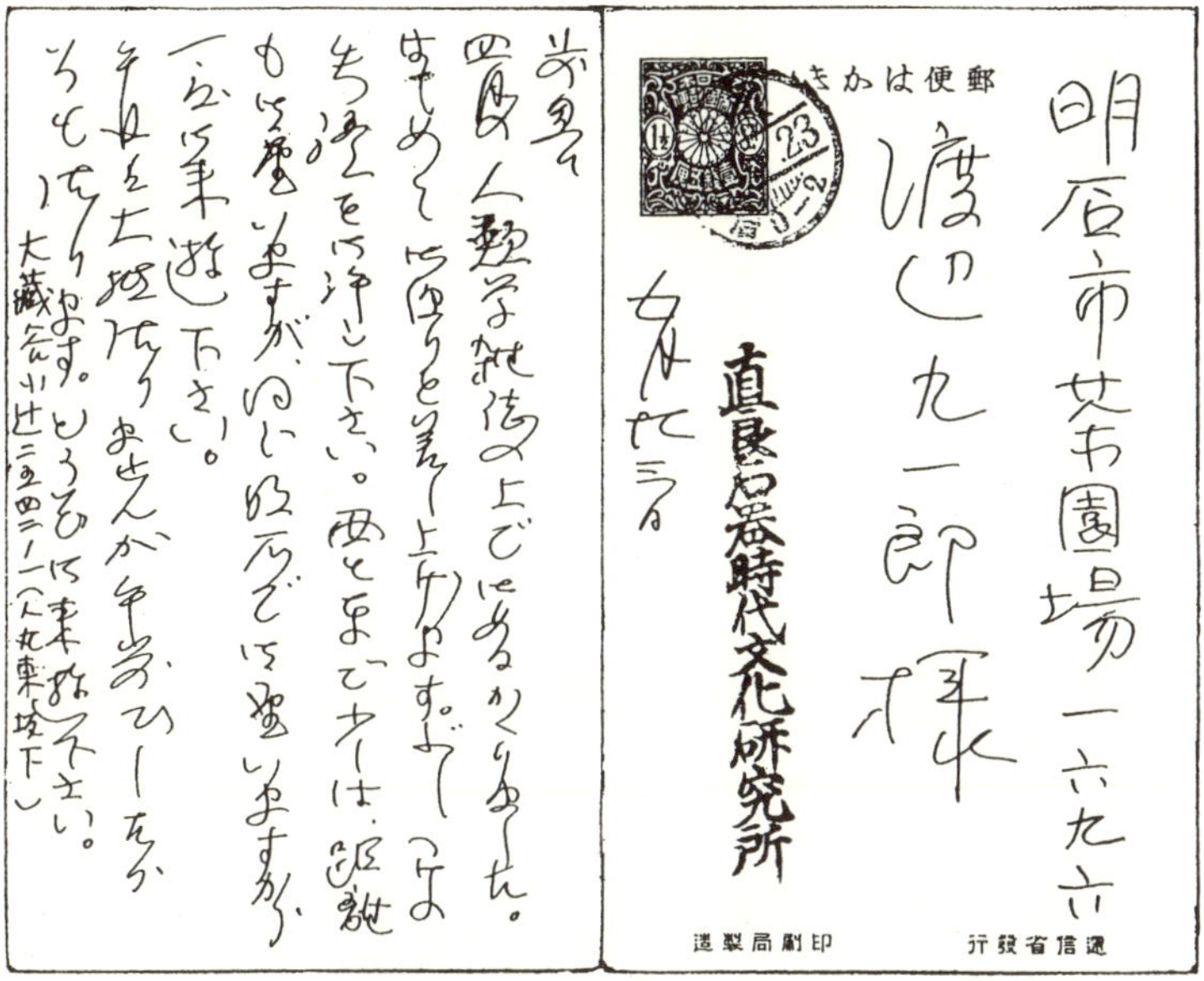
郵便はかき

明石市茶園場一六九六

渡辺九一郎様

直良石器時代文化研究所

大蔵谷小辻二五四二ノ一（人丸東坂下）

逓信省發行　印刷局製造

5　直良さんが渡辺さんに初めて出したハガキ（1925年５月23日）

6　直良さんの小辻の旧家（中央右より）

2　一九二五年五月二七日　「人丸東坂下　直良」さんから明石市茶園場の渡辺さん宛のハガキ

この間はわざわざお出下さったのに何もおかまひしませんで失礼しました。今度の日曜日（三一日）にことによったら玉津村のあなたの言われた遺跡(1)に行ってみたいと思ひますのですが、御めんどう乍らつれていってくれませんか。御都合をお知らせ下さい。あさ十時頃から。それから神戸の人で台湾のものをもっている人といふ方のところと名前をしらせて下さい。御ねがひします。

（1）明石郡玉津村（現、神戸市西区玉津町）吉田遺跡。明石史談会のおそらく宮崎俊男さん（明石警察署長）が発見した遺跡である。渡辺さんは明石史談会の例会で一二、三歳のころ初めて訪ねたという。一九三二年一〇月、直良さんは小林行雄さんと共同で研究成果を発表（第一部八三頁、第三部173を参照）。

＊　一九二五年五月三一日　玉津村吉田遺跡を渡辺さんと調べ、B地点で弥生時代前期の炉跡を発掘。

3　一九二五年六月二日　「直良石器時代文化研究所」から「明石市大明石村（茶園場）一六九六」の渡辺さん宛のハガキ

此の間は暑い所をご苦労でした(1)。おかげで色々面白い智識をえました。御好意を感謝します。白雲堂(2)から台湾の石器時代図譜を送って来てくれました。九〇銭でした。

今日あなたが教えて下さった鉢伏山(3)の遺跡に行ってみました。あなたが教えて下さった地点とは少しちがったところで石鏃を七ヶと外に石器類二三ヶと土器片とを採集しました。雨が少し降りだしたりしたので、一時間ばかりしか採集出来ませんでした。こんど日曜日にでも、鉢伏山から鉄拐山に出て播磨の国境(4)を北上して研究したいと思っているのですが一緒に行きませんか。一人でゆくよりは二人の方がいいと思ひますのですが、あなたの御都合は如何ですか。私はいつの日曜でもかまひません。遺物は見込みもありますようです。江見氏の地中の秘密(5)はありましたでしょうか。それからあなたがいつかお話になっておられた、神戸市近傍の遺跡地名表(6)をいつでも結構ですからおかし下さいませ。先ずはお礼旁々お誘ひまで。

匆々

(1) 玉津村の吉田遺跡行。
(2) 姫路にある古書店。
(3)・(4) 神戸市須磨区の瀬戸内海に面する標高二四〇メートルの山。頂上から明石海峡を距てて望む淡路島は絶佳。頂上は弥生中・後期の土器と石鏃を出土する高地性集落跡で、摂磨と摂津の国境になっている境川に面する台地上は縄文時代早期の押型文土器と大量の石鏃を出土する境川遺跡である。
(5) 江見水蔭『地中の秘密』博文館、一九〇九年。
(6) 東京帝国大学人類学教室（柴田常恵）編『日本石器時代人民遺物発見地名表』第四版、一九一七年のことであろう。

4　一九二五年六月一〇日　「明石市大蔵谷小辻二五四二ノ一」の直良信夫さんから明石市大明石村の渡辺さん宛のハガキ

此の間はどうも失礼しました。

さて神戸市役所の許可がありましたので(1)、こんどの日曜日（一四日）に雨が降っても鉢伏山附近を踏査することにしました。でもし差支へがありませんでしたら一緒に参りませんか。午前六時に家を出る予定で午後二、三時の頃はかへってきたいつもりでいます。

先ずご案内まで。

(1) 鉢伏山は御料地であったのを前年に払い下げを受けて神戸市の所有地になったので、調査するには神戸市役所の許可が必要であった。

5　一九二五年六月二六日　明石市大蔵谷小辻の直良信夫さんから明石市大明石村の渡辺さん宛のハガキ

いつお出下さっても何もお気に召すようにおかまひできないのをすまなくおもっております。

その後、ご病気はどんなやらと案じ乍らついご無沙汰しておりました。よくおなりになった由を承って安心しました。

梅雨期ではあり丈夫なものですら気持ちのよくない昨今故、まだはっきりなさらないお身体をくれぐれもお大切になさいませ。いつもいつも何かと御面倒なことのみ御願いしまして申しわけありません。ご無理をなさらないようにうんとご研究をおつみなさいませ。若いうちにうんとやっておくということは何より大切なことと存じます。お大切に。

＊　一九二五年八月　森本六爾さんが大歳山遺跡を発掘。
八月二三日　徳島市三谷大安寺遺跡を調査。森敬介さん宅で大安寺遺跡出土の縄文土器・弥生土器を見る。
八月二四日　徳島市城山洞穴を踏査。

6　一九二五年九月三日　「人丸東坂下」の直良信夫さんから明石市大明石村の渡辺さん宛のハガキ

御無さたをして居ります。御変りはございませんか。面白いお話でも有りましたらどうぞきかして下さいませ。

さて誠に申かねますが、人類学雑誌の三七巻にあります徳島洞窟と越中氷見洞窟のことをかいたのをおもちでしたら一寸近いうちに御かして下さいませんか。私は今手許にもって居りませんので。誠にすみませんがどうぞ御願申します。徳島には先日いってきました(1)。何れまた御面接のひまで。どうぞ御願まで。

さようなら

（1）このときの調査結果を「徳島の石器時代遺物について」と題して『考古学雑誌』第一五巻第一一号（一九二五年一一月）に発表。

7　一九二五年九月二五日　「明石市大蔵谷小辻二五四二ノ一」の直良信夫さんから明石市大明石村の渡辺さん宛のハガキ

その後面白い御研究でも完成しましたら教えて下さい。

さて、今日矢倉さん(1)からあさって（二七日午後一時から）明石の女子師範で史談会(2)の総会とかがあるので、あなたをお誘ひして来てくれといふハガキが参りましたので、一寸申しったへておきます。会費はその時もってきてくれとかいてありました。御さしつかへがございませんでしたら顔だけでもお出しなさっては如何ですか。御さそひまで

失礼

（1）矢倉和三郎さん、甫田の号をもつ、明石郡垂水村山田の舞子公園西に私設した舞子介類館の館主。『兵庫県産貝類目録』（舞子介類館、一九一六年）、『趣味研究 介類叢話』（舞子介類館・丸善、一九二二年）などの著書、『明石史資料』（明石史談会、一九二五年）の編著をもつ。直良（村本）さんはまだ東京に住んでいた一九二二年春、舞子介類館を訪ねて矢倉さんに会い、以来直良さんの貝類学の師であった。

（2）明石史談会。明石郡役所内に事務所をおき、明石郡教育会が補助金を出していた。当時の会長は宮崎俊男さん。宮崎さんは明石警察署長で熱心な郷土史研究者。豊岡警察署長時代の一九一三年、中ノ谷貝塚を初めて発掘、龍野警察署長時代の一九一六（大正五）年、姫路市千代田町貝塚を調査、一九一九年四月に大歳山遺跡を発見、一九二七年一〇月に元住吉山遺跡を発見した人である。

＊　一九二五年二月から一〇月までの間、直良さんは明石郡垂水村の大歳山遺跡をたびたび訪れる。縄文土器二九〇三片を収集。渡辺さんといっしょに発掘した時もある（第二部1参照）。この年の冬に、明石市大蔵谷小辻二五四二ノ一から同じ大蔵谷の山崎二〇九六へ転居する。明石市立高等女学校の東斜面に立地し、明石海峡をはさんで眼前に淡路島を見る絶佳の地である。

＊　一九二六（大正15）年一月一日　『播磨国明石郡垂水村山田大歳山遺跡の研究』　直良石器文化研究所所報、第一輯を発行。(1)コンニャク版で印刷して自ら製本した本文五八頁、図版一九頁の報告書で三〇部発行。直良さんにとって最初の著書となる。奥付には、「大正一四年一二月二五日印刷　大正一五年一月一日発行」で、発行所の住所は、「東京市芝区車町八二ノ一八」と

なっている。その序文と凡例。

序

茲に杜選なれども、本研究所所報第一号を発行す。畿内及びそれに近接したる地方に於ける縄文土器系遺跡研究の猶不完全なる現時、若し本冊の如きが、この種遺跡の研究に、何等かの益する点のありとせば、著者の幸甚之に勝るものはない。余は素より浅学菲才、ただ徒らに思ふ事のみ多くして、筆之に伴はず、且つ、印刷版の不備と、刷者の未熟は、之を粗雑なる冊子とせり。序するに際して、深くこの点を読者に謝す。

凡例

一、大正十一年春、矢倉和三郎氏を、舞子介類館に訪ひ、大歳山に於て、縄文土器の出るを教へられた。依って、余は、中央史壇九ノ二に、その由を記せども、何等、研究者の注意を促せなかった。たまたま、余は、再度の療病生活を敢へて遂行せねばならなくなった時、地を明石にトして、療病の傍ら、かねての懸案なる大歳山遺跡の研究をなすべく思ひ起った。本書は、即ち、貧しき研究の、第一報告書である。

一、本書は、努めて、読者をして理解し易からしめんがため、挿図を多くした。之等の実物は、凡て余の所蔵標本に基づきたるものである。

一、本書所載の遺物は、全部、本研究所標本として所蔵するを以て、読者にして、難解の点あらば実物に就きて、究明せられんことを乞ふ。

一、本書出版について、その費用の一部を恵与せられたる三藤清氏に対して、深甚なる感謝の意をささぐ。

一、終わりに臨み、本書の粗雑なる冊子たることを、深く読者に謝すると共に、難解誤謬の点につきて、読者の温かき御教示を祈るものである。

7　明石郡垂水村の大歳山遺跡（左は帝釈山、1925年、渡辺九一郎さん撮影）

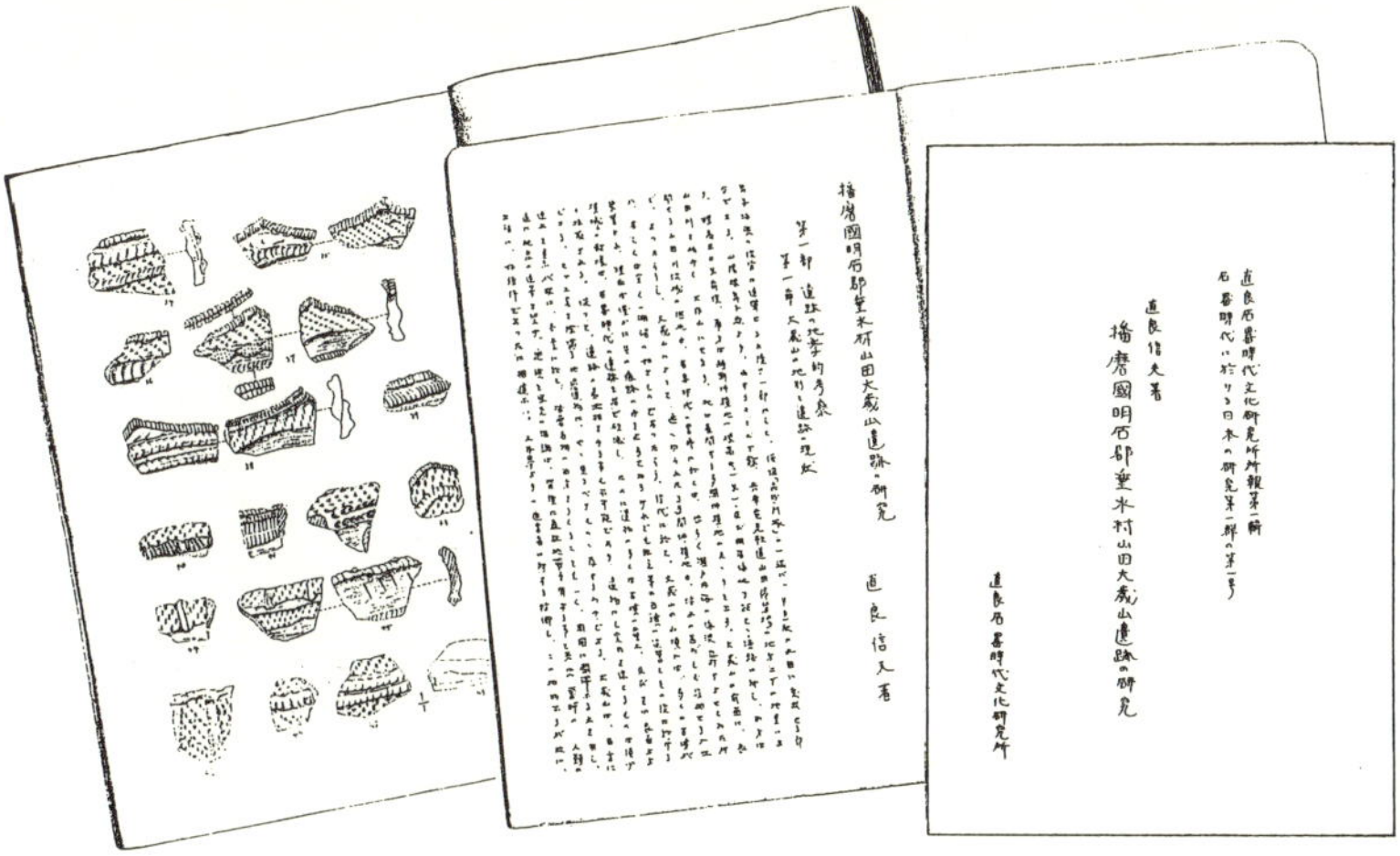

8　直良さんが初めて出した研究報告書『播磨国明石郡垂水村山田大歳山遺跡の研究』(1926年)

（1）『人類学雑誌』第四一巻第五号（一九二六年五月）に本書の紹介文を書いた八幡一郎さんは、最後にこう述べている。「……氏の熱心と努力に対して敬服の念を禁ずる事が出来ぬ。かかる方法にて各地個々の遺跡が明らかにされて行けば、石器時代研究は更に一歩を進め得ることであろう。只本書を繙読して蜀を望めば、記述と考察とが錯綜して居る点を記述は記述だけ、考察は考察として截然と別記して欲しかったことだ。そして個々の遺物に対して余りに概念的な掠われを以て憶測を逞しうして居られる。事実と解釈とは区別すべきものと思う。兎も角も所謂縄紋土器研究上に重要なる寄与をなしたるものとして貴重な論文たるを失わぬ」。本書は、直良さんが亡くなったあと、春成が編集した直良信夫『大歳山遺跡の研究』真陽社、一九八七年に完全に収録してある。『直良石器時代文化研究所所報』は第七輯まで発行。第二輯〜第六輯は直良（春成編）『近畿古代文化論考』木耳社、一九九一年に収録。第七輯は『動物考古学』第一二号、一九九九年に再録してある。

8　一九二六年一月一日　「明石市大蔵谷山崎二〇九六（新築女学校東）」の直良信夫さんから明石市大明石村の渡辺さん宛のハガキ

早々御祝辞をありがとう存じます。

光ある本年の御研究を心から御祈り申します。大歳山の研究報文が完成しましたから、粗末なものですが一部差し上げたいと存じます。（但し製本はまだ充分ではありませんが）。御ひまのとき御出で下さい。そのとき最近の歴史地理で石器時代のものに就いての記事がありましたら一寸みせてください。それと備中菅生の土器とを。表記の所に転居しました。面白いお話をきかして下さい。

近頃さっぱり出かけません。

9　一九二六年二月二四日　明石市大蔵谷山崎の直良信夫さんから「神戸市神楽町二丁目四八番地吉田様方　渡辺九一郎様」宛の手紙。

昨日は突然上りまして失礼仕りました。

大丸[1]で午後〇時五十分頃までおまちして居りましたが、一向御見になりませんでしたので、急な差支へがおありになるのだろうと案じられましたので、一時に大丸を出ました。鳥羽(2)は主人不在でだめでした。あした明石の方にとらせるつもりです。かへりしなに、どうなさったのかと案じられましたので、電車を下り一寸御寄りしました。御不在でしたがお母さんと姉さんから、あなたが図書館(3)で御まちくださっているといふことをおききしまして、どうした間違ひかと思ひました。とにかく、せっかく御一緒に行こうとし、又私が御いそがしい中をおさそひしていましたのに、こんなことになって、少なからず、あなたにご迷惑をおかけ申しましたことを、心から誠に申しわけなく存じます。行違ひの失礼どうか御許し下さい。全く残念でした。相済みません。私は、大丸の一階か二階の待合室かさもなくば、外で御まちしますという様に思っていましたので、大変な御迷惑をあなたに御かけしました。すみません。御海容を御願仕ります。

淡路松帆砂丘のなかで土居氏(4)（名前を御教示下さい）が銅鏃を拾はれたといふ点を、はっきり御高示下さい。そして、どんな形ちのものでありましたか。それから一本、木の葉の形ちのものを、手でつまぐっていたらこわれてしまったといふことをあなたからおききしましたが、それの形ちの具合と、出土地をはっきり御教示下さい。とりあへず、御わびかたがた御願申し上げます。みなさまにどうぞよろしく御伝へ下さい。　敬具

直良

渡辺様侍史

二伸

本日はpht.の乾版を御かし下さひまして御好情深謝仕ります。全く先日は相済みませんでした。もう少し御まちしていましたら或は一緒に行けましたかもわかりませんでしたのに全く残念でした。遺跡は、もうどんどん石垣をつくりつつあります(5)。いま溝の方をしていますが早晩上の方もすることと思はれます。最近、よく人が来て、土器をもってかへるそうです。いいものはありませんでした。

本当悪い風邪が流行して居りますから御大切に願ひます。まづは一筆御願いまで。

（1）神戸市元町にあるデパート。
（2）明石市鳥羽。写真屋があった。
（3）神戸市湊区楠町大倉山にある神戸市立図書館。
（4）土居安治さん。
（5）玉津村吉田遺跡のある城山に接する神本神社社殿の増築工事に伴い遺跡の一部を破壊しつつあることをさしているか。

＊　一九二六年二月　大歳山遺跡の第二回発掘。三月　第三回発掘を実施する。
三月四日『武蔵国多摩郡武蔵野村井之頭池畔遺跡之一遺物について（石器時代に於ける人類と馬との生活的関係）』直良石器時代文化研究所所報、第二輯（コンニャク版、七頁、付図二頁、二七部）を発行。
六月一日「近畿地方に於ける縄文土器の研究」を『考古学雑誌』第一六巻第六号に発表。一二月に同（二）を同誌第一六巻第一二号に、一九二七年四月に同（三）を同誌第一七巻第四号に発表した。しかし、（四）以降はなく、未完結のまま終わる。
八月四日　森本六爾さんの案内で奈良県宇陀郡三本松村大野の遺跡に行き縄文土器片を採集（第三部54参照）。
八月一一日　森本さんの案内で奈良県吉野郡大淀町下渕遺跡を訪ね、縄文土器片を採集。
八月一二日　和歌山県海草郡鳴神村にある鳴神貝塚を小発掘し、縄文土器、石器、鳥獣骨、貝殻等を収集。
八月某日　広島県沼隈郡高須村太田貝塚を小発掘する。

10　一九二六年八月二六日　明石市大蔵谷山崎の「直良菱江」さんから神戸市神楽町の渡辺さん宛ハガキ

御暑う御座います。御ぶさた致して居ます。御久しにて御手紙拝見いたしましたら、つい主人がこの数日来国元に不幸が御座いまして（1）出かけておりますもので、失礼とは思ひましたが私が代わって拝見させていただきました。いづれ月末にはかへります。その節ハ定めし写真なり御文面なりをなつかしさとよろこびに満ちて拝見することと存じます。いつも変わらず御熱心に御研究の由をよろこんで居ります。只今は四月に生まれました、幼児(2)と二人きりで御座いますが、いづれ皆かへったら御ひまをつくって御出かけ下さいませ。何もいたしませんが御心安くゆっくりと御話しに御いでくださいます様に御まちいたして居ります。

残暑きびしい折故御大切に

(1)　大分県北海部郡臼杵町二王座に住んでいた直良さんの父・村本幸一さんが八月二一日に死去。

(2)　長女の美恵子さん。

11　一九二六年九月二九日　明石市大蔵谷山崎の直良信夫さんから神戸市神楽町の渡辺さん宛のハガキ

おハガキをお送り下さいました。ニュースは誠にありがとう存じます。私も止むなく、この案にはさんせいしましたものの出品(1)は極く少しの限られたものにしました。好古日録のもの(2)はぜひこの際見たいものだと存じます。三日に遺物をもって上神しますから御邪魔に上りたいと存じます。時間は午後になりますが(三越に一時)、あなたもあの会場にお出になりませんか。御礼まで。

失礼

(1)　一九二六年一〇月、来日中のスウェーデン皇太子グスタフ アドルフ(のちに国王二世)夫妻に見てもらうために、神戸の三越デパートで神戸日日新聞社が催した兵庫県を中心とする考古学資料展覧会。直良さんは大歳山採集の縄文土器・石器、垂水村石谷採集の石槍を出品、渡辺さんは神戸市東山・布引、玉津村吉田・大歳山採集の弥生土器や大歳山・岡山県磯ノ森採集の縄文土器、淡路の銅鐸拓本などを出品している。終了後、神戸日々新聞社は『台覧の誉』を刊行した。直良さんは一〇月六日にこの展覧会を見に行った。この時に加古郡西条村望塚出土の銅鐸を見てひどく興味をもち、銅鐸の研究にのめりこんでいくきっかけとなる。また、神戸の福原潜次郎(会下山人)さんが出品した大阪府道明寺村国府兎塚採集の銅鏃にも関心をもち、図を描いて一九三〇年六月に、「河内国国府兎塚址付近出土の銅鏃」と題して『考古学雑誌』第二〇巻第六号に発表している。

（2）江戸時代、一七九六年に藤直幹が書いた考古学書の中に図がのっている安永五年に京都市岡崎村で出土した縄文土器一片。武庫郡住吉村の吉田履一郎さんが所蔵しており、この展覧会に出品する予定であった。直良さんは一九二八年一二月二日に吉田さん宅で実測、拓本と記録をとり、一九二九年一一月に、「藤原貞幹氏旧蔵の土器」と題して『人類学雑誌』第四四巻第一六号にその詳細を報告している。

12　一九二六年一〇月七日　明石市大蔵谷山崎の直良信夫さんから神戸市神楽町の渡辺さん宛のハガキ

昨日は失礼仕りました。いろいろ御迷惑をおかけしますことを相済なく存じます。つい昨夜御金を御渡ししますことを忘れてすみません。送料も一緒に御送り申したいと存じます。わかり次第至急御一報下さい。とりいそぎハガキにて失礼まで。御願仕ります。

皆さまによろしく申して下さい。

13　一九二六年一〇月九日　明石市大蔵谷山崎の直良信夫さんから神戸市神楽町の渡辺さん宛の手紙

先日は誠に失礼仕りました。いろいろ御めんどうを御願ひしまして相済みません。御送り下さいましたph.とpot.(1)はたしかにいただきました。厚く御礼申します。どちらも少しも、こわれておりませんでした。御安心下さいませ。御好意を深く感謝仕ります。

でお金を本日御送り申しました故御受取り下さい。aは二枚焼付もして二、五〇ではなかったかと存じます。この点、一寸きいてみて下さい。つまり、特別に乾版に黒ぬりしますため一、〇〇を求めたのでその分は、焼付け共に一、五〇ではなかったかと存じ上げます。それから御迷惑ですが、ph.の金の受取証をもらって至急御送り下さいませんが、これは東京の杉山氏(2)に送りたいと存じますので。証書を送った方がたしかだと存じます故。

不取敢御願ひまで。

失礼

九日夜

（1）　写真と土器。
（2）　杉山寿栄男さん。考古学と図案に関心をもち、『日本原始工芸概説』（一九二八年）、『日本石器時代植物性遺物図録』（喜田貞吉さんと共著、一九三二年）、『日本原始繊維工芸史』原始篇（一九四二年）を著している。これらの著書の絵や図等はすべて杉山さんの手になる。

14　一九二六年一〇月一〇日　明石市大蔵谷山崎の直良信夫さんから神戸市神楽町の渡辺さん宛のハガキ

昨夕お送り下さいました品物はたしかに拝受仕りました。あなたの御好意を心から万謝仕ります。少しもこわれて居りませんでしたから御安心下さい。

本日お金を送ろうと存じまして局に行きましたら日曜日で駄目といふことでした。あすは早速御送り申し上ます。「鳥羽」の料金受取書を至急御送り下さい。東京のS氏(1)にそれを送りたいと存じますので。

（1）　杉山寿栄男さん。

15　一九二六年一〇月一一日　明石市大蔵谷山崎の直良信夫さんから神戸市神楽町の渡辺さん宛の「大至急」手紙

今日あなたにあて、お金を送るつもりで、女中にそふいひつけておきましたら三、六〇を二、六〇とまちがへまして一、〇〇不足しましたのでとりいそいで不足の分をお送り仕ります。悪しからず御海容お受取下さいませ。
御礼まで。
草々失礼
十一日午後五時　信夫
渡辺様侍史

＊ 一九二六年一〇月二四日 大阪府中河内郡孔舎衙村にある日下貝塚を発掘し、縄文土器片、獣骨、貝殻等を収集。一〇月三一日 大蔵山遺跡で土偶の脚部破片を発掘。

16 **一九二六（昭和元）年一二月二七日** 明石市大蔵谷山崎の直良信夫さんから神戸市神楽町の渡辺さん宛のハガキ

先日は御邪魔仕りました。

おからだは如何ですか、案じ乍らもつい御ぶさた失礼して居りました。

皆さま御障りはありませんか。正月にでも、泊まりがけで研究に御出になりませんか、十分に御かまひは出来ないかもしれませんが、研究だけは御ゆっくりして下さい。吉田の遺跡で、めづらしい紋様の土器(1)をこの間発掘してきました。一度遊びに御出で下さい。

失礼

(1) 木葉文を描いた小さな破片（三六五頁図87の左下）のことであろう。

＊ 一九二六年一二月三一日 玉津村吉田遺跡で口縁部から胴部まで完存していた木の葉文土器を発掘。

17 **一九二七（昭和2）年一月一二日** 明石市大蔵谷山崎の直良信夫さんから神戸市神楽町の渡辺さん宛のハガキ

この間は失礼仕りました。さてすみませんが梅原氏の銅鏃の形式分類の表(1)（いつかみせて下さった青写真のもの）を一枚たくさんおもちでしたら割愛して下さいませんか。旧正月に加古川の方へもういっぺん参りますが御出になりませんか。銅鐸出土(2)について最近もっとくわしく調査することが出来ました。それでもう一度実際に研究してみるつもりです。

御礼迄。御来遊下さい。ph. はまっていますとのWからの御願いです。

9　明石郡玉津村の吉田遺跡（1967年、田辺昭三さん撮影）

10　吉田遺跡で直良さんが発掘した木の葉文土器（高さ9.8㎝）

失礼

（1） 梅原末治『佐味田及新山古墳研究』岩波書店、一九二一年。

（2） 加古郡西条村望塚の銅鐸出土地。直良さんは前の年の一一月五日に初めて現地を踏査し、そのときの調査結果は、一九二七年一月に「播磨国加古郡八幡村望塚に於ける銅鐸出土の状態について」と題して『歴史地理』第四九巻第一号に発表している。この報告を直良さんは喜田貞吉さんに捧げている。直良さんは一月一六日、再び現地を訪れ、補訂稿を一月二五日に書き上げ、四月発行の『歴史地理』第四九巻第四号に「再び望塚の銅鐸出土の状態について」を発表している。土を盛って築いた丘の裾に銅鐸が埋めてあったような前代未聞の出土状態を示していたことに直良さんは非常な関心を寄せた。

18　一九二七年一月一三日　明石市大蔵谷山崎の直良菱江さんから神戸市神楽町の渡辺さん宛の手紙

先日はやうこそお出で下さいまして有難う御座いました。折角おまちいたして居りました折柄主人とも大変に嬉しう御座いました。わざわざここまで御出かけ下さいましたのに何のおかまひもいたしませでその点は本当に失礼いたしました。御泊り下さいますればと心配はいたして居りましたのに失礼ばかりいたしました。どうか御ゆっくりそてこちらも何の遠慮のないものばかりで御座います故、いつでもどうかゆっくり御出かけ下さいます様御待ちいたして居ります。又昨日は写真御送り下さいまして有難う御座いました。催促などいたしまして失礼しました。昨夜は皆で写真をみて大さわぎいたしました。

枯れススキの中から一本の松の樹のそばに幽霊が出たやうな主人の姿をみて大笑ひしたり鬼瓦の面をしていると云ふ私のかほのおかしさにふき出したりしてみんなでにぎやかに拝見しました。こうしたのもおもしろい写真としていい記念になります。どうも有難う御座いました。でも主人よりどれだけ上手かしれないといって皆で笑いました。

余り勝手な御願で御座いますが私と子供との二枚の分のフィルムもしご不用でございましたなれば御分与いただけないでせうか。もしまだあのままにお持ちでございましたなればぜひいただかせてくださいませんでせうか。（東京

11　直良菱江さんと博人さん（渡辺さん撮影）

12　菱江さんが勤めていた明石市立高等女学校（直良さんの家は右端の松林を左上方に登りきった所にあった）

の妹に焼付て送ってやりたいので御座います故）御願申し上げます。此間の三枚の焼付とフィルムの代も後で御座いますがお送り申上げます故、一緒に御通知いただき度う存じます。先ずは、右御礼かたがた右御願まで。

十三日　　直良菱江

渡辺様侍史

19　一九二七年一月一六日　明石市大蔵谷山崎の直良信夫さんから神戸市神楽町の渡辺さん宛のハガキ

先日はありがとう存じました。おかげさまでどんなにたすかったかしれません。又きのふは子供の ph. を御送り下さいましてすみませんでした。御好意を深く万謝仕ります。

昨日、突然望塚の銅鐸の出ました所に見に行ってきました。ほんとに突然でした。おさそひしたかったのですが、あまり急でしたのでつい失礼しました。結果私は、以前より以上の新しい知見を得ましたし、以前の調査に少し物足らない点のあったことをしりましたが、この銅鐸の出かたについては今日いろいろの人の意見に少しづつの差があって何れがほんとうかについてはその判定に苦しみますが、しかし銅鐸が望塚といふ一つの塚の中から出たことについては、みな十人が十人説を同じくしています。一度ぜひ御出になりませんか。御案内はいつでも申します。尾の上に近い前方後円墳（多分）から銅鏃が十三本ばかり出ています。(1)古くに。しかし今は十本になっています。私はこの古墳を近日細かく調べたいと存じて居ります。御出になりませんか。御礼まで。

失礼

（1）　加古郡野口村長砂円長寺にある聖陵山古墳のこと。

20　一九二七年二月一日　明石市大蔵谷山崎の直良信夫さんから神戸市神楽町の渡辺さん宛のハガキ

過日は御親切にも立派な作品を御恵与下さいまして御好意深く万謝仕ります。おかげで、プーアな私共の研究にどれだけ役立つかもしれません。重ねて厚く御礼申上げます。（女共がこのCを出すことを再三忘れて、こんなにおそくなってすみません。お許し下さい。）

この間垂水の塚で円筒埴輪を掘りました。御研究がてら御遊びにお出下さい。

これから次第にあたたかになりますので、いよいよ本式に研究にもかかりたいと存じて居ります。梅原氏の銅鐸の研究は貧乏さいふを打ちやってとにかくかふことにしました。私もその内、之についての研究を加へてみたいとも思ふて居ります。御礼迄。ぜひ御出で下さい。

失礼

＊　一九二七年二月六日　明石郡伊川谷村鬼神山で合口式の甕棺（弥生土器）を調査。

21　一九二七年二月一一日　明石市大蔵谷山崎の直良信夫さんから神戸市神楽町の渡辺さん宛のハガキ

春らしい陽ざしが、私共の上にめぐまれる。

御変わりもありませんか。

ついては申しかねますが、歴史地理三〇ノ四の喜田博士の天日槍[1]の雑誌をしばらくおかし下さいませんか。前におかりしましたものがまだおかへし出来ませんのに、あつかましい御願をしますことを御許し下さい。御願迄。

（1）喜田貞吉「秦人天日槍」『歴史地理』第三〇巻第四号、一四～二六頁。

22　一九二七年二月一四日　明石市大蔵谷山崎の直良信夫さんから神戸市神楽町の渡辺さん宛のハガキ

先日は御めんどうなことを御願申して相済みませんでした。御送り下さいました歴史地理はたしかに受取ました。毎度、何かと御願申して申しわけもありません。

近日お遊びに御出下さい。銅鏃を出した古墳(1)をしらべたいと思い乍らそのままになっています。あたたかになりましたらいよいよ淡路行を決行したいと思ふていますし、又一面には播磨の山奥をもしらべてみたいとも思ふています。御礼まで。

草々

(1)　加古郡聖陵山古墳のこと。

23　一九二七年二月二三日　明石市大蔵谷山崎の直良信夫さんから神戸市神楽町の渡辺さん宛のハガキ

御ハガキ万謝仕ります。益々御精進なさっていることを御悦び申しあげます。御申越の例の銅鼓(1)の件たしかに承知仕りました。あれは、加古川の人ではなくして姫路の井田仁吉氏（小姓町）といふ好事家がもっていますのです。で御出になられるんでしたら私の名刺でもさし上げますし、もし西村氏(2)の名刺でもいただけたら尚更好都合と存じられます。私も実をいひますと西村氏の紹介で知りました様なわけです。御出かけのまえ、西村氏の紹介状（名刺）でもいただいていらっしゃったら如何です。勿論私のもさし上げます。Hの駅(3)からタクシーで小姓町まで行ったら一番近いのですが、徒歩でも結構わかります。二十分位で。つまりHのはづれです。この二十七日には、私は加古川の近くにあります古墳の調査に行く事にしています。前方後円墳で、銅鏃を出したものです(4)し、播磨での最初の銅鏃発見古墳です故。一月三日に行って大体にはみてきて居りますが、今度発表しますつもりで、古墳自身の実測に一日を費やしたいと思っていましたし、池田の海岸から石鏃を拾ったといふ人がありますので、殊によりましたら、裏日本に多い（松帆のやうな）砂丘の上に於けるもののやうなのではないかとも案じられますので、これもみてきたいと思ふています。土山で汽車を降りて約一里半歩きます。もし都合が好かったら参りませんか。汽車は少し早いのでないとゆっくり研究出来ませんので、明石発七時四五分のにしたいと存じます。Hに御出になさるにしても、とにかく一度御立寄下さいませ。

御返事まで。まっています。

（1）この銅鼓について直良さんは翌一九二八年一月に、「本邦所在の銅鼓の一資料」と題して『考古学雑誌』第一八巻第一号に発表。
（2）西村義則さん。神戸日日新聞社編集長。神戸市松本通り七丁目四六番地在住。
（3）姫路の略。
（4）加古郡聖陵山古墳のこと。

24　一九二七年二月二五日　明石市大蔵谷山崎の直良信夫さんから神戸市神楽町の渡辺さん宛のハガキ

再便。御ハガキ万謝申します。加古川[1]へは本来加古川駅からの方が近くて便宜上いいのですが、どちらからしても、相当歩かねばなりませんので浅春の土に親しむべく土山から歩くのも一興だと思ひまして、土山にしました様なわけです。電車でもいいのですが、僕はやっぱり汽車にのってみたいのです。全体的にプーアな僕等にはやっぱり凡てに亘ってエコノミックでありたいといふ気もしますし、割かれるだけ割いて、余ったのを又他の研究につかひたいといふこすい気があるのです。で、あなたが七時四五分ので御出下されば、きっとその汽車に私ものりますから、駅で顔でも出していて下さい。そふすれば何よりと存じます。御面接又いろいろ御話もし、また承りたいこともありますので楽しみにしてまって居ります。

失礼

（1）聖陵山古墳行。

25　一九二七年三月四日　「東京市芝区車町八二ノ一八　直良信夫」さんから神戸市神楽町の渡辺さん宛のハガキ

先日は失礼仕りました。せっかく御出下さいましたのに、一向御構ひも申しませんで誠に相済みません。毎日俗事に逐はれて平口して居ります。

すみませんが、あの古墳のph.と文書(1)（内務省具状書）の写しを送って下さいませんか。そろそろ想考をまとめてみたいと存じて居ります故。

御大切に。さようなら

（1）　聖陵山古墳が聖徳太子の山陵である旨を円長寺の住職たちが書き記して明治三六年に内務省に差し出した書状。

＊　一九二七年三月　東京帝室博物館の展示品を観察。

26　一九二七年三月一四日　東京市芝区車町の直良信夫さんから神戸市神楽町の渡辺さん宛のハガキ

先日は御ていねいな御芳状を下さいまして御好志有難ふ御礼申し上げます。目下俗事に追はれがちで閉口して居ります。

来月の十日頃にはかへりたいつもりです。その上また何かとお話も申し上げたいと存じます。原稿(1)はできればそれまでかき上げておきたいと存じて居ります。

失礼

（1）　聖陵山古墳の報文。

＊　一九二七年四月一〇日　明石郡伊川谷村白水で円筒埴輪棺「白水一号棺」を発見。

27　一九二七年四月一八日　明石市大蔵谷山崎の直良信夫さんから神戸市神楽町の渡辺さん宛「至急」のハガキ

ご無沙汰をして居りました。聖陵山古墳の原稿はおそくなりました。俗事ばかりに追はれて東京中は一向かけませんでした。本日、とりあえず原稿をお手許までお送り申します。すみませんが、挿図の下書だけ私がしておきましたから、あなたの御手でトレーシングpaperにもう一度精書して下さい。そして銅鏃の写真を一枚とって下さいませんか。大体はそれらの挿入図のはるべき場所は、あの原稿中に示しておきましたから、どうぞ一つ御願申します。思ったよりも、つまらないものに書き上げてなんとも申しわけがございません。御海容下さい。もし不完全の点があの原稿の中に御座いましたらご遠慮なくご意見をおきかせ下さい。そして直接あなたの方から考古学会へでも送って下さいませんか。裏面の名は私の名でもあなたのでもかまひません。本月中に私は淡路の銅鐸を研究に参ります。松帆の銅鏃を京大に寄付した方の所と名と、慶野組の銅鐸所有者の住所と名をお知らせ下さい。

28　一九二七年四月二一日　明石市大蔵谷山崎の直良信夫さんから神戸市神楽町の渡辺さん宛「至急」の手紙

拝啓過日は早速本をお送り下さいまして御厚志誠に有難く存じます。すぐ御礼を差し上げねばなりませんでしたのについこんなに遅れて相済みません。

実は、風邪にやられて発熱、全く以て閉口しておりました。

昨日やっと起きたと思ひましたら西村さん(1)がこられて、山を案内しろといはれ、夕方まであちこちをぶらぶらしていました。そんな具合でついついおそくなりまして相済みませんでした。お怒りなく御海容下さい。

加古川の銅鐸(2)は大分めんどうないきさつがあるらしくきいて居ります。出土遺跡は土山駅から二里北です。私は土山からのコースをとりました。播州鉄道の薬神からは、すぐ南ですが、しかし実際の研究（地理的の）はやはり歩かれた方がよくはないかとぞんじます。

一度遊びに御出になりませんか。明石の社もいい所があります。近頃東京にかへりたいといふ心がしきりに動いています。

いづれまた、どうぞ大切な研究にお仕事に推進せられんことを願って止みません。

皆様によろしく申して下さい。

失礼

直良　拝

渡辺様侍史

（1）西村義則さん。23の註2。

（2）望塚の銅鐸のこと。17の註2。

＊　一九二七年四月二六日　渡辺さんと淡路島に渡り、中ノ御堂砂丘遺跡を調査。

29　**一九二七年五月九日**　直良さんから神戸市神楽町の渡辺さん宛のハガキ

十日の夜（多分）お目にかかりたいと存じます。尼崎の本興寺に銅鐸[1]をもっていますといふのでそれを見に行きます。ご都合がよろしかったら十日の午前九時迄右の本興寺にて御まち下さい。いづれお目にかかったときに――。

八日夕

（1）調査の結果は同年七月刊の『考古学雑誌』第一七巻第七号に「本興寺所蔵の銅鐸」と題して発表。

30　**一九二七年五月一六日**　明石市大蔵谷山崎の直良信夫さんから神戸市神楽町の渡辺さん宛のハガキ

先日は失礼しました。御送り下さいました原稿は一昨日書留で学会の方へ送っておきました。[1]製図が画用紙にはっ

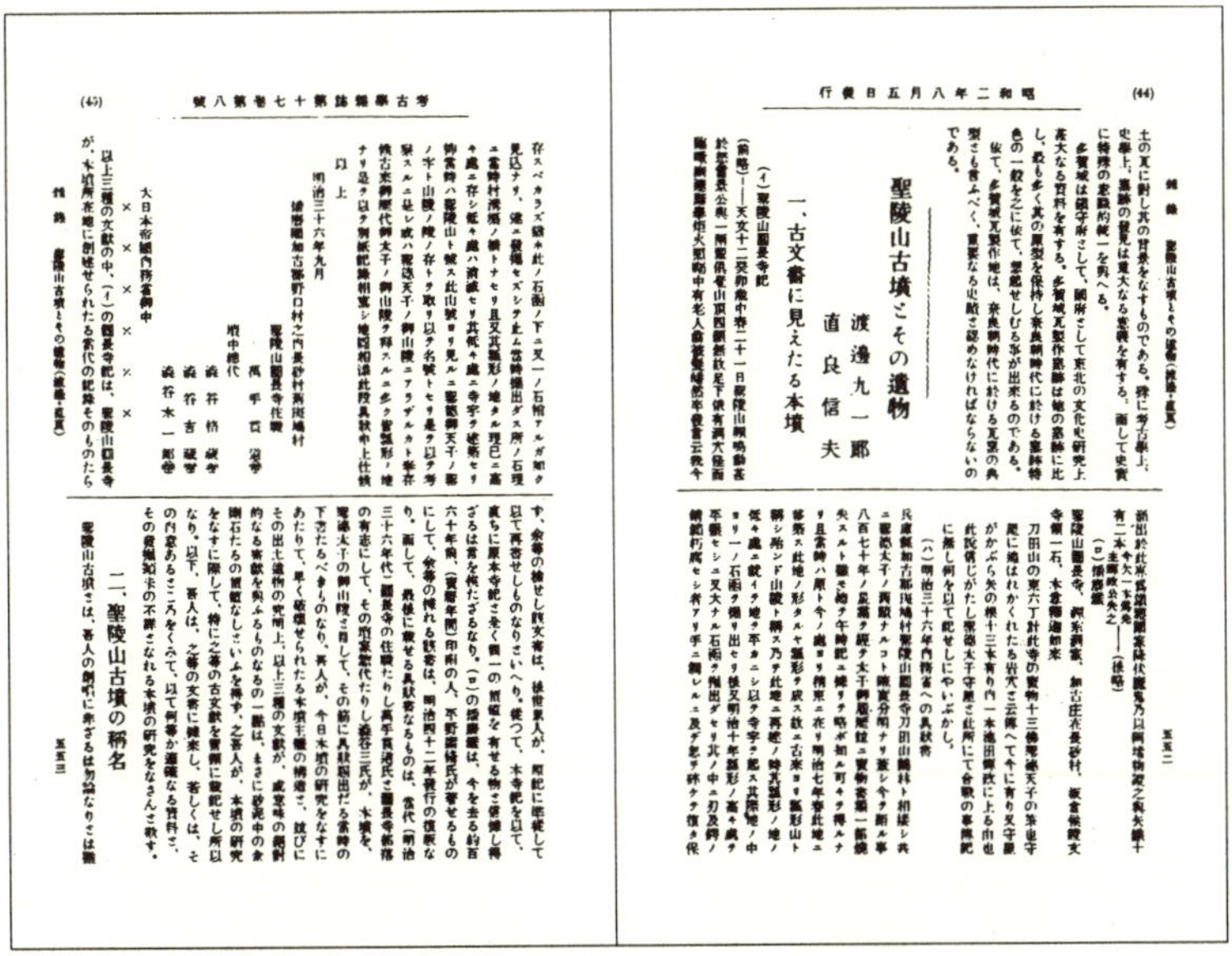

(44)　昭和二年八月五日發行

雑録　聖陵山古墳とその遺物（渡邊・直良）

土の夏に對し其の背景をなすものである。殊に考古學上、史學上、窯跡の發見は重大なる意義を有する。而して史實に特殊の意義的統一を與へる。

多賀城は鎮守府として、國府として東北の文化史研究上甚大なる資料を有する。多賀城瓦製作窯跡は他の窯跡に比し、最も多く其の原型を保持し奈良朝時代に於ける窯跡特色の一般を之に依て、想起せしむる事が出來るのである。

依て、多賀城瓦製作地は、奈良朝時代に於ける瓦窯の典型とも言ふべく、重要なる史蹟と認めなければならないのである。

聖陵山古墳とその遺物

渡邊九一郎

直良信夫

一、古文書に見えたる本墳

（イ）聖陵山靈長寺記

（前略）――天文十二癸卯歳中春二十一日聖陵山……

（ロ）播磨鑑

（ハ）明治三十六年内務省への具狀書

(45)　考古學雜誌第十七卷第八號

以上

明治三十六年九月

播磨國加古郡野口村之内長砂村坂元村

聖陵山靈長寺住職　高手眞證

壇中總代　澁谷格藏　澁谷吉藏　澁谷水一郎

大日本帝國内務省御中

× × × × × ×

以上三種の文獻の中、（イ）の靈長寺記は、聖陵山靈長寺が、本近所在地に創建せられたる當代の記録そのものたら

す、余等の轉せし該文書は、後世某人が、原記に追従して以て再寄せしものなりといへり。從つて、本寺記を以て、直ちに原本寺記と全く同一の價値を有せる物と信頼し得ざるは言を俟たざるなり。（ロ）の播磨鑑は、今を去る約百六十年前、（寶暦年間）印刷の人、平野庸脩氏が著せるものにして、余等の擇れる該書は、明治四十二年發行の複製なり。而して、最後に載せる具狀書なるものは、當代（明治三十六年代）靈長寺の住職たりし高手眞證氏と靈長寺部落の有志にして、その檀家總代たりし澁谷三氏が、本墳を、聖徳太子の御山陵と目して、その筋に具狀願出たる當時の下書たるべきものなり。吾人が、今日本墳の研究をなすにあたりて、早く破壊せられたる本墳主體の構造と、竝びにその出土遺物の究明上、以上三種の文獻が、或意味の絶對的なる寄獻を與ふるものなるの一點は、まさに研究中の余輩石たるの價値なしといふを得ず。之吾人が、本墳の研究をなすに際して、特に之等の古文獻を冒頭に登記せし所以なり。以下、吾人は、之等の文書に據來し、若しくは、その内意あるところをくみて、以て何等か適確なる資料と、その発掘當時の不詳となれる本墳の研究をなさんと欲す。

二、聖陵山古墳の稱名

聖陵山古墳とは、吾人の創唱に來ざるは勿論なりとは……

雑録　聖陵山古墳とその遺物（渡邊・直良）　五五三

13　直良さんが渡辺さんと連名で発表した聖陵山古墳の報文

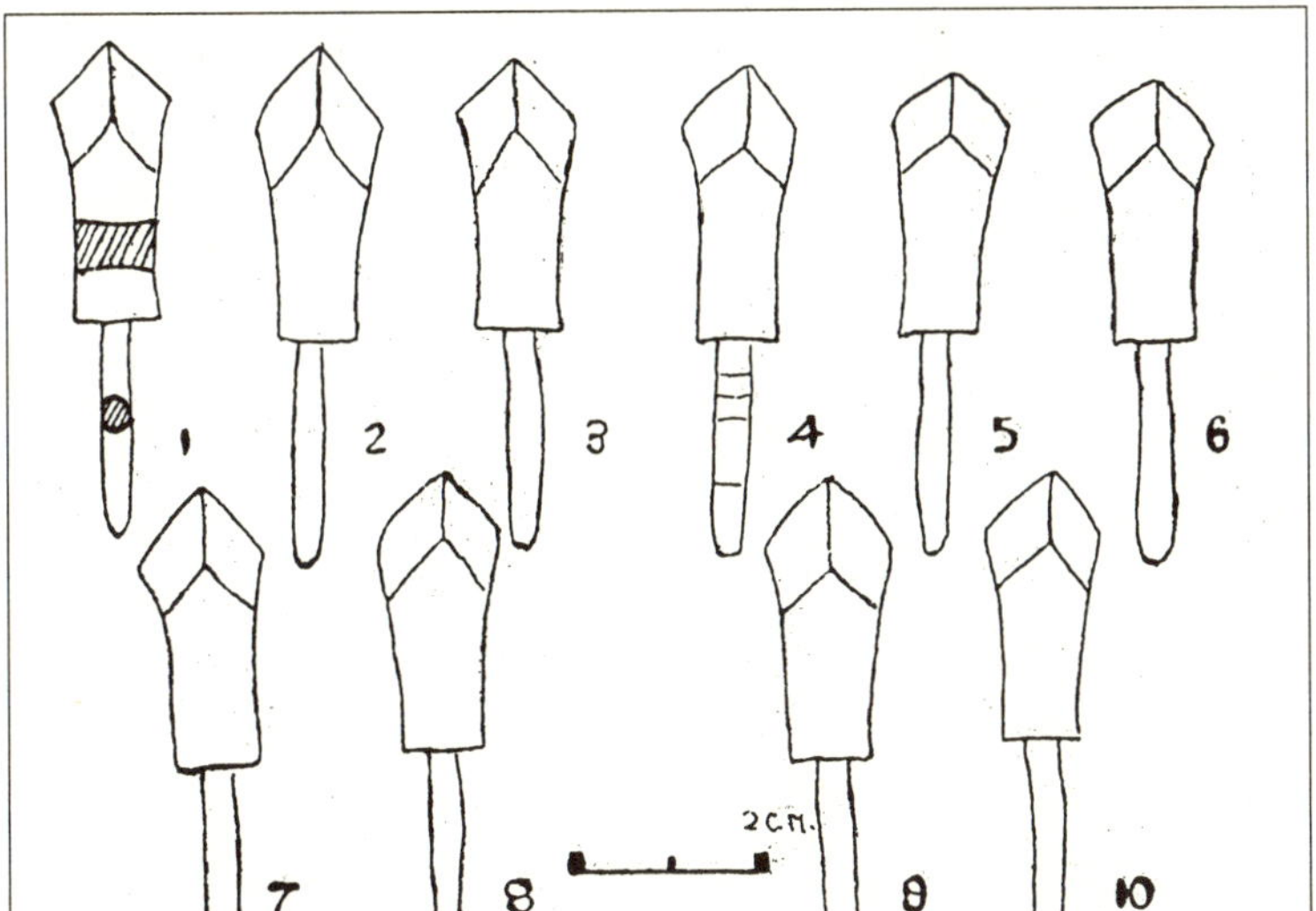

14　聖陵山古墳出土の銅鏃

て居られましたので、亜鉛凸版となるのには、もう一度あれをトレーシングペーパーにかき直さなければなりませんでした。私が更にあれを精書しておきました。実はお手許までお送りしようと存じましたが、私に出来ることでしたので、私でやっておきました。お含みおき下さいませ。淡路の砂丘遺跡で、銅粒の大きなやつを二つばかり石鏃と共に採集しました。(2) 何れ、これは私の所蔵として出すつもりです。あなたの写真機でそれをうつしていただきたかったのでした。もし、お差しつかへがありませんでしたら御願申したいと存じます。伊川谷で「かめ棺」を発掘しました。(3) ぜひ一度みにお出で下さい。いま、うちにそれをおいてあります。後になりますと、他にきふすることにしてあります。(4)

(1) 直良・渡辺さん共筆の「聖陵山古墳とその遺物」の原稿を考古学会へ送ったこと。
(2) 直良『中ノ御堂砂丘遺蹟』第5図。
(3) 明石郡伊川谷村白水薬師山の第一号円筒埴輪棺。四月一〇日発見。
(4) 森本六爾さんが勤めていた東京高等師範学校標本室に寄贈。

＊　一九二七年五月二〇日　明石郡伊川谷村鬼神山で合口式の壷棺（弥生土器）を調査。

31　一九二七年五月二八日　明石市大蔵谷山崎の直良信夫さんから神戸市神楽町の渡辺さん宛のハガキ

先日は失礼申しました。おつかれでしたでしょう。ああいう風に、力はつけて上げたものの、実は気の毒の様に思われてなりませんでした。私服でなかったら、私も、かわり番にかついであげるものをと心には思っていましたのでした。しかし、よく、あれだけのものを、一気にもってかへられたこと(1)を私は感服しています。ナポレオンのアルプス越への元気があってこそ、私共の様な方面の研究は完成されるんだと、私には思はれます。又子どものph. はありがとう存じます。立派でした。家内が一人で大悦びです。それから銅粒のph. は立派でした。あなたの手腕に感心し

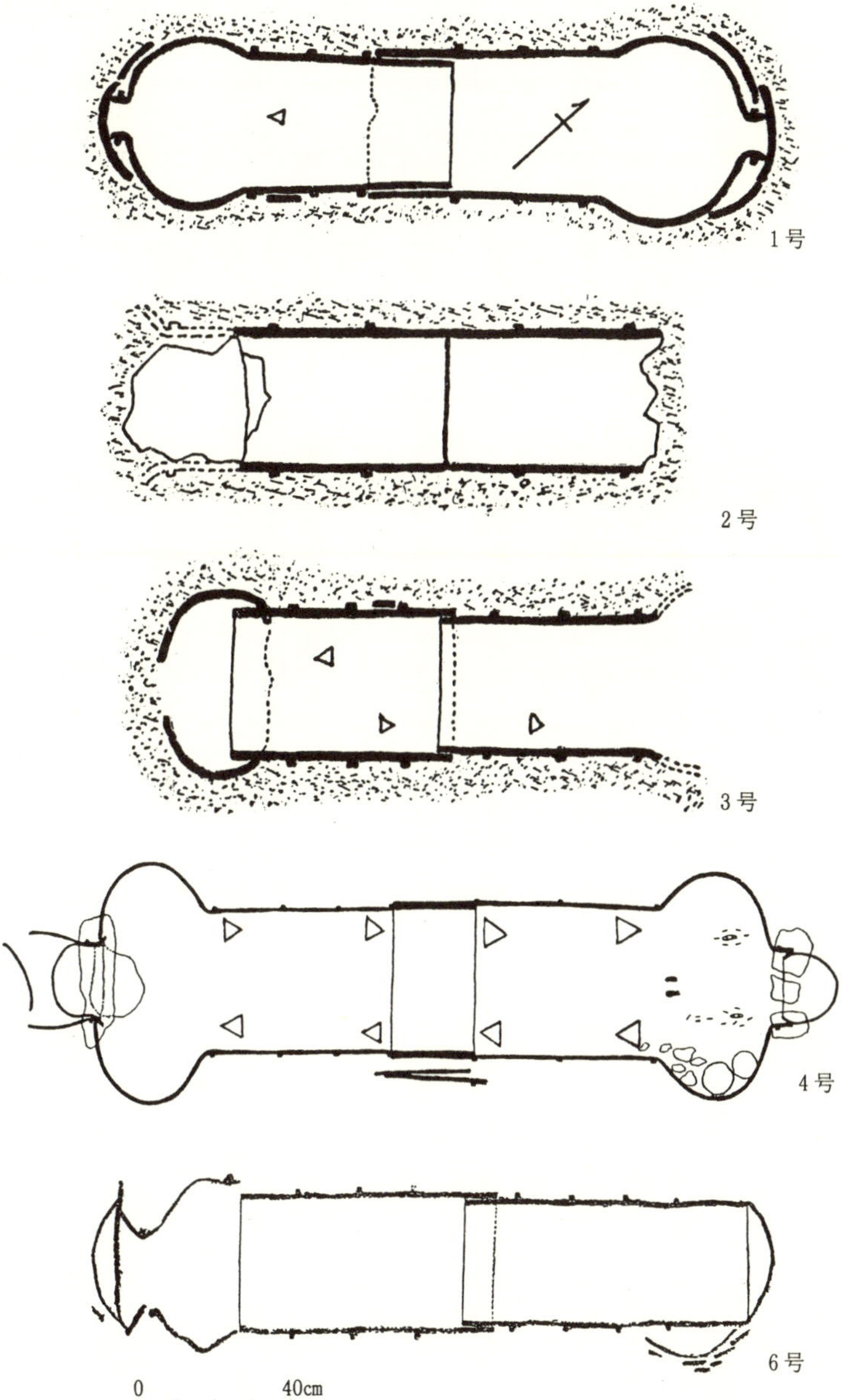

15　直良さんが白水で発掘した円筒埴輪棺（２号棺は渡辺さんと共同で発掘）

ています。御代金をさし上げたいと存じますが、いくらさしあげたらよございましょうか。御遠慮なくおっしゃって下さい。かかっただけはお払ひしなければ、すまない気がしてなりません。ご遠慮なく申してくださいませんと、私の心がすまないのですから。「かめくゎん」のph.は残念でした。まだ残っています二つのやつを掘りにこられませんか。近いうちに。

昨日の拓本[2]を感謝申します。爪形文は大和下淵のとそっくりです故に。又申し上げます。

（1） 五月二二日に白水の第二号円筒埴輪棺を二人で発掘し、渡辺さんが自宅に持ち運んだこと。直良さんはその調査結果を、一九二七年一二月に、「合口式円筒棺の一、二の資料」と題して『考古学研究』第一年第二号に発表した。

（2） 岡山県児島郡粒江村磯ノ森貝塚採集の爪形文をもつ土器破片の拓本か。

* * *

32 一九二七年六月一日 明石市大蔵谷山崎の直良信夫さんから神戸市神楽町の渡辺さん宛の手紙

御手紙拝受、万謝仕ります。いつも御壮健で、研究にいそしまれる御姿をこの上もなくうれしく存じます。

聖陵山古墳のものは、つまらないものに書き上げて申しわけがありません。銅鏃のph.は私のもっています拓本でもよくはありますまいかと思われます。それらをとられるために、わざわざあそこまで行かれるのを思いますと、私はすまなく存じますし、更にほんものの写真屋をよぶとしますとべら棒に高いMをとります故、おやめになってはどうかと案じています。私の拓本ですと、あなたの程でもありますまいと存じられます故、如何でしょうか、御意見を聞かして下さい。もしこれでよろしい様でしたら早速御送り出しします故。わざわざそのために、いらっしゃるんだったら、私としてもすまなくぞんじます。石棺の石の片をもってかへったのが、私の東京行きや何かにまぎれて、どこへやったのかその所在を失ったので止むを得ず、一つの火成岩といふことにしておきました。

大和の新沢の遺跡は、県庁の上田三平ががんばっていて、とても快見することは出来ないでした。ある種の不快は免れません。凡て大和はどこでも、この種の不快がつきまとってきます。上田三平さんていふ人がいます以上は、外から出かけていっても、だめでせう。去年の夏、僕等（森本と共に）は少なからず閉口しました。

*　　　*　　　*

どうです、もう一度淡路に行かれませんか。僕は御すすめしたいと思ふ心があるのです。実は松帆一帯は要塞地帯です故ph.も実測も出来ないことになっていますのですが、私は今度由良要塞司令官の両方の許可を得ました。大いばりで実測もph.もとれるわけなんです。で、私はあなたへもこの機会に再度の淡路行きをおすすめしたひのです。何しろやかましいところです故、今後又許可を願ふといふことは、絶対ではありませんが、まあめんどうと存じますのです。私も、いろんな方から手をまわして実測の如きは、松帆村長の手からたのんでやっと許可になりましたようなわけです。だから、この際あなたもゆかれませんかとおすすめしたいと思ふのです。

志筑を船で下りて、まづ中川原の二石にゆき、中川原銅鐸出土のビワ川をみて先山から乗車、広田で下りて中条銅鐸の出土地をみて福良にゆき、福良のアイヌ式土器出土の遺跡と遺物を見ます。これが最初の一日の行程です。翌日はまづ津井の隆泉寺にある銅鐸（梅原氏、藝文、大正一二年一二月号（一四の一二号）、淡路出土の一遺品を記して銅鐸の形式分類に及ぶ―の原稿にある銅鐸）をみて、ひきかへして、松帆にゆきたいと存じます。そしてその晩の十時十分発の船で兵庫にかへって参ります。都合二日、一泊です。

費用は最低六円、最高十円の見当です。打ち明けた話ですが、五六円位あれば大丈夫といふ気が私に有ります故、一緒に参りませんか。出来るだけきりつめた旅行をして、それから除取されたMを又次の旅行に使いたい私の心です故、そんなにMはかからないことと思ひます。

あなたの御手紙に、津井の宝泉寺にあるといはれますものは、梅原氏が藝文にかいているものと同じじゃないかと存じられます。もしさうですと、この津井のものは、氏が中川原出土のものとして、かの淡路草所載の遺品の現存をしらせているものと存ぜられます。面白いもので、それのph.は同稿に出ています。

もし、お出でになられるやうでしたら、あなたのご都合上、土、日にかけての旅行にしませう。しかし、最初の日のべんとうは二度分持参して来て下さい。もしゆかれる様でしたら至急ご一報下さい。

また、それぞれ方へ、お願状を出すつもりです。御礼旁々右御さそひまで。　失礼

先日の聖陵山古墳のph.は森本君に、望塚のph.は喜田博士に差し上げて私は一枚ももっておりません。いつか又めぐんで下さい。

33　一九二七年六月四日　明石市大蔵谷山崎の直良信夫さんから神戸市神楽町の渡辺さん宛「大至急」の手紙

先日は失礼仕りました。

早速な御願ひですが、この淡路出土の石器の絵を青写真(1)（いつもあなたがおたのみなさる所で）にして至急御送り下さいませんか。十二枚ですから。それからこれに要したお金は、必ず申して下さい。すぐ御送り申したいと存じますので。実はあなたからとっていただいたph.はこちらで焼増しをさせようと思ひましたら、とても阿保らしい様な高いことをいひますので、あまりばかばかしく思はれましたので、あなたには折角御願してすみませんでしたが、絵にしまして、青写真にでもしようと思ったのです。この辺御諒承の上どうか一つ御願仕ります。あのph.の原板(2)（銅粒）は、私の原図として何れ淡路の銅鐸の研究を近日に発表しますので、そのときあれを発表したいと存じて仕ります。

多分発表する雑誌は史学にでもしようかと思っています。

右様の次第急に御願してすみませんが一つどうぞ御願仕ります。

御願ひまで。とりいそいで御願迄。
失礼
六月四日夕
直良
渡辺九一郎様侍史

（1）六月三〇日刊の直良さんの『中ノ御堂砂丘遺蹟』第4図の青写真。
（2）同写真。

34　一九二七年六月七日　直良信夫さんから渡辺さん宛の手紙（封筒不明）

御ハガキ拝受。前便で申し上げました如く、ph. のMは、いつもいつもうつしていただいても、そのまま失礼して居りますので、この間の ph. だけでもせめて（特に私がたのんだものです故に）その代金だけでもお払いしなくちゃすまんと思ったのでした。私としては気にかかってなりませんでした。毎度、御世話になりましても、一々失礼ばかりして居りますのをすまなく存じます。

尼崎(1)のは、別封の如く紹介状を入れて居きました。一往前以て、その期日を問ひ合せるか、さもなくば、ハガキででも、願状をあげておいた方がいいと存じます。そのわけをいって――。尼崎の電停からすぐ西になって居ります。

土器をつぎますには、水ガラス（硅酸ソーダ）と亜鉛華です。水グラスは飴のやうな透明な流動体で大きい化学薬品をうっています所ならあります。安いものです（しかし東京です）。それに少し亜鉛華（硫化亜鉛）を入れます。分量はいい加減でいいのです。それをもって相互の土器片がつく程度に硬くしてやらなければいけません。大きい所は石膏でやっておく方がとくです。しかし動かすとあまりいい結果はもたらしません。私から本興寺には一往ハガキでたのんでおいてあげませう。その方が或はいいかとも案ぜられますので――。

不取敢御返事まで。いまから明石の西にある砂丘(2)に或は遺物でもないかといふ、欲ばった気がしますので出掛けます。

失礼

（1）流水文銅鐸を所蔵している本興寺のこと。
（2）林村船上の海岸砂丘のことか。

35　一九二七年六月一一日　「明石　直良」さんから神戸市神楽町の渡辺さん宛「至急」のハガキ

先日はありがとう存じます。たしかに頂戴仕りました。御心を感謝仕ります。どうかあのph.のMだけでもお取り下さい。十二日のあさ八時前（七―八）に西代で下車して参ります故、停車場までお出下さい。あなたに上げる約束の石斧（重いものです故）をもって行ってさし上げます故。

36　一九二七年六月一三日　「直良信夫　菱江」さんから神戸市神楽町の渡辺さん宛のハガキ

昨日は参上致しまして何かと御世話に相成りました。御好志深く御礼仕ります。どうぞ、御家の皆様にもよろしく御伝へ下さいませ。呉々も御願仕ります。

失礼

摩耶のあのながめのすてきさを今でも私は頭に浮かべて居ります。半露式の都[1]のながめ私はすきです。いづれ又折をみましてもう一度参りたいと存じます。御久様[2]にもどうぞ宜敷御つたへ下さいませ。

昨日は主人が御邪魔しましてかつ御馳走になり沢山の御土産いただき厚く御礼申上げます。

（菱）

（1）外国人が住む建物が多く、半分ロシア式の市街地の意味か。
（2）渡辺さんの母親。

37　一九二七年六月二二日「明石　直良信夫」さんから神戸市神楽町の渡辺さん宛のハガキ

先日は失礼しました。昨日、林崎で奈良末期から鎌倉時代まで引きつづいて行はれた住居址[1]をしらべてかなり面白い史実をしりました。この址からは主として瓦のみが多出するのですが、それに混じって、祝部土器と弥生式系に属する土器の外に木炭、土錘（とても面白い形概のもの）等が出来ます。私どもの信じていました祝部及やよい式の土器が単に日本上古のもののみならずして、降って鎌倉時代までも使用せられたといふ事実を知りましたとき、私は原史時代の研究に、ある意味のたて直しをやらなくちゃならないといふことを感じました。こんどの日曜日に、一度この遺跡をさぐりにこられませんか。瓦はとても大きなやつがいくつもごろごろしています。

（1）明石市林崎村三本松の瓦窯跡。ここで焼いた瓦はその後、今里幾次さんらの研究で、京都の六勝寺に運ばれていたことがわかった。一九九七年には明石市教育委員会が良好な状態でのこっていた六基の瓦窯跡を発掘調査し、福原京や教王護国寺の瓦も焼いた一二世紀の大規模な瓦生産の場であったことを明らかにした。

38　一九二七年六月二八日　明石市大蔵谷山崎の直良信夫さんから神戸市神楽町の渡辺さん宛のハガキ

先日はほんとうに失礼しました。丁度手紙がおくれまして何んとも申しわけも御ざいませぬ。もし御出がわかって居りましたらおまち申しますのでしたのに、かへって来てその話をききまして、実は残念に存じました。せっかく、遠い所を御出下さったのに、まことにすまないとぞんじます。御海容下さいませ。こんどの日曜日には、きっと御まちして居りますから御出で下さいませんか。

神出のメッコ山[1]の方の頂上はとても豊富なヤヨヒ式土器の窯跡らしい形跡があります。多くの土器が塁々として大げさにいへば山をなしているといったってさしつかへない位です。オッコ、メッコの伝説についての考古学的研究は面白いものだと思われます。所謂メッコなるあの石は、上代の巨石崇拝の遺物だと思われます。しかしオッコ[2]の方の男根様石は、後人の附会物だと私だけには思われます。いづれ何かにかいてみたいと思ひます。（それからカメ棺埋没地のph.[3]をもう一枚めぐんで下さいませんか。そしてあなたの棺の埋没状態の実測図を至急にめぐんでくださいませ。）

（1）明石郡神出村雌岡山。
（2）同雄岡山。
（3）伊川谷村白水第二号円筒埴輪棺。

＊ 一九二七年六月三〇日 『中ノ御堂砂丘遺蹟』直良石器時代文化研究所所報、第三輯（謄写版、九頁、付図一頁、一五部）を発行。同書は直良さんが亡くなったあと、春成が編集し、直良『近畿古代文化論考』木耳社、一九九一年に収録した。

39 一九二七年七月一九日 明石市大蔵谷山崎の直良信夫さんから神戸市神楽町の渡辺さん宛のハガキ

この間は有難ふ存じました。みごとなph.[1]をめぐんで下さいまして感謝仕ります。（近いうちに御遊びに御出下さい）。淡路へは八月の末頃にしてはどんなでせうか。丁度八月の月はじめは皆留守で私一人になりますので。御都合をきかして下さい。そのときには由良要塞司令部へ撮影願を出しておかれる方がいいと存じられます。[2] 書式はあとで御しらせ致します。

（1）白水第二号円筒埴輪棺。
（2）当時、淡路の南端、由良村に軍事施設があったので、淡路島内での写真撮影には司令部の許可が必要であった。

＊ 一九二七年八月 京都府函石浜砂丘遺跡を松木勇さん（神戸一中卒業生で小林行雄さんの同窓生）と調査。

40　一九二七年八月二四日　明石市大蔵谷山崎の直良信夫さんから神戸市神楽町の渡辺さん宛のハガキ

今朝家内等がやっとかへって参りました。しかし、今月一杯学校の日直があるので、それがすんで行ってくれないかといふのです。僕はいつでもゆける身軽な方ですが、あなたの方のこともいろいろ御都合がありませうから、あなたの御都合のいいときにしたいし、又一面には私の方のこともありますが、何時が一番よろしいか、一寸御しらせして下さいませ。私としては九月一日頃から二日の予定で行きたいと思っていますが、この時分は例の二百十日頃です故、天候のことも気付かはれますが、たかのしれた旅行ですから決行しようかと思っていますが、御都合いかがです。キャンプは二人用のをもってかへりましたから御安心下さい。万一の防寒用のために、冬のシャツ上下一着とジャケツをもってきて下さい。そして食料は私の方で都合しますがあなたの御好きなものがあったら（別食物として）それを用意して下さい。

拓本はありがとう存じました。御好志を感謝仕ります。よくとれています。いづれくわしいことは御面接の折りにします。身支度は、出来るだけ軽装にして下さい。スポーツの上下にルックサックで結構です。ワラジをはくやうないでたちにして下さい。砂丘ですから。

41　一九二七年八月二六日　明石市大蔵谷山崎の直良信夫さんから神戸市神楽町の渡辺さん宛のハガキ

昨夕は電話は有難ふ存じました。

二十九日の正午過ぎに明石発、五時前に湊につきます。ついたらすぐ津井に出かけ、一方また砂丘上にキャンプするやうに準備しなくちゃなりません。

しかしその日がはげしい降雨でもありましたら見合せた方がいいかとも思ふて居ります。でない限りは是非決行します。身軽ないでたちで、なるべくワラジをはくやうにして下さい。クツは砂丘は歩きにくいし、遠路はとてもだめですから。それから毛布を一枚もってきて下さい。一日に約十里位は歩むつもりでいて下さい(1)。先ずは要用まで。いそいで。

(1) この時の調査結果を同年一〇月、直良さんは「淡路現存の銅鐸」と題して『歴史地理』第五〇巻第四号に発表。

＊ 一九二七年八月二九・三〇日 渡辺さんと淡路島に渡り、松帆村、福良町の遺跡遺物を調査。中秋の一日 大阪府中河内郡堅下村大県の多鈕細文鏡出土地を調査。

42 一九二七年一〇月二六日 明石市大蔵谷山崎の直良信夫さんから神戸市神楽町の渡辺さん宛のハガキ

先日は誠に御めんどうなことのみ申して相済みませんでした。御好意を厚く御礼申し上げます。皆様御変わりもなくいらせられますか。どうぞ宜しく申して下さいませ。

そして又誠に申しかねますが、例の土器(1)(いつか私が御めにかけましたもの) ph. をとりたいと存じますのですが、会社のおかへりしなにでも一寸トバに御よりして、キャビネの半分版位でなんぼ位でとってくれるだろうか、誠に申しわけもございませんが御聞して下さいませんか、御使立てをしまして誠に相済みませんがどうぞ御願仕ります。

御願迄。 失礼

(1) 吉田遺跡出土の底部のみを失っている木葉文土器の逸品のこと。

16　淡路松帆の浦の戎神社付近(直良さんのスケッチ。現在ここの目の前に明石海峡大橋がかかっている)

17　淡路松帆砂丘でキャンプ中の直良さん（1927年9月）

43　一九二七年一一月七日　明石市大蔵谷山崎の直良信夫さんから神戸市神楽町の渡辺さん宛のハガキ

御ぶさたをして居ります。

御変わりもありませんか。先日は御めんどうをお願ひしまして申し訳ありませんでした。御好意を感謝仕ります。誠に済みませんが雲根志のこと、[1]それから武庫郡か、どこかの目録[2]の中に（いつかあなたのお家で拝見しましたもの）銅鐸の写真のあるのがありましたが、その目録を少しおかし下さいませんか。いつかおかりしました雑誌等は大分よみ終りましたがまだ少しすみません。もっかあります故、もう少しおかし下さい。みんな一緒にしまして近々に御返へし申します故に――。御願まで。

二三日前多木氏蔵の銅鐸[3]の出土地について踏査しまして稀有な新事実を発見しました。

（1）木内石亭著。
（2）『武庫地方郷土史料目録』。
（3）加古郡望塚の銅鐸。

44　一九二七年一一月一九日　「明石」の直良信夫さんから神戸市神楽町の渡辺さん宛のハガキ

その後如何です。

神戸の古墳発掘をニュース[1]でみて、実見し得ないのを残念におもって居ます。十六日にベビー[2]が生まれたので、つまらないいそがしさに追はれて閉口して居ます。どんな按配か御しらせ下さい。漢鏡に鉄のヨロイはちょっとおかしい様に思はれます。もし鏡の拓本を御願できますれば二枚づつめぐんで下さい。その他のものも、御願まで。

悪筆失礼

（1）神戸市兵庫区夢野会下山二本松古墳を発掘したという新聞記事。
（2）長男の博人さん。

45　一九二七年一一月二六日　「Akashi　N_2」（N_2はNNつまりNaora Nobuoの意味）さんから神戸市神楽町の渡辺さん宛のハガキ

この間は誠に失礼仕りました。早速立派なph.をめぐんで下さいましたことを感謝仕ります。二本松の古墳は大抵丸山や得能山のと同一な文化を有して、ほぼ同じ年代のものと存ぜられますが、はっきりしたことは素より遺物をみてからでないとわかりません。得能山の人骨は宮本博士(1)の研究では、石器時代のによくにた所があるそうです。これと共にこの三のものが何れも竪穴式に先ず穴を掘ってそして墳をつくった所に又面白い所があるのだと存ぜられます。二本松のは少し全体が東にかたむいていました。そして、構造が蒲鉾型になっていたことも注意すべきだと存じます(2)。何より遺物をみなかったことが残念です。近日一度お遊びに御出で下さい。

（1）京都帝国大学医学部の宮本博人さん。
（2）一九二八年三月、小野直愛の筆名で直良さんは「兵庫県下に於ける最近の考古学的発見」『考古学研究』第二巻第一号に所見を発表。

＊　一九二七年一一月二六日　明石郡林崎村から明石郡大久保村西八木までの海岸を歩く。現生の貝類を採集するのが目的であったけれども、西八木海岸の崩れた礫層からメノウの石片を採集、旧石器の疑いをもつ。直良さんは、石片には「26. 11. 1926」と墨で書きこんでいる。しかし、昭和元年がきわめて短かったために、直良さんは昭和二年（一九二七年）のことを一九二六年とまちがってハガキにも記しているので、「26. 11. 1926」は『人類学雑誌』第四六巻第五〇号の記述をとって「26. 11. 1927」のまちがいであると考える。なお、西八木海岸で旧象化石を初めて採集した日を直良さんは一九二九年一〇月七日としているけれども、標本に書きこんだところでは、「30. 12. 1925」がもっとも古い。この標本は、直良さんの未発表原稿にも、

「直良信夫標本第2号　明石郡大久保村西八木馬田、大正一四年一二月三〇日採掘　右側上顎第3後臼歯」と記してある。直良さんの『日本哺乳動物史』一一七ページの「アカシ象の臼歯の埋没状態、明石市西郊にて著者採掘」の図がこの標本である。直良さんが西八木海岸を初めて訪れたのは、遅くとも一九二五年一二月三〇日までさかのぼることになる。

46　一九二七年一二月一四日　「Akashi　N_2」さんから神戸市神楽町の渡辺さん宛のハガキ

お変わりはありませんか。

さて、本月の二十日過ぎ頃の（多分二十五六日）一日を選んで、例の宍粟郡の銅鐸(1)をしらべに行きます。昨日伊和神社の神主さんからいつでもいらっしゃいといふ御返事でしたので、本月中に決行したいと存じて居ます。月末でご多忙でせうが、もしやりくりがつきますならば一緒に行きませんか。再び行くといふことは一寸困難の所ですからこの好機を逸さないやうに行ってきたいと存じますので。一寸御案内まで。

（1）　宍粟郡神戸村閏賀の銅鐸。当時は伊和神社蔵。現在、辰馬考古資料館蔵。

47　一九二八（昭和3）年一月一日　「明石」の直良信夫さんから神戸市神楽町の渡辺さん宛のハガキ

賀正
正月に御出下さることを心まちにまって居ります。三日の日に雨でも降りませんでしたら、板宿からひよどり越へを歩いて見たいと存じます。目的は先史の研究と源平の跡を味ふためです。御ひまでしたら、午前九—十の間に板宿のステーションでまっていて下さい。地図を用意して。

48　一九二八年一月四日　明石市大蔵谷山崎の直良信夫さんから神戸市神楽町の渡辺さん宛のハガキ

昨日はほんとに失礼仕りました。約束しました自ら破約仕りましたことを誠に申しわけなく御わびします。丁度二日の夕方東京から友人(1)が突然やって来てどうにもなりませんでしたのでした。昨夕六・四十の急行で神戸からかへりましたので、その足でお宅に御伺ひして御わびするつもりでいましたのですが夜分参上することも却って御迷惑をおかけしますと思はれましたので、心ならずも失礼仕りました。重々失礼を御わび仕ります。どうか悪しからず御海容下さい。

不一

（1）森本六爾さんのことか。

49　一九二八年二月七日　明石市大蔵谷山崎の直良信夫さんから神戸市神楽町の渡辺さん宛のハガキ

先達っては突然上りまして誠に御せわ様に相成御深志厚く御礼申し上げます。早速御礼仕るべき此の所家内の事から主人まで、一人でやって行かねばなりませんものですから、つい遅くなってすみません。御海容願ひます（御姉さんによろしく御ったへ下さいませ）。さて、こんどの日曜（十二日）にもし降雨でもありません限り最近（昨年十月）に発見された押部谷の純然たるアイヌ式土器の遺跡(1)の発掘に行きますが（この間の拓本及スケッチを感謝します）、一緒にあなたも行かれませんか。この間の休みに私は一度行きました（五日に）。有望ですし、発掘に少しのかかわりもありませんから。もし行かれます様でしたら拙宅にあさの六時半頃迄に御出下さい。あさめしもひるも私の方で用意しておきますから。約七里位歩く予定ですから、わらじでいらっしゃい。

（1）明石郡押部谷村（現在、神戸市西区押部谷町）元住吉山遺跡。明石警察署長で明石史談会長の宮崎俊男さんが前年一〇月に発見。直良さんは二月五日、二月一二日、三月二一日の三回にわたって発掘、一・二回目の結果を一九二八年五月に、「播磨国押部谷村元住吉山の遺蹟について（予報）」と題して『人類学雑誌』第四三巻第五号に発表。三回目は一九二九年二月、「兵庫県下における二つの石器時代炉について」と題して、城崎郡新田村中ノ谷貝塚の炉跡と合わせて、『人類学雑誌』第四四巻第二号に発表した。その後、小林行雄さんがこの遺跡の縄文土器につよい関心をもち、直良さんから資料を借りて研究し、一九三九年一〇月、佐々木謙・小林「出雲国森山村崎ヶ鼻及び権現山洞窟遺蹟」『考古学』第八巻第一〇号にその成果を発表、元住吉山式土器と命名した。

50　一九二八年四月一日　「明石市　直良信夫」さんから神戸市神楽町の渡辺さん宛のハガキ

御変りもありませんか。

大分春らしくなりました。一度やってこられませんか。

your sister の御目度はまだですか。

それから二本松古墳(1)の出土品を最近みたいと思ふのですが、いまどこに保管してありますか。御めんどうですが一度電話にでもたづねて見て下さいませんか。四月の十日頃までに一度日曜以外の日に見たいと思ひます故、御願仕ります。皆様によろしく。

早々

（1）　神戸市兵庫区会下山の二本松古墳。43の註2。

51　一九二八年四月九日　「明石　直良」さんから神戸市神楽町の渡辺さん宛のハガキ

御便り感謝仕ります。

御目出度ふ存じます。御達者の砌、何より結構です。何卒よろしく申して下さい。その内一度上り度いと思って居ります。

伊和神社付近の銅鐸はとうとう実査を思ひ立って、やや無理でしたが実踏して来ました(1)。おさそひしようと思って居りましたが、三月にはおとりこみがあるといふことをしっていましたので、御さそひしませんでした。一度御遊びに御出下さい。　失礼

（1）その結果を直良さんは一九二八年三月、小野直愛の筆名で「兵庫県下に於ける最近の考古学的発見」『考古学研究』第二巻第一号、一五～一七頁に紹介、さらに同年五月、「閏賀発見の銅鐸とその出土状態」と題して、『考古学研究』第二巻第二号に発表した。

＊　一九二八年四月一五日　明石郡伊川谷村白水で円筒埴輪棺の「四号棺」を発掘。

52　一九二八年五月一日　「Akashi　N_2」さんから神戸市神楽町の渡辺さん宛のハガキ

ごぶさたして居ります。皆様御達者ですか。私事多繁、閉口して居ります。

例の合口棺(1)の中から意味ある上代遺物を大分沢山もってかへりました。日曜日毎にでかけては、こつこつやって居ります。こんどの日曜日でも、ぜひ一つやって来られませんか。

at Akashi　N_2　1 May

（1）明石郡伊川谷村白水の第四号円筒埴輪棺。一九二八年四月一五日発掘。「埴輪円筒の合口棺」『考古学』第一巻第四号、一九三〇年と「考古秋想」『古代文化』第一三巻第一一号、一九四二年に発表。

53　一九二八年六月七日　「Akashi　N_2」さんから神戸市神楽町の渡辺さん宛のハガキ

この間は失礼しました。

切抜きは有難ふ存じます。図書館から四日の日付で礼状が来ました。御手数をかけて相済みませんでした。最近一度上神したひつもりです。不取敢御礼まで、皆様にどうぞ宜敷御鳳声下さいませ。御大切に。草々

＊　一九二八年七月三一日　兵庫県城崎郡新田村中ノ谷貝塚を調査。一九三〇年一一月、『山陰道発見の縄紋式土器』に発表。
八月一日　鳥取県気高郡賀露村の長者屋敷砂丘遺跡を踏査。銅鏃などを採集。

54　一九二八年九月二〇日　明石市大蔵谷山崎の直良信夫さんから神戸市神楽町の渡辺さん宛のハガキ

大変御ぶさたして居りますが、御変りも御ざいませんか。

一度御出かけ下さい。七月から八月にかけて小生山陰を歩いて来ました。八月には森本がやって来て(1)、得能山古墳の再調をやりました(2)。最近、摩耶の秋のすがすがしさを味ひたいと思って居りますので、この次の次の日曜日にでも御邪魔したいと存じて居ります。

失礼

（1）当時、東京市麻布区龍土町五九に住んでいた森本六爾さん。森本さんの日記によれば、一九二八年八月「一四日、晩方明石についた。友のない友は、はなしとものの材料を準備して、僕を待っていた。味醂を食卓に据えて、明石の海を眼下に眺めながら、考古学をかたる」。そのあと、二人で連れだって舞子踊りを見に出かけ、帰ってからまた語り合っている。そして、翌一五日には、直良さんの案内で白水の円筒埴輪棺を調べに行き、夜一〇時明石を発っている。
（2）森本さんは最初の調査結果を、一九二四年一〇月に「得能山古墳」と題して『考古学雑誌』第一四巻第一三号に発表。しかし、再調査の結果は未発表のまま終わった。

55　一九二八年九月二四日　「Akashi　N_2」さんから神戸市神楽町の渡辺さん宛のハガキ

先日はいろいろ有難ふ存じました。

かへってからしこたまブドーを食べましたら早速ややはげしいはらいたをやって閉口しました。でついつい筆不精になりましてすみませんでした。得能山の石室はいままでの人々の実測が、間違っていることに気付きました。いづれまた近日に出かけて、一つその間違っている所を指摘して大いに論じてみたいとも思っています。一度御来遊下さい。

56　一九二八年一〇月五日　明石市大蔵谷山崎の直良信夫さんから神戸市神楽町の渡辺さん宛のハガキ

先日は御会ひ出来ませんで残念しました。実はあの日、須磨の岡崎氏のもっています神種出土の銅鐸[1]を見てからのかへりしなでしたのです。あなたをおさそひしますつもりでしたが、紹介をたのんでいました県の太田氏からの返事が一向ありませんでしたので(もしだめの場合申しわけないと思ってやめたのです)、どうかと案じつつ行きましたがうまく見せてもらへて僕は悦んで居ます。めづらしいものです。こんどの休みには、例の棺を掘りに行きますので、そちらへは参りませんが、あなたはどうです。お遊びに来られませんか。それからすみませんが、朝鮮から出た鉄鏃の実測図を至急私にめぐんで下さいませんか。それと共に、あの第二号棺の実測図も。皆様によろしく御申しつたへ下さい。

不一

(1)　明治一九年頃、飾磨郡夢前町神種で吉田清次郎さん発見。岡崎忠雄さん旧蔵。戦災をうけて焼失。太田陸郎さんはこの銅鐸について一九二八年九月、「播磨国神種発見の銅鐸」『考古学雑誌』第一八巻第九号を発表、その後一九二九年六月、「播磨神種発見の銅鐸」『考古学研究』第三年第一号、の補訂稿を発表。舞の二孔の縁がすりへっている事実に直良さんは注目して、舌を下げた痕跡とみなし、そのことを「横帯紋式の銅鐸」『歴史地理』第五六巻第一号・第二号、一九三〇年七、八月に書いている。

57　一九二八年一一月一八日　明石市大蔵谷山崎の直良信夫さんから神戸市神楽町の渡辺さん宛のハガキ

先日は御多忙にもかかわらず御めんどうなことを御きき取り下さいまして御好志感謝仕ります。(二十一日(日曜)雨ならば延期します)今度の二十二日(月曜)に、図書館にしらべものに参りますので、夕方(四時すぎ)一寸御邪魔して、例の棺桶のスケッチをさして下さい。おそくなりまして失礼申しましたが、一寸御礼かたがた御願まで。

不一

58　一九二八年一二月二〇日　明石市大蔵谷山崎の直良信夫さんから神戸市神楽町の渡辺さん宛のハガキ

寒くなりました。
御達者ですか。皆様も?
大歳山の向ふ側でとうとう銅鐸が出ました。[1] あなたが石槍を拾はれた[2]少し北方の道ばたです。休日にぜひお出になりませんか。私は、もうみて来ました。およその報文をかいて居ります。[3]
皆様にどうぞよろしく御つたへして下さい　失礼

（1）　明石郡垂水村山田投上。一九二八年一一月二〇日頃発見。
（2）　垂水村山田毘沙門塚。直良さんが亡くなったあと春成が編集して刊行した『近畿古代文化論考』（一九九一年、木耳社）巻頭写真2の右上端の石器。安山岩製。
（3）　直良さんは宮崎俊男さん（明石史談会）からの通報で一二月一八日・一九日に義弟勇二さん（当時、立教大学生）と現地を訪ね、銅鐸の図、出土地付近の実測図を描き、一九日付で報告文をまとめている。直良さんは勇二さんと連名で、一九二九年二月、「垂水村新発見の銅鐸とその出土状態」の題で、『考古学雑誌』第一九巻第二号に発表した。

59　一九二八年一二月三一日　「直良」さんから神戸市神楽町の渡辺さん宛のハガキ

昨夜は誠に失礼仕りました、おそくまで御邪魔仕りまして誠に申しわけ御座いません。

さて、二日の例の旅行は、家内が学校[1]の日直にあたる由をかへってきてきいて残念しました。で、誠に申しわけありませんが五日にしたいと思ひますがいかがですか、御都合をおしらせ下さい。しかし二日にはお遊びにお出下さい。

（1）　市立明石高等女学校

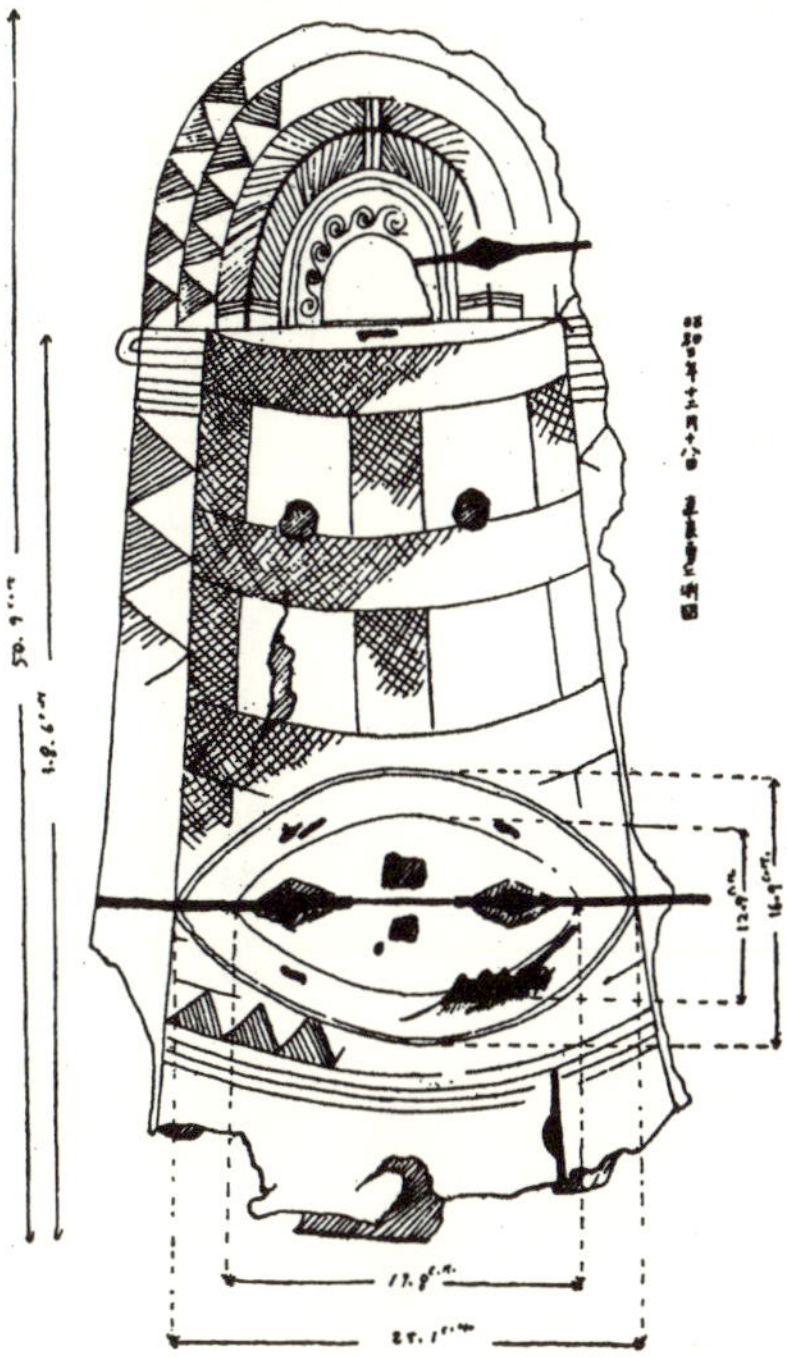

18　垂水村投上発見の銅鐸（一九二八年一二月一九日、現地で実測）

19　投上銅鐸の出土地（左 勇二さん、右 信夫さん。1929年、渡辺さん撮影）

60　一九二九（昭和4）年一月一日　明石市大蔵谷山崎の直良信夫さんから神戸市神楽町の渡辺さん宛のハガキ

お正月が参りました御目出度う御座います
本年も相変らずよろしく御交誼の程お願申上ます
昭和四年一月元旦

明石市大蔵谷山崎二〇九六（仮寓）
直良信夫
音
美恵子
博人

＊　一九二九年一月五日　渡辺さんと、直良勇二さんと垂水区投上の銅鐸出土地を踏査。渡辺さんは現地の写真を撮影。

61　一九二九年一月一三日　「直良」さんから神戸市神楽町の渡辺さん宛のハガキ

御変りも御ざいませんか。

五日に御出下さるかとまって居ましたがとうとう御出下さいませんでした。最近一度御遊びに御出下さい。私その後カゼをひいてよわって居ます上に子供がハラをこわしてよわって居ます。

みな様によろしく御伝へ下さい。

不一

＊　一九二九年二月一一日　垂水区投上の銅鐸出土地を踏査。

62　一九二九年三月一日　明石市大蔵谷山崎の直良信夫さんから神戸市神楽町の渡辺さん宛のハガキ

こないだ(1)は失礼しました。

結果はどんなでした。うまくゆきましたか。何かいいものでも砂丘でみつかりましたか。私はあれからとても難行をやりました。行程三里で、とうとう時間がなくなり自動車をとばして三里の道を終わりました。収穫の面白いお話しをきかして下さい。

（1）　淡路行き。

63　一九二九年三月一九日　明石市大蔵谷山崎の直良信夫さんから神戸市神楽町の渡辺さん宛のハガキ

こんどの日曜日（二十一日）に朝、上神しますので、おじゃま致したいと存じます。（お宅には午後まいります）淡路から一寸毛色の変った金属品(1)が出ています。いづれくわしくはお目にかかってから。皆様にどうぞよろしく御願仕ります。

（1）　松帆砂丘採集の錫分の多い青銅製の丸玉のことであろう。

64　一九二九年三月二七日　明石市大蔵谷山崎の直良信夫さんから神戸市神楽町の渡辺さん宛のハガキ

お大切な御品永いことおかり申しました。御好情深謝仕ります。おかげで大変たすかりました。松帆の遺跡の研究報告を至急に御発表願へませんか。御返事下さい。

草々不一

65　一九二九年四月七日　明石市大蔵谷山崎の直良信夫さんから神戸市神楽町の渡辺さん宛のハガキ

淡路の件は、「石金併用時代に於ける淡路の遺跡」として、私と共におかきになりませんか。いつかの聖陵山のやうな具合で御気に召さなんだら、部分をきめて各の受持ちとして、その処だけを執筆することにしてはいかがです。御返事をまって居ります。六日夕森本[1]が来ました。石金併用時代といふ事について、かなり私と論じ合ひました。考古学研究は五日に出るそうです。それから、おかりして居ます写真のうち、第二号棺出土の状態のpht. が「考古学研究第二輯」に出ていますのと違って居りますが、もしいい方をおもちでしたら、一枚写真屋にやかして下さいませんか。Mはすぐ御送り申します故に。御願ひまで。

さようなら

（1）　森本六爾さん。

66　一九二九年五月二七日　明石市大蔵谷山崎の直良信夫さんから神戸市神楽町の渡辺さん宛のハガキ

昨日は突然上りまして誠に失礼仕りました。御好志御礼申し上げます。どうか拙宅へも御来遊下さる様おまち申します。おかあさま、おねえさまにもどうぞよろしく御つたへ下さい。

失礼仕ります。

67　一九二九年六月三日　明石市大蔵谷山崎の直良信夫さんから神戸市神楽町の渡辺さん宛のハガキ

御返事がおそくなりました。御海容下さい。

源平の目録を心から御礼を申し上げます。

花はヂキタリスといひます。これからとったくすりはヂキタミンといふ、げきやくです。薬局法に依って、このくすりは薬剤師の外とり揃ふことを禁じています。

とにかく、オホバコを煎じて根気よく召して御らんなさい。(1) かげ干しにしてお茶のやうに召したら、きっといいと存じます。これは私共の久しい間のけいけんからです。

原稿はもう大半出来ました。鐸の論文(2)をかくのに少し手まどりました。最近スピードをかけてやります。おそくなりました。御許し下さい。

（1）腹痛に渡辺さんがかかったらしい。
（2）直良「石器其他を出土せる日本上代の遺跡と銅鐸との関係」『考古学雑誌』第一九巻第八号（一九二九年八月）に発表。

＊一九二九年八月一日　鳥取県気高郡賀露村の長者屋敷砂丘遺跡を踏査。
八月五日　京都府竹野郡浜詰村の砂丘遺跡を踏査。
八月六日　鳥取県東伯郡北条村米里の銅鐸出土地を調査。
八月二〇日　西八木海岸で旧象化石片と「いかにも石器らしいもの」を採集する。
一〇月七日　西八木海岸の礫層から礫と化した旧象の臼歯片を採集する。

68　一九二九年一〇月二四日　明石市大蔵谷山崎の直良信夫さんから「神戸市西代天児《アマコ》病院奥」の渡辺さん宛ハガキ

御ぶさた申しています。

御変り御ざいませんか。

さて、こんどの日曜日（二七日）にもし降雨でもありませんかぎり御邪魔に上りたいと思っています。

午前中に。一寸御報かたがた御願いまで。

失礼

69　一九二九年一〇月二七日　明石市大蔵谷山崎の直良信夫さんから「神戸市西代大谷町三丁目一ノ一八」の渡辺さん宛のハガキ

本日は大変長居申しまして失礼仕りました。御丁重な御世話様に相成御好志深謝仕ります。かへりがあまりおそくなりましたからとうとう小林氏[1]の家へはよれませんでしたので本日書留で送っておきました。お母さんにどうぞよろしく申して下さい。

（1）小林行雄さん。神戸高等工業学校建築科一年生、一八歳。神戸市兵庫区雪御所町一五二に居住。

70　一九二九年一一月一四日　明石市大蔵谷山崎の直良信夫さんから「神戸市神楽町二丁目四八番地吉田留次郎様内」の渡辺さんあての手紙

拝啓大変涼しくなりました。皆様には御変りも御ざいませんか。いつもいつも御ぶさた勝ちで失礼して居ります。長い間御大切な本をおかり申して誠に相済みません。四・五日おかりさしていただくつもりがついこんなに長引いてしまひました。本日おかへししやう、今晩小包にしやうとしている間に、いつのまにか二ヶ月近くにもなってしまひました。全く相済みません。私のずぼらをどうか御海容下さい。決して悪気からではないのですから。本日たしかに鉄道便で御返却仕りましたから御受取下さい。伏して、今度のふしだらをおわび申します。御許し下さいます様、祈ります。

この夏どこへ行かれましたか。私は山陰をまた歩いて来ました。函石出土の例の縄文土器をとうとう見て来ました[1]。これをみましたのは辰馬氏と私だけだといひました。最近、明石の西の地質の研究をやっています。之は旧石器の研究をしたい一念からです。

とうとう今年は大きい旧象の臼歯化石一ヶと小さい破片を一、（昨年のと合わせて三つ）を得、同時にタニシ、カラスガヒ等の化石を得ました。(2) いよいよもって、この低丘が第三紀の終（鮮新世）から第四紀のはじめにかけて、一度湖沼のようなものであったことをたしかめました。之等の動物化石は泥炭層からでます。この地層から私がさがしています様なものが発見されるのもあまり不可能ではなくなった様に思はれます。現に私は、不鮮明な石片一ヶを之等のものの存在していた断崖の下の波打際で拾ってかへりました。(3) そろそろ油がのってきそふです。いかがです、一度一緒に行かれませんか。私の家からはあまり遠くはありません。大久保村の中になっています。

秋です。うんとやってみたいと思っています。前方後円墳外形の起源でもかいて森本君と論争してみやうかとかんがへています。(4) 例の白水の甕棺はその後、かなり研究がすすみました。資料もずっと増加しています。気ながくひっこくやるのにかぎると思っています。

御ぶさたおわび旁々御礼まで。失礼をお許し下さい。

おかあさんにもくれぐれよろしく御つたへ下さい。

敬具

十四日　直良信夫拝

渡辺九一郎様侍史

(1) 直良『山陰道発見の縄紋式土器』に発表。
(2) 明石郡大久保村西八木から江井島村東江井にかけての海岸。
(3) 西八木海岸で採集したメノウの石片。
(4) 森本六爾さんは一九二六年一一月に「前方後円墳の外形の起源について」を『考古学雑誌』第一六巻第一一号に発表。このことについて直良さんはなにも書いていない。白水の夫婦塚古墳の夫塚と妻塚が前方部端を接して築いていたらしいことと白水の円筒埴輪棺の形が類似していることからヒントを得て、前方後円墳の外形について、考えるところがあったのだろう。前方後円墳の外形は朝顔形円筒埴輪の棺の形を写したものだという主張ではなかったかと想像する。

71　一九二九年一一月一六日　明石市大蔵谷山崎の直良信夫さんから神戸市神楽町の渡辺さん宛の手紙

御芳墨有難ふ存じます。

殊によりますと松帆のみの報告にしやうかと思って居ります。私にはぜひこの遺跡についての資料を記録として残しておきたいと思ふ心が切なるものがあります。それは、私の青銅器文化に対する研究からに外ありません。あたまの中では大体草稿はできています。御気に向きませんようでしたら不本意ですが自身でもかき上げたいと思って居ります。

おかり申して居ります phot. の乾板は誠におそくなりました。丁度銅鐸のみの分がよくとれていませんので、もう一枚焼付けに写真屋にやっていますのですが、それがまだ出来て居りません故、ついついこんなに遅くなって参りました。で一応他の分をおかへし申したいと存じますから御受取下さいませ。右の鐸の分のみはもう少しおかしして下さい。出来次第、すぐにおかへし申します故に、誠に相済みません。

となりの家（私の）がまだあいて居りますが、御気に召したらお越しになりませんか。家ちんは十二円ですが、もっと安く（十円か十一、二円位に）まけさしてあげるやうかけ合ってみませう。

72　一九二九年一一月一九日　明石市大蔵谷山崎の直良信夫さんから「神戸市西代大谷町三丁目」渡辺さん宛の手紙

先日は失礼しました。原稿[1]はいただきました。近日学会の方へ送っておきます。

淡路はもう一度近いうちに行って来たいと思っています。吹上砂丘[2]もぜひ見て来たいと存じます。あそびにこられませんか。お母さまにもよろしく御伝へ下さい。

不一

（1）直良・渡辺「淡路松帆及同福良の遺跡」、『考古学雑誌』第二巻第一号、第二〇巻第三号に発表。

（2）一九三一年九月、直良さんは「淡路国吹上海岸の砂丘地帯遺跡と遺物」『史前学雑誌』第三巻第四号に発表。

＊　一九二九年一二月七日　直良さんは西八木の礫層から「石器」を見つける。
一二月一四日　直良さんは西八木海岸の屏風ヶ浦粘土層から哺乳動物化石を多数採集。

73　一九三〇（昭和5）**年一月一日**　明石市大蔵谷山崎の直良信夫さんから「神戸市大谷町三丁目一ノ一八」の渡辺さん宛のハガキ

賀正

一月一日

直良信夫

74　一九三〇年三月二六日　明石市大蔵谷山崎の直良信夫さんから「神戸市西代大谷町三丁目(天児病院奥)」の渡辺さん宛のハガキ

御送り下さいました本たしかに本日頂戴仕りました。
考古学雑誌の三月号(1)をさし上げますから購入しないでいて下さい。
お母さんは御達者ですか。よろしく御申して下さい。御大切に。

さようなら

（1）直良・渡辺「淡路松帆及同福良の遺跡（二）」を掲載。

＊　一九三〇年三月九日　奈良県磯城郡川東村の唐古遺跡を訪ね、小発掘。勾玉形の錫?製品を得る。
四月　三月下旬から森本六爾さんは北九州へ調査旅行、福岡県須玖岡本遺跡で甕棺を発掘。帰途、四月に直良さんを訪ね、玉津村吉田の木葉文のある土器を実見し拓本をとる。この時に直良さんは小林行雄さんを森本さんに引き会わせたらしい。森

本さんの要請で小林さんは吉田の土器を実測、森本さんは一九三〇年五月刊の『考古学研究』第一巻第三号に発表した「長門発見の一弥生式土器」にその図を載せている。小林さんは『考古学』第一巻第二号に「直弧文私考」を発表し、森本さんが注目していた研究者であった。しかし、その時、小林さんは神戸高等工業学校建築科　の二年生、まだ一九歳の青年にすぎなかった。

五月一〇日　『銅鐸と石器伴出銅鏃との関係』直良石器時代研究所所報第四輯（謄写版刷、一六頁、付録四頁）を発行。

75　一九三〇年五月一五日　「明石」の直良信夫さんから神戸市西代大谷町の渡辺さん宛のハガキ

皆様御達者ですか。
来る日曜日の午後早く一寸御邪魔仕ります。
いづれその節。お母さまによろしく申して下さい。

失礼

76　一九三〇年五月二〇日　明石市大蔵谷山崎の直良菱江さんから神戸市西代大谷町の渡辺さん宛の手紙

前略御免下さいませ。
一昨日曜には主人が御邪魔いたしましてその節にはいろいろと御馳走様になりましたよし、いつもいつも御心つくしにあづかりまして誠に有難く厚く御礼申上げます。御宅様に上がりますことは親類以上な親しみをもって居りますもの故、いつもよろこんで居ります。ことにお母様とお二人での何くれとない御心ぞへいただきますことをこの上もなく嬉しく存じて居ります。帰ります折には私に珍しい有馬の郷玩麦藁細工御恵み下さいましたし又御母様の御手製になったとちの餅粉も沢山にいただきまして重ね重ね御礼もうしあげます。早速昨夕御団子をつくって家族一同賞味いたしました。ことに二人の子供は大よろこびでいくつもいくつも欲しがり、とうとう夕餉もたべないで団子許りで満腹いたしました。本当に有難う御座いました。どうか御母様に皆が大よろこびいたしましたことをよろしく御伝えいただきますやう御願申上げます。有馬の麦藁細工は大部分東京大森と連絡がありますよし、又城ノ崎の細工とも非常な関係である由で御座います。

折角どこかの麦藁細工がほしいと思っていた折柄で大変よろこんで居ります。こうして皆様の御力添へで好きな郷玩が集まることは何ともいへぬ嬉しさで御座います。有馬の郷玩の一つとしては人形筆があるそうで御座いますので一度たづねてみたいとかねがね思っております。尚今後ともどうか宜しく御願申し上げます。

又日曜の御ひまの折、当方へも御こし下さいます様御まちして居ります。先ずは右御礼まで。

五月二十日朝

直良菱江

渡辺九一郎様

77　一九三〇年六月一一日　明石市大蔵谷山崎の直良信夫さんから神戸市西代大谷町三丁目（天児病院奥）の渡辺さん宛のハガキ

先日は大変御邪魔仕りました。御好志有難く御礼申上げます。玉作の本[1]をつい長くおかりして申わけもありません。ぢきにお返へし致しますつもりで居りましたのに、とうとう約束を破ってしまひました。なんとも申しわけもありません。つい棺の調査[2]に深入りしましてこんなに失礼しましたのです。お許し下さい。四・五日うちにはきっと御返へし申します。何卒御海容下さい。又本日は例の図有難ふ存じました。厚く御礼申上げます。

一筆御わび旁々御礼申し上げます。何れ又、お母さまにどうぞよろしく御伝へ下さい。

（1）浜田耕作・梅原末治・島田貞彦『出雲に於ける上代玉作の遺跡と遺物の研究』京都帝国大学考古学研究報告、第一〇冊。
（2）白水の埴輪棺。

＊　一九三〇年八月四日　島根県芳賀郡上府村字城山の銅鐸出土地を調査。

78　一九三〇年九月一五日　明石市大蔵谷山崎の直良信夫さんと菱江さんから神戸市西代大谷町三丁目一の一八の渡辺さん宛の手紙

先日は大変結構なる御品を頂戴仕り候。深く御礼申し上げ、いつも誠に申しわけも無之候。目下小生の手許に米国種の早生スイクワ、露路用メロン、支那スイクヮ等の種少しく残余有之候に付き、もしお植えなされ候へば少許にて申しわけ無候へ者、オクラと共に御送り仕る可く候。御返事賜らば幸甚に御座候。

それから理研の感光紙の代とうっている所とを一寸御教賜り度御願仕候。

先日はわざわざ御訪ね下さいまして有難う御座います。その節は又結構な御菓子をいただきいつもいつも何かと御厚情に預りまして誠に有難く厚く厚く御礼申上げます。折角御こし下さいましたのに主人は先約のため外出いたしまして御心にそふこともできませんで相すまぬことと深く御わび申上げます。いつもいつも御こし下さいます折、御宅様に上がりました折には主人は非常によろこんでくりかへしくりかへし心のよろこびを口にいたして居ります様な次第、先日も中八木[1]にゆきましたことを残念がって相すまぬすまぬと申して居りました。何卒御許しいただきますやう、そしてどうか又御ひまの折御こし下さいます様御待ちいたして居ります。あの日も私は中八木に御いでになったこととのみ存じ夕方には御かへりかと心待ちいたして居りましたのにすでに御帰りになったよし承りまして本当に相すまぬことと主人と共に深く御わび申し上げます。一度神戸に出かけ御邪魔いたしお母様にもおめにかかりたいとかねがねと存じつつ失礼いたして居ります。お母様にもどうか御ひまの折御こしいただきますやうよろしく御伝えの程御願い申上げます。

先ずは右御礼をかね御わびの一筆まで　かしこ

菱江

（1）大久保村中八木の動物化石産地。

79　**一九三〇年九月二八日**　明石市大蔵谷山崎の直良信夫さんから神戸市西代大谷町の渡辺さん宛のハガキ

皆様御達者の由大慶に存じます。先日奈良へ行かれました由、僕もあの会(1)には行きたいとは思い乍らつい行かれなかったのでした。その後何か面白い御発見はありませんか。すずしくなりましたのでこれからぼつぼつ僕も歩きます。どうです、吉田の遺跡へ一緒に行きませんか。神戸で博らん会がありますので(2)、一度行きたいと思っています。何か私共に参考になりますものがありましたか。十日間に、長い原稿三つ(3)書かされて閉口しました。播磨文化研究会といふのが出来ました(4)（東京から）。差し支へがありませんでしたら入って下さい。お母さまによろしく。西瓜はできましたか。

（1）不明。
（2）大丸デパートで神戸史談会が主催して一〇月二一日から三一日まで開いた神戸懐古展覧会。直良さんはこの会場で神戸市長田区名倉町の平盛俊塚の傍らで川辺賢武さんが採集した縄文土器の破片に注目した。そして、一一月九日、太田陸郎さんの案内で現地を踏査したあと原稿を書く。
（3）直良「石製磨鏃の研究」（『考古学雑誌』第二〇巻第九号）、「銅鐸文化終相の研究」（『史学』第九巻第四号）、「山陰道発見の甕棺」（『考古学』第一巻第五・六号）の三編のことであろう。
（4）姫路出身の浅田芳朗さんが会を創る。直良さんは一一月発行の会誌『播磨文化資料』第一号に直良陽里の筆名で「姫路千代田町貝塚」を寄稿している。

＊　一九三〇年一一月一六日　『山陰道発見の縄紋式土器（附、大和唐古遺跡発見の弥生式土器一片の絵画、摂津神戸市名倉町発見の土器一片）』直良石器時代文化研究所所報、第五輯（謄写版刷、三〇頁、図版二頁、二〇部）を発行。

後藤守一さんは『考古学雑誌』第二一巻第一号（一九三一年一月）の彙報欄で取りあげて、次のように紹介している。

「由来山陰の地は縄文土器の発見を伝ふるの遺蹟が極めて乏しく、僅かに丹後函石と但馬中谷の二地に過ぎず、しかも函石の如きは一時其の事実を疑われた程であった。直良君は、此の情勢を顧み、努力、因幡に於いて更に二遺蹟より縄文土器を検出すると共に、函石に於ける事実を確かめ、是等四遺蹟出土の土器について総合的記述を試みられたのが本書である。」

森本六爾さんは『考古学』第二巻第一号（一九三一年二月）の新著紹介欄で、縄紋土器の発見に恵まれない山陰の四遺跡の資料を紹介し、総括的に論じた直良さんの労を多とし、次のように書き添えている。「著者は明石にあって力作を続々として中央学界に寄せられつつある。其の努力には敬服すべきものが多い。自重いよいよ研究を進められむことを祈る。」

80

一九三一（昭和6）年一月一日　明石市大蔵谷山崎の直良信夫さんから神戸市大谷町の渡辺さん宛の年賀状

謹賀新年

昭和六年一月一日

明石市大蔵谷山崎二〇九六

直良　信夫

音

美恵子

博人

森本君からパンフレット(1)をことづかっています。

正月のお休みはぜひ御出下さい。小生ずっとDiluviumの研究(2)をやっています。

ぜひ御出下さい。

（1）　森本六爾さんの『北九州弥生式土器編年』『考古学』第一巻付録、一九三〇年一〇月刊。

（2）　洪積世（現在はPleistocene更新世を用いる）。

20　自宅で勉強中の若い日の渡辺九一郎さん

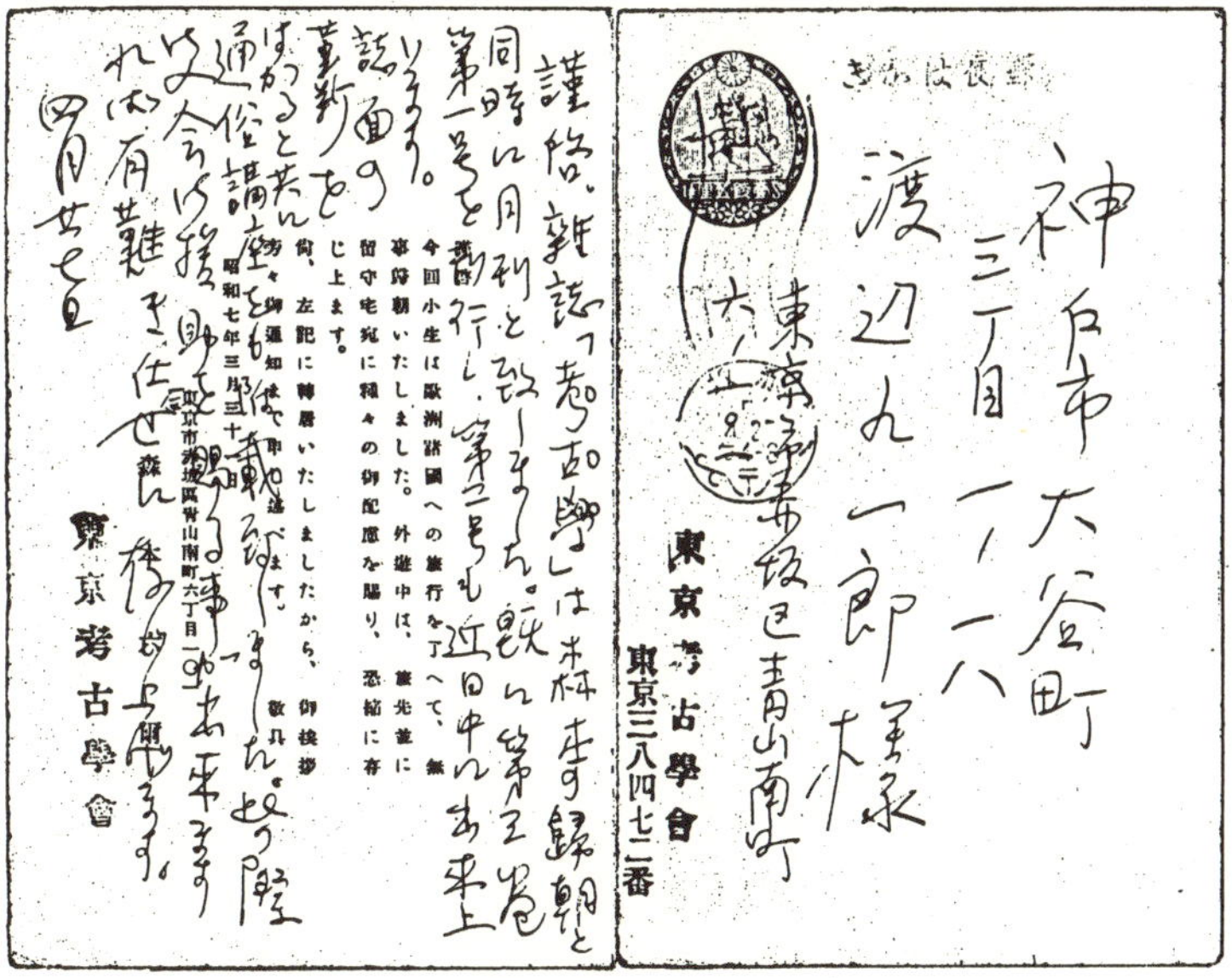
神戸市大谷町三丁目一一八
渡辺九一郎様
東京考古學會
東京三八四七二番

21　東京考古学会から渡辺さん宛のハガキ
（添書きは森本ミツギさん、1932年 3 月31日）

81　一九三一年三月三日　明石市大蔵谷山崎の直良信夫さんから神戸市西代大谷町の渡辺さん宛のハガキ

大変御ぶさた仕候皆様御変りも御座なく候。

さて御多忙中申しかね候共松本博士著書（主として東北大学報告（1））に出て居候。日本石器時代の動物種名（原名と和名）を至急抜書御高教賜はり度是非御願い申し上候。

大変恐縮に御座候へ共至急御願仕候。御母上様に宜敷御伝へ候。

草々不一

（1）　松本彦七郎「陸前国登米郡南方村青島介塚調査報告」『東北帝国大学理学部地質学古生物学教室研究邦文報告』第九号、一九三〇年。

82　一九三一年三月一〇日　明石市大蔵谷山崎の直良信夫さんから神戸市西代大谷町の渡辺さん宛のハガキ

拝復

先日は御多忙中にも拘らず早速御高示被下御芳情深謝仕候。御蔭を以て大変大助り仕候。重ねて御礼申し上候。小生例の Palaeolithic 二・三日中に大学へ送る（1）つもりに有之候。

一筆御礼申し述候。

敬具

（1）　直良さんは「播磨国西八木海岸洪積層中発見の人類遺品」の原稿を東京大学の松村瞭さんに送る。

＊　一九三一年四月一八日　直良さんは明石郡大久保村西八木海岸で人の腰骨片、いわゆる明石人骨を採集。

83　一九三一年四月二八日　明石市大蔵谷山崎の直良信夫さんから神戸市西代大谷町の渡辺さん宛の手紙

拝啓
先日はわざわざ御来訪下され候処大変失礼仕り候。丁度前日来約束仕り居り候ため心ならずも失礼仕り候段何卒悪しからず御寛容被下度伏して御願仕り候。現場に参り候とても当日はただ小生は案内役に候ため一向研究等は仕らず候も少しく哺乳類化石を得申候。(1)
不取敢一筆失礼御わび申上候。　敬具
二十八日　直良信夫拝
渡辺九一郎様侍史

(1)　直良さんが四月下旬に西八木海岸の人骨を採集した現場に誰を案内したのか不明。京都人類学研究会は五月一〇日、徳永重康さんは六月二日、松村瞭・大島（須田）昭義さんは六月六日に案内している。

＊　一九三一年五月・六月　直良さんの「播磨国西八木海岸洪積層中発見の人類遺品」が『人類学雑誌』第四六巻第五号、第六号に載る。
八月　淡路島に渡り、三原郡阿万村葦生浜の吹上砂丘遺跡を踏査。

84　一九三一年一一月一日　明石市大蔵谷山崎の直良信夫さんから「神戸市灘区国玉通り三丁目一六五の一」の渡辺さん宛の手紙

謹啓
先日は御高墨頂戴仕り御芳情万謝仕り候
皆様御達者の御事何よりの御事と存じ御悦び申上候。今度御婚儀とり行はせられ候御取拝承仕り慶賀至極に存じ、御幸福の程御願仕候。定めし御母上様も御安心御悦びの御事と存ぜられ、御孝養の程念願仕候。実は小生先月十二日の夜（五時頃）天児病院上の旧宅御訪問仕り候処、見知らぬ人出で来たり、びっくり仕候次第に御座候。先日、小林君[(1)]に逢ひ候所、御引越の地拝承仕候。或は御目出度き儀にてはあらざるかと御話申候様なわけにて御座候。

何れその内、一度御邪魔仕り御悦び申述度所存に御座候。

不取敢粗文にて乍失礼一筆愚妻と共に誠意を披瀝仕り御婚儀御悦び申上候。向寒の砌御大切の程伏願仕候。

敬具

一日

直良信夫拝

渡辺九一郎学兄侍史

二伸

梅原氏の小生に対する暴言[(2)]については目下抗議中に有之、先日浜田博士よりは、主任として甚だ遺憾の誠意申出御座候。全く以て梅原なる男の非学者的なる輩を痛感し、学界のため残念に存じ申候。

（1）小林行雄さん。当時、神戸高等工業学校建築科三年生。のちに京都大学文学部教授。一九一一～一九八九。

（2）梅原末治さんが「垂水村歌敷山古墳」（『兵庫県史蹟名勝天然紀念物報告』第八輯、一九三一年三月）の中で、歌敷山古墳の埴輪を、梅原さんたちの調査（一九三〇年一一月）直前に直良さんが巧妙に掘りだして持ち帰ったと非難している件。直良さんが掘ったのは一九二七年一月のこと。

85　一九三二年一一月二日　明石市大蔵谷山崎の直良菱江さんから神戸市灘区国玉通り三丁目一六五の一の渡辺さん宛の手紙

御結婚遊しましたよし何よりと幾重にも御よろこび申し上げます。御そくなりましたその後は当方まことに御無沙汰いたして居ります。その後皆様御変りも御座いませんか。御伺ひ申し上げます。

先日御手紙拝見いたしまして御結婚のよし承りかねがね御聞きいたして居りますこと故、主人と共にわがことのやうに御よろこび申し上げて居ります。定めし御母上様にはどのやうにか御安心と御よろこびに御満足遊すことかと御察し申上げて居ります。何卒御母上様奥様にもよろしくよろしく御伝えの程御願申上げます。

一度御よろこびかたがたまだ御母様には一度も御めにかかりませんもの故御伺ひ申上げ度いと存じ乍ら失礼して居ります。摩耶山にも御礼（美恵子出産の）まいりをいたして居りませんもの故、かたがた出かけたいと噂さしつつよい日取りが与へられず失礼して居ります。いづれ折を見て御よろこびに上がりたいと思って居ります。明石公園の菊もよほど美しいよしで御座います。皆様御揃ひにてどうか御出かけ下さいます様、御まち申して居ります。

十一月二日朝　菱江

渡辺九一郎様

＊　一九三二年一一月　『日本海海岸に於ける石器伴出銅鏃の研究』直良石器時代文化研究所所報、第六輯（謄写版刷、三六頁、一三部）を発行。

一二月六日　松本友雄さん採集の壱岐カラカミ貝塚の貝類を鑑定。

86　一九三二（昭和７）年一月一日　「明石市大蔵谷小辻二五四二　直良信夫」さんから「神戸市灘区薬師通り二丁目一三五」の渡辺さん宛の年賀状。追記は菱江さん。

謹賀新年
「旧年末左記の処に転居仕り候」
　昭和七年一月一日
兵庫県明石市大蔵谷小辻二五四二
直　良　信　夫
音
美恵子
博　人

二十六日にまや山に私一人でのぼって御礼まいりしました。皆で一度御たづねしたいとは思って居りましたけれど。ひっこしました。もとのところですから御存じかと思ひます。御こし下さいませ。

＊　一九三二年一月四・五・七・一〇日　桜井松次郎さんの案内で江井ヶ島の田中利助さんを訪ね、所蔵する西八木馬田発掘の旧象化石を調査。西八木から「古人類前頭骨片」化石（田中さん蔵）の発見を松本瞭さんに知らせる手紙を書く（第三部33参照）。
一月二一日　高松市の眞屋卯吉さんが来訪。旧象化石を持参し、眞屋さん宅に来るよう勧める。
一月二三日　県立第一神戸中学校蔵のオランウータンの頭骨を調査。桜井松次郎さんが西八木で発見した鹿角化石を調査。

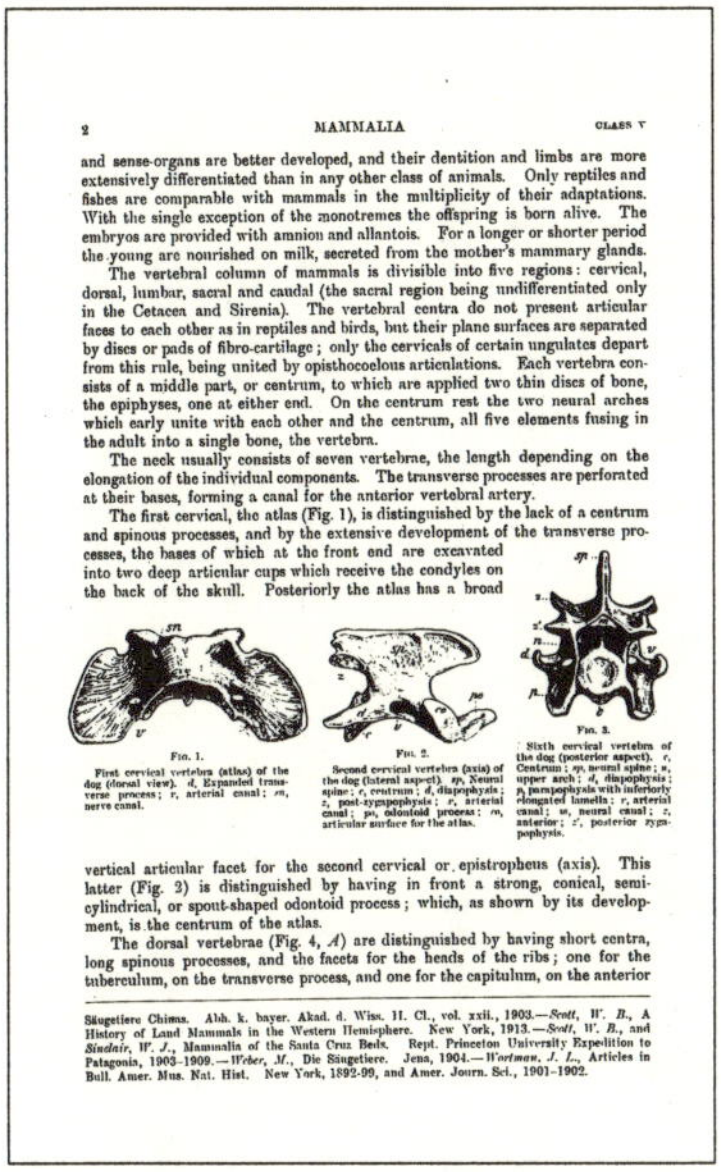

2 MAMMALIA CLASS V

and sense-organs are better developed, and their dentition and limbs are more extensively differentiated than in any other class of animals. Only reptiles and fishes are comparable with mammals in the multiplicity of their adaptations. With the single exception of the monotremes the offspring is born alive. The embryos are provided with amnion and allantois. For a longer or shorter period the young are nourished on milk, secreted from the mother's mammary glands.

The vertebral column of mammals is divisible into five regions: cervical, dorsal, lumbar, sacral and caudal (the sacral region being undifferentiated only in the Cetacea and Sirenia). The vertebral centra do not present articular faces to each other as in reptiles and birds, but their plane surfaces are separated by discs or pads of fibro-cartilage; only the cervicals of certain ungulates depart from this rule, being united by opisthocoelous articulations. Each vertebra consists of a middle part, or centrum, to which are applied two thin discs of bone, the epiphyses, one at either end. On the centrum rest the two neural arches which early unite with each other and the centrum, all five elements fusing in the adult into a single bone, the vertebra.

The neck usually consists of seven vertebrae, the length depending on the elongation of the individual components. The transverse processes are perforated at their bases, forming a canal for the anterior vertebral artery.

The first cervical, the atlas (Fig. 1), is distinguished by the lack of a centrum and spinous processes, and by the extensive development of the transverse processes, the bases of which at the front end are excavated into two deep articular cups which receive the condyles on the back of the skull. Posteriorly the atlas has a broad

FIG. 1.

First cervical vertebra (atlas) of the dog (dorsal view). *d*, Expanded transverse process; *v*, arterial canal; *sn*, nerve canal.

FIG. 2.

Second cervical vertebra (axis) of the dog (lateral aspect). *sp*, Neural spine; *c*, centrum; *d*, diapophysis; *z*, post-zygapophysis; *v*, arterial canal; *po*, odontoid process; *co*, articular surface for the atlas.

FIG. 3.

Sixth cervical vertebra of the dog (posterior aspect). *c*, Centrum; *sp*, neural spine; *n*, upper arch; *d*, diapophysis; *p*, parapophysis with inferiorly elongated lamella; *v*, arterial canal; *n*, neural canal; *z*, anterior; *z'*, posterior zygapophysis.

vertical articular facet for the second cervical or epistropheus (axis). This latter (Fig. 2) is distinguished by having in front a strong, conical, semi-cylindrical, or spout-shaped odontoid process; which, as shown by its development, is the centrum of the atlas.

The dorsal vertebrae (Fig. 4, *A*) are distinguished by having short centra, long spinous processes, and the facets for the heads of the ribs; one for the tuberculum, on the transverse process, and one for the capitulum, on the anterior

Säugetiere Chinas. Abh. k. bayer. Akad. d. Wiss. II. Cl., vol. xxii., 1903.—*Scott, W. B.*, A History of Land Mammals in the Western Hemisphere. New York, 1913.—*Scott, W. B.*, and *Sinclair, W. J.*, Mammalia of the Santa Cruz Beds. Rept. Princeton University Expedition to Patagonia, 1903–1909.—*Weber, M.*, Die Säugetiere. Jena, 1904.—*Wortman, J. L.*, Articles in Bull. Amer. Mus. Nat. Hist. New York, 1892-99, and Amer. Journ. Sci., 1901–1902.

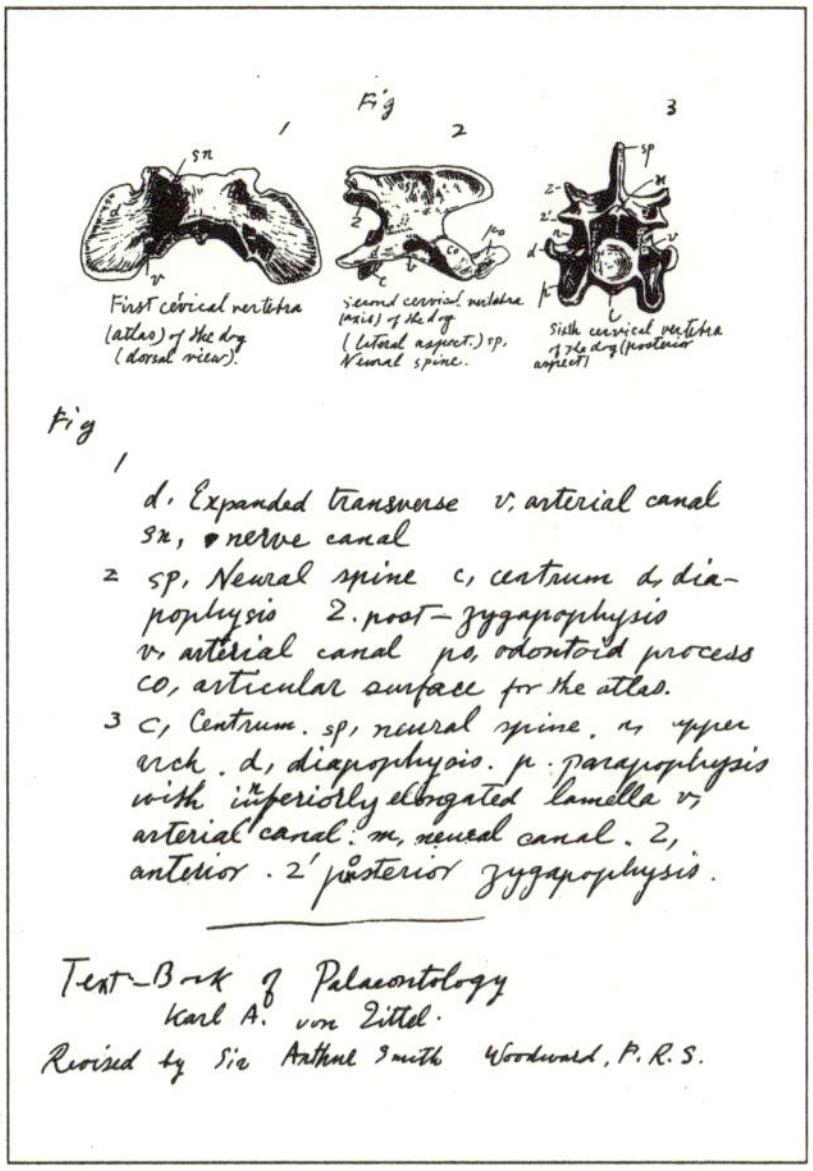

Fig

1 2 3

First cervical vertebra (atlas) of the dog (dorsal view).

Second cervical vertebra (axis) of the dog (lateral aspect.) sp, Neural spine.

Sixth cervical vertebra of the dog (posterior aspect)

Fig

1

d. Expanded transverse v, arterial canal
sn, nerve canal

2 sp, Neural spine c, centrum d, diapophysis 2. post-zygapophysis
v, arterial canal po, odontoid process
co, articular surface for the atlas.

3 c, Centrum. sp, neural spine. n, upper arch. d, diapophysis. p. parapophysis with inferiorly elongated lamella v, arterial canal. n, neural canal. z, anterior. z' posterior zygapophysis.

Text-Book of Palaeontology
Karl A. von Zittel.
Revised by Sir Arthur Smith Woodward, F.R.S.

22　チッテルのText-Book of Palaeontologyの図1～3と直良さんの写図

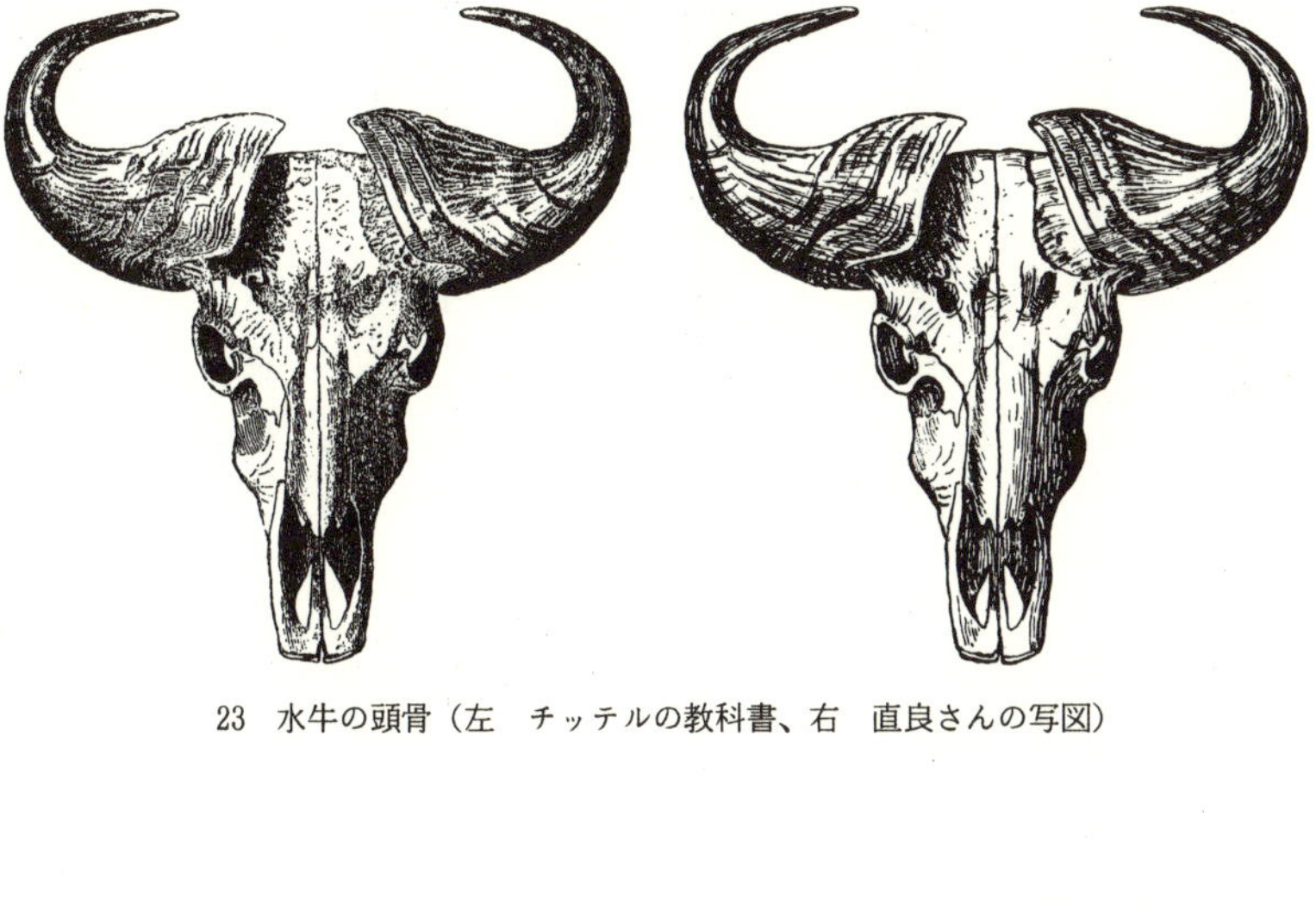

23　水牛の頭骨（左　チッテルの教科書、右　直良さんの写図）

この頃　チッテルの Text-Book of Palaeontology, Vol.III を倉橋一三さんから借りて図と文章を写し始める。
二月二〇日　桜井さんが中八木で採集した旧象化石を調査。
三月二〇日　倉橋一三さん蔵の能登半の浦出土の旧象化石石膏型を調査。
三月二一日　明石郡伊川谷村薬師山夫婦塚付近の古墳を調査。
三月二五日　『日本新石器時代貝塚産貝類の研究』直良石器時代文化研究所所報、第七輯（謄写版刷、三二頁、一三部）を発行。
四月一日　倉橋一三さんがナウマン象の臼歯化石を発見した西八木の地層を調査（第三部34参照）。
四月七日　滝川中学校蔵の明石海峡産の旧象化石（のちに鹿間時夫さんの *Parastegodon infrequens* の模式標本となる）を調査。
四月八日　新海功さん蔵の千葉県堀之内貝塚発掘の猪下顎骨を計測。
四月一〇日　加古郡高砂町の松本亀太郎さん蔵の旧蔵上顎骨化石を調査。
四月二八日　藤江海岸で旧象の下顎骨片二、牙三を発掘。『日本旧石器時代の研究』寧楽書房、一九五四年、一四九頁に発表。

87　一九三二年七月五日　明石市大蔵谷小辻の直良信夫さんから神戸市灘区薬師町の渡辺さん宛のハガキ

拝復
御見舞状を頂戴仕り御芳情有難く万謝仕候。又、私方は一寸高所にて候ため水害はまぬがれ候へ共、下の方は二尺位浸水仕り大分さわぎ申候。皆様御達者の御砌大慶に存候。
当方子供百日ぜきにて困却仕り居り候。お母様奥様へも何卒よろしく御つたへ下され度候。その内一度御邪魔仕り度く存じ居り申候。御礼まで。　　敬具

（八月に相成候へば、摩耶から六甲へ歩いてみたく存じ申候。一晩山上でキャンプして。何かいい参考もの御話候へば御高教の程祈り申候。）

＊　一九三二年七月一〇日　明石郡大久保村西八木海岸の砂層から鹿の足跡化石を発見。
一〇月二五日　小林行雄さん（この年の春に、神戸高等工業学校を卒業し、大阪の建築事務所に勤めていた）と「播磨国明石郡玉津村吉田遺跡調査概報」を『考古学』第三巻第五号に発表。弥生土器の編年的研究を先頭に立って進めた小林さんが「安満B類土器」＝遠賀川系土器を近畿地方で単純に出土する唯一の遺跡として著名にする（第三部173参照）その「緒言」。「播磨国明石郡玉津村吉田城山神元神社裏手の弥生式遺跡に就いて、私共は永い間之が調査を続けて来た。頃日来、漸く此の調査も一段落を告げたので、ここにその概要を記し、以て之を学界に捧げたいと思ふ。従来近畿では純粋の姿で知られなかった一様式の弥生式土器に就いてそれが単一相のままに発見せられる吉田遺跡の報告が、弥生式文化研究の発展に何等かの寄与をなし得るならば光栄である。本稿は私共二人の共同製作になるものであるが、この中、土器は小林之を担当し、その他の遺物と遺跡とは直良の分担する所である。ここに明記して各自の責任を瞭かにして置きたい（昭和七年九月）。」小林さんの文章である。「神元神社」は「神本神社」の誤り。
八月一九日　新海功さんを誘って高松市の眞屋卯吉さんを訪ね、収集している旧象化石を調査。女木島に渡り、頂上の鷲ヶ峰貝塚を調査。
一〇月　菱江さんと子供二人が先に東京市東区車町の祖父宅に身を寄せ、間もなく中野区江古田一丁目二〇五九番地の平屋に仮住まいする。収集資料の荷造り・発送を終えた直良信夫さんが遅れて一〇月末に東京へ引っ越す。
一一月三日　東京人類学会の千葉県東葛飾郡流山町鰭ヶ崎貝塚への遠足会に博人さんを連れて参加、貝殻等を採集。
一一月六日　森本六爾さんが江古田の直良さん宅を訪ねる。
一一月一〇日　直良さんの歓迎会が駿河台下明治製菓階上で催される。出席者は和田千吉・八幡一郎・三輪善之助・坪井良平・森本六爾・川村真一・浅田芳朗の皆さんと直良さん。

一一月　徳永重康さんらと栃木県安蘇郡葛生町大叶へ獣類化石採集行。以後、月に一回くらいは行くというほど頻繁に通う。

88　一九三三年一月七日　「東京市中野区江古田町一丁目二〇五九」の直良信夫・菱江さんから神戸市灘区薬師通の渡辺さん宛の年賀状（菱江さんの字）

謹賀新年
平素の御無音御宥怒下され度候　昨秋左記に転住仕候
昭和八年一月七日
東京市中野区江古田町一丁目二〇五九
直良信夫
音
美恵子
博人

大変年賀おそくなり失礼いたしました。昨年十月急に帰京いたしました。その節御通知申上げたことと存じ失礼いたしました。明石より年賀回送してまいりました。有難う御座います。御上京の節は御立寄り下さいませ。主人こと只今研究のため正月も年末も無ひ如くに御座います。

＊　一九三三年春　中野区江古田一丁目二〇七三番の二階屋に移る。
六月～七月　徳永重康さんを助けて満州帝国（当時）吉林省哈爾浜郊外の顧郷屯遺跡を発掘調査。大量の動物化石と人類遺物を得る。

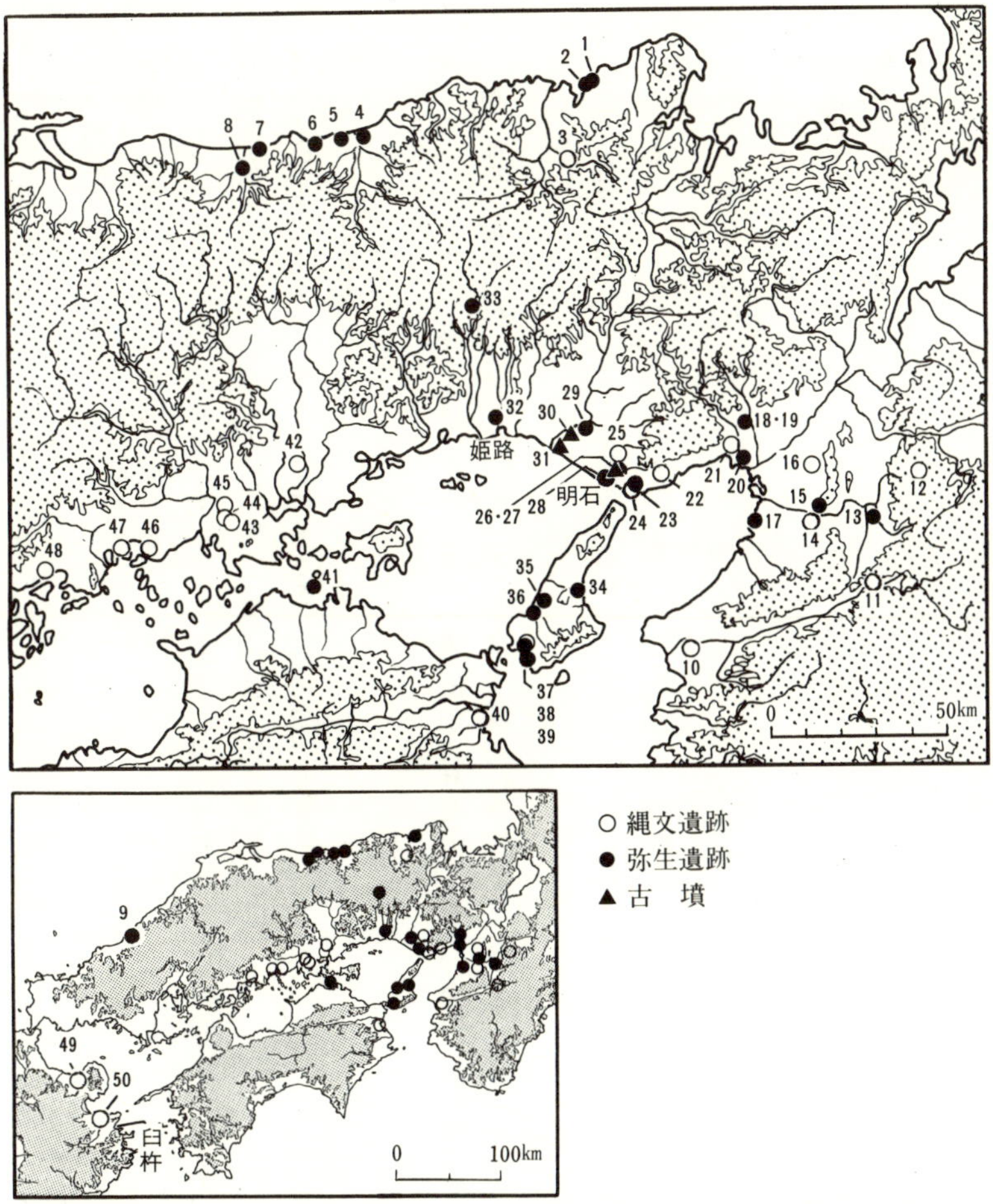

1　丹後・函石浜
2　同・浜詰
3　但馬・中ノ谷貝塚
4　因幡・浜坂
5　同・長者ヶ庭
6　同・浜村
7　伯耆・長者屋敷
8　同・米里銅鐸
9　石見・上府銅鐸
10　紀伊・鳴神貝塚
11　大和・下淵
12　同・三本松
13　同・唐古
14　河内・国府
15　同・大県
16　同・日下貝塚
17　和泉・四ツ池
18　摂津・加茂
19　同・栄根銅鐸
20　同・今津銅鐸
21　同・五箇山
22　同・名倉町
23　播磨・投上銅鐸
24　同・大歳山
25　同・元住吉山
26　同・鬼神山
27　同・白水
28　同・吉田
29　同・望塚銅鐸
30　同・城山
31　同・聖陵山古墳
32　同・千代田町貝塚
33　同・閏賀銅鐸
34　淡路・中川原銅鐸
35　同・中ノ御堂銅鐸
36　同・古津路
37　同・福良備前町
38　同・福良八幡宮
39　同・吹上
40　阿波・城山
41　讃岐・鷲ヶ峰貝塚
42　備前・草ヶ部貝塚
43　同・磯の森貝塚
44　同・船元貝塚
45　備中・羽島貝塚
46　同・津雲貝塚
47　備後・大門貝塚
48　同・太田貝塚
49　豊後・来縄貝塚
50　同・横尾貝塚

24　直良さんが姫路・明石時代に踏査した主な遺跡（1923〜1932年）

89　一九三三年八月二六日　「東京市中野区江古田一ノ二〇七三」の直良信夫さんから神戸市灘区薬師通の渡辺さん宛のハガキ

残暑御見舞申し上げます

日頃ハ御無沙汰失礼いたして居ります。

お変りありませんか。御伺ひ申上げます。御上京の節はお立ちよりの程願上げます。不相変化石いじりとペンの生活に時間が足りない足りないと云ふ生活におはれて居ります。

今年も時節柄どこへも出かけずに暑さをしのんで居ります。

八月二十六日

＊　一九三四年七月　徳永重康さんと共著で『満州帝国吉林省顧郷屯第一回発掘物研究報文』第一次満蒙学術調査研究団報告、第二部第一編を上梓。直良さんにとって活字による最初の報告書となる。

90　一九三四年一月一日　東京市中野区江古田の直良信夫さんから神戸市灘区薬師町の渡辺さん宛の年賀状

賀春

大変御無沙汰して居ります。

いかがですか。

小生近来、満州の一件で忙しくてやりきれません。

御多幸を祈ります。

＊　一九三四年六月〜七月　満州帝国（当時）哈爾浜郊外の顧郷屯遺跡第二回発掘調査。

25　直良さん一家（自宅の庭で、1935年6月）

91　一九三五年一月三日　東京市中野区江古田の直良信夫・音さんから神戸市灘区薬師通の渡辺さん宛の年賀状（音さんの字で）

賀正
一月元旦

東京市中野区江古田一ノ二〇七三
直良信夫
音

92　一九三六年一月一日　東京市中野区江古田の直良信夫さんから神戸市灘区薬師通の渡辺さん宛の年賀状（追記は音さんの字）

頌春
併せて高堂の御祝福を奉祈上候
昭和十一年元旦

東京市中野区江古田一ノ二〇七三
直良信夫
音
美恵子
博人

日頃は大変御無沙汰申上げて居ります。
いつもお噂さいたして居ります。

＊　一九三六年七月　徳永重康さんと共著で『満州帝国吉林省顧郷屯発掘の古生人類遺品』『第一次満蒙学術調査研究団報告』第六部第二編を上梓。

93　一九三七年一月一日　東京市中野区江古田の直良信夫さんから「神戸市灘区薬師通二丁目一七」の渡辺さん宛の年賀状

謹賀新年

昭和十二年一月一日

東京市中野区江古田一ノ二〇七三

直　良　信　夫

音

美恵子

博　人

＊　一九三九年三月　徳永重康さんと共著で「満州帝国哈爾浜顧郷屯発掘の古生物」『第一次満蒙学術調査研究団報告』第二部第四編を発表。

94　一九六一年一月一日　「東京都中野区江古田一丁目二〇七三番地」の直良信夫さんから「兵庫県明石市大久保町江井ヶ島三九二」の渡辺さん宛の年賀状

明けまして

お目出とうございます

昭和三十六年元旦

東京都中野区江古田一丁目二〇七三番地

直　良　信　夫

95　一九六二年一月一日　東京都中野区江古田の直良信夫さんから明石市江井ヶ島の渡辺さん宛の年賀状

慶春

昭和三十七年一月元旦

よい御正月をおむかえの御事と存じ御悦び申し上げます。

ふだんは御ぶさたのみで失礼申して居ります。公私とも身辺多忙で御無礼申して居ります。御大切に。

96　一九六三年一月四日　東京都中野区江古田の直良信夫さんから明石市江井ヶ島の渡辺さん宛の年賀状（前の年の暮からこの年の春まで、直良さんは音さんと枕を並べて病臥しており、この賀状は娘の美恵子さんが宛名を書いたという）。

謹賀新年

謹んで年頭の御挨拶を申し述べ

皆様の御幸運をお祈り申し上げます。

昭和三十八年元旦

東京都中野区江古田一ノ二〇七三

直　良　信　夫

電話（三八六）六一五六番

97　一九六四年一月一日　「東京都中野区松が丘一丁目十一番七号」（住所表示の変更により江古田は松が丘に変る）の直良信夫さんから明石市江井ヶ島の渡辺さん宛の年賀状

謹賀新年

昭和三十九年元旦

東京都中野区松が丘一丁目十一番七号

直　良　信　夫

電話東京（三八六）六一五六番

98　一九六五（昭和40）**年一月一日**　中野区松が丘の直良信夫さんから明石市江井ヶ島の渡辺さん宛の年賀状

あけまして

おめでとうございます

昭和四十年元旦

東京都中野区松が丘一丁目十一番七号

直　良　信　夫

電話　三八六―六一五六

＊　一九六五年五月五日　直良蓌江（音）さん死去。享年七三歳。

99　**一九六六年一月二〇日**　中野区松が丘の直良信夫さんから明石市江井ヶ島の渡辺さん宛のハガキ

寒中お見舞申し上げます
大変お寒うございますがいかが御過しで御座いますか。御自愛のほどお祈り申します。今年は喪中(1)でございましたので年賀は欠礼させていただきました。が、今年もどうぞよろしく御願い申し上げます。

　一月二十日

(1)　直良音（菱江）さんが前年に死去。

＊　一九六六年一二月二〇日　直良春江さんと再婚。

100　**一九六七年一月一日**　中野区松が丘の直良信夫さんから明石市江井ヶ島の渡辺さん宛の年賀状

あけまして
　おめでとうございます。

昭和四十二年元旦

東京都中野区松が丘一丁目十一番七号
直　良　信　夫
電話東京（三八六）六一五六

101　一九六八年一月一日　中野区松が丘の直良信夫さんから明石市江井ヶ島の渡辺さん宛の年賀状

賀春
よい御正月をおむかえの御事と存じ御慶び申しあげます。
本年もよい御年でありますように御祈り申して居ります。
その後お城(1)の方はいかがですか。
　一月一日

（1）　渡辺さんは城跡を訪ねるのが、もう一つの趣味であった。

102　一九六九年一月一日　中野区松が丘の直良信夫さんから明石市江井ヶ島の渡辺さん宛の年賀状

あけまして
　おめでとうございます
昭和四十四年元旦

郵便番号　一六五
東京都中野区松が丘一丁目十一番七号
電話東京（〇三）三八六－六一五六
直　良　信　夫

103　一九六九年一二月一〇日　中野区松が丘の直良信夫さんから明石市江井ヶ島の渡辺さん宛のハガキ

服喪中(1)に付年頭の御挨拶
御遠慮申し上げます。
昭和四十四年十二月

〒一六五　東京都中野区松が丘一-十一-七
直　良　信　夫
電話東京（〇三）三八六-六一五六

（1）母の村本シメさんが臼杵でこの年に死去。

104　一九七一年一月一日　中野区松が丘の直良信夫さんから明石市江井ヶ島の渡辺さん宛の年賀状

新春の
お慶びを
申し上げます
昭和四十六年元旦

〒一六五
東京都中野区松が丘一-十一-七
直　良　信　夫
電話東京（〇三）三八六-六一五六

105　一九七二年一月一日　中野区松が丘の直良信夫さんから明石市江井ヶ島の渡辺さん宛の年賀状

賀正
　年頭に当り皆様の
　　御多幸をお祈り申し上げます
昭和四十七年元旦

〒一六五
東京都中野区松が丘一－十一－七
　　直　良　信　夫
電話東京（〇三）三八六－六一五六

106　一九七三（昭和48）年一月一日　中野区松が丘の直良信夫さんから明石市江井ヶ島の渡辺さん宛の年賀状

謹賀新年
　本年もどうぞ
　　よろしく
一月元旦

　昨秋明石に参りました節には大変御厚情をたまわりまして誠にありがとう御座いました。秋から冬にかけまして、長男の一時帰国、長女の心臓障害による入院などで、ごったがえしの日が続きました。まだ退院いたしませんが、近くに出られることと存じます。いそがしい毎日でした。ついつい御無礼申しまして恐縮に存じております。御海容のほど御願い申し上げます。

東京都中野区松が丘一丁目十一番七号
電話三八六―六一五六
直良信夫

＊　一九七三年一〇月三一日　東京を出発、翌一一月一日　鳥取県出雲市高松町の転居先に着く。

107　**一九七四（昭和49）年一月一日**　「島根県出雲市高松町松ヶ枝九七六ノ一」直良信夫・春江さんから明石市江井ヶ島の渡辺さん宛の年賀状

賀春

今から五十余年前に私が今市の直良家に養子に参りました頃は今市は山陰独特の暗い空の下で、じっとしゃがみ込んでいるような感じのする街でした。東京が私のような老人には住みづらい土地になりましたので、今度その今市に帰ってきました。駅を降りてびっくりしたのは街が生々といきづいていることでした。余生をここで送る事になりましたが、研究は今後共ずうっと続けて参りとう存じます。何卒よろしく御教導のほど御願い申し上げます。

ご多幸をお祈り申しております。

昭和四十九年正月

〒六九三島根県出雲市高松町松ヶ枝九七六ノ一
直良信夫
春江

電話出雲（〇八五三）二二－五二三九

108　一九七五（昭和50）年一月一日　出雲市高松町の直良信夫さんから明石市江井ヶ島の渡辺さん宛の年賀状

謹賀新年

元旦

〒六九三　島根県出雲市高松町九七六

直　良　信　夫

電話（〇八五三）二二－五二三九

109　一九七六（昭和51）年一月一日　出雲市高松町の直良信夫・春江さんから明石市江井ヶ島の渡辺さん宛の年賀状

謹賀新年

ふだんはごぶさたがちで大変失礼申しております。
今年もどうぞよろしくお願い申し上げます。
皆様のご多幸をお祈りいたしております。

昭和五十一年元旦

〒六九三　島根県出雲市高松町九七六

直　良　信　夫

春　江

電話（〇八五三）二二－五二三九

110　一九七七（昭和52）年一月一日　出雲市高松町の直良信夫・春江さんから明石市江井ヶ島の渡辺さん宛の年賀状

あけまして
おめでとうございます

昭和五十二年元旦

〒六九三　出雲市高松町九七六
直良信夫
春江

111　一九七七年八月一〇日　出雲市高松町の直良信夫さんから明石市江井ヶ島の渡辺さん宛のハガキ

拝復
暑中の御見舞をいただきまして御厚志のほど誠にありがたくあつく御礼を申し上げます。
おかげさまで今のところは無事にくらしております。ただこれから先き寒くなってまいりますと少々不安です。昨秋十月は脳梗塞で二ヶ月入院。若干後遺症が今頃になりまして、あらわれてまいりました。明石の浜で化石あつめをしていた頃が、なつかしく思い出されまして、もう一度あの若さは帰ってこないものかと自分でも思うことがございます。
まだあつい日が多うございますから御自愛のほどを御祈り申しております。近頃城めぐりはいかがですか。

112　一九七八（昭和53）年一月一日　出雲市高松町の直良信夫さんから明石市江井ヶ島の渡辺さん宛の年賀状

謹賀新年
元旦

六九三　島根県出雲市高松町九七六
直　良　信　夫
電話（〇八五三）二二一―五二三九

113　一九七八年七月三日　出雲市高松町の直良信夫さんから明石市江井ヶ島の渡辺さん宛のハガキ

拝復
先だってわざわざ御たずねいただきまして誠にありがとう御座いました。あつく御礼を申しあげます。一向御かまいも仕らず大変失礼申しました事を御わび申し上げます。松江城のスケッチ、まことにありがとう御座いました。なつかしく拝見さしていただきました。私も何かかきたいとは思っておりますが、何しろ両眼が老人性白内障と緑内障(左)ですので、とてもだめのようでがっかりいたしております。

ありがとう御ざいました。気候が大変不順ですので、どうぞ御自愛下さいますよう御祈念申しております。

思い出の多い私の旧著(1)、ありがたく拝受仕りました。御礼を申し上げます。

奥様に何卒よろしく御鳳声下さいますよう御願い申し上げます。

（1）　渡辺さんは大切にもっていた『播磨国明石郡垂水村山田大歳山遺跡の研究』など直良石器時代文化研究所所報の第一輯から第五輯を、このときに直良さんに贈った。

114　一九七九（昭和54）年一月一日　出雲市高松町の直良信夫・春江さんから明石市江井ヶ島の渡辺さん宛の年賀状

謹賀新年
ご清栄をお慶び申し上げます
本年もどうぞよろしくご教導のほど御願い申します
昭和五十四年一月元旦

島根県出雲市高松町九七六
直良信夫
春江
〒六九三電話（〇八五三）二八―〇八三四

115　一九八〇（昭和55）年一月一日　出雲市高松町の直良信夫さんから明石市江井ヶ島の渡辺さん宛の年賀状

謹賀新年
新春を迎え皆々様の
御多幸をお祈り申し上げます。
よいお正月をお迎えの御事と存じお慶び申し上げます。私も今年で七八になりました。
御清栄をお祈り申して居ります。
八木の崖を発掘いたしました由おききしましたが、結果はいかがでしたか。(1)

〒六九三島根県出雲市高松町九七六
直良信夫

電話（〇八五三）二八―〇八三四

（1） 八木海岸でのアカシゾウ（現在、アケボノゾウ）の発掘は一九六五年のことであるから勘ちがいであろう。

116　一九八〇年五月六日　出雲市高松町の直良信夫さんから明石市江井ヶ島の渡辺さん宛のハガキ

拝啓

新緑の大変美しい季節になってまいりました。皆様御清勝の御事と存じ御慶び申し上げます。いつも御ぶさたばかりいたして居りまして大変失礼申しております。御無礼を深くおわび申し上げます。

さてこの度、小田原の杉山先生が、私の七七のお祝いをいたしてくださいました（小田原考古学研究会会報、第九号）。御編集にさいしまして、いろいろと御心あつい御厚志をたまわりまして、誠にありがとう御座いました。いつに変らぬ御芳情を心から深く御礼申し上げます。いろいろなつかしい事ばかりで、若い頃のことを思いますと、むしょうになけて参ります。ありがとう御ざいました。どうぞ御身御大切のほど、心から御祈念申し上げて居ります。

明石もずいぶん変りました事と存じます。一度たずねてみたいと存じながら、血圧が高くて、外出があまりできないものですから。実行にうつす事ができません。残念です。

117　一九八〇年七月一日　出雲市高松町の直良信夫さんから明石市江井ヶ島の渡辺さん宛の手紙

拝啓

うっとうしい日が続いて居ります。ますます御清栄の御事拝承仕りまして何よりと存じ御慶び申し上げます。このところ私もおかげさまでなんとか息災に暮らして居りますが、この節老人ボケが強くなりまして自分でも少々あきれているところです。字を忘れまして、ちょっとしたことまで、字引のせわにならねばなりませず、ふがいなく存じているところで御座います。

さて、昨日は大変御立派なお作品(1)をたくさん御恵送下さいまして御厚志のほど誠にありがたく、あつく御礼申し上げます。

まことにありがとう御ざいました。長くへやにかざらせていただきすぎ去った遠い日の思い出の泉といたしたくと存じ、まことにありがたく存じているところで御ざいます。ありがとうございました。私も絵が大すきで、少々勉強いたした事もございました。が、七十の坂にかかりました頃、右の眼が白内障、左が緑内障になりまして、とうとう絵をかく事ができなくなりました。今はもうあきらめまして、やっとずい筆をかいている程度です。が、それすらこの節は物忘れがひどくなりまして、いつまで続けられます事やら、心もとない次第です。

明石もずいぶん変りました。昔私がお百度をふんだ化石さがしの道も、すっかり失われているようですし、それ以上に海岸のようすも変ってしまったようです。日本にも各所で化石を出土いたす所がほかにもございますが、明石のあの地点のような古い時代の化石類を沢山に出す所は他にはないように存じます。必ずどこかに、よりよい資料が埋蔵されている事と存じられますので、今後とも十分に気をつける事が大切だと私は存じて居ります。もう十年私も若いと、もうひとふんばり仕事も出来ましょうものをと、くやしく思う事もございます。お若い方が、眼をひからせて、いつも御注意くださらないものかと、私は願っているところです。

山陰は夏になりますと、魚がいっそうおいしくなります。御旅行の折り御立ちよりいただきますことをおまち申して居ります。まだまだ雨の日が続く事と存じます。皆様の御清勝の御事御祈念申し上げて居ります。粗状で大変失礼に存じましたがとりいそぎ一筆御礼言上に参じました。誠にありがとうございました。

おくさまにも何卒よろしく御鳳声のほど御願い申し上げます。

ありがとう御座いました。

敬具

七月一日

直良信夫　百拝

渡辺九一郎様　御侍史

(1)　渡辺さんが描いた明石市西八木海岸および神戸市大歳山遺跡の油絵。

118　一九八一(昭和56)年一月一日　出雲市高松町の直良信夫さんから明石市江井ヶ島の渡辺さん宛の年賀状

謹賀新年

元旦

御ぶさた失礼申して居ります。

御清勝の御事と存じお慶び申し上げます。明石の御図、誠にありがとう御座いました。居間に飾りまして御厚情を万謝申し上げて居ります。御大切のほど御祈念して居ります。

〒六九三島根県出雲市高松町九七六

直　良　信　夫

119　一九八一年八月二四日　出雲市高松町の直良信夫さんから明石市江井ヶ島の渡辺さん宛のハガキ

拝復

残暑御見舞をたまわりまして御厚志誠にありがとう御座いました。あつく御礼を申し上げます。おかげさまで私方一同無事に暮らして居ります。が、私ももうあと四月ほどで八〇の老人になりますので、いくじなしになってしまいました。御手紙によりますと御病気にて御入院なさいました由、ちっとも存じませんで失礼申しました、その後ずっとおよろしいとの事何よりと存じます。どうぞこの上とも御大切のほど御祈念申して居ります。粗状で一筆御わびかたがた御見舞言上に参じました。

120　一九八二（昭和57）年一月一日　出雲市高松町の直良信夫さんから明石市江井ヶ島の渡辺さん宛の年賀状（春江さんが代筆）

謹賀新年
元旦

〒六九三島根県出雲市高松町九七六
直　良　信　夫

121　一九八三（昭和58）年一月一日　出雲市高松町の直良信夫・春江さんから明石市江井ヶ島の渡辺さん宛の年賀状（春江さんが代筆）

頌春
旧年中は色々お世話になり
ありがとうございました
本年もよろしくお願いいたします
昭和五十八年　元旦

出雲市高松町九七六
直　良　信　夫

春江

122　一九八三年八月二二日　出雲市高松町の直良信夫さんから明石市江井ヶ島の渡辺さん宛のハガキ

拝復
残暑の御見舞をたまわりまして、ありがとう御座いました。おかげさまで目下のところは二人とも無事です。が、家内が心臓を患って居りますので、安心というものがございません。私も八一才ですから、力仕事のようなものをいたすことができませず、少々年をとりすぎた事をくやんで居ります。まだおあつい日が多いですから、御大切に御願い申し上げます。

123　一九八四（昭和59）年八月一一日　出雲市高松町の直良信夫さんから明石市江井ヶ島の渡辺さん宛のハガキ

暑中御見舞申し上げます。

御元気の由、何よりと存じおよろこび申し上げます。私は八二才のなつなので、あつさには閉口しています。

御大切にお願い申し上げます。

124　一九八五（昭和60）年一月一日　出雲市高松町の直良信夫・春江さんから明石市江井ヶ島の渡辺さん宛の年賀状（春江さんが代筆）

謹んで新春の
御祝詞申し上げます

旧年中はいろいろありがとうございました
本年もよろしくお願いいいたします
昭和六十年元旦

〒六九三　島根県出雲市高松町九七六
直良信夫
春江

＊　一九八五年一一月二日　直良信夫さん死去、享年八三歳。

第二部　思い出——渡辺さんから、直良さんから——

アルバムを手に語る渡辺さん（1979年）

1　一九七九（昭和54）年一二月二五日「明石市大久保町江井ヶ島三九二」の渡辺九一郎さんから「岡山市浜一九七」の春成秀爾宛の手紙

初め電話にて直良さんの明石時代のことについての思い出を書いてもらいたいとの連絡をうけましたが、とんでもないことと辞退を申し上げておきました。しかし、その後再び御熱心な慫慂の書信をいただき落ちつかずに、躊躇しながらとうとう十二月になってしまい、なお一層苦しんでいます。

それから久しぶりに筐底から当時（大正十四年－昭和六年）の手紙を出してみました。丁度一〇〇通ほどありました。そのうち奥様からの手紙も四通ほど含まれています。それを年月順にして、愉しかった時を、追想しつつ読みつづけてみました。思い出の深い暖かい心に沁み入る書信ばかりです。

あれほどまでに肉親以上の面倒をみていただきながら、家庭の事情とはいえ突然として結婚と共に考古学から疎遠してしまって、御期待にそえなかったことを、申し訳なく、今日まで心残りになり悩みつづけて参りました。この結婚が、私の人生行路を屈折させた大きな機縁となりました。

その後まもなく、直良さんは、東京へ転居せられたので、なお一層私は、考古学から遠ざかるようになり、また一人淋しく空虚の日を過ごして参りました。その時結婚をせず、また家庭が許されれば、私も直良さんを追って上京していたかわかりません。このような事で考古学から少年期に早く消え去った者が、今さらに直良さんの当時の事を記事にするのは、余りにも、おこがましくて、また資格もありません。どうかこれも貴方宛の愚書として記しました(1)ので、御許しを下さい。

貴方の少年期に偶然なことで、出会いができ、それも共に、直良さんとの御縁があった事を、ほんとに奇縁に思われてなりません(2)。この機に、つたない文面ですが、直良さんとの出会いとその前後の少年期を思うままに少し書いてみましたので御笑覧下さい。

私の半生を通じて、最も深い感動と愉しかった時は前に述べました、直良さんとの出会いから、結婚に入る迄の時期でした。その当時の事は、今も深く焼きついて離れません。それと反対に最も悲しく苦しかった時は、私の十五歳の時で、長らく病身にあった父親が、長い病気のため、少しの貯えも使いはたし母親と姉を残して亡くなった時でした。

その当時の私は、十二、三歳頃から考古学に興味をもち、この学で生涯の方向をきめたいと思っていた時でしたが、とても今の状況では、このような学問をする事は許しませんでした。それより早く収入になる道を歩まざるを得なかったのです。そのため職につき夜学に通いながら、日曜日は相変わらず『日本石器時代地名表』に出ている遺跡地を探し歩き廻ったり、また考古学の本を読みあさるため、よく神戸図書館に通いましたが、考古学方面の本が少なかったので、大阪中島の府立図書館にも通い続けていました。その時新刊で出た、浜田耕作博士の『通論考古学』を手に入れたくて、少ない小遣いから、無理して、三円五〇銭をもって神戸元町の宝文館に買いに走った事を覚えています。東京人類学会に入会したのも、その時でした。[3] 店頭では毎月『民族と歴史』[4]や『中央史壇』[5]等の月刊誌を入手して読みふけって、いちずに勉強していた時代の私が無性になつかしく思われてなりません。その間就職と、好きな考古学を何とか両立する道がないかと、相談する人もなく、一人悩み続けていました。

神戸では若い同好のものもなく、老人の多い神戸史談会しか知りませんでした。その当時郷土史の講演をよく聞いていた、神戸史談会の会長福原会下山人[6]氏宛へ、面識もなく、書信を差上げ御相談を申上げたところ、長い巻紙にて御懇篤な御返事をいただき、感激した時がありました。

ある日曜日に須磨の鉢伏山の遺跡を踏査に行く時、国鉄須磨駅で買った雑誌『文芸春秋』（大正十四年三月号）に小川未明の「文学へ来なければ」という題名の随筆を読んで、丁度今の自分と、同じ苦悩をしていた、作者の感想の記事を読んで驚き、そして燃えるような、激しい感動を受けた事も、忘れられません。その内容は当時の雑誌がありましたので、コピーをしておきました。[7]

それから姉が明石へ嫁ぐことになりましたが、私には、未だ母親を養う力がなかったので、姉の家へ母親と一緒に当分同居するため、明石へ転居する事になりました。(8)

明石へ転居後は毎日神戸へ、汽車で通勤する三時間(当時は明石から元町まで一時間半ほどかかっていました)の車中で、本が読めた楽しい通勤でした。しかし帰りは夜学へ行くため二食分の弁当をもって十一時頃になって帰ってきました。

日曜日には明石近郊の新しい遺跡地を探し求めながら歩き廻っておりました時に、ある日(大正十四年五月二四日)突然赤い朱印のゴム印で、直良石器時代文化研究所差出名で「前略　四月の人類学雑誌の上で御めにかかりました。はじめて御便りを差し上げます。ぶしつけ失礼を御許し下さい。西と東で少し距離も御座いますが、同じ明石で御座いますから一度御来遊下さい。午後は大抵居りませんが午前でしたらいつも居ります。どうぞ御来遊下さい。大蔵谷小辻二五四二ノ一(人丸東坂下)」と書かれた思いもよらぬ、嬉しい葉書に驚き、感激して受け取りました。

早速次の日曜日に小辻の家を訪問しました。人丸の少し東の小高い山麓に、前は広い畑を距て兵電(初め兵電から宇治電それから山陽電車になる)が通っている、南に面した日当たりのよい、新しい五戸建ての二階家で、何軒目か忘れましたが、丁度その家の前にきた時、入口に、「直良石器時代文化研究所」と書いた、大きな表札がすぐ目にとまった時、そこに箒を持って庭を掃いていられる、鼻の高い口ひげをはやした、三十歳ぐらいの文士風の人を見ました。この時が私の初めての直良さんとの出会いでした。

二階の座敷に通され、丁重なおもてなしを受けながら、奥様と御二人の前で、その時私は明石へ来て、初めて垂水村の毘沙門塚の古墳の上で採集した石槍を御見せしながら、明石近郊や神戸地方の遺跡地等の御話を、申し上げました。奥様も側で熱心に聞いておられるのが印象的でした。御二人の睦まじい、新婚家庭のなかに、考古学的雰囲気が、美しく流れているのを感じ、うらやましく思いました。初めての対面とは思われぬ程、打ちとけて、話がはずみ思わず時を費して、奥様の真心をつくされた手製の御馳走になり、愉快な初対面の一日でした。

それから度々御訪ねしますが、いつもと変らず、御二人とも不快な顔をされるような事は少しもなく、家庭同様に

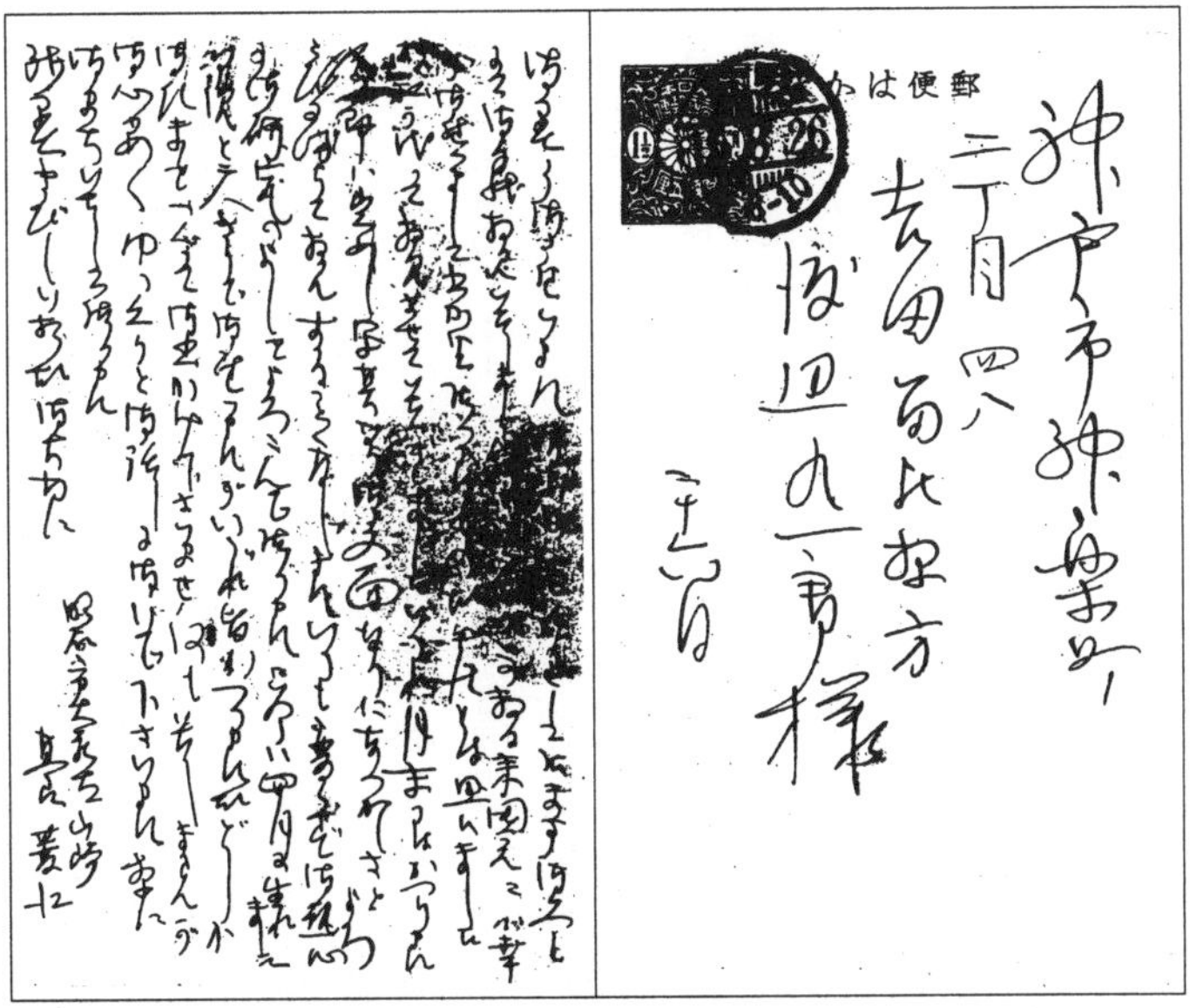

26　直良菱江さんから渡辺さん宛のはがき（1926年8月26日）

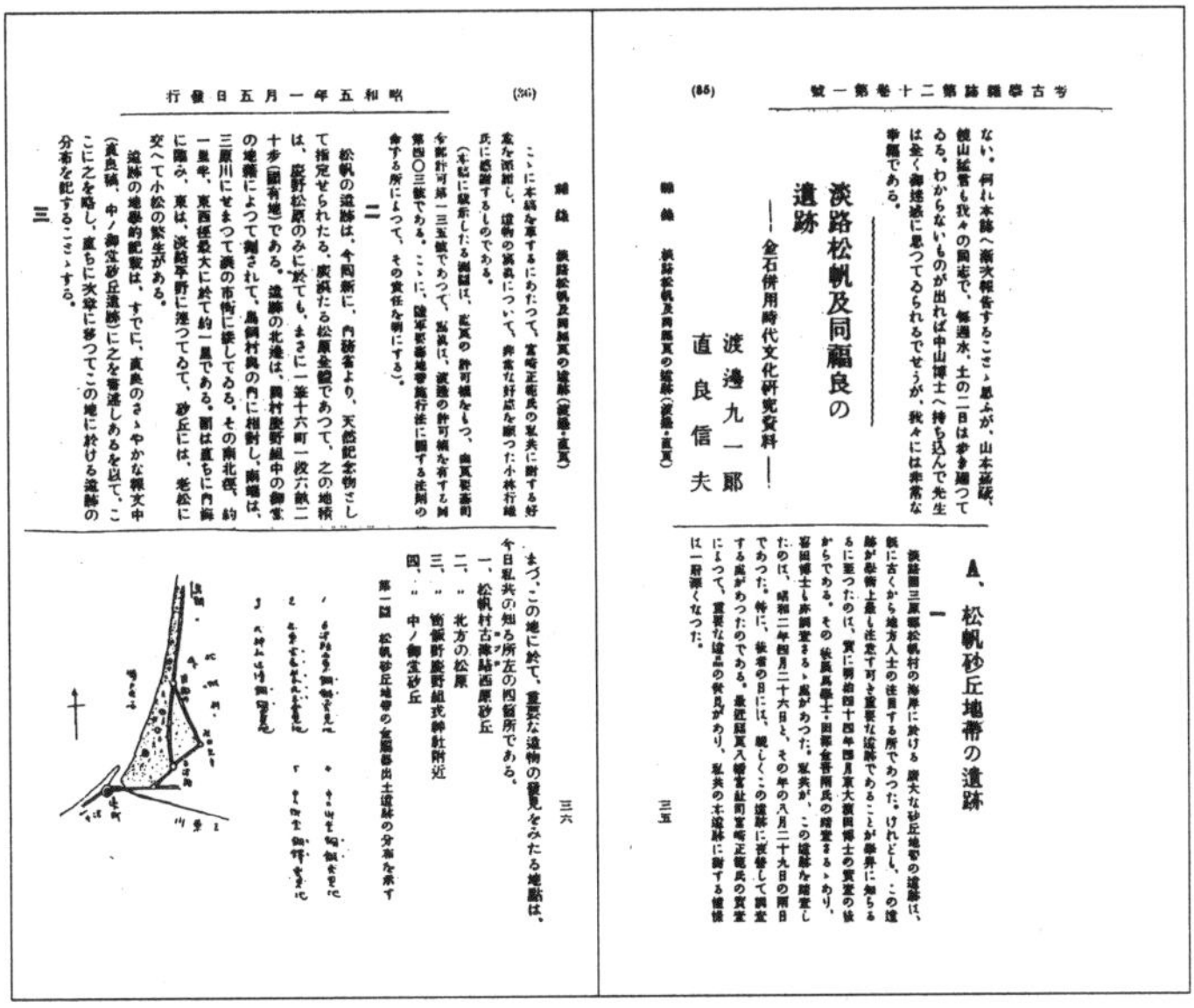

（35）　考古學雜誌第二十卷第一號

ない。何れ本誌へ漸次報告することゝ思ふが、山本藤硯、桃山敏晋も我々の同志で、保過水、土の二日はかき廻つてゐる。わからないものが出れば中山博士へ持ち込んで先生は全く御迷惑に思つてゐられるでせうが、我々には非常な幸福である。

淡路松帆及同福良の遺跡
――金石併用時代文化研究資料――
渡邊九一郎
直良信夫

A、松帆砂丘地帯の遺跡

一

淡路國三原郡松帆村の海岸に於ける廣大な砂丘地帯の遺跡は、夙に古くから地方人士の注目する所であつた。けれども、この遺跡が學術上最も注意す可き重要な遺跡であることが學界に知らるゝに至つたのは、實に明治四十四年四月京大濱田博士の實査の後からである。その後長尾馬學士・田澤金吾兩氏の踏査さるゝあり、喜田博士も亦調査さるゝ處があつた。私共が、この遺跡を踏査したのは、昭和二年四月二十六日と、その年の八月二十九日の兩日であつた。特に、後者の日には、親しくこの遺跡に案内して調査する處があつたのである。最近福良入幡宮社司宮崎正範氏の實査によつて、重要な遺品の發見があり、私共の本遺跡に對する憧憬は一層深くなつた。

三五

（36）　昭和五年一月五日發行

雜錄　淡路松帆及同福良の遺跡（渡邊・直良）

こゝに本稿を草するにあたつて、宮崎正範氏の私共に對する好意を深謝し、遺物の寫眞について、非常な好意を賜つた小林行雄氏に感謝するものである。

（本稿に掲示したる圖版は、要塞の許可願をもつ、由良要塞司令部許可第一三五號であつて、寫眞は、淡路の許可願を有する圖第四〇三號である。こゝに、陸軍要塞地帯施行法に關する法則の命ずる所によつて、その責任を明にする。）

二

松帆の遺跡は、今回新に、内務省より、天然記念物として指定せられたる、廣漠たる松原全體であつて、之の地積は、慶野松原のみに於ても、まさに一萬十六町一段六畝二十歩（國有地）である。遺跡の北邊は、同村慶野組中の御堂の地籍によつて劃されて、鳥飼村與の内に相對し、南端は、三原川にせまつて湊の市街に接してゐる。その南北徑、約一里半、東西徑最大に於て約一里である。西は直ちに内海に臨み、東は、淡路平野に連つてゐて、砂丘には、老松に交へて小松の繁生がある。

遺跡の地學的記載は、すでに、直良のさゝやかな報文中（直良稿、中ノ御堂砂丘遺跡）に之を簡述しあるを以て、こゝに之を略し、直ちに次章に移つてこの地に於ける遺跡の分布を記することゝする。

三

まづ、この地に於て、重要な遺物の發見をみたる地點は、今日私共の知る所左の四個所である。

一、松帆村古津路西原砂丘
二、〃　北方の松原
三、〃　慶野慶野組戎神社附近
四、〃　中ノ御堂砂丘

第一圖　松帆砂丘地帯の金屬器出土遺跡の分布を示す

三六

27　直良さんと調べた淡路の遺跡の報文（『考古学雑誌』第20巻第1号と第3号、1930年）

していただき、並々ならぬ御恩義を被りました。恰も水を得た魚の如く、生々として、尚一層考古学へとかきたてられて参りました。直良さんの御宅は全く私には、楽園であり、また学園でもありました。

大正十四年初夏に、今迄は表面採集か、小さな発掘程度のものでしたが、此度初めて、組織的に発掘する大歳山遺跡に御誘いを受け、懇切な御指導をうけながら、二人で、コツコツと、夕日の落ちる頃まで発掘したことは、初めて味わう発掘の喜びであり、またよき勉強になりました。

この大歳山遺跡の発掘後、私は義兄が転職したため、再び神戸へ姉の一家と共に、転居する事になりました。

直良さんもその後、小辻の家から、明石高等女学校のある、台地の東斜面の中腹にある、前に淡路島を一望できる見晴らしのよい、山崎の平家建の家へ移られました。翌年正月に初めて転居先の宅を訪問した折に、昨年発掘した、大歳山遺跡のレポートが早くも『播磨国明石郡垂水村山田大歳山遺跡の研究』という大形洋紙に御自身が細々と書かれ、そして懇切にコンニャク版で刷られた、素晴らしい労作の報告書を下さいました。私には最も思い出の深い貴重な文献でした。

神戸へ転居したため、以前ほど、度々御伺いする事が出来なくなりましたが、尚一層御恩情をうけ、各地へ発掘調査に御誘いをうけ、御供してきました。そのなかでも、最も印象の深い調査は淡路松帆遺跡のキャンプ一泊旅行でした。淡路島は以前から魅了を感じた場所で、明石にいる頃、夏休みを利用して単身で一泊二日で、一周した事がありました。

昭和二年六月一日付で淡路行の御親切な御誘いの手紙をいただきました。

「どうです、もう一度、淡路に行かれませんか。僕は御すすめしたいと思う心があるのです。実は松帆一帯は要塞地域です故、ph も実測も出来ないことになっていますのですが、私は今度、由良要塞司令官の両方の許可を得ました。大いばりで、実測も ph もとれるわけなんです。で、私はあなたへも、この機会に、再度淡路行きをおすすめしたいのです。何しろやかましい所です故、今後又許可を願ふということは、絶対ではありませんが、まあめんどうと存じますのです。私も、いろんな方から手をまわして、実測の如きは、松帆村長の手からたのんでやっと許可になりましたようなわけです。だから、この際あなたも、ゆかれませんかと御すすめしたいと思うのです。

志筑を船で下りて、まづ中川原の二石にゆき、中川原銅鐸出土のビワ川池をみて、先山から乗車、広田で下りて、中条銅鐸の出土地をみて、福良にゆき、福良のアイヌ式土器出土の遺跡と遺物を見ます。これが最初の一日の行程です。翌日は、まづ津井の隆泉寺にある銅鐸（梅原氏芸文、大正一二年一二月号、淡路出土の一遺品を記して銅鐸の形式分類に及ぶ－の原稿にある銅鐸）をみて、引きえして、松帆にゆきたいと存じます。そしてその晩の一〇時一〇分発の船で兵庫にかへって参ります。都合二日、一泊です。費用は最低六円、最高一〇円位の見当です。

打ち明けた話ですが、五・六・七円位あれば大丈夫といふ気が私にあります故、一緒に参りませんか。出来るだけ、きりつめた旅行をして、それから除取されたMを又次の旅行につかいたい私の心です故、そんなにMはかからないことと思います。」

このような綿密な準備をしていただき、いよいよ最終の八月二六日の葉書によって、決行しました。「昨夕は電話を有難ふ存じました。二九日の正午過ぎに明石発五時前に湊につきます。ついたらすぐ津井に出かけ、一方また砂丘上にキャンプするように準備しなくちゃなりません。しかしその日がはげしい降雨でもありましたら見合わせた方がいいかとも思ふて居ります。でない限りは是非決行します。身軽ないでたちで、なるべくワラジをはくようにして下さい。クツは砂丘は歩きにくいし遠路はとても一日に約一〇里位は歩むつもりでいて下さい。先ずは要用まで、いそいで。」こうした数々の調査旅行により、学問への見聞を広められて参りました。

不遇の少年時代を直良さんとの出会いにより人情の豊かな御恩眷を被りながら過ごす事ができました事、私の一生を通じて深く忘れることの出来ない幸福な時期でありました。

昭和五四年一二月二五日

春成様

（1） 直良さんの喜寿を記念して小田原考古学研究会の杉山博久さんが『小田原考古学研究会会報』第九号をその特集号にあてることにしたので、渡辺さんに直良さんの思い出を何か書いてもらおうと春成が原稿を依頼したところ、最終的には春成宛の手紙の形をとって会報に掲載することになった。

（2） 一九五六（昭和31）年一一月二一日の『神戸新聞』に連載中の「祖先のあしあと」60に、加古川市聖陵山古墳の調査を渡辺さんと直良さんが発表したという記事がでたところ、同級生の渡辺佑一さんがあれは自分の父のことだというので、翌年二月三日に渡辺さん宅を訪ねることになった。

（3） 一九二五年四月刊の『人類学雑誌』第四〇巻第四号に渡辺さんの入会記事がのっている。

（4） 『民族と歴史』はのちに改題して『社会史研究』になる。直良さんは村本姓で一九二三年七月・八月に最初の論文「目黒の上高地に於ける先史人類遺跡遺物及文化の化学的考察」を第一〇巻第一号と第二号に発表。直良さんの書いた論文を最初から渡辺さんは読んでいたことになる。

（5） 直良さんは『中央史談』に「但馬播磨発見のアイヌ式遺物に就いて」（第九巻第二号）、「化学的に観たる日本石器時代遺物」（第九巻第五号）、「実験化学の立場より見たる本邦の石器時代状態について」（第一〇巻第四・五・六号）などを発表していた。

（6） 福原潜次郎さんの号。福原さんは京都帝国大学考古学教室の浜田耕作さんによる大阪府国府遺跡の発掘調査のきっかけをつくった人でもある。

（7） 「学校の歴史の教師と、次に、この旅人（小川未明の住む土地に先住民の穴居の跡を調べに来た人類学の研究者……春成）とは、私の心の中に潜んでいた、考古学的興味を呼びさました。すでに、亡びてしまって、いまは、この地上に影をとどめていない太古の民族にも、やはり、私達と同じような生活があり、悩みがあり争闘があり、喜怒哀楽があったと思うと、かぎりない哀愁の裡に、なつかしみを覚えるばかりでなく、彼等の使用した、こうした土器の破片に対してすら愛着が感ぜられたのです。そして、私は自分の将来を捧げて、またこの学問の研究者たらんかとも考えました。華やかではないが、かかる研究が、私達にとって、いかに面白いことであり、有益のことであるかを、真に思わせたからです。もし、私が、文学を撰ばずして、この方の研究に行ったら、私の経済生活は、今よりも、もっと何うであろう……と、今に至って、たびたび考えられることでした。少年の時代には、大抵、偶然の感激から、一生の方向を決するものです。その感激こそは、純粋で、また人間そのものの表現でもあったのでした。」とある。

（8） 明石市大明石町

直良信夫さん（1902－1985）

渡辺九一郎さん（1906－）

森本六爾さん（1903－1936）

小林行雄さん（1911－1989）

28　明石時代の直良さんの学友たち

2　一九七九（昭和54）年一〇月一日　直良さんが『播磨郷土文化』第二三輯、郷土文化学会に書いた一文。

姫路から明石へ

私がはじめて姫路を訪ねたのは、大正十二年の八月三十一日であった。少年時代、郷里の女学校で教鞭をとっていた、奈良女高師出身のHという先生が、当時姫路高女に在勤されていた。私は病気療養のため信州の加療地を引きあげ、郷里の臼杵に帰る旅であった。ほんの表敬訪問と、もう一つにはしばらくお目にかからなかった先生に対するなつかしさを満すための途中下車であった。その頃の姫路は、今日と異り、落ちついた城下街で、兵隊の多い地方色豊かな都市であった。「まあ　まあ　これはしばらく……」ということで、座敷にとおされて、茶のもてなしを受けた。私の病気は、当時は不治といわれていた呼吸器病で、むしろ一般の人からは、おそれられていた疾患であった。だから、かりそめにも、ひとにそれと察せられないように気をくばらなければならなかった。今日とはこの病気に対する人々の考え方が、根本的に違っていた時代であった。だからやむを得なかったのである。

久しぶりに、つかれたからだを、ゆっくり保養することができ、私はとてもうれしかった。あくれば九月一日、正午近くまでは、どんよりと空はくもっていたが、何事もない静かな日であった。さて中食という段になって、箸をもった瞬間、私は東京が大震火災で大混乱におちいっている、というニュースを聞いた。最初はそうはいうものの、たいした事にはならないで、すぐにおさまることだろうと軽く考えていた。が、時がたつにつれ、それが大変な大災害であることがわかり、世界の終りだと説く人さえあった。さらにいろいろなデマがとび、不安と動揺がつのって、身ぶるいがした。

こうして東京にのこしてきた一切のものが、壊滅的な悲運にあい、私は全くの孤独者として無一物の療養者になって放り出されてしまった。

生活力を持たない私は、そういうことから姫路滞在の日程が長引き、此処で療養する以外に方法がなくなった。人間の運命というものは、全くわからないものだということを、しみじみと考えた。療養生活とはいえ、私は、せっかちなので、ちょっともじっとしていることができなかった。むしろ動的な生活へと、足を向けていった。医者や身うちの者の中には、無理をするなと、いさめてくれたご仁もあった。が、そのたしなめの言葉も、その頃の私には通用しなかった。しかし、これがかえってよかったのか、私は病気のことなど全く忘れて、好きな発掘や調査に出かけ、家にいる時には百姓生活に精を出した。

姫路の千代田町貝塚は、その後の発掘で有名になったが、私がこの貝塚をはじめて見た時には水溜りになっていて、手のつけようがなかった。それで、当時舞子に居住されていて、「舞子介類館」をひらいていた矢倉和三郎先生や、明石史談会の会長をしておられた宮崎俊男氏などの収集品をみせていただき、それで一応満足しなければならなかった。岡山県には貝塚が多いが（但し縄文系統）、山陽筋の兵庫県下としては、当時唯一の弥生式の貝塚ではなかったかと思う。

姫路市内の男山は、小さな丘だが、この丘の頂には立派なサヌカイトの石鏃が散布していた。旧陸軍墓地では弥生式土器、手柄山には土師器などが、掘り出してくれといわんばかりの状態で半身を地上にあらわしていた。姫路郊外の明田には、シジミを主とした貝塚があった。が、私の知っている限りでは、遺物はあまり出土していなかった。仁寿山には、破損した古墳が沢山あって、中をのぞいてみると、管玉や土器などが眼についた。そして石棺の蓋石が、農道の橋に利用されていたものがあった。

しかし何といっても、遺物の多出していたのは、姫路市郊外の小丸山遺跡ではなかったかと思う。土地の人たちは、昔の合戦場の跡だろうかと思いこんでいたらしい。それほど沢山の石鏃が散布していた。中にはみごとな磨製石鏃などが混在していて、私たちの眼をたのしませてくれたものである。

それから市川を渡って御着の街に出るまでには、古墳にもすぐれたものがあったが、何はともあれ布目瓦の散乱がいちじるしかった。古瓦片は焼けているものが多かったので、昔火事にあってこの寺が廃寺になったものだろうと考想したものである。

行政上、今はどこの町に属しているか私にはつまびらかではないが、壇場山古墳の東側に連なっている台地には、広大な地域にわたって、弥生式の遺物を含んだ所があった。ことに石器にすばらしいものが多かった。石の宝殿も、当時考古青年としての私にとっては、大きな研究対象であった。残念なことには、療養生活をしている一人の力では、気ばかりあせって、なかなか思うように調査が進捗しなかった。

やがて私は姫路から明石へと居を移した。

明石に転居したのが、何時の頃であったか、詳しい年月はもう忘れてしまった。が、大正十五年の暮に、大正天皇崩御の報を聞きながら、姫路でその頃青銅器を沢山あつめて収蔵されていた井田仁吉さんを訪ねたことがある。街を歩いていた記憶もぼんやり残っている。だから多分それ以前のことではなかったろうかと思われる。

明石での最初の住まいは、人丸神社の坂下の東に建っていた、二階造りの長屋の一番西側の家であった。それから子供が生まれた頃には大蔵谷の丘の中腹に住みかえた。私はここでニワトリを飼い、ヤギやアヒルを育てて、百姓生活に専念した。

ニワトリは放飼の場合が多かったので、卵を鶏舎以外の場所でうむことがあって、これには辟易した。ある日やっとその現場をつきとめたので、のぞいて見ると、十数個の卵が赤松の根っこの窪みに生みためられていた。いそいでとりあげようとして手を差し出し、松の根元に眼をそそぐと、おそろしいことには、マムシ（明石ではハメと呼ぶ）がそこで、とぐろをまいていた。あわてて手をひっこめ、冷汗をかいて逃げだしたこともあった。

近くに農家のごみため場があって、そこから発生するハエの数は、大変なものであった。その当時、関西地方では「イマズ博士のハエトリ粉」というのが販売されていた。うたい文句の通り、ハエ退治にはすばらしい効力をもっていた薬品である。長男はまだ這いはいができる程度の成長度であった。これが這いずりまわっていながら、畳の上に落ちこぼれているものがみつかると、なんでも拾って口に入れるくせがあった。ご飯粒ならまだよいが、ハエトリ粉をくらって斃死しているハエをめがけて這って行くのには閉口した。

そこで私は、食事のときには蚊帳をつってその中で食べることにした。そして常にクレゾールのうすい液をつくっておいて、子供らに手を洗わせたものである。時には長男を背負い、長女にご飯を食べさせたこともあった。こういう雑事に時間をさかれることも、その頃の私の生活としては、たいして苦にもならなかった。当然こうしなければ、生きてゆかれない境遇であったからである。

だが私は、時間をやりくりし、万難を排して、遺跡の発掘や見学には、出向いて行った。今は廃滅したといわれている大歳山遺跡、最近さらに有名になった吉田遺跡、白水薬師山の合口式埴輪円筒棺の調査など、精力的に動きまわって調べ歩いた。

こうして、昭和六年の春には、西八木海岸で古人骨を採集し、播磨地方での私の研究生活が、無駄ではなかったことを、私自身よろこんだものであった。

そして、翌七年の秋、後ろ髪をひっぱられるような思いで、明石をはなれ、再び東京での生活がはじまった。

3　一九六一（昭和36）年二月二〇日　直良さんが校倉書房から上梓した『峠路－その古えを尋ねて－』の一部。

明石の浦

冬から春先にかけて、明石は西風のよく吹く所である。丘の上から海峡をながめていると鉛色の海面が大きくゆれ動いていて、山のような大波が、ぶつかりあっては、白い泡しぶきをあげている。壮観というよりは、何かしら不吉ないたましさを感ずる。そういう折りも折、いそぎあしで、海峡を通り抜けようとした帆船が、もみくちゃになって横腹をみせた。「ああ!今日もまた一隻、やられちゃったよ。」私はガラス窓越しに、そとをみていた眼をそらして、台所で働いていた妻に声をかけた。どんなにいそがしい用事をもって、阪神へいそいでいた船かはしらないが、こういうときに、この瀬戸をつっきろうとするのは、まさしく無謀だ、と私はむしろ船乗りたちをにくにくしく思ったりした。

『万葉集』の中には、このような海荒れをさけて、明石の湊に船をとめた歌がみられる。そうしてみると、明石海峡の海荒れは、なにも今にはじまったことではなく、昔から、そういう厄日がいくどかあったらしい。「粟島に漕ぎ渡らむと思へども、赤石門浪いまだ騒げり」巻七の一二〇七にはこううたっている。海が荒れているので、淡路島に渡りたいが、海がしずまるまで少し待っていようと、大事をとって船を出さなかった万葉人の方が、どれだけ賢明であったかしれない。この人は明石の浦から淡路島に渡ろうとして、港で待機していたような様子がうかがわれるのである。西から船旅をしてきた人も、海が荒れているのを知ると、いっきに海峡を渡らないで、わざわざ港に船をとめて、一夜をそこであかしていたこともあったようだ。その場合「明石の浦」が、どこであったか、ということがいつも問題になる。万葉の地理を研究された学者の多くは、『播磨風土記』にみえる赤石郡林郷、すなわち今の林崎付近にあてている。これは非常に妥当性の強い推論だと思う。

現在の林崎付近は明石川のつくった洲地帯に街が形成されていることになるが、昔はこの辺一帯は、海であったことに相違ない。林崎の西北地域には、規模はさほど大きくはないが、砂丘の発達がみられる。川が流搬してきた砂泥が、冬の季節風にあおられて川口近傍に吹きためられていた証拠だとすると、この自然の風よけができたおかげで、その内側に入江が涵養されていたことは十分想考することが許されよう。そればかりではなく、林崎の三本松付近までは、西からのびてきた洪積層の台地（往昔の印南野）が、屏風だちになっている。この台地は、昔は現在よりもはるかに南方に突出していたことが考えられる。そのために、この地方の海岸地形の変遷に大きな役割を果していた。冬の季節風の西風を防除する、天然の障壁となって、時化どきの避難にはあつらえ向きの湊を形づくっていたことだろう。そうだとすると、実際の明石の湊は現在の船上の地よりは、約一キロほど北によった、国鉄山陽線の通っている低地あたり（今の東王子町近傍）とするのがよいかもしれない。この地域は、東方には明石城のあった丘がせまり、西はずっと洪積層の丘続きで縁どられ、この東西の丘にはさまれた低地は、口の細いふくろ様のかたちとなって、北にひろがっていたからである。

昔の明石川の川口は、当然現在とはちがっていた。ずっと北にしりぞき、今の神戸市垂水区玉津町の出合の北あたりにあったかもしれない。明石川に流れ込んでいる伊川は、白水付近に川口を有していたことだろう。玉津町吉田の城山には、遠賀川式の土器を出土する遺跡があって、ここには貝塚こそは営まれていなかったが、大きなアカニシの殻が十数個包含されていた。したがって初期の弥生式文化期には、アカニシの産するような砂泥性の遠浅な海が、この遺跡の近くにひらけていたと考えねばならない。しかし万葉時代までは、それから約一千年近くの歳月がたっているので、その間に海の後退が相当度に行われていたことだろう。

印南野をすぎて大和に向かう古道が、その頃どこにあったかは諸説がある。伊川に沿うての道を正しいとする人もあるようだが、それは郡家の所在地を考慮してのことであったろう。この道は今の太山寺道と、ほぼ同じコースをとっていたことになろうが、万葉の昔は、明石の背後の沖積低地は、すべて入江か、もしくは入江につづいた低湿地であったろうから、ここに歩道があったとみることはできない。印南野から東方は、印南野に続いた台地を東にとれば、自然と明石の湊の西側に出られる。が、そこまで辿りついた旅人は、船で水域を渡るか、あるいはその周辺を北にとって、古道へとかかって行かねばならなかったろう。延喜式に見える明石の駅家は、大蔵谷付近にあったろうといわれているが、この地の台地上にあったものか、台地下の低地に設けられていたものかが明瞭ではない。台地下の沖積地は、現在でも数百メートルほどで汀線に接している。平安朝以前に、ここがこのような海岸平野としてひらけていて、駅家のできるほどの土地（三〇頭常備）であったかは、はなはだうたがわしい。昭和の初年頃、大蔵谷の谷奥（たぶん今の朝霧町朝霧丘付近）にはいった所に、オオタニシやマツカサガイ、それからイシガイなどの淡水産貝殻が、貝塚様の状態を呈して、やや広域に分布していたことがあった。幾たびか私はそこを訪れて、時代の決定に役立つ人工品は出土しないものか、と調査をつづけてみた。その結果、中・近世的な陶器片がわずかにみつかって、それがさほど古い時代の捨殻でないことがしれた。この地域から大蔵谷の台地上にかけては、土師器や須恵器片の散布が多く、時折、用途未詳の青銅製品の破片が、出土していた。こうしてみると、低地は、まだ人々の住めるような土地であったか否かが、はなはだ疑わしい。まだ明石公園が城址としての面影を破壊されなかった頃（昭和五、六年頃）には、公園の丘陵地からは、土師器や須恵器がよく発掘され、私は陶質製の馬の上半身などを見つけ出したことさえあった。公園のすぐ裏手台地端に、私と同郷の中村氏が、「中村桃園」を開園していたが、園内一帯からは、驚くほどたくさんな、土師器や須恵器が出土し、住居址らしいものもみつかった。さらにはまた太寺あたりの畑地からも、土師器が各所から発見され、上ノ丸から太寺、それから赤羽にかけての地が、かつて古代人の聚落地として利用されていたことがわかった。式内赤羽神社や薬師寺廃寺址などもこの園内にあって、奈良―平安時代にかけて、明石の街は、むしろこの地域に発達していたようにも、想定されるのである。『万葉集』巻六の九三八の「山部宿禰赤人が詠める歌」に「やすみしし　わが大君の　神ながら　高知らせる　印南野の　大海の原の　あらたへの　藤江の浦に　鮪釣ると　海人船散動ぎ　塩焼くと　人ぞ多なる　浦を好み　うべも釣りはす　浜を好み　うべも塩やく　あり通ひ　御覧もしるし清き白浜」というのがあるが、この藤江には、須恵器を出土する遺跡が海岸の崖際にあって、すでにその南半は波にさらわれて失われかけていた。この地域から、林崎に及ぶ断崖上には、海岸線に沿うてうがたれた竪穴が諸所にあり、中には奈良―平安期にかけての瓦を屋根に葺いていたと想考されるような、風変わりの遺跡もあった。これらの遺跡からは、ソロバン玉形や長卵形の大きな土錘をたくさん出土するので、貧しい漁民の遺跡とみることができよう。ここもまた「印南野の藤江の浦」といわれていたところから察すると、古道はもう少し台地の北を西から東へと明石に向かっていたと考えてよいだろう。このような際に、長坂寺近傍に存する仏教初期の廃寺址は、有力な手がかりを提供することになろう。

潮風にたたかれ、西風のするどさに耐えしのんだ辛抱強さが、松の枝並をうるわしいものに仕上げたのだろうが、とにかく播磨は松の姿のよい所である。たとえ古道が、立ちならぶ松林の中を縫っていたにしても、その道からそれて浜辺に立つと、海の向こうに淡路島が浮かび、沖を行く白帆のかげもさわやかにすべり、はるかな水平線上には、南に東に、淡景となって山々の姿がのぞまれたことだろう。そこで旅人は、「天ざかる夷の長道を恋ひ来れば、明石の門より大和島見ゆ」とうたったのに相違ないし、春の大潮どきには、潮のひきぐあいがことにはげしいために、崖下の潮干の場所を、とびとびに伝い歩くこともできたのだろう。自分の家が近づくと心がせいて、廻りくどい道などをゆっくり歩いていられなくなってくるのは、今も昔も変りはない。そこで「明方潮干の道を明日よりは下咲ましけむ家近づけば」の歌もうまれてきたことだろうが、潮干の道の歩き方は土地の地理をよく知っていないと、やはり歩きにくい道であった、と思わなければならない。明石在住中、私は林崎から大久保町西八木の地域まで、よく潮干の道を歩いたものだが、途中でいく度か陸をまわらないと歩けない個所があった。無理をおしきって潮干の道を歩けば、当然身の危険を覚悟しなければならない。それはやはり、土地のようすをよく知った人でないとわからないことであってみると、この歌の作者は、ともかく事情をよくわきまえていたと思うこともできよう。

万葉時代の印南野は、洪積世に属する湖成層であるが、明石から垂水に及ぶ丘は、同じ時代の砂礫層からできあがっている。そのために出水に際してのはげしい土砂の流搬は、東の方において著しく、印南野ではほとんどそのような事実はなかったろう。が、ここでは、南の端がすぐに海に接して断崖となっているために、その小口が風浪にたたかれて、日夜崩壊を続けている。所にもよるけれども、私が化石の調査に通いつめた大久保町西八木付近では、約十年間に、数メートルほども陸地の後退が行われた。だから昔は、原はもっと南方まで展開していた、とおもわなければならない。大蔵谷から舞子にかけての浜も、漁民の話によると、ずっと以前は浜辺に十分な網干し場があった。それだのに、海浜の砂が西風の影響をうけて、風浪にもち去られていくために、海域の前進が目立ってきているという。

大地は生物だといわれるくらいだから、休むひまなくいろいろな活動をつづけていたであろうことは、十分納得される。が、明石から東方、神戸まではしょせん海岸ぞいに古道をひらくということは、困難であったろう。砂礫層の発達をおもい、山裾がすぐに海に突入していた状景を考えると、私にはそうおもわれるのである。そのために、とくにこの地域では船便が発達していた、と推想することもできよう。この海岸地域の塩焼きが、ことさらに当時の人々の関心をあつめたのも、陸路の発達のおかげではなく、おそらくはこうした海路の開拓のたまものであったことだろう。

明石は春の訪れが早く、夏は海幸にめぐまれ、その上四季を通じて雨量が比較的に少なく、生活のしやすい土地である。雨が降るといっても、昼間降ることはめったになく、多くは夜間であった。そのため私などは、在明十年の間、傘の心配をしたことがなかったほどである。ただ苦手なのは、夏の夕方にきまってやってくる名物「播磨凪」だった。これには、まったく閉口したものだった。播磨をたたえた万葉歌人は多いが、凪を詠んだものがない。万葉の人びとは、夏のこの凪を、どうやってきりぬけていたろうか。私はこの問題について、異常な関心を抱いているものである。

4　一九四七（昭和22）年九月三〇日　直良さんが丸善出版株式会社から上梓した『秋―科学随筆―』の一部。

松前の昆布売り

コンブは、北日本の寒海に繁茂するものである。北海道はその名産地として、昔から名高い。コンブの子嚢班は、秋に出来る。晩秋成熟して、沢山の游走子を出し、之が岩の面などに付いて発芽する。やがて幼体に雄雌の器官が出来て受精し、翌年はじめて昆布となって葉をのばし、秋には相当大きくなる。しかし本昆布になるのは三年ほどかかるといふ。とにかく昆布は重要な食品である。私は、昆布を食べる度に、もう十数年も前のことになるが、明石の街を売り歩いていた、「松前の昆布売り」のことを想ひ出す。街には、秋風が立って、ところどころで、浜砂が小さな渦を巻いていた。雨の少ない明石は今日もからりと晴れている。そこへ、松前の昆布売りが、天秤の両端に小さい桶をぶら下げて、ほう歯の下駄で調子をとりながらやって来た。「エー松前エー　エー鰊のエー　昆布巻　お手間もいらず　やはらこて　おいしゅうて　おいしゅうて　やはらかーい」そう節も面白く唄ひながら、肩と足で調子をとる。

何といふ、のんびりとした、芸術味のある売り子ではなかったろうか。東京の豆腐売りの、ラッパを吹いてのあの売り方もなつかしいが、さういう異色のある、情味の深い物売りは、時勢と共に消え去ってゆく。亡びるものは、なつかしいといふが、いつになっても、秋が来ると、私の念頭には、あの昆布売りの名調子が、蘇生するのである。

5　一九七三（昭和48）年五月　直良さんが『言論人』一九七号に書いた一文。

松帆の浦

明石の港を出はずれると、淡路通いの船は西寄りに舵をとって進む。急潮におし流されないように骨を折っているのである。船が海峡の中ほどの所にさしかかると、これみよがしに鮫が集まってくる。海面に背をつき出して、芋の子を洗うように、折重なって騒いでいることがある。

いく度もこの海峡をこうして通った私ではあるが、そのつどいい気持のするものではない。潮は白い歯をむいて、どんどと流れていく。西風はうなりをあげて舷側をたたく。春とはいっても、まだまだ寒さはきびしい。播磨灘へつっ走って行く船、大阪へ神戸へと先を急ぐ船。それらの船路と十文字を描いて、私の乗っている船は波をけたてている。やがて淡路島北端の花崗岩の禿山が眼前にせまってくる。もうここまでくればしめたものだ。船はぐっと舳先を東に向け、島沿いに渚すれすれに進んでいる。ほどなく青松白砂の浜が手にとるようにひらけてくる。ここが、古来、歌で名高い松帆の浦である。

今日では岩屋の繁昌におされて、さびれた一漁村になってしまった。が、昔は明石の港と共に、上り下りの船が、時化をさけるための避難港として栄えた所であった。『万葉集』巻六の九三五に「……淡路島松帆浦に朝なぎに、玉藻刈りつつ夕なぎに藻塩やきつつ……」というのがある。その松帆浦はここである。

うち続く浜の松原で波にうち揚げられた海藻をよせ集め、これを干しては夕方風のないだ時を見計らって焼いていた漁村の人たち。賎が伏屋のわび住いの人々ではあったろうが、緑なす松の繁みからゆるやかに立ち昇るその煙、なんと詩情豊かな眺めではなかったろうか。

近ければ香ばしいにおいが、春の海風にのって心ゆくまで五体にとけ込み、遠くから眺むれば柔かに松原を包んで、西陽をうけてひとしお美しく、うす紫にたなびく。これというほどの良い田畑をもたなかったこの地の住民は、糧を得るために、一つにはまた畑を肥やすために、せっせと玉藻を刈らねばならなかったのである。

「こぬ人を松帆の浦の夕凪に、やくやもしほの身もこがれつつ」と定家卿は歌っている。が、土地の人たちの身になってみると、そんな生やさしい詩どころではなかったのである。

波の静穏な日、この海峡を数えきれないほどの白帆が、追風に帆をはらませて、しずかに静かに辷っていく。そのありさまを、松の木越しにじっと眺めていると、いうにいわれない懐古の情が、湧然として胸にあふれてくる。よし藻塩焼く浜の老婆が、みすぼらしいなりをしていようが、ああこの人にも、一度は若き日の夢もあったことであろうに、と、ついそんなことまで追想されて、しげしげと松の緑に眼をうつさずにはいられない。松帆は砂の美しい浜であり、播磨灘に沈む夕陽をおがむのにもほんとうによい地である。

今年の秋、明石海峡大橋の架設工事がはじまるという。起工と同時に、このいわれ深い松帆浦は昔日のおもかげをすっかり消してしまうことだろう。惜しいことである。

6　一九五一（昭和26）年三月　『睦美』第一四号（明石市立明石南高校睦美同窓会）に書いた直良音さんの一文。

急にお涼しくなりました。私共一家にとりまして一生で一番なつかしい地は明石で御座います。何かにつけて明石をなつかしんでおりますのに、とんと御無音に過ぎ皆様にも御無沙汰いたしております。此の度、睦美会誌の再刊を御よろこび申上げます。明石を去って一度も訪れもせず、ただ主人と息子が二、三度明石に出かけましたので様子をきいてしみじみとなつかしんでおります。又卒業生の方からの御便りであれこれと想像いたしております。終戦と同時に私も学校を退き、焼失した家の再建につとめております。明石で生まれた二人の子も一人前になりました。明石原人を発見しました主人も最近次ぎ次ぎと化石人骨の発見をいたし研究に精進いたしております。娘も昨年嫁ぎ、息子は目下東京大学の大学院学生（物理）として超微小部の分光測光の研究に邁進いたしております。五ッ六ッの幼かった子供たち、もうおわかれして二十年になります。皆様の御健勝御祈り申上げます。

7　一九六五（昭和40）年ごろ　直良さんが原稿用紙に書いた未発表の一文。

私の生い立ち

私の家は、私の兄で一九代になる。代々、武家であった。祖父幸太は、お人好しであった。裃に威儀を正して勤めの行き来の際には、村の娘たちが障子に穴をあけて、そっとのぞき見をすることで評判になっていた。大分県臼杵市の小河内は、今日では近くに工場などが建てられて、すばらしい発展をとげている。が、私の子供の頃は、ひっそり閑とした小村であった。私の実家は、小河内の川に近い山際に建っていた。

東九州は昔も今と同じように、台風の通路にあたっている。だから梅雨の季節になると、またかといった具合に、水難事故が頻発する。ある夏の長雨の降り続いたあげくの果てに、ものすごい山崩れが突発した。私の家は転がり込んだ巨大な岩石の下敷きになり、ひとたまりもなく押しつぶされてしまった。

さて、こうなってみると、再興は容易ではない。実際のところ、手のうちようがないのである。生命に別状がなかったということに感謝し、すべてをあきらめきるより他に、途がなかった。

よわりめに、たたりめとはよくいったものである。天災にうちひしがれて、あすの日の生活にとまどうていた身に、おそいかかってきたものは、明治維新の大改革による武士階級の崩壊であった。四人の子供を抱えて、祖父はお先まっくらな洞窟の中に、突き落とされたような絶望にうちのめされた。やむを得ないので、一時猟師になった。だが、それも長続きしなかった。

そこで長男（私の父）をつれて長崎へ行った。もうけ口があるという、ある人の口車に乗ったわけである。しかし、長崎についてみると、もうけ口というのは、高島炭坑の坑夫になることであった。武士から炭坑夫へ。あまりの変わりように、がっくりとした。だが、弱いことをいっている場合ではなかった。郷里には三人の子供（私の伯父）を親戚にあづけてある。祖父と父との石炭掘りがはじまった。しかし、なれない仕事が、そう幾日も続けられるものではない。どういう方法で炭坑を脱出したか、私はくわしいことを聞き漏らしたが、とにかく、一年後には、また郷里の臼杵に逃げ帰った。しかたがないので、子供たちは、それぞれ奉公に出し、祖父は百姓、父は銀行の倉庫番に口をみつけた。

それから数年たった。貧しいながらも、一応生活が落ちついたので、父は桶屋の娘を嫁にむかえた。その次男に生まれたのが、私である。臼杵市の二王座は、武家屋敷と寺の多い所である。ずっと以前に、人を斬り殺したことのある某氏の屋敷跡が荒れ地になっていた。そこを整地して棟割り長屋が建てられていた。その長屋の南側の二軒目が、私たちの新しい住まいに選ばれた。下が六畳と台所、二階が六畳一間の暗い建物である。だから、私の子供の頃のあだ名は、「五軒長屋の信やん」であった。せまい家ながら、祖父と両親、それに私たち兄弟妹が七人。幸福という言葉がどんなに尊いものであるかということを、このときほど胸にかみしめて味わったことはなかった。ほんとに、せまいながらもたのしいわが家であった。

だが、その幸福は、そういつまでも、続かなかった。困ったことには、私の父は深酒をするくせがあった。そこに眼をつけたのが腹黒い仲間の一派であった。うまいことおだてられて、その晩はさんざん地酒をのまされた。そして夜が更けるにつれ、前後不覚の状態でごろねをしてしまった。そのすきに、肝心な倉庫の鍵が持ち出されてしまった。私たちはまだ子供だったので、被害がどれくらいの額に達したのか、そういうことの詳細をしらなかった。が、ともかくも、鍵の保管にぬかりがあったということと、一つは事情をしっての深酒ではなかったかという疑いもかけられ、手錠をかけられてひきたてられていった。私は、父に追いすがって泣きわめいた。

それから幾日かたった。悪党の一味でなかったことが判明はしたが、大切な鍵の保管についての責任問題で、倉庫番はだめになった。せまい田舎まちのことなので、すぐにつとめ口は見つからなかった。一度変な噂をたてられると、八方ふさがりである。挙げ句の果てに、父はとうとう沖仲仕になった。食うために、一家を養わねばならない立場から、こうでもしないと、どうすることもできなかったのである。

朝はくらいうちから、夜はおそくまで、身を粉にして働き続けた。深酒はひかえめになったが、それでも、たまには一本の銚子にほのかな笑顔をみせることもあった。

8　一九八二（昭和57）年一〇月　直良さんが『歴史手帖』第一〇巻第一〇号に書いた一文。

歴史と私

私の生まれ故郷は石仏で有名な大分県臼杵市である。それでなくてもこの地は、キリシタン大名で知られた大友宗麟の居城のあった街で、歴史的には特色のある土地であった。私はそこで一九〇二（明治三五）年の一月に生まれたわけである。

私の通った小学校は、秋になると地域ごとに学芸会を催す事になっていた。私は少々どもりであったので歌を唄うことになった。いろいろ考えた末、母の意見により一ノ谷合戦で熊谷直実に討たれた平家の敦盛にまつわる「青葉の笛」がよいだろうということになった。この歌を一生懸命に練習しているうちに、私は敦盛が愛用していた笛に、非常に興味と愛着をおぼえた。大きくなったら、そして機会があったら、是非ともその笛を実際に見たいものだと思った。

これがきっかけになって、歴史というものに関心をもち、いろいろな伝記や史跡などに注意を払うようになった。もともと、生まれた土地が史実の豊富な所であったこともその要因であったろう。が、とりわけ「青葉の笛」の一件が、その主要な部分を占めていたことは争えない事実であった。

後年縁があって、一ノ谷の古戦場に近い明石市の大蔵谷に私は居住するようになって、私はつくづくと人間の運命の不思議なめぐりあわせに深い感銘をおぼえたものである。

それ以来、年をとるごとに、歴史的事項には一層の深い関心をもち続け、とうとう百姓の小倅であった私が、歴史家の末席に加えていただくようなことになってしまった。運命というものは、不思議な糸で、どこかで結ばれているように、いまさらながら強く感じられるのである。

9　一九七五（昭和50）年八月一五日　『日本産動物雑話』（『日本産獣類雑話』の改訂版、有峰書店）に収録した一文。

王子の狐

大正二、三年頃だったと思う。その頃私は王子尋常高等小学校の高等科二年に在学していた。十条（あるいは地籍は滝野川であったかもしれない）の叔母の宅から、毎日お稲荷さんの境内を通って通学していた。このお稲荷さんの裏手に、ロームの崖をくり抜いてつくった穴があって、そこに一頭のキツネがすんでいた。このキツネは、東京の近くで捕らえられたものか、それともほかの土地からつれてきたものか、そのへんのことはつまびらかでない。穴の前に少々広場があって、そこに金網が張ってあったように覚えている。たぶんお稲荷さまの眷族ということで、飼っていたものと考えてよいだろう。キツネはたいへん臆病もので、人の通るけはいがすると、すぐ穴の中に身を隠すくせがある。

あるとき、私はなんとかして、このキツネの姿をゆっくり眺めたいものだと考えた。キツネは油揚げが好きだと聞いていたので、とにかく、その油揚げを入手することにした。叔母の家は、ちょうど中山道と赤羽道の分岐する所で、すし屋を営んでいたので、豆腐屋さんに知りあいがあった。その頃の豆腐屋さんは、今日の豆腐屋さんのように、自転車や自家用車で、いだてん走りに走り歩いて、買手をさがし出すのではない。桶をかついで、ラッパを吹き、「エー豆腐。おいなりさんにがんもどきー」とからだで調子をとりながら、節もなめらかに売り歩いていた。私はその豆腐屋さんから、油揚げを喜捨してもらって、辛抱づよく、キツネの出てくるのを待ったものである。

今日のように、喧噪とゴミゴミした街ではなかった時代だが、なかなか用心深いのか、それとも昼行性でない動物のせいか、キツネに対面するチャンスが与えられなかった。それから約一年、通学のため境内を通るたびに足音をしのばせ、神妙に穴をのぞきこんだものであった。

三月。いよいよ学校ともお別れだ。子供心にもあわい感傷をおぼえた。ある日、とうとう、キツネとの対面も駄目だったかと、なかばあきらめの気持ちで境内をよこぎっていた。そのとき、私はちらっと金網越しに、キツネの姿をみた。オヤ!と言葉が声にならなかったであろうが、あまりのうれしさに、私は立ちすくんだようなかっこうで、しげしげとそのキツネに見入ったものだった。

昔、武蔵野が一望の茅原であった頃には、さぞかしこのような獣も棲息していたであろうというようなことなどは、その頃の私にはとうてい考え及ばないことであった。それよりはむしろ、雑木林の深かった武蔵野のほうを私は頭に画いたのである。

キツネが人をだますということは、祖父や祖母からよく聞かされたものだった。なるほどそういえば、キツネの眼は尻上りにきれていて、吻部は細くつき出ている。うわ眼をつかって、そっとあたりを見まわすところなどは、やはりくせ者といった感懐がする。そういえば、四キロも五キロも、山の帰りにつきまとわれて閉口したという話が思い出された。あのやせっぽちのけだものが、それだけの魔性をもっているものだろうかと、少年の私はそのとき疑ったものである。

秋がくると武蔵野はまっかに燃える。何もかもが、赤褐色に美しくかがやいてくるのである。大地をあつく埋めた落葉を踏んで、ひとめをさけながら、さぞかしこの動物は、広い草原をさまよい歩いていたことだろう。私は遠い日の武蔵野のことなどを追想しながら、眼の前のキツネを、なつかしく見入った。

それがもう、六十年も前の、昔語りになってしまったのである。

10　一九五三（昭和28）年三月『私の少年時代』（牧書店）に収録された直良さんの一文。

つらぬいた勉強好き

「勉強がしたい。本が読みたい」、これが私の少年時代をつらぬくただ一つののぞみだった。まずしい農家で八人兄弟の次男坊に生まれ毎日弟妹のおもりばかりさせられる。二宮金次郎をまねて子守しながら本に夢中になりよく両親にしかられた。十三歳の時、東京の叔母のところへ養子にやられ大分県臼杵町の郷里をたってテクテク上京、王子小学校へ入ったが叔母とソリがあわず、まもなくかえされガッカリした。

「百姓の子に学問はいらぬ」と相かわらず子守や田畑の手つだいに追いつかわれ、夜、家族がねしずまってから[早稲田中学]講義録を読むのがせいぜいだった。やがて郷里へはじめて鉄道が敷かれ汽車のすばらしさに感心し、運転手になろうと決心、火夫の試験を受けたが落第、ひとまず印刷屋の小僧になった。文学にあこがれ『日本少年』に投稿して入賞したのもこの頃だった。

しかし向学の念やみがたく王子小学校の恩師をたよって再び上京、神田の夜学（早稲田大学附属工手学校）へ通ったがまもなく病気で退学、心の慰めを花や鳥に求め、当時のお茶の水博物館へ通いつづけ、疑問を一つ一つときほぐしていった。

先生のところにいつまでも居候していられないので月給十円で上野保線事務所の給仕になり、夜は岩倉鉄道学校に通って化学を勉強、朝は六時に起き、夜は二時頃まで毎日四時間の睡眠でがんばり通した。苦しかったが特待生として四年間授業料を免除してもらったのは実に有難かった。

卒業すると、当時の農商務省の窒素研究所につとめ、黒田修三氏の助手になり、後の探偵小説家大下宇陀児氏や甲賀三郎氏らとは同僚となったが、これまでのムリが身体にひびいて三年目に胸をおかされ医者から「これ以上化学をつづけたら死ぬ」と宣告をうけてしまった。

この時、運命の神はどうして私にこうもつらく当たるのだろうとつくづく情けなくなったが、それでもどうにか気をとりなおし、ちょうどいい機会とばかりあこがれの自然を友とする生活に入り、一人で野山を歩き、生物や化石の研究をはじめた。前から好きだっただけに病気を忘れるくらいに夢中になった。そしていつの間にか病気の方もすっかり直ってしまった。これでもう私は考古学者として立つ第一歩を完全に踏みだしていたのである。

11　一九八五（昭和60）年一二月一五日　明石市大久保町江井ケ島の渡辺九一郎さんから「佐倉市宮前二－一〇－三」の春成秀爾宛の手紙

只一筋、すきな学問で苦悩の道を乗り越えて輝かしい業績を残され八三才で直良さんは亡くなられてしまいました。その終末の本年は、生涯中で一当関心の深い明石人骨の遺跡が年初三月に貴方の手による発掘の事業と、年末一一月の明石市文化功労賞授与が行われて結ばれました。功績の大きな餞をされて直良さんは大変よろこばれたと思います。

升水美恵子さんからの手紙に次のようなことが書かれていました。胸せまる思いが致します。「意識はもうだいぶうすれておりましたものの、私が来たことがわかったようでした。とにかく生前に賞状とメダルを手に握らせることができましたのが、せめてもの慰めでございます。まもなく父は、生涯でたったひとつの褒賞を手に、静かに眠るように、あの世へ旅だってまいりました。いまごろはきっとあの世で『明石原人』に再会していることでしょう。」

私には、明石時代は僅かな年数ではありましたが、私の生涯を通じて一当楽しい、又いつまでも忘れることのできない時期でした。愁々として惜別の情堪え難いものを覚えます。西八木遺跡の別刷(1)御送付下され有り難く拝読しました。このレポートを直良さんに最後として読んでもらえなかったことは残念だと思われたと推察申し上げます。

昨日、小田原の杉山氏が直良さんの銅鐸研究の顕彰への資料を求めて遠方よりわざわざ来明せられ、御期待にそうことが出来ず恐縮しました。東京時代の直良さんの話を伺うことができ懐かしい一日を過ごしました。

以前、話していました、亡くなられた奥様の明石高女時代の写真、手に入りましたので二枚同封しておきましたので御査収下さい。

本年も最早余りも少なくなりましたが、寒さもこれから続くことですから、何卒皆々様十分御自愛の程御祈り申し上げます。まづは御礼まで

昭和六〇年一二月一五日

渡辺九一郎

春成秀爾様

(1) 春成「西八木出土の古人類前頭骨の初歩的検討」『旧石器考古学』第三一号、一九八五年。

第三部　昭和時代と直良さん

――直良さんから、諸氏から――

松平義人　後藤守一　杉原荘介　松井　江坂輝彌　白崎高保　直良信夫

日本古代文化学会の南多摩行（1942年4月26日）

1　一九二五（大正14）年四月二二日　「明石市大蔵谷小辻二五四二ノ一　直良信夫」さんから「神奈川県横須賀市公郷町二七九　六　赤星直忠様」宛の絵ハガキ

過日は何よりのもの(1)を早速御送り下さいましてありがとう存じます。実は近々のうちに何かにまとめて公にしたいと思っておりました矢先とて、是非いただけるものなら一枚ほしいと思っていた様なわけでした。御好意を心から深謝いたします。この間谷川君から、三浦半島を歩いて発掘したと御ハガキでしっていましたが、カヤマも掘ったという事です故、定めし面白いものも出たことと推察しています。(2)今後もしああした類のものが得られましたなら、どうぞ私にもみせて下さいませ。目下私は保養かたがた当地に滞在し、しばらくこの付近特に淡路をやってみたいと存じています。何分にも病弱なものですから楽にしています。東京へはしばらくかえらないつもりでいます。先ずはとりあえず御礼まで。

草々

＊　＊　＊

此の貝(3)は洪積世の末期か沖積世の初期に棲息していたものですが、その当時の気候の変化や陸地の隆起等のため、今は絶滅してしまいました。これ等からしても日本に石器時代の人類が移住してきた時代には可成り地貌の変化と同時に気候変化の行われたことが推察できようと思われます。同時に汐流にも幾分変化はあったろうと思われます。日本の所謂アイヌ□□の人類の早いものはこれらの棲まっていたすぐ次の時代には早くも足を入れていたと思われます。これらが全く絶滅したということは勿論地殻の隆起が主であったでしょうが、気候がそれらの介の棲息に適さなくなったということもあったでしょう。石器時代の研究はただその当時のみではなくその前後の自然界の現象から出発してなさるべきものだと痛感しました。気候の如きも単に遮光器から出発するよりも寧ろ生物学的に出発すべきでしょう。

（1）　赤星さん（一九〇二〜一九九一）は考古学研究者。このとき直良さんに何を送ったか覚えていないという。
（2）　谷川君はのちの大場磐雄さんのことで、当時は県立横浜第二中学校の先生であった。赤星さんはそのころ小学校の代用教員をしており、この話は谷川さんを案内して神奈川県三浦市の諸磯貝塚へ行ったときのことらしい。赤星さんには『三浦半島の古代文化』横須賀考古学会、一九六九年『穴の考古学』学生社、一九七〇年、『中世考古学の研究』夕隣堂、一九八〇年などの著書がある。

（3）　ムカシチヒロ。明石郡垂水村山田の西の山に露頭があった舞子貝層（更新世前期の海成層）中に含まれている貝化石の一種。矢倉和三郎さんが一九一八年に発見、槇山次郎さんが一九二三年に *Pecten yagurai* と命名、和名はヤグラニシキともいう。属名は現在 *Volaclamys* に改められている。

2

一九二七（昭和2）年一月二日　「明石市大蔵谷山崎二〇九六　直良信夫」さんから「神戸市松本通り七丁目四六番邸　西村義則様」(1)宛の至急ハガキ（しかし、このハガキは実際には投函されなかったらしい）

淋しい年(2)を迎へました。本年も相変わらず御交誼の程よろしく御願い申します。さて、明三日降雨でもありませなんだら例の加古川の遺跡(3)にしらべに参ります。御さしつかへが御座いませなんだら是非御出になりませんか。明石発午前八時四十七分の汽車にてたつと存じます故それまで御出下さいませ。御まちしております。もし8、47の汽車にまで御姿がお見になりませんようでしたら御出がないものとして、一応御先に失礼し仕ります。しかし是非御出下さい。

（1）　神戸日々新聞社編集長。
（2）　大正天皇が前年の末に死去。国をあげての喪中で、この年は国民は年賀状を出さなかった。
（3）　望塚の銅鐸出土地か。

3

一九三〇（昭和5）年一二月二七日　「東京帝国大学人類学教室　松村瞭」(1)さんから「明石市大蔵谷山崎二〇九六　直良信夫大学兄」宛の手紙

拝啓益々御勇健御研究の御事慶賀候。

さて、承れば御地方海岸に於て、化石哺乳類と共に石器と認めらるるもの御発見の由、写真まで添へて御報道くだされ、興味を以て再三謹読仕候。予てより人類と共存したる哺乳類の遺骸は折々発見せられ候事有之候へば、たとい島国とはいえ旧石器時代の人類が生存し得る筈に候へどもその発見が容易ならざる為め、今日まで確たる報告に接せざりし次第と存じ候。今回御発見の哺乳類は何れも洪積世のもののよう察せられ候へばもし之と伴出する石片にして人工品たることが証明せられ候はば、これこそ我が国に於ける旧石器時代遺物の最初の発見にてやがて我が学界驚異の的となるものに有之、実に愉快なることに有之候。実物を拝見致さずして申上ぐる次第に候へば或いは失礼にわたるやもはかり難く候へども何卒今後人工品か否やの点を充分御研究くだされたく、幸い近く御踏査の御予定に候へばこの点も充分に御究明のことと御報道に接するを楽しみに致居候。当教室の大島昭義氏(2)がこの休暇に姫路へまいり候途次御地に立寄り御目に懸かり申すべき候間その節は何分にも宜しく願い奉り候。尊翰に見之候通り、獣骨に残された傷からもそれが利器の為めか否やは判明致すべく、且つ人為的の傷にしても生の時負いたるものか、それとも後世受けしものかは研究に依って分明致すべく、利器そのものは存在せずとも間接に人類生存を證し得べくと存候まま着実に御注意御研究を祈り候。

草々不一

(1) 東京帝国大学理学部人類学教室助教授。日本人類学会幹事。一八八〇〜一九三六。『人種名彙』一九〇八年。『琉球荻堂貝塚』東京帝国大学理学部人類学教室研究報告、第三編、一九二〇年。『化石人類』岩波講座地質学及び古生物学Ⅲ、一九三三年などの著書がある。

(2) のちに須田さん。一九〇〇〜一九九〇。当時は助手。のちに東京大学教授。

* 一九三一(昭和6)年正月　大島昭義さんが直良さん宅を訪ね、西八木海岸での収集した動物化石と「石器」を見る。

4　一九三一年一月二〇日　東京の松村瞭さんから明石の「直良信夫学兄」宛の手紙

拝啓　厳寒の候益々御勇健の事慶賀候　さて、楽しみに待居り候御地御発見の旧石器時代に関する各種の資料写真並びにその御説明御送付被下正に難有拝受仕候。砂礫層埋没のものにては磨耗の結果として折角の石器も刃部や縁辺を傷つけられ原状を存せざる場合も可有之、従って真偽の判断に苦しむこともなきとは限らず、誠に困る次第に有之候。p.1の1は形状がスカンディナヴィア或いはデンマーク辺発見の新石器時代のものに彷彿たる所有之やに見受けられ候が如何のものに候や。同じくp.1の6に就いては御説明の通り大島氏より承り居りその当時リサン師のオルドス発見の旧石器図を示して其類似を尋ね候次第に候が、今回御送付被下候写真にて能く分り申候。

承れば同地の者(1)の談には人類の頭骨と覚しきものも曾て発見せられ候由、今はその跡かたもなきは口惜しき次第に有之候。古骨でも発掘せられ候はばこの上もなき次第には候へども、前便にも申上げ候通り、最初より欲深き望は不申。日本に旧石器時代が存するといふことだけが確実に相成り候さへ大事な発見に候。何とかして発掘を試み折角の御発見をいやが上にも充分確証するよう致し度きものと存じ候。春暖の候とも相成り候はば一度見学致し種々御教示を仰ぎ度くと存居候。先ずは右不敢取御礼を兼ね御返事まで。

一月二十日　　瞭　拝

直良学兄　侍史

追白

或る時期に達せられ候はば予報として学界に御発表に相成候ては如何に候や。そのせつは人類学雑誌誌上に願はれ候はば誠に仕合わせに有之候。

（1）中八木で瓦の製造業をしている桜井松次郎さん。～一九五一。

5　一九三一年二月七日　東京の徳永重康さん(1)から明石の「直良信夫殿」宛の手紙

拝啓陳者拙者東京帝大地質学教室にて化石学教授致居候。殊に哺乳類化石研究致居処、今般貴著(2)御送り被下甚だ有益参考と相成候、難有御礼申上候。拙者専門としては人類学上の方面に研究は出来かね候へ共、洪積沖積両期の哺乳類の取り調べ上、尊下の御力をかりる事多々可有之と存じ将来宜敷く願上候。或いは四月初め京都大阪へ参るやも計り候難、其節は御面会を得度存候。先は御礼迄

二月七日　　　　徳永重康

直良信夫殿

（1）早稲田大学理工学部採鉱冶金学科教授、東京帝国大学理学部講師。一八七三～一九四〇。一九〇二年、日本産（岐阜県土岐郡明世村）のデスモスチルスを学界で初めて発表。著書に『哺乳類』岩波講座地質学および古生物学、一九三九年。直良さんとの共著に『満州帝国吉林省顧郷屯第一回発掘物研究報文』第一次満蒙学術調査研究団、一九三四年。『満州帝国哈爾浜顧郷屯発掘ノ古生物』同前、一九三九年などがある（第三部41参照）。

（2）直良さんの『日本洪積世代哺乳類化石の分布』（謄写版刷りの地名表であろう。編者未見）であろう。

6　一九三一年二月一五日　東京の徳永重康さんから明石の「直良信夫殿」宛の手紙

先日愚状差上候処早速御返事いただき本日拝見仕候。拙者数年前より主として陸獣化石研究致居候者には貴状の件非常に有益に感じ候。猶今夏迄には日本の陸獣化石論文相纏める積りに有之。貴方の材料極めて有益と存候。もし御差し支へなければ二ヶ月間、貴下御保存の象及び猪（但し歯のみ入用、他の骨は不用）標本拝借願ひ仕まじ候や。研究の上必ず御返送可申上候。尤も破損その他の恐れ有之候なれば、御写真にても宜敷候。御申越し猪（?）歯は殊に面白く感じ居り候。三月下旬京都大学へ参る筈の処火災の為め学会の催しを東京に改む事と相成り夏迄は参上出来かね候と存じ候。

拙著一部御送り仕候。

二月十五日　　　　徳永重康

直良信夫殿

7　一九三一年三月七日　東京の徳永重康さんから明石の「直良信夫様」宛の手紙

拝啓仕候　御賀状に添え本日書留にて写真その他御送り被下御厚志奉謝候。石器時代遺物と象化石一処に産出致候確証有之時は非常に大切な学問上の事実と信じ候。只此処に一つ更らに考慮す可きは仮令採集当時同一地層中より発見したりとしても、象化石が前時代の産なりし者なりしに古き地層の破壊と共に砂礫と共に流れ出し、つぎの新しき時代の内に埋没さるる例幾多有之候、貴処の分其点につき御意見如何に候や伺い上度候。

御送りの図は四、五日拝借の上御返事可仕候。御申越しにつき愚見申し述ふ可筈候処、本日（引続き来月初旬地質学会総会）は学生の試験、論文の審査等にて寸暇を得ず。其の為申兼後候へ共暫く御猶予の程願い上げます。

先日淡路よりの獣化石につき短文を草し、発表後は、別刷不日御送り可申上候。

貴地へ是非参上後現場拝見致後存居候、尚今般拙者の獣化石研究につき文部省より補助の内意を得候（主として九州の洞窟内の保存獣化石につき）補助金入手の暁きは九州へ参り度存候。改其節は必ず御伺ひ可仕候。（二三日は貴地迄御一処に旅行致ても宜敷候）

先般に御送りの御著書中の馬化石につき史学に御記載の由故『史学雑誌』を取り調べ候も不明に有之、「史学」と云ふ雑誌は別に有之候や。一寸御伺上候。先ず御礼旁々右迄。

三月七日　　　　徳永重康

直良信夫様

8　一九三一年三月一六日　東京の松村瞭さんから明石の「直良信夫学兄」宛の手紙

拝啓益々御勇健奉大賀候。扨て、予て御調査の遺跡に関する御研究は遂に立派なる玉稿(1)と相成候事を心からお悦び致し候と同時にその玉稿を人類学会へ御送付被下候事を深く感謝致す次第に御座候。誌上に一段の光彩を添えることをひそかに悦び居り候。

写真並びに其の他の挿図印刷の上は御返却可仕尚別刷の件は委細承知仕候。実は早速御礼可申上筈の処、風邪にて両三日出校不致候為め延引と相成り候あり不悪思召被下度事願候先ずは右御礼まで、　草々不一

三月十六日　　松村　瞭拝

直良学兄侍史

（1）『人類学雑誌』第四六巻第五・六号に掲載の「播磨国西八木海岸洪積層中発見の人類遺品」の原稿。

9　一九三一年三月一八日　東京の徳永重康さんから明石の「直良信夫殿」宛の手紙

前略

被下難有存候。殊に御著書御送り被下恐縮致候。先日拝借の分は昨日御返送致候御落手存候。

さて、拙者例の企救半島恒見の石灰洞中の哺乳類に就き一昨年来標本採集実現見分致候処、中を更らに精理調査する必要を感じ殊に昨年其洞窟中の化石に猿猴類のある事を確める為、先般来帝国学士院に補助を申請致候処今般合って許可と相成り、由て本年七月に帝大助手を引き連れ実地の採掘を致す計画に候。若し貴方の御書状の次第も同一地と承り大に喜れしく存候と、同時に不思議に存候。六七月頃拙者参る時御一処に御同行は如何かと候。其時は是非貴

地に滞在委細貴地の模様御教示を仰ぎ度存候補助の表題は
九州北部洪積期時代洞窟生息獣類の研究
と云ふ意味にて独り恒見に限らず九州其他日本の洞窟内の探検をも致度相存候。

臼杵の御申越の臼杵付近の洞窟場所は地図を取り調べ候処小字のためにや。

又其付近には石灰の露出は甚だ少なき様に感じ候。場所の詳しき処を今一度御教示を得ば幸甚に存じ候。

拙者は人類学の事は甚だ門外漢に候。幸いに洪積期の獣類の状体でも多少有之貴君其専ら御研究の一助と相成候ば幸甚に存候。今後も何卒宜敷御教示御助力を願上候。

先ずは御願旁々右迄。

二伸　貴方より御送りの図研究致度存候も本月及び来月始めは帝大の卒業期に当り試験、論文審査、地質学総会等にて多忙の為其後に致し度不悪御諒知被下度候。

三月一八日

10　一九三一年四月四日　京都の有光教一さん(1)から明石の「直良信夫先生」宛の手紙

謹啓　時下春暖之候益々御清穆之趣慶賀の至りに存じ候。

陳者今春御蔭様にて無事卒業致し候間他事乍ら御安神被下度候。これも亦先生方の御後援によるもの大なるもの有之深く感謝致す次第に御座候。なほ今度も旧に倍する御懇情を得度く願上候。先生の御指導御鞭撻なしには生来愚鈍の小生学ぶこと浅き今日到底研究をつづくる能はざるものに御座候。

先般樋口清之さんに御会い致し、兼ねがね承はり候ふ旧石器発見の件詳細に承はり候ふて未だ御招きに応じ得ざりし小生自ら深く後悔致し居り候。至って研究心に乏しき愚生何かと支障にさまたげられその後も延引を重ね居り候処一昨日の朝日の夕刊により画期的大発見を承知致し御芳名を見出し心から御慶び申し上げ居る次第に御座候。洪積層時代の人骨の発見それは将に日本先史学史上の一大快事であらねばならず而もそれが見学あくことを忘れられての先生の御研究により完成成功を収められ候ことは当然と申さねば当然に候も御苦心御精励之程推察申上げ怠惰なる愚生等ただただあやかり度ふこそ存じ居るのみにて候。

つきましては来る拾日の日曜日先生御苦心の跡を見学させて戴き度く参上仕る可く候ふが御差し支へ無之候や。御伺い申上げ候。なおその際同行のもの友人二三之有やも知れず候。雨天の際は勿論中止致す積に御座候。先は右貴意を得たく近況お知らせ旁々御願まで　怱々敬具

四月四日午後　教一拝

直良先生侍史

御返事を得々候ふ節は当研究室気附小生宛に願い上げ度く候、小生の下宿郊外に近く候ふて一日一回の配達にて不便に御座候につき乍勝手左様御とり計らい被下度今後とも願上候

(1) 当時、京都帝国文学考古学教室副手、のち京都大学教授。一九〇七〜。著書に『有光教一著作集』全三巻、一九九〇・九二・九九年、同朋舎がある。有光さんは卒業論文を書くために、以前から直良さん宅に縄文土器や弥生土器などの資料調査に足繁く通っていた。

11　**一九三二年四月一〇日**　東京の徳永重康さんから明石の「直良信夫様」宛の手紙

前略貴書拝承仕候。新事実再三御通知被下非常に興味を感じ七月御面会御案内を誠に鶴首致候、石器遺物の洪積期層中より発見は実に重大なる結果を生じ候事故、何卒此上共充分なる御調査を希望致候。明後日より十日間仙台辺へ参り候為何卒亦御通信可申上先ず御礼迄　草々。

四月十日　　徳永重康

直良信夫様

＊　一九三一年四月一八日　明石郡大久保村西八木の海岸で直良さんは人類の寛骨片、いわゆる「明石人骨」または「明石原人」骨を採集。

12　一九三一年四月一六日　東京の樋口清之さん[1]から明石の「直良信夫先生」宛の手紙

拝啓　先日来度々の御芳翰並びに櫃本氏の論文抜刷御貸与下さいましてまことに有難く厚く御礼申し上げます。丁度方々旅行して昨夜着京、一切の御手紙等を有難く拝見致しました。丁度四月初再び東京を出発して近江の、長浜、下郷共済会の標本を調査し、京大に参って、一週間近く居り、大阪の本山氏の許へ参り大和を調査して美濃の林魁一氏の蔵品を調査して昨夜極度に疲労して着京致しました。右のようなわけで、御返事がおそくなりまして不慮御許し下さいませ。

新たに、クッドポアン様の石器御発見の由嬉しく存じます。益々資料が増加して日々、御高説の基礎の固くなるのを斯界のため切に期待して居ります。松本博士の人誌上の論文[2]、私は全く問題にする必要のない物ではないかと存じます。何卒規定の御方針に従って御精進の程切に希望申して居ります。

先日帰京後大山公にも、鳥居博士にも御研究の次第をつぶさに申し上げました。大山公も著しく御熱心なる御研究に感銘されている様でしたが、実際の遺蹟遺物を見ないので意見は申し述べられないが、いづれは近刊の人誌上で拝見する旨を申して居られます。大山公は御承知の様に我国のこの種の原・旧石器存在について著しい疑問を有して居られる様子を発表された直後でありますから、あるいは早速認定する事はためらわれるでしょうが、御尊堂の御研究の進展によって、やがては潔く前説をくつがえされるだろうと存じます。又、大山公には充分それだけの学術良心と雅量はあるものと深く信じて疑ひません。ひとへに御研究の進展を祈ってやみません。
鳥居博士は、御尊堂の御研究に、大賛成です。私から、私の知っている範囲の事を申し上げたのでしたが、大いに御尊堂の御研究を期待して、色々大山公とは異って意見を申されました。御芳名と御業績は以前から良く知って居たが、充分研究を続行される様に申し上げてもらひたいと私に、私が旅行に出る前日（四月三日）に申されました。そして、品川付近で、得たと云ふ石器（いつかの御話はこの噂だなとその時思ひつきましたが）を直良様に見せて上げたいと云って探されたのでしたが、丁度当日は祭日であるのを利用して、引っ越しの最中でしたので、子息と二人で散々探されましたが、見つかりませんでした。いづれ近日参って今一度良く探してもらい度いと思って居ります。都合によりましては（どうせこれはあてにはならないと思って居りますが）現場へ参って良く調査しおしらせしたいと存じます。
先日も、一寸現在の私の大山、鳥居二氏に対する妙な関係をのべましたが、この問題を挿んでも、又両氏が、対立される様な事があれば、いささか私は変な位置に立たなければならない様思ひますがどうも、常々想ふ事ですが、感情を混へての学術の争は避け度いと切に望みます。どうか、御尊堂は、賛否いづれにかかはらず、此等の人達には関心なく御精進の程、切に願はしく、僭越ながら存じて居ります。今まで、孤軍奮闘されたのを今更うらやましくも、尊く存じて居ります。
とりあへず用件のみ申し上げます。
御奥様にもどうかよろしく御伝へ下さいませ。
草々
四月十六日　樋口清之拝
直良先生侍史
なほ近日小林君が来る様子です。又木村君は私の友人の家へ行って、生活にも困る位だから、樋口君に職業の世話を頼まれ度いと云はれたそうです。(3) 一度会へばすべての事情が分かるのですが訪ねてもくれませんし、又居所もわかりません。いづれ小林君が来れば、相接して極力良い様取計らふつもりです。いづれその時成行を申し上げます。

(1) 当時、國学院大学学生で、近畿地方の縄文土器を研究中。のちに同大学教授。一九〇九～一九九七。
(2) 松本彦七郎さんの「続古人類学閑話」『人類学雑誌』第四六巻第三号、一九三一年。「本邦は現代人類及その文化の発祥地域の殆ど中枢に位置すと認められ、云はば古人類学上の聖地である。」さらに「鮮新世後期の始石器時代」まで本邦の歴史はさかのぼり、土器は「洪積世旧期の下半部」の「原石器時代には既に存する」という主張。
(3) 小林行雄さん（神戸高等工業学校三年生）、木村次雄さんのこと。

13　一九三一年四月二三日　東京の松村瞭さんから明石の「直良信夫学兄」宛の手紙

拝啓　尊翰難有拝見仕候。

承れば含石器層の崩壊したるものの内より人類の骨盤を御採集[1]相成り候由にて図まで添えて御報道を辱ふし御厚意の程感謝の至りに不堪候。承れば其の化石化の程度が他の哺乳類のそれと類似致し居り候由、正しく太古のものたることは疑いなかるべきかと存候。漸次其の正体を確かめられつつあることは実に画期的の発見と申すべく、私も学界の為お悦び致し居候次第に有之候。御言葉に甘へ一時右骨盤を拝借仕度くと存候が、貴重なるものに有之候へば運搬上故障にでも生じては一大事と存居り候。何卒よろしく奉願候。

予て頂戴仕候玉稿[2]は四月号には間に合わず（編集後の為）残念に存候が五月号には掲載誌面に光彩を添える筈にて既に印刷所に送りあり候。石器及び化石動物の図を組合わせてコロタイプ図版一葉として添付することに致し候。尚承れば明石川東域の礫層よりも石器御発見[3]の由、相継ぐ御発見にいよいよ日本の旧石器の存在も明かと相成り誠によろこばしき次第に候。徳永博士の洞窟内遺骨の研究予て同氏より承り居り興味深く感じ居り候が、今夏は矢張りお出掛けの由、旧石器の御発見に至らんことを祈り居り候。

先ずは御返事を兼ね右御願ひまで。

草々不備

四月二三日

瞭拝

直良学兄侍史

（1）西八木海岸の砂礫層の崩れた中から発見したいわゆる明石人骨。
（2）「播磨国西八木海岸洪積層発見の人類遺品」の原稿。
（3）明石郡伊川谷村漆山発見の剥離面をもつ礫。直良「日本の最新世と人類発達史」『ミネルヴァ』第一巻第四号、一九頁、一九三六年に写真を掲載。

14　一九三一年五月二日　東京の松村瞭さんから明石の「直良信夫学兄」宛の手紙

拝啓　益々御勇健奉大賀候。
扨て本日は尊翰玉稿小包の三種正に難有落掌仕候。貴重なる標本を御貸与被下御厚意には何とも御礼の申上げようも無之、仰せに従ひ六月中旬までには返納可仕それまで暫時拝借願候。寛骨は正しく人類のには相違無之候へども小形のやうに存ぜられ候。それかと申し既に融合致し居候まま小児には無之恐らくは、十六七歳位のものならんかとも存ぜられ候へども、一々標本に比較致候訳には無之候へば、判然したることは後日に俟つ次第に有之候。仰せの通り化石化の程度や所謂古色は太古のものたることを想はせ候。御承知の通り骨盤は直立姿勢者と然らざるものとに依って著しく異るべき部位にあるものにて人猿間に於ける差違は著明に候も然らば古型を有する人類に於ては如何あるべきかと申し候に、不幸にして化石人類（古型）の骨盤は研究に適する者の発見無之ラシャッペルの如く殆んど全身揃ひ候ものにても骨盤は不完全といふ次第に候へば比較の便無之は残念に候。従って若し完全にて研究も充分に出来候はば従来の欠陥を補ふものに候。何とかして出来る丈けの研究を試み度くと存居候まま暫時拝借の程奉願候。玉稿は出来るだけ早く掲載致度所存に有之候。先づは標本無事到着の御報を兼ね御礼まで。如斯御座候。

草々不一

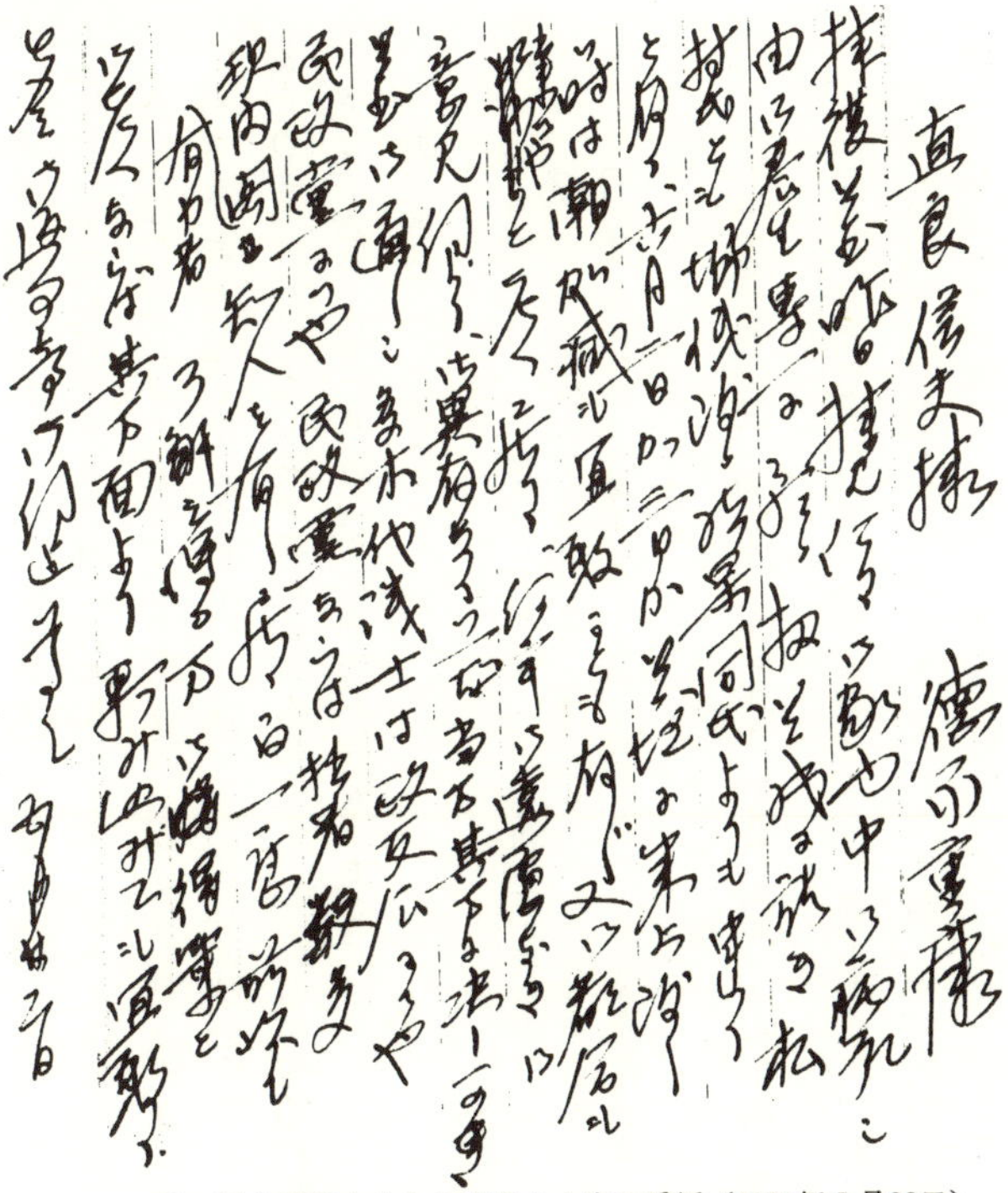

29　徳永重康さんから直良さん宛の手紙（1931年5月22日）

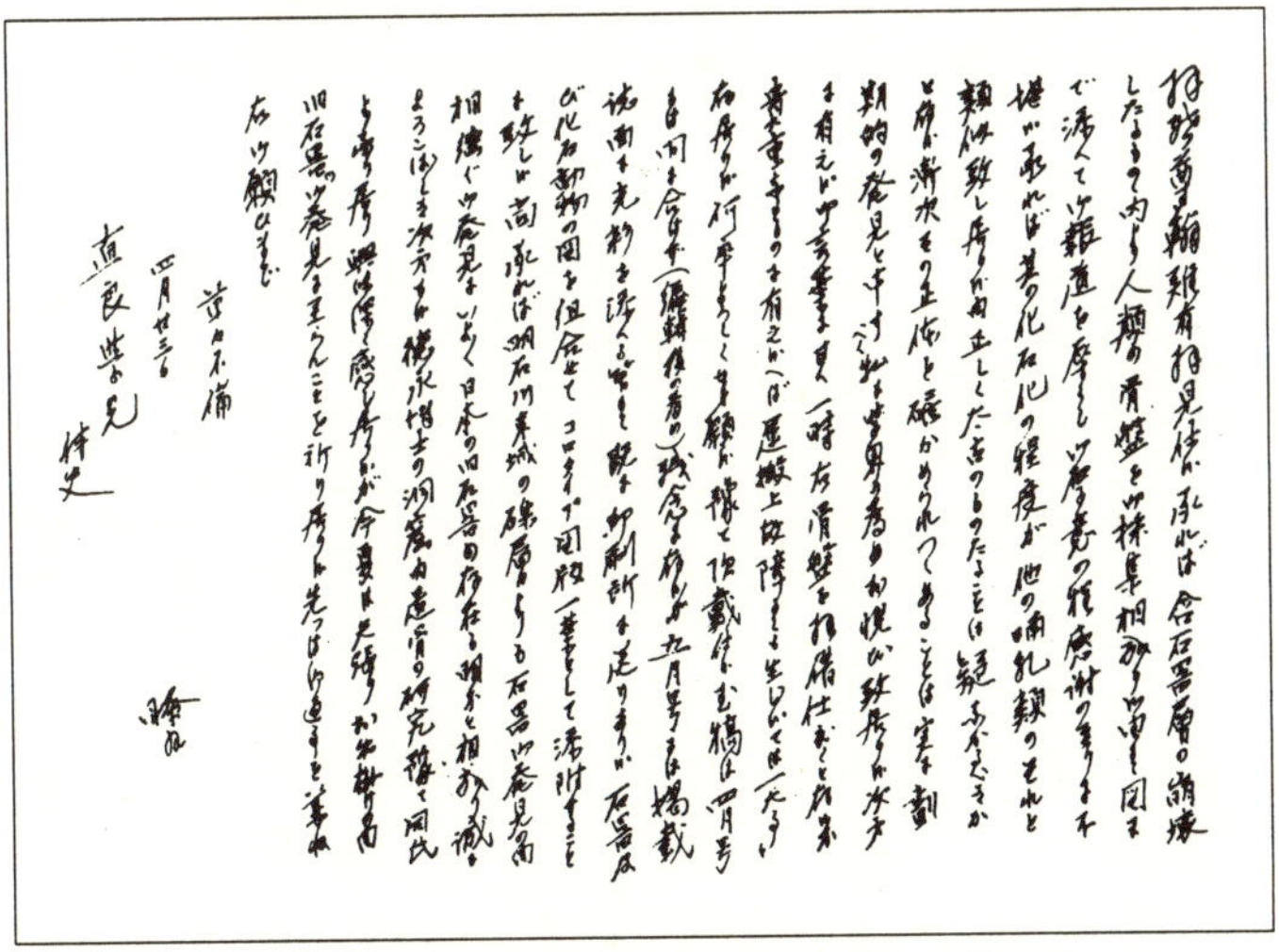

30　松村瞭さんから直良さん宛の手紙（1931年4月23日）

15　一九三一年年五月四日　京都の有光教一（京都帝国大学考古学教室副手）さんから明石の「直良信夫先生」宛の手紙

一昨日の朝日の夕刊により画期的大発見を承知致し御芳名を見出し、心から御慶び申上げ居る次第の御座候。洪積層時代の人骨発見、それは将に日本先史学史上の一大快事であらねばならず、而もそれが研学あくことを忘れられての先生の御研究により完成成功を収められ候事は当然と申さば当然の候ふも、御苦心御精励之程推察申上げ……候。つきましては来る拾日の日曜日、先生の御苦心の跡を見学させて戴き度く参上仕る可く候ふが、御差支へ無之候や、御伺ひ申上げ候。なほその際同行のもの友人二三有るやも知れず候。[1]先は右貴意を得たく近況お報せ旁々御願ひまで。

五月四日

（1）有光さんはこの手紙を書いた時は二、三人で西八木の現場を訪れるつもりであった。ところが、有光さんの話を聞いた京都帝大の研究者でつくっている京都人類学研究会は、急遽、同会の第六回見学会をそれに当てることにした。同会幹事の金関丈夫さんが書き残した五月一〇日の見学会の記録が『人類学雑誌』第四七巻第七号の「京都人類学研究会」の会報欄にのっている。

16　一九三一年五月七日　東京の大島（須田）昭義（当時、東京帝国大学人類学教室助手）さんから明石の「直良信夫様」宛の手紙

正月には大変御厄介になりながら御礼状も出さず失礼致しました。深く御詫致します。

御苦心空しからず遂に人骨が出ましたのですね。先づ先づ御祝ひ申上げます。直接発掘なさったのではないのが幾重にも残念ですが今日の場合そう贅沢もいへずこの辺の所で大方歳をさけんでもいいのではないでせうか。昨日大阪の叔父から私の名が出て居るからといって新聞の切り抜きを送ってよこしました。ああギョーギョーしく書かれては将来の為多少御迷惑かと存じましたが何はともあれ一意専心御研究あらんことを切望致します。

松村先生の所へ御送付くださいました人骨も拝見致しました。先生が調べてみたらどうかといわれましたので、兎

にかく日本では初めてのもの故手にあふかどうかわかりませんが、慎重に研究させていただこうと思って居ります。この二三日普通の人骨で小手調べをしたり文献をよんだりしましたから明日あたりから本式にあれの方にとりかかろうかと思って居ります。年の若いものらしいのでうまい比較材料がた易く見つかるか否かを心配して居ります。もっともっと人骨を掘りあてて下さい。そうして学界を賑はせて下さい。

先づは右御祝いまで。　早々頓首

五月七日　大島昭義

直良信夫様

＊一九三一年五月一〇日　京都帝国大学の研究者がつくっている人類学研究会の一行が明石の直良さん宅を訪ね、さらに直良さんの案内で西八木海岸を見学。当日の参加者は、中村新太郎・槙山次郎・ジョーン　レオ・金関丈夫・三宅宗悦・小牧實繁・島田貞彦・有光教一・三森定男さんなど十一名。

17　一九三一年五月一一日　京都の島田貞彦さん(1)から明石の「直良信夫学兄」宛の手紙

拝啓　新緑の候益々御清栄奉賀致します。さて昨日は大勢突然参上仕り学兄及御一家に対し多大の御迷惑をかけたる次第、心から御わび申し上ぐると共に厚く謝意を表します。

終日、御指導を被り、御蔭にて多大の知見を得たる次第、吾人は益々斯学の為めに奮励すべき種々の暗示を得たることこれ亦た学兄の熱心なる研究によるものと存じます。

茲に取あへず昨日踏査の御指導を深く謝し奉ります。

乍末筆令夫人様に御厄介かけたる次第宜しく御礼申上げ下さいませ。　敬具

直良信夫学兄

五月十一日朝

島田貞彦

（1） 当時、京都帝国大学考古学教室助手、のち旅順博物館主事。一八八九～一九四六。著書に『有史以前の近江』滋賀県史蹟調査報告、第一冊、一九二八年、『造瓦』岡書院、一九三五年などがある。

18　一九三一年五月一一日　京都の三宅宗悦さん(1)より明石の「直良信夫様」宛の手紙

前略

昨日御多忙中を我々京都人類学研究会の一行突然お邪魔致し、種々御歓待にあづかり厚く御礼申し上げます。洪積層化石等拝見致し、その蒐集御苦心の程拝察しました。殊に遠路、西八木迄御足労の上現場御指導下さいました事、一同非常に喜び居り厚く御礼申します。

尚今後ともに西八木洪積層の御研究御業績の程を願います。

先ずは右略儀ながら取敢へず昨日の御礼迄。乍末　御令閨へも宜しく御伝への程を。

敬具

五月十一日

京都人類学研究会

三宅宗悦

直良信夫様

（1） 当時、京都帝国大学解剖学教室助手、のちに国立中央博物館（新京）。一九〇五～一九四四。論文に「日本石器時代の埋葬」『人類学・先史学講座』十五、雄山閣、ほか。

31　明石市大久保町西八木から江井ヶ島にかけての屛風ケ浦海岸（上空から、右が西八木、左は江井ヶ島、1957年夏、神戸新聞社撮影）

32　人骨片を採集した明石市西八木海岸（右端近くの崖下にすわっている金関丈夫さんの所で採集。京都人類学研究会一行の踏査のとき、中央で正面に向いて立っているのが直良さん。1931年5月、有光教一さん撮影）

19　一九三一年五月一四日　京都の小牧實繁さん[1]から明石の「直良信夫様」宛の手紙

拝啓　爛春之候益々御健勝之段大賀之至り奉存候。さて先日は突然大勢参上致し色々御愛蔵の資料を拝見するの機を得て幸之に過ぎす候。旧象及びその他の化石包含層の層序を学兄の御案内により親しく実見するを得たるは尤も有益に存じたる次第に御座候。

石器に就いては唯一個の例に就いて自然の礫石が自然の擬 retouche[2] をうけたものなりや謂。又実際に人為的工作品なりやを断定するは如何かと存候へ共、既に種々なる化石を出土致し居るは上は勿論非常に有望にて今後充分石器探索の必要有之るべしと存じ候次第にて、之れ正しく学兄の御任務にてその点にて明石の地たるや誠に地の利を得たるものと不申を不得候。旧石器の実物も又た文献も多少は所蔵致し居、御役にも立たば何時なりと御利用被下度、之れに就いては決して御遠慮被下るまじく候。拝見したる石の中、黒味を帯たる円形のものは自然の礫石とするには retouche の如きものが多く、此の一例は有望と存申候。学兄の手により此の種のものが更に多く而して in situ[3] に拝見せらるるに至らんことを祈り上ぐる次第にて、然すれば初めて日本にも旧石器を産することが明らかとなる訳にて、実際「日本万歳」といふことに相成ると存申候。但現在唯一個の実例より旧石器の存在を断言することは真に学者として研究者としては如何かと存候。

先は右不取敢御礼旁々心中を披瀝したる次第。

何卒今後共よろしく御願い申し候。乍末筆御令閨様にもよろしく御鳳声の程祈候。

敬具

五月十四日　小牧實繁

直良信夫様侍史

（1）京都帝国大学地理学教室助教授、のちに教授。戦後、古書店主等を経て滋賀大学学長。一八九八〜一九九〇。この時から一〇年後の一九四一年八月に「近江佐目の洞窟遺跡」を直良さん・藤岡謙二郎さんと共同で『古代文化』第一二巻第八号に発表。著書に、『先史地理学研究』

内外出版、一九三七年。『日本地政学宣言』弘文堂、一九四〇年。『東亜の地政学』目黒書店、一九四二年などがある。
（2）ルトゥーシェ、フランスの石器用語、英語のリタッチ、石器のおおよその形を整えたのち、細かく仕上げるために加えた細かな剥離。
（3）原位置、埋まった状態のまま。

20　一九三一年五月一五日　京都の金関丈夫さん（1）から明石の直良信夫さん宛の手紙

拝啓　先般は諸先生の騏尾に附し突然に御邪魔を致し種々御貴重なる御品拝見致し多大の利益を蒙りまことに難有く存じました。またこの際色々御懇切の御もてなしに預かりなお御多用中を西八木まで御案内願い真に恐縮に存じました。時間の切迫のため充分の御挨拶も致さず、御別れ致し失礼仕りました。

明石女師校の御友人の先生にも何卒宜しく御伝声願上ます。

さて本日は貴重なる御写真御恵送被下千万難有く御礼申し上ます。御申越の件に就いては目下小生の方にて何ら発表すべき理由もなく興味もありませんから御安心下さいませ。なほ差出がましく存じますが小生の愚考を御参考迄にのべますと、右写真のみを材料として大体の計測を致しまするに之れは男女不明ですが十七－十九才位の人骨盤にて未だ発育の中途のもの、表面の損傷は比較的少なく保存状態は良好かと存じます。又特に原始的性状はこれと云って見当りません。

松村博士の御発表を謹んで期待いたしませう。

先ずは御礼迄

頓首

五月一五日　葵祭りの日

金関丈夫

（1）人類学・考古学、民族学者。当時、京都帝国大学解剖学教室助教授のち台北帝国大学医学部教授、九州大学教授。一八九七～一九八三。著書に『発掘から推理する』朝日新聞社、一九七五年。『木馬と石牛』角川書店、一九七六年。『日本民族の起源』法政大学出版局、一九七六年。『形質人類誌』同前、一九七八年。『お月さまいくつ』同前、一九八〇年など多数。

21　一九三一年五月一六日　東京の松村瞭さんから明石の「直良学兄」宛の手紙

拝啓　その後は益々御勇健事大賀候

さて玉稿本月分雑誌に掲載、既に御手許に差上げ候事と存じ候が定めし多くの読者の注意を惹き候事と存じ候。何分紙面少なき為長編は数号に跨り候事と相成り残念に存じ居り候。玉稿残部は無論六月分に登載の運びに相成り居り候。別刷は二号分合本の上差上げ可申候。挿図中図版と致し候もの有之候為玉稿中図の番号の符合せぬもの相生じ校正者の不注意幾重にもお詫び致し候。次号は充分気を付けさせ　申尚不悪御諒察被下度候過日来徳永博士と遺跡につき色々相談し居り候が、この際是非とも見学致し度くと存じ同氏と共に来る二十四日夜行にて御地にまいることに相談相決め候何分にもよろしく願い候。若しその頃に不在の御予定でも有之候へば御一報被下度候。尚場合により小発掘する試みること相叶い候へば幸甚と存じ居り候。その辺何卒よろしく御配慮の程奉願候。また大島昭義君をも同伴致度き所存に有之候。旅館は何処に定め候はば都合よろしく候や。小生は全く不案内に候へども明石市内を最も便宜と致すかと存じ候。それは拝眉の上にてご配慮を願度と存居候。本日、京都大学考古学の島田氏来訪、先日遺跡見学の由承り面白く存じ候。余は拝顔の上専ら可申し上げ先づは右御願ひまで

草々不一

22　一九三一年五月一八日　東京の徳永重康さんから明石の「直良信夫殿」宛の手紙

拝啓仕り其後益々御清康御研究の故大賀の至りに存候。

さて貴方御発見の件、今後学会に衝動を与ふる事と存じ拙者共も極めて重大視し居り候。就ては一度現場を拝見致度、一昨日松村君とも協議致し来る二四日夜行（寝台）にて東京発同行明石へ直通致すことに決し候。着の上は何卒御指導にあずかり度、場合により現場を多少採掘も致度存候。其等の点何卒宜敷御考慮置被下度候。大島助手（人類の）も同行可致候。猶、拙者共両名参り候事が世上に知れ新聞紙上に発表相成る時は拙者共の迷惑此の上なく又折角

の貴下の今後の御研究にも差し響くと存じ候為、拙者共参上の儀は絶対に秘密に願度候。先は右迄。草々。

東京発の汽車時刻は何れ可申上候。

23　一九三一年五月一八日　東京の徳永重康さんから明石の「直良信夫様」宛の手紙

前略　昨日書状差上げ貴地参上候期日二十五日と申上候処大島氏の御話しに由ると潮加減甚だ悪しき由。拙者三十一日は是非東京に必要有之候為、松村氏同行三十一日夜東京発に致度候故左様含み被下度候。
取り急ぎ右
五月十八日　　　　　　　　　　　　　　　　　徳永重康
直良信夫様

24　一九三一年五月一九日　京都の槙山次郎（京都帝国大学地質学鉱物学教室助教授）さんから明石の「直良信夫様」宛のハガキ

拝啓　先日は非常な御世話になりましておかげ様にて充分に明石西方の洪積層の見学ができ真に有益な一日をすごし得ました事を御礼申し上げます。

さて、あの象化石は当時 Elephas namadicus (1) の如く人々も申し且つ記されてあり、また人類学雑誌の玉稿にもそのように出ておるやうに拝しましたが、小生は始めより然る事に疑義を挟みおり少しづつ発言致しましたけれども徹底致しませんでした。多くの標本は namadicus ではなく Parastegodon planifrons (2) に近い恐らく新種であり所のものので、どうしても充分に調査したいと思っておりますので、近日機を得て再び明石師範及び御宅に御邪魔に参上致し度存じております。地質時代は洪積最下部（但し下底粘土層）か鮮新最上部と存じます。

五月一九日

（1）ナルバダ象。
（2）プラニフロンス象。

25　一九三一年五月二一日　京都の中村新太郎（京都帝国大学地質学鉱物学教室教授）さんから明石の「直良信夫様」宛の手紙

拝啓　過般京大人類学研究会の方々に御伴して参上の際に種々御厚情に預り有難御礼申し候。殊に子息帯同致候ため御厄介を煩わし致候重ねて承拝謝し猶直後御懇切なる御手紙に接し恐縮の至に存候。爾来丹波地方へ旅行致候ど雑務多端のため御礼申し上げること遅れ候はば御容捨被下度願上候。

御研究の現場を御案内して頂き多大の見聞を獲申候。あの崖のつづきたる海岸は地質学より見て充分精査の必要ある地方と考へ候。あれ程明瞭に上下両層の不整合の見ゆる洪積層地は京阪地方にては見るを得ざるものの様に見え候。槙山氏も該村付近を精査の御意向あり何れ踏査さるることに存居候。

人類学雑誌の貴論文第一稿は入手致候も未だ精読不仕、御続稿公刊の上は「地球」誌上にて紹介致度と存居候。実は象につきても槙山氏によれば未だE. namadicus[1]とも確定せぬ様に見え、又過般採集の植物化石中に小泉氏の鑑定により種名確定せし様子に見へ候。

驥尾に付して地質学的探究を皆々にて行ひたしと存居候。此の後も何かと御配慮を煩はすこと多大なりと存候條何卒宜敷願上候。

別便にて小生御礼のしるしまでに御送り申上候条御笑納被下度願上候。

先はおくればせながら御礼まで如此候御座候。

乍末筆御令閨様に宜敷御鶴声の程願上候。　敬具

五月二十一日　中村新太郎

直良信夫様侍史

（1）ナルバダ象。

26　一九三一年五月二一日　東京の松村瞭さんから明石の「直良学兄」宛の手紙

拝啓　尊翰難有拝見仕候。

承ればお子様には先日来ハシカに渡らせらるる由、定めし御心配の事と遥か察仕候。一体子供は大人とは違ひ善ひも悪きも早いものにて寸時も油断出来ず閉口致し候。然しハシカなれば一定の時期を御経過遊され候はば全快相成り候事は明白に候へども一日も早く御全癒の程、神かけて奉祈候。

さて先日は徳永博士と御地へ罷出づること申上げ御多忙中御迷惑相掛け候事、甚だ恐縮致し居り候次第に御座候。先刻同氏に御懇書の趣に相談し候処、予定通り出発する必要は毫も無之候まま六月初旬に延期致すことに話し合ひ申し候。ほぼ六月二日頃東京出発を致し置き候が、若しもそのせつ尚御差支へ有之候せつは更に他日を期すべく候。尚当日も有之候事に候へばその後の御経過を承り候上にて決定可致候五月三一日は徳永氏、六月一日午前は小生何れも差支有之候。どうしても二日の超特急（?）にて出発かと存候。尚承り度きは潮の工合の事に候。満月時を幾分隔り候三四日後では如何かと存ぜられ候が、如何のものに候や。先日の予定ではこの点からは可なり悪かりし次第に御座候。先づは御見舞を兼ね御都合御伺ひまで。

草々不一

折角御看護一日も早く御全快の程重ねて奉祈候。

五月二十一日

瞭拝

直良学兄侍史

27　一九三一年五月二二日　東京の徳永重康さんから明石の「直良信夫様」宛の手紙

拝啓

貴書昨日拝見仕候、御家内中御病気の由御養生専一に願候。さて貴紙に就き松村氏とも協議致候結果同氏よりも申上候と存候、六月二日か三日か貴地に参上致す御時は潮加減も宜敷かとも存じ又御都合も出来候やと考え居り候、何卒御遠慮なき御意見伺上候、御異存なくば一応当方其方に決す可き、貴書御通しの多木代議士は政友会にてや民政党に候や、民政党ならば拙者数多現内閣有力者に知人を有し居候。尚一応前以て了解を得る方御得策と御考へならば其方面より頼み込みでも宜敷候。先づは御返事旁々御伺迄。

草々

五月二十二日

28　一九三一年五月二五日　東京の松村瞭さんから明石の「直良学兄」宛の手紙

拝啓　その後お子様御病気如何に候や。定めし御順当御快方の御事と拝察仕候。

さて遺跡見学の儀、小生は六月二日午前九時特急にて大島君と同道出発同日夕刻（六時四七分）明石着にてまいり度くと存居候。徳永博士は一日の夜行にて出発途中大阪（?）に下車、矢張り二日夕刻か（今の処時間未定）明石着の予定に有之候。就ては同氏と合同する上より出発前に旅館承知致置き度く候まま甚だ勝手ながらよろしく御決定の上、旅館名御一報被下度奉願候。勿論三名同室にて差支なき事に候。徳永氏も小生等も雨天にても出発致すつもりに候へども、減俸問題で鉄道が如何に相成り候や難計、その場合は快復を待つより外無之候。右の如く本日徳永氏と話し合い候へども若し御病人様の御容体に依って延期致すこと勿論に候へば、御差支のなき場合に限り右旅館の儀よろしく奉願候。徳永氏よりは別に精確なる時間等申上ぐることと存候。先づは右御願ひまで。如斯御座候。

草々不一

五月二十五日
直良学兄侍史

瞭拝

29　一九三一年五月二五日　直良さんは「播磨国西八木海岸洪積層中発見の人類遺品（1）」を『人類学雑誌』第四六巻第五号に発表。その緒言と一節。

一　緒言及謝辞

島国の日本の地に於て新に発見せられた洪積世代人類の遺品に就いてここにざっとその概報をものし、之を本遺跡調査要記の第一報とする。

起稿にあたって本研究のために御高教と、本報文発表のために御好意を賜った東大松村瞭先生の御高慮を万謝し、哺乳動物化石については哺乳類化石の研究者たる明石女子師範学校博物学教室倉橋一三氏の御高教を戴き、植物化石については第三紀層植物化石の研究者たる明石中学校博物学教室森本義夫氏の御示教を得たのである。共に私は深く感謝の意を捧ぐるものである。

二　確証を得るまで

貝塚の真研究はその貝塚を形成する所の貝殻の研究から先づとりかからねばならない。而して当時の貝類の研究は現生種の調査にあると私は思った。この意味からして私は干潮と晴天とに恵まれた昭和二年一一月二六日、明石市外林崎村岸崎三本松から西にずっと延びている海岸断崖の下を西に向かって歩いた事があった。偶々明石郡大久保村西八木西谷の海岸に於て、しばし疲労を医するために休息したのである。所がこの地の海岸に面して、露出屏風立になっている洪積層中の礫層が、少しく砂浜に向って崩壊しかけていた。何心なくその中の礫を弄して見ると自然の形に於ける礫としてはあまりに不自然に見える良質な瑪瑙の一塊があった。で私は不審を抱き乍ら他に見出した二、三の礫と共に之を持ち帰ったのである。その後私は青銅器と甕棺の研究に気を取られていたため、前述の問題に触れる機会がついぞなかった。所が昭和四年一月に至って、曽って明石海峡西口の海底から網にかかって引き上げられた旧象化石の標本が、明石女子師範学校に寄贈せられたといふ事を新聞紙上に於て見たのである。化石を実際に調査してみると、所々に母岩と認む可き小砂が付着しているのを注意した。越えてその年の秋、再び倉橋氏を女子師範学校に訪ふと、氏が去る七月一〇日に自ら発見採集したといふ旧象化石二点を見た。しかもその発見現場は、丁度先年私が瑪瑙の一塊を採集した地点の近くであった。で私はその年の一〇月七日に再びこの地を調査した。しかるに思ひがけなくも前に瑪瑙の石塊を得た礫層の中から、旧象臼歯稜小破片の一片が全く礫となって発見するの幸運に会した。之に力を得て後日再度この地を踏査したけれども、その時には一向思はしい資料の採集をみなかった。

然るに上述甕棺調査の成った日、私は更めてこの地の調査に手を付けた。幸運にも同日旧象の左右両側大臼歯付着顎骨残片一と、不詳旧象骨片の一を得、同時に礫層上部より如何にも石器らしいもの一個を得た。然しその後は依然としてその結果は良好ではなかった。加ふるにいつも満潮に害されて、調査は遅々として進展しなかった。所がその年の一二月七日、私はこの礫層最下部に位置する層から、第二図版1及び第一図に示すが如き一つの石器を発掘し、同一四日には干潮時を利用して現満潮汀線下の淡水成層を発掘して、多くの哺乳類化石と淡水産貝類化石等を得、稍々別の意味に於て好果を得たのであった。続いて上層礫層中よりは植物化石及び哺乳類化石と共に石器らしきものの若干を得た。かくして茲に初めて我が国に於ける旧石器時代存在の確証を得るに至ったのである。

30　一九三一年五月二六日　東京の徳永重康さんから明石の「直良信夫様」宛の手紙

前略御書状度々奉謝候。
拙者共出発は左の通り相定め候。

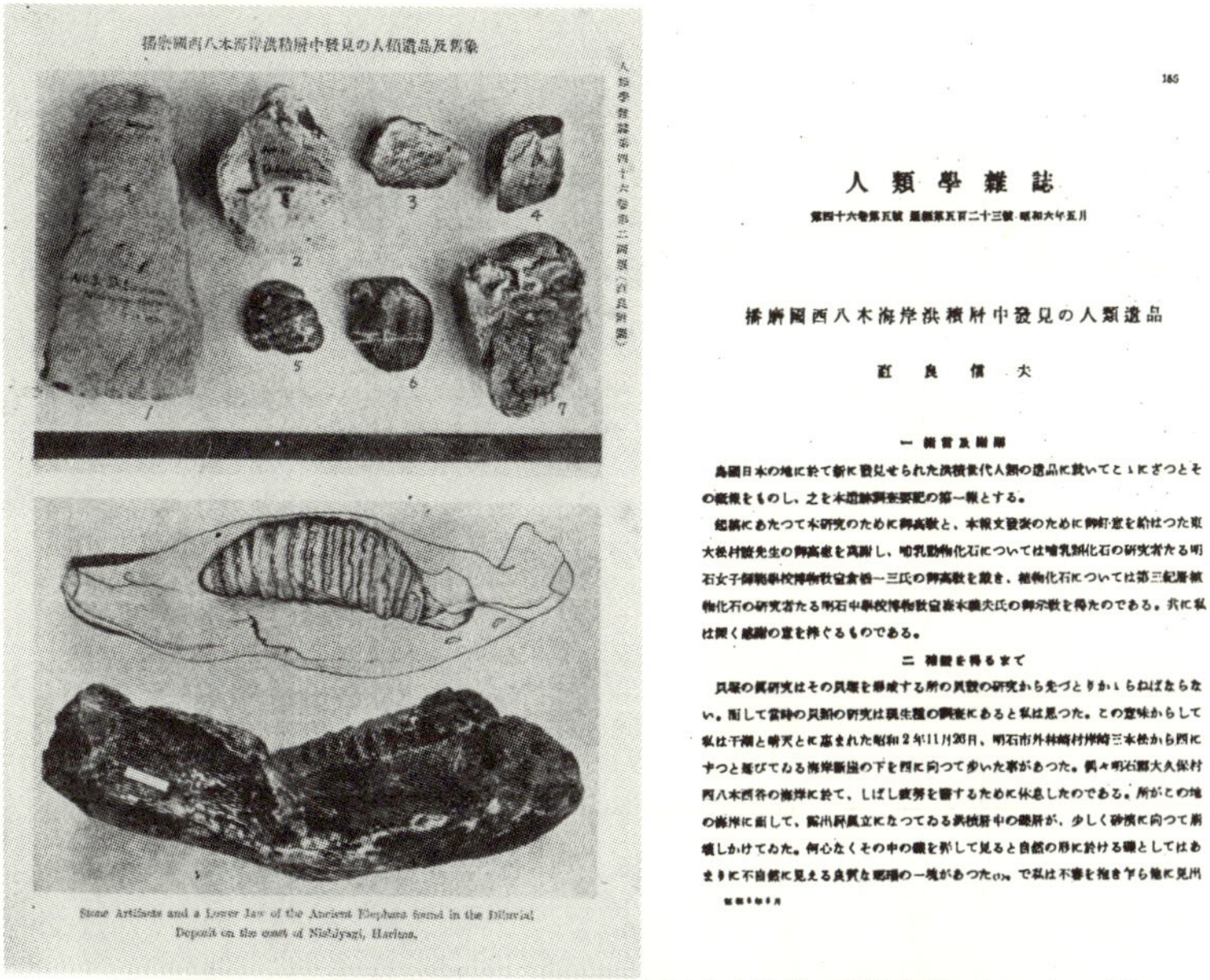

165

人類學雜誌

第四十六卷第五號 通卷第五百二十三號 昭和六年五月

播磨國西八木海岸洪積層中發見の人類遺品

直良信夫

一 緒言及謝辭

島國日本の地に於て新に發見せられた洪積世代人類の遺品に就いてとゝにざつとその概報をものし、之を本遺跡調査要記の第一報とする。

起稿にあたつて本研究のために御高教と、本報文發表のために御好意を給はつた東大松村瞭先生の御高志を萬謝し、哺乳動物化石については哺乳類化石の研究者たる明石女子師範學校博物教諭倉橋一三氏の御高教を蒙き、植物化石については第三紀層植物化石の研究者たる明石中學校博物教諭森本義夫氏の御示教を得たのである。共に私は深く感謝の意を捧ぐるものである。

二 [illegible]を得るまで

貝塚の眞研究はその貝塚を形成する所の貝殼の研究から先づとりかゝらねばならない。而して當時の貝類の研究は現生種の調査にあると私は思つた。この意味からして私は干潮と晴天とに惠まれた昭和2年11月28日、明石市外林崎村[illegible]三本松から西にずつと延びてゐる海岸斷崖の下を西に向つて歩いた事があつた。偶々明石郡大久保村西八木西谷の海岸に於て、しばし疲勞を醫するために休息したのである。所がこの地の海岸に面して、[illegible]屏風立になつてゐる洪積層中の礫層が、少しく砂濱に向つて崩壊しかけてゐた。何心なくその中の礫を[illegible]して見ると自然の形に於ける礫としてはあまりに不自然に見える良質な[illegible]の一塊があつた(1)。で私は不審を抱き乍ら[illegible]

33　直良さんが『人類学雑誌』に発表した西八木海岸の調査報告（1931年5月）

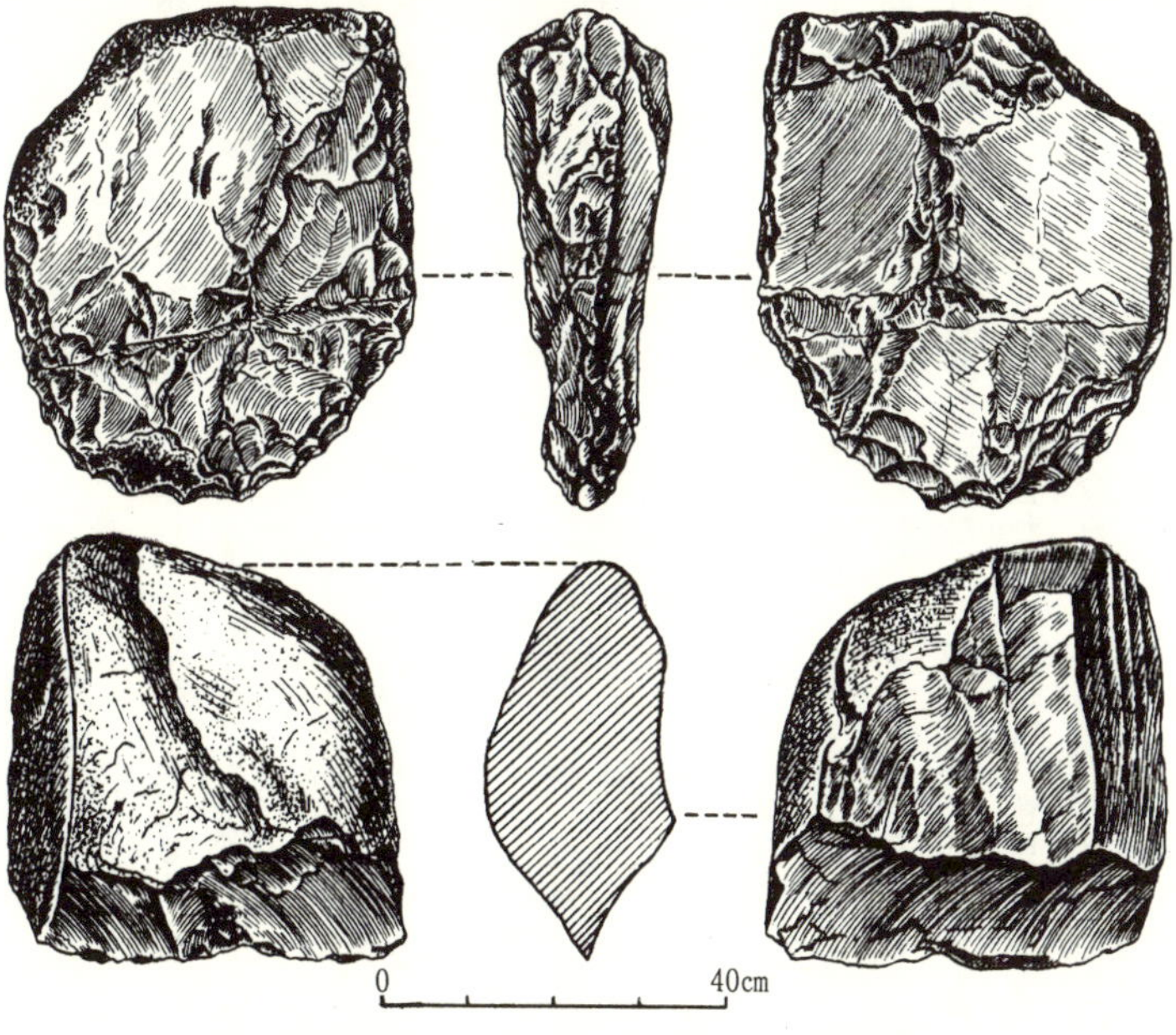

34　西八木海岸で直良さんが採集した「旧石器」

拙者、六月一日夜行発、大阪下車、二日午後貴地着。

松村氏、六月二日朝特急発貴地夕六時着。(1) 拙者は多分二日の午後二時四二分（又は一時五〇分）貴地先着、一応実地見分致度存候。

宿屋は一寸至急他へ申置く必要有之候。尚貴地の何処が宜敷や御一報被下度候。余り目立たぬ処が宜しく（新聞記者の分からぬ様）、現場発掘の件は貴地へ参り一応見分し末、多少大仕掛けにするや、僅か掘り見るや松村氏と協議可致候。尚地主の方は御都合に任可候。

（1） 徳永さんが明石に着いたのは予定通り六月二日であったが、松村さんと大島さんが到着したのは、六月六日のことであった。どのような事情が生じたのかはわからない。

31　一九三一年五月二六日　國學院大學の樋口清之さんから明石の「直良様」宛の手紙

平素は殊の外御無沙汰に打過不悪御許被下度専一に願上候。御奥様始め御子様にも御無事御消光被遊候哉伺上候。先日は人類学雑誌上にて待ちかねの玉稿、殊の外感興深く拝見仕候。実地を拝見致居りしため種々印象を新たに拝読致し候。先日考古学会大会にて京都の島田貞彦氏上京ありて同氏も鏡地を訪問されたる由、種々お話しを承り候。考古学会大会の前、精養軒待合室にて島田氏と共に集合の諸氏にも御尊堂の御研究を相伝へ等致居候。東京にて、玉稿御発表後の各方面の代表的意見を、それとなく聞きまわり、特に御報らせ致度存居候ひしため今日まで延引致し候。不悪御許被下度候。今日大体を申上可候。なほ、これは全く小生に対して忌憚なく云われたる諸氏の意見に有之候へば、全く御尊堂の御参考までに特に申し上げる次第にて、何卒、この点よろしく御含み被下而他言等、又は小生より相伝へたる次第等、御漏らし無之様、申し上げるまでも無之候がよろしく御願申上候。

（A） 大山柏氏

『理論上旧石器、エオリス（原石器にはあらず）の存在を絶対に否定することは我国にては出来ざるも、今回発見の物が相違なく旧石器なるか否かは、（1）類例石器のより加工顕著な物の発見がより多数存在し候。（2）人骨のそれとの随伴が明瞭に決定されて（3）而して、なお動植物による気候環境等が明らかになりてそれが人類生存と矛盾せざる時、絶対的に確定し得るものである。』と云うのが大体の主旨で、現在の態度としては、大きい興味と、懐疑と、好奇心と、かつ現在の状態にて之を旧石器と断定する態度（之は松村博士によって代表される人類学会が玉稿のある雑誌の裏表紙に、明らかにPalaeolithic Relics（Palaeolith like Relics ニハアラザル事情ニ御注意）と記載して、旧石器なる事を今日の状態にて断定したが如き態度を指す）に対する不満とを有して居られ候。これは、同氏在来の純然たるドイツ学派の石橋をたたいて渡る式の学究良心の表現として、決して御尊堂の御研究を軽蔑するものとは意味を異にする点御注意被遊而。御聴取の程願上候。御尊堂の御研究についても、以前には種々のつまらぬ誤解も有之候が、小生良く御尊堂の事を話して、近頃は全く孤軍奮闘式の御研究に、同情と理解とを有して居られ、小生個人の意見としては、前回にも、度々申し上げた如く、同様方面の御研究なれば御提携被遊而。御研究をすすめらる事切に願わしく、又かくあらせ度く専一に念じ居候。

（B）松村瞭氏

之は申すまでもなくかへって御尊堂の方がよく御承知の御事と拝察申し候が、同氏は全く御尊堂の研究の是認者にて、この点につきては、先般人類学教室にてその恩師の小金井良精博士と、先般御送付の骨盤の化石化の程度につきて意見の争ひあり候程にて、同氏は全く御尊堂の御研究を期待され居るやに承知致居候。但し、之は一般の人達（主として甲野、宮坂、八幡等の若い人達）の案じ居る事なるも、松村博士が、結局御尊堂の御研究が或程度まで集積されるを待って之を横取りして、自分の研究とされる事なきやの点にて、この点につきても、小生個人としてもどこまでも御尊堂の御研究としてかかるいまわしき事のなき様絶対に御独自の道を進まれ度く熱望にたへず候。

（C）濱田耕作氏

之は島田氏よりの話なるも同氏従来の方針通り、「最も賢明にして安全なる或時期までの無関心をよそほふ」態度をとられ居るやに拝聞仕候。

（D）島田貞彦氏

同氏の話にては「石器と云う事を認め、又人骨がそれと付随する事を認めても、それは全く洪積期の物ならずして、極く最近（その時期を云われず）の物が、特殊な条件のもとにかくなりしものの如く考へられて、この問題よりは避けるが最も賢明なる態度である」由にて、小生等にもかくあることをすすめられ、実は小生いささか憤激致し候。

（E）八幡一郎氏

「松村博士の如く直ちに是認することには反対、又人骨は新しき物かと思ふ。但し、この研究を直ちにそのまま否定する事は不可能であるから、同氏としては、将来なほより多数の資料の出現を待って意見をのべ度い」由に有之候。

（F）甲野勇氏　田澤金吾氏　宮坂光次氏

「全くわからず」の由。

（G）鳥居龍蔵氏

「存在して然る可く、大いに有力なる発見と考ふ。但し、いささか資料の数に於いて少き憾あればこの多数の発見に努められ度く、大いに激励してこの研究を続けらる様に小生等に於いてもなすべし。その若きに熱心なる態度には全く敬服する」由に有之候へども、何分同氏在来の傾向にては、かかる言葉位にては勿論安心出来ず、むしろ前AB氏等の言葉に、はるか大なる価値を感じ申し候。鳥居博士にはこれにて前後三回意見を聞きしも、雑誌出版後益々賛成意見に傾き居られ候。之も単に報告まで申上候。

右述べし如き有様にて、之等は全く後尊堂の御参考までに申し上げ候にて、之によりて規定の後方針を更へ等致さる必要は全く毛頭無之物と存ぜられ候。何かの御役にも相たてば、望外の幸と存候。

なお小生の意見としては、一日も早く、遺蹟についての詳細なる御発表を願度き事に有之、これはかへって種々の誤解を招く事と存じ敢えて申し添え候。

なおまことに勝手にて厚かましき御願ながら、左記遺蹟出土の御所蔵の土器片中、特に拓本に示す三片、実は縄文の研究に是非モデルを作りかつ詳細に再び拝見致度存居候が、誠に申し兼ね候が、約一週間御貸し被下まじく候や。特に御面倒ながら御願い申上げ候。勿論相済み次第至急御返送申し上げることは申し上げるまでも之候が、何分よろしく御願申し上げ候。なほ御許し被下るならば、小生宛、至急、商品見本か何かの形式にて御送り被下度願上候。

（なほ万一御支繰有之節は、同封の拓本を御返送被下度願上候）

「明石郡押部谷村細田元住吉山、三片」

右御願申上候

取り敢えず右乱文ながら報告かたがた御ねがいまで　草々

五月二六日　樋口清之再拝

＊　一九三一年六月二日　徳永重康さんが来明、明石中学校の森本義夫さんが西八木海岸に案内。

＊　六月六日　松村瞭・大島昭義さんが来明、直良さんが西八木海岸に案内。

32　一九三一年六月二五日　直良さんは「播磨国西八木海岸洪積層中発見の人類遺品（2）」を『人類学雑誌』第四六巻第六号に発表。その追記。

私のこの調査が世上に出てから、東大及京大諸先生の実査が行はれた。その結果色々な異論の発生を見た。私にとっては種々な意味での激励の辞である。今後尚細心の注意のもとに一層の調査を敢行してみたい。

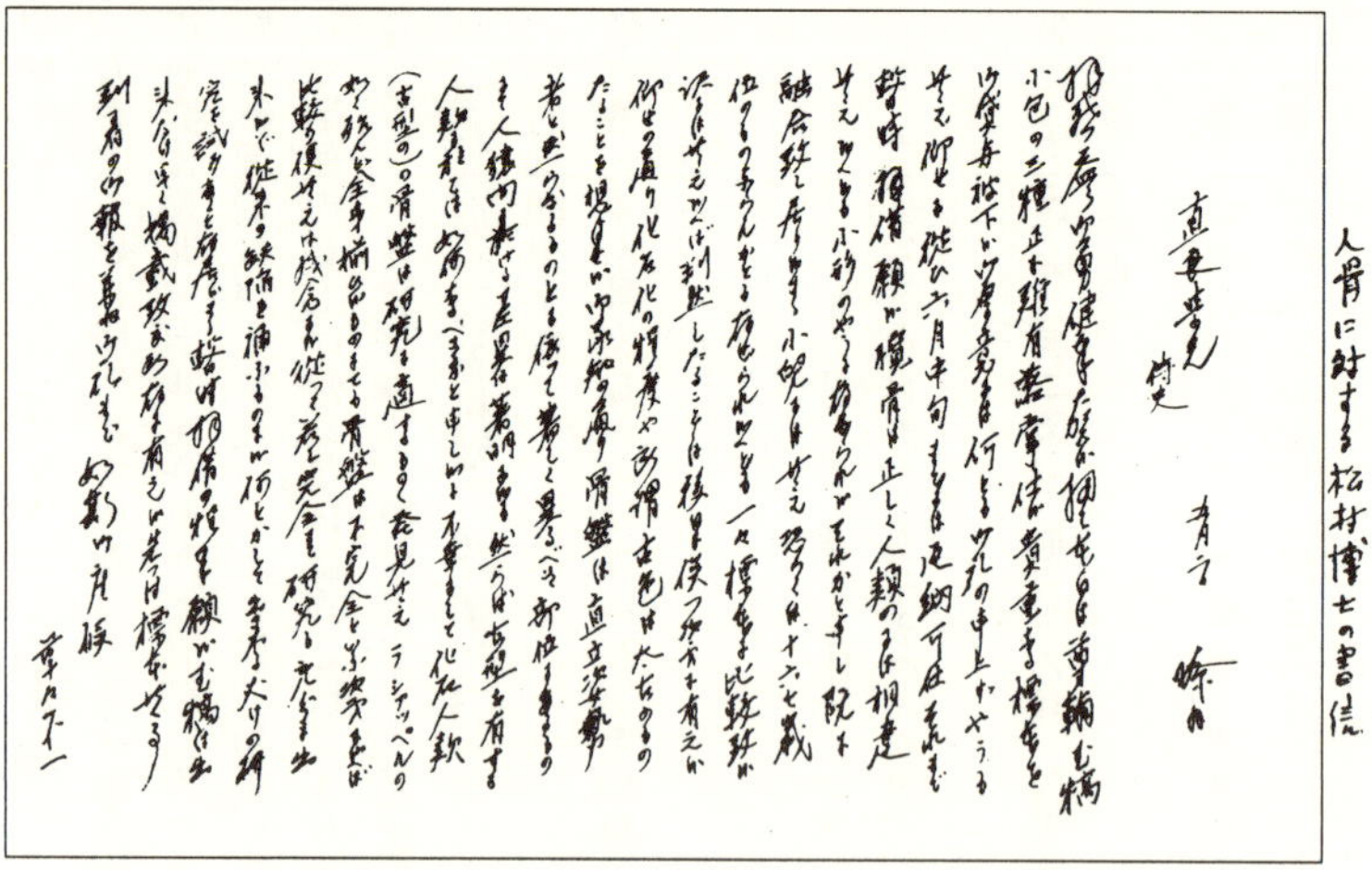

人骨に対する松村博士の書信

直良学兄　侍史

35　明石人骨を受取った松村瞭さんが直良さんに書いた手紙（右端の一行は直良さんの字）

36　西八木海岸の人骨採集地で（左・大島昭義さん、右・直良さん。1931年6月6日、松村瞭さん撮影）

33　一九三二（昭和7）年一月一〇日「明石市大蔵谷小辻二五四二　直良信夫」さんから「東京都本郷区東京帝国大学理学部人類学教室　松村瞭先生」宛の手紙

謹啓

大変寒さきびしく御座候処、先生にはその後如何に御座候や御伺ひ仕り候。

さて新年間に興味ある報告を謹呈仕る事をここに与えられ候事を小生心より悦び居り申候。実は、昨年末、廿八日、例の中八木の桜井氏(1)来訪、その節、二十五日頃江井ヶ島にて旧象化石を所蔵せられたる(2)を見学せし由、小生にも見学をすすめ候間一月四日、同氏の案内にて見学仕り候に、二箱に余る化石骨の中より、別図の如き骨化石一片(3)を発見仕り驚き入り申候。これらの化石骨は、十年前、やはり西八木(4)にて自ら発掘せるものの由に御座候。この骨は、卑見を以て致し候へば、類人猿頭蓋骨の一片（前額部より眉脊に及ぶ、中央部分のもの）らしく存ぜられ候も、しかし前後の長さに於いて短く、左右の幅の著大にして所謂短頭なるは類人猿の特色と致し候へ共、前額部の甚だ幅広きは注意すべき事かと存じ申候。先日スピー人、ネアンデルタール人、ピテカントロプス等の石膏模型（島津で標本として売れるもの）に照応仕り候処、最後者に近く、更に前額部の角度小にして、著しく猿的に御座候。脳の内容は著しく小に候。この骨はあの点の最下層より出土せるものに御座候。

徳永先生により候へば第三紀、槙山博士によれば第三紀末もしくは第四紀下部にて、旧象は槙山氏のParast.の類(5)にて今完全なる下顎骨一、臼歯他に二ヶ、門歯二、三本その他骨片多量に御座候。詳細は別の測図にて御高覧遊ばされ度候。尚、人の中には、他の部分の骨ならずやといへる者も御座候へ共、浅学なる私には頭蓋の一片としか思われず候。残念な事には、之等の化石は近日京大槙山氏の方へ寄贈の由にて（本日それをたしかめ申候）実物を御送り仕る事出来申さず大変申わけも御座なく候(6)。実は本日、東大の方へかしてもらいたい事を申し込み候も、右の事情にて成就仕らず、又小生へ分譲（先日は他の方へ寄贈する話に御座候間、もし他の所へ寄贈されるならばと存じ候まま）の事も一応かけ会い候も、京大より二、三日前話有之候由にて凡て達せられず、私として全く残念に存じ申候。しかし、何れ槇山氏の手によりて発表さる可きかとも存じ申候。この骨化石は、昨年秋、槇山氏が見学に参り候へ共（但し同氏は象歯のみの目的にて候由）主人不在の由にて見られざりしものの由、先日帰途おり申候。何れと致し候ても、とにかく重大な問題と存じここに一筆御報告仕り候。

御大事の程御願仕り候。

十日

敬具

直良信夫百拝

松村先生

御侍史

（1）桜井松次郎さん。

（2）当時、同志社学生だった田中良一さんが一九二一（大正10）年夏に海岸基底部の青粘土層から掘り出した旧象の化石。これが現在確認できる明石西郊の屏風ヶ浦海岸の地層から最初に発掘した象の化石である。なお、明石の海岸で象の化石を発見した最初の記事は、山崎美成の『三養雑記』一八四〇（天保11）年である。「一友人のいへるは、西洋人の長崎より江戸へ来る路のほどにて、播磨の海浜にて、つきそひたる人の奇らしき石を拾ひ得て、かの西洋人にこは何といふ石ぞと問ひしに、西洋人のいふやう、こは象歯なり、あがれる世はいづくの国にも象も犀も住みしなれど、風土の変化により今はなき地もあるなり。世界には今はなしとて、上古より決してなしとはいひがたきことあり。此地に象の住みければこそ、象歯はあるなりとて、ためしを引き、ことはりを尽してものがたりぬとぞ、……」。ここに登場する西洋人はオランダ人であるらしい。

（3）「古人類の前頭骨」片。

（4）正確には江井ヶ島東島。

（5）パラステゴドン。のちに槇山次郎さんは *Parastegodon sugiyamai* スギヤマゾウと同定。しかし、スギヤマゾウ、アカシゾウ、タキガワゾウなど一九三〇年代に徳永重康、高井冬二、鹿間時夫、槇山次郎さんらが新種として報告した旧象化石は、現在では一九二四年に松本彦七郎さんが命名した *Elephas aurorae*、のちに *Stegodon aurorae* に属名を改めたアケボノゾウと同種とみなされ、抹消されている。

（6）この化石骨はその後行方不明。詳細は春成秀爾「西八木出土「古人類前頭骨」の初歩的検討」『旧石器考古学』第三一号、一九八五年一〇

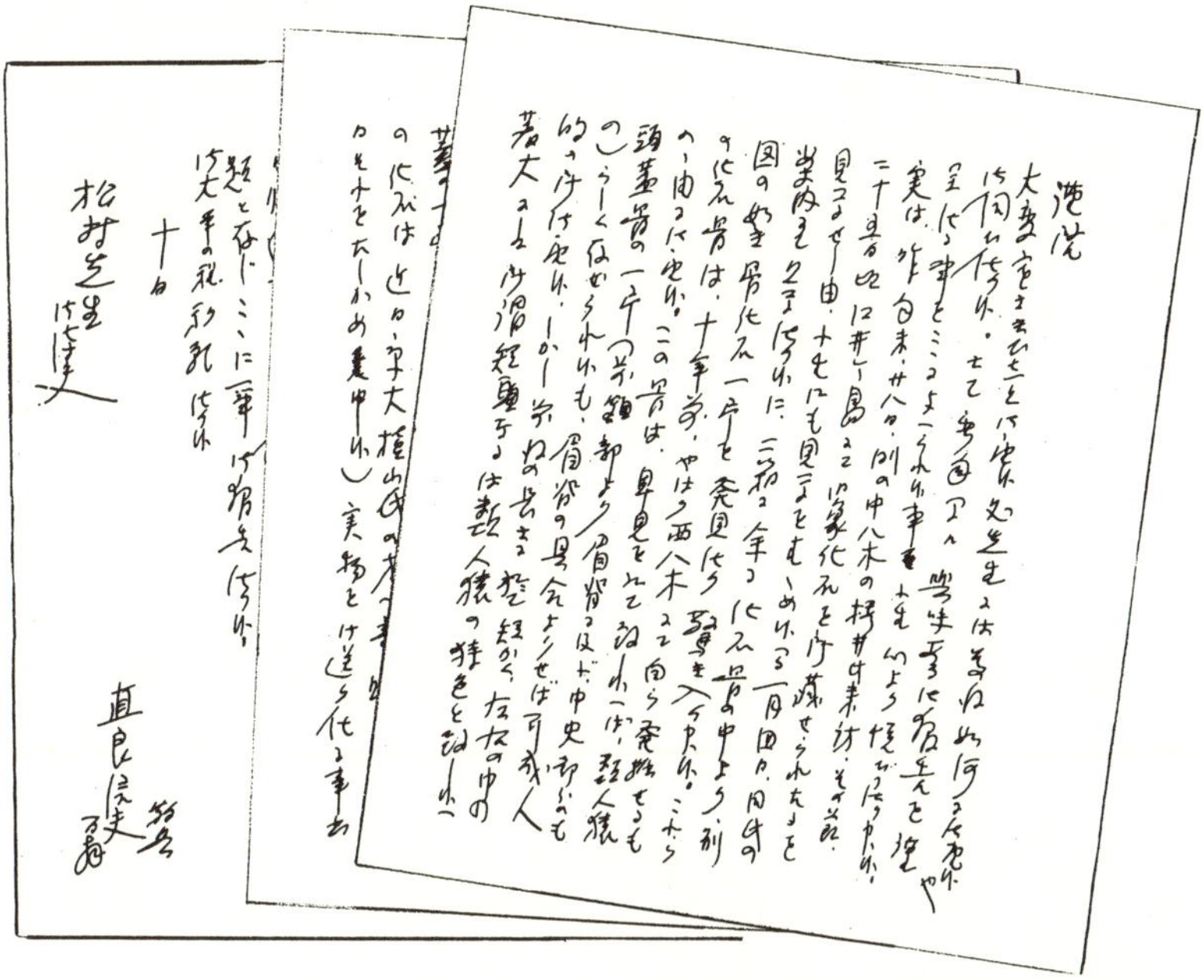

37　西八木から「人の頭骨化石」の発見を松村瞭さんに伝える直良さんの手紙（1932年1月10日）

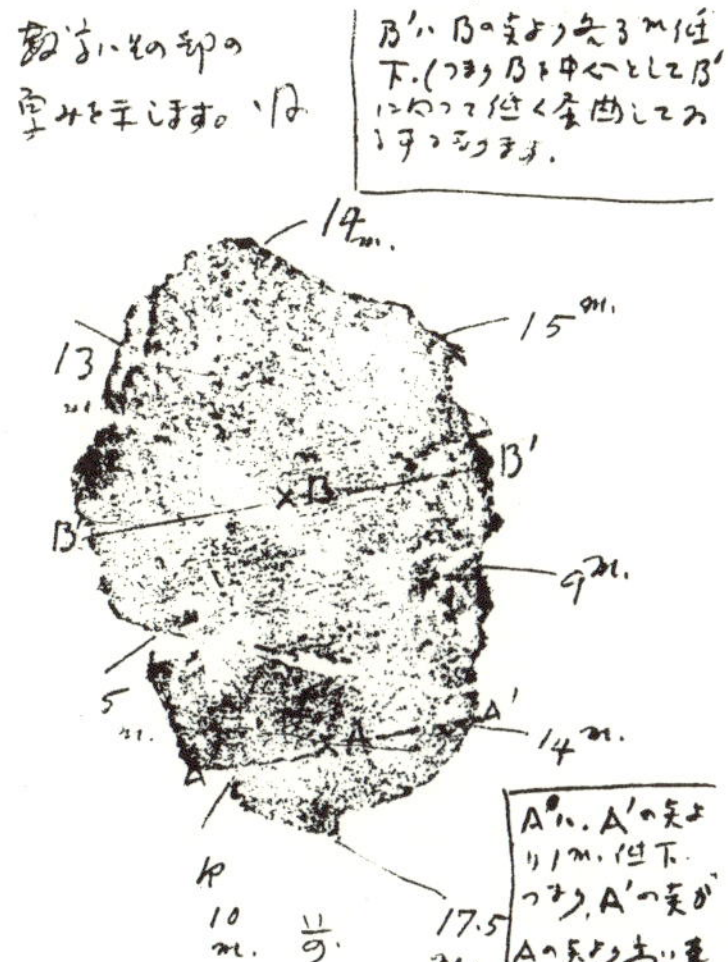

38　直良さんが記録した西八木海岸発見「人の頭骨化石」　　39　松村瞭さん（1880－1936）

月を参照のこと。

34　一九三二年四月一日　直良さんの日記

徳永博士来明のための電報に接し私は駅を出た。博士は令嬢（二八、九位）同伴であって帰途一ノ谷付近を見る由。丁度桜井氏の化石の事から倉橋氏の来訪を必要としたので私は電話で同氏の来訪を乞うた。正午過ぎ明姫食堂を出て私は博士と共に電車に乗り倉橋氏は帰校せられたのであった。然るに帰途同氏のことづけた徳永氏返還の私の象標本受取りのため師範に立寄ると同氏は桜井氏に例の象化石の代三円を支払ひに出られて留守だったのである。私もしばらくの事でもあったので一応帰宅して中八木まで出掛けて見た。然るに火の見の下付近で倉橋氏の帰来に出会した所が同氏の小脇にかかへている新聞包みはいまあの礫層から出土した象の歯だったのであった。私は全く驚くと共に残念でたまらなかった。

時に三時十分位前。で急いで現場に行き同氏採集の跡を更に入念に調査して少許の化石とシジミを得たのである。今同氏の好意に依りその中の一つを借用したのでここにその要点を記録し以て後日のための備へにしたい。

この象化石は三月五日に私が同所に行った時にはまだ土の崩壊がなかったのであったから勿論それに後日出たものである。同月二十七日にはこの土は夜に崩壊していたけれども何ら象の歯の破片等は散乱していなかった。恐らく二十八日頃の荒れる上土をとられて現れたものであろう。倉橋氏は完全に近い臼歯三ヶと細かな破片となったものを若干掘られた。之等のものは一個体分のもので歯は上下両側のものであるといふ。そして骨の部分はまだ土塊の中にあった由である。これは同氏の立去った後僅か五分後に同所に至って私の調査した時にもまだ下顎の一部が土塊中に存していた事実から推しても事実であった事がしられる。倉橋氏は主として臼歯とその付近の骨のみを採取せられたのみと見え、私が氏の採取局地とまだ掘り残されていた部分を掘査した時には骨の若干が尚残っていた。今同氏が掘査せられ臼歯の存在した付近から私の調査した部分に於ける骨の存在点を測ってみるのにその南北径一二五〇㎜、東西七五〇㎜あった。そして骨化石は恰も植物の腐蝕したるか如き状態に於て片々として可成発見せられた。倉橋氏のと私の調査よりせば、一ヶ体分の頭骨が完全に（若しくは夫に近く）存在していたらしいのである。

＊　一九三二年七月二日　直良さんは中八木の桜井松次郎さん宅を訪ねる。

＊　七月一〇日　直良さんは藤江海岸で旧象の牙三本、下顎骨二個等を採集。直良さんの『日本旧石器時代の研究』寧楽書房、一九五四年の一四九頁に出土状態の図がある。

35　一九三四（昭和9）年七月一五日　徳永重康さんと『満州帝国吉林省顧郷屯第一回発掘物研究報文』第一次満蒙学術研究団報告、第二部第一編を上梓。その緒言。

昭和八年六月一五日より約二週間に亙り、余等は満州帝国吉林省顧郷屯何家溝を流るる温泉河畔の低湿地を発掘し、多種多様の化石類と共に古人類の遺品をも得たり。抑本地が化石産地として注目さるるに至りたるは極めて最近の事に属す。即ち満州事変の直前たる昭和六年八月北平の国立地質調査研究所員たる尹氏が、東省特別区文物研究所員（哈爾賓博物館員）（主として白系露人ポノソッフ氏が実際其衝に当れり）と協同の許に若干の発掘を行ひ、その略報を中国地質学会誌第一一巻第二期に登載せしによるとは雖、洪水後に於いての自然露出による化石類の採集の如きは、土地の満州人によりて早く之が実施を見たり。尹氏等の発掘動機の一端は、実に此の点に存せりといふも過言に非ず。余等が尹氏等発掘地に接する温泉河流域一帯を掘査したる目的は、主として化石類の採取にありしとは雖も、結果は又満蒙に於ける旧石器時代文化の解明に資することをえたり。近来旧石器時代文化の研究は、その卿地たる欧州の地を離れ、東亜に注目する学者少なからず。就中天津博物館在任の仏人リサン師の如きは、著名なり。今や顧郷屯の遺物に就き発表されたる報文2、3に留まらずと雖も、先ず哈爾賓郊外の遺跡に於て生物化石と共に、多数の人類遺品を得たるは、恐らく吾人を以て嚆矢とすべきものならむ。次に掘査の大要を古人類の遺品及び化石類に就き、之が縷述をなすべし。

36　一九三五（昭和10）年二月四日　「東京都中野区江古田一ノ二〇七三　直良信夫」さんから「明石郡八木村中八木　桜井松次郎様」(1)宛のハガキ

拝啓　其の後はことに御無沙汰仕り失礼いたし居候処、御家内皆様には益々御健勝の御事と御よろこび申し上候。実は永らく拝借いたし居り候象歯化石早く御返却いたし度存じ候処、此の年末より子供が大病にて入院いたし今尚病院通ひなどにて、つひ延引失礼いたし居り候処、近日御送り是間延引程御寛容の程御願いにて。実は昨年の夏、ハルピンに行く途(2)明石にて御返しする為、持参いたし候も時間なく中八木の方にまいる事の出来ずそのまま持ち歩き、再びもちかへり御座候、その後つひつひ延引いたし申訳もない次第に御座候。その後海岸より何かよき材料でも発見いたすれ候はずや。

御わびにて　　早々

（1）瓦製造業で、象・鹿化石の収集家。
（2）満州帝国（当時）の顧郷屯遺跡の発掘調査。

37　一九三六（昭和11）年五月一六日　直良さんは「日本の最新世と人類発達史」『ミネルヴァ』第一巻第四号で、明石で人骨化石の発見を写真入りで初めて紹介する。発見から五年後のことである。その一部。

昭和六年四月一八日に、私は遺物の最も発見される局部から東方に二〇米と離れていない、満潮汀線上一米からある棚をなしている崖の上で、何等夾雑物をもっていない崩壊礫層中から、母層土にまみれていた人類の骨盤を発見し

40　顧郷屯の発掘地に立つ直良さん（1934年）

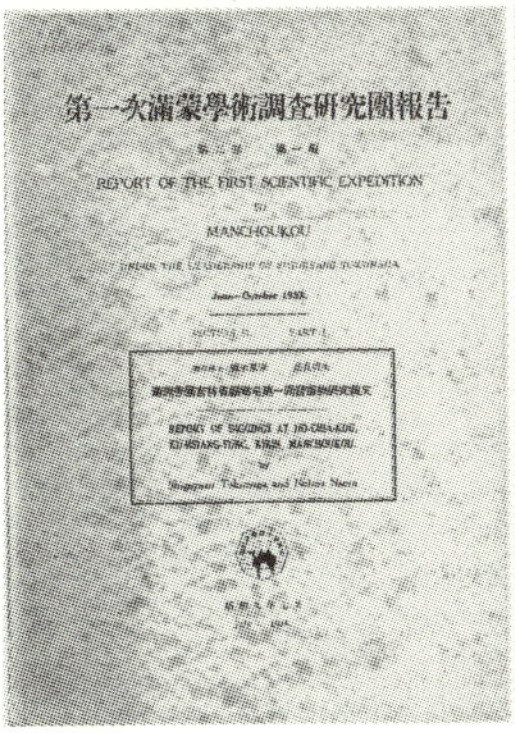

1934年

1936年

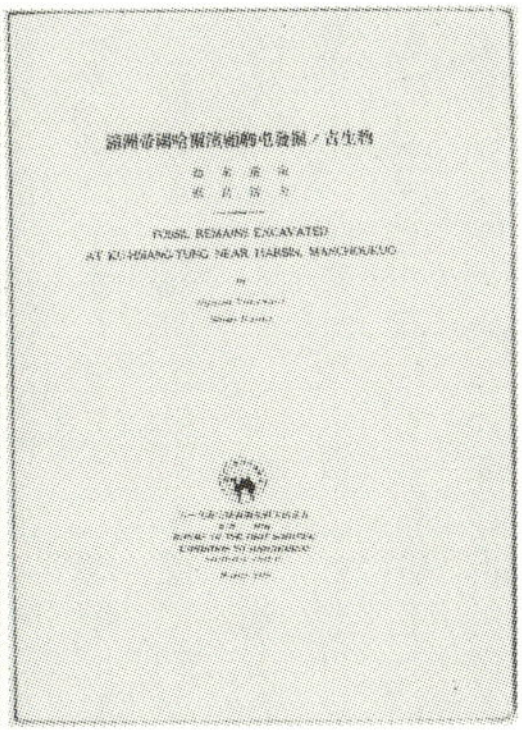

1939年

41　徳永さんと連名で発表した顧郷屯の化石と人類遺物の研究報告

た。その発見状態は、昭和七年四月一日に、明石女子師範の倉橋氏が、ナマヂクス象の下顎骨を、此の骨盤発見地点の西方に於て見つけ出された状態と、全く同様であった。骨盤は性別不詳、但し若者、骨の厚みが今日の日本人のものとも異り同年輩の夫よりはずっと厚いと教示せられた(1)。私は此の人類骨盤はあくまでも旧石器を含蔵している礫層の小砂の多い部分に埋もれていたものが崖崩れにあって露出したものであると深く信ずる。地表にころがっていたものが落下して偶然崩壊砂土中に埋没していたのではあるまいか？　若しくは下から波が溺死者のものを打上げたのではないだろうかと、色々御心配を送られた学界の諸士に対して、私は私自身が自分の手で正しく礫層中から発掘し得なかった不覚を詫びるものではあるが、あらゆる視角から眺めて、礫層中に含蔵せられていたものである事は、何等疑ふ余地のないものである事を此期会に強く述べて置きたいのである。

（1）　松村瞭さんからであろう。

38　**一九三六年七月一五日**　徳永重康さんと『満州帝国吉林省顧郷屯発掘ノ古生人類遺品』第一次満蒙学術調査研究団報告、第六部第二編を上梓。その緒言。

昭和八年六月、余等は、新に大哈爾浜特別市に編入せられたる顧郷屯部落の何家溝を流るる温泉河畔湿地を発掘し、生物化石と共に多数人類の遺品を発見し、此の地一体が単なる化石産地に止まらずして、満州に於ける旧石器時代人類の居住地なりし事を確かめたり。然るに、此の第一回の発掘は、日数と天候其の他の事情に制限せられて、意の如く発掘を続行し得ず、従って結果に於いても尚詳査を要するもの多々残されたり。幸い外務省文化事業部の援助と、関東軍及び満州国当事者の好意とによりて、再度大発掘をなす機会を得、昭和九年六月より七月に亘りて、本地の第二回掘査を敢行せり。今次の発掘地域は、第一次発掘時よりは、更に温泉河を遡りて草原を主として発掘せしものなるも、前年の発掘に、取り残したりし地畝橋下流の部分をも少許発掘したり。此の調査は前回同様、実に宗像金吾氏の多大なる好意の許に、絶大なる労苦に堪えて行くを共にせられたる太田四三二及び牧田晴行両氏の助力と、哈爾浜警察庁佐々木安次郎、鈴木佐吉氏の警備に関する深厚なる配慮によりて、無事遂行得たるものにして、此等諸氏に対して余等は深く感銘する所なり。

39　一九三七（昭和12）年八月一三日　「東京市中野区江古田一ノ二〇七三　直良信夫」さんから「世田谷区赤堤町一ノ四二一　江坂輝弥様」宛のハガキ

御芳墨拝受左記御返事仕り候

単にウシといひますと学名は Bos taurus L. といって家牛の事をさすのです。私がたしかに実物をみましたのは相州茅山貝塚（赤星氏標本）と上総守谷洞窟（故山崎博士採集）のものです。茅山のは、この遺跡からヤヨヒ式土器が出ますので、夫れに関係があるのだらうと思います。守谷のは凡てヤヨヒ式土器です。それ以外では越中の大境にもあったようにきいていますが、真偽はしりません。最近曽根氏が（動雑、48－4）に青森県東津軽郡中平村稲生貝塚からウシが出たやうにかいて居ります。よく私が申します様に、日本には骨や歯をみて、それを直ちに正しく何のものだと判定しきるだけの学者はありませんし、又そこまでこの方面の学問が進んでいません。外国からみますと丁度一〇〇年位、おくれています。で、従来、考古学や人類学方面の雑誌に発掘報告の出ている生物の骨や遺骸なりの種名は、残念ですがあてになりません。やはり正しく自分が実物をみたものでないと、これからの研究資料には役立てませんのです。で今まで、いろいろ発表報告に名がのっていますが、松本博士のやられた以外のものは、私はとらないことにしています。これはひとり獣に限ったわけではありません。貝でも魚でもそふです。残念ですが、そふするより外に、専門的に骨のみやっていますが私としてはやりやうもないのです。標本が四肢骨のやふですから、たぶん家牛だらう位にしておく方がいいと思います。歯か頭骨でないと種名は分かりませんから。

40　一九三八（昭和13）年五・六・七月　「史前日本人の食糧文化」を『人類学・先史学講座』1・2・3に発表。このテーマでは日本で最初の総論となる。哲学者の和辻哲郎さんは『日本古代文化』の改稿版（一九三九年）をまとめるさいに、「よき手引き」となったことを記している。そのまえがきと緒言。

草稿にあたって

一、私は元来、机の上のみで、本にへたばりついて学問をする事のきらひな男である。他人がどう言はうとそれは向様の勝手であって、私共はその言葉の中から味ふ可きものを拾ひ、採る可きをとって、以て研究をより正しく進めてゆけばいいのである。他人のいふ事のみを気にやんで、誰がこう言った、誰それが何と云ったとか只そふいふ事だけであくせくしていてはならない。どこまでも自主的であって、自分を正しく信じ、自分の出来る範囲の仕事を真面目に、そして敬虔な態度でやり遂げる事が大切だと思ふ。私は本稿を草するにあたっても、此の態度を捨てなかった。決して自分の力を過信し、傲慢な心根で此の稿をものしたものではないのである。

二、人の捨てて行った資料を蒐めて研究するといふ事は仲々難しい。遺跡で発掘せられても、土器や石器のやうな人工品はあます所なく、持ち帰へられるが、生物の遺骸や人工品でないものは、凡て遺跡に捨てられてゆく。たまに注意深い人があって、之等をもち帰へっても、家に帰へってしまふと、何処かの隅っこに、突込んでわからなくなってしまふ。こんなわけで、私の研究も、最初に立ち帰へって、まず自分が遺跡を調査して、材料を蒐める事から出発せねばならなかった。それとも一つは、既往発表せられた遺跡発掘の生物遺骸に就いての研究が殆ど実行せられていないためと、よし若干は、遂行せられていたとしても、夫等は専門学者の査定を経たものは極く稀であって他のものは、種名が列挙せられていても実は使用できないものが多いのである。で本書のなかに取扱っている種類の中には、既に他の人々によって発表せられているものであり乍ら、書き加えていないものが大分ある。

三、本書に於いては、現にその跡方を止めているもののみを資料とする事に主眼を置いてきたが、当時この種のもの以外にどれだけ沢山の物が食料とされたかは私共の想像以上のものがあらう。然し夫等は現状を以てしては想察をめぐらせるだけで、それ以上はどうにもなし得られない。種類の記名は、出来るだけ最新の生物学の趨勢に従った。材料が不良で、種の査定に誤謬のあるものがあるかもしれないが、私としては及ぶ限りの努力はしたつもりである。もし間違っているものがあったとしたら、是非次の機会に改訂したいと思ふ。

四、本書に記してある生物の種類中、哺乳類については私は別にその古生物学研究をしたためてある。近日発表の見込みであるから夫等を参照せらるれば幸甚である。尚植物については京大三木茂氏によって詳細に発表せられる時があらう。

五、一口に史前時代といっても、文化にもいろいろの変異があり、時間的にも考慮すべき点が多い。しかし本稿では、そんな細かい点には、あまり拘束せられずに大きい視野から、之等の時代を「史前時代」なる言葉の裡に含ませ、併せて、時間的にも必ずしも史前とはいひ得ないが、文化がまだ史前時代の延長であったり、ある特定の地理的条件からして、そういった状態を後代まで持ち続けて来た特殊の文化をも仮に此の中に入れておいた。

六、本稿に挿入してある写真及び挿図で特に断り書きのしてあるもの以外は、凡て私の作製せるものである。

緒言

我々人類は生物の一員として、一時だって食はずには生きてゆけないものである事は、今更私が事新しく中立てなくとも、世人周知の事である。妙な事には、朝から晩まで、ペンと測定器とを持って骨いぢりばかりしている私も、朝になって食膳に向ふと、きまりきって史前日本人は一体何をどうして食べていたのだらうか、といふ事を考える。そこで両三年来暇のある度に諸所をかけ廻って色々の方面から資料を蒐めてみた。まだ充分といふわけには行かないが、とにかく一通りまとめあげる事が出来た。

元来何を食べたか、といふ問題は、相手が殆ど生物であるといふ点から、勢ひ古生物学的な知識を必要とするものであるが、実は当時の人々の遺跡である貝塚や遺物包含層から出土する、之等の物質は、考古学者や人類学者からは単に「自然遺物」なる言葉をもって比較的軽く取扱はれ、古生物学者や現棲生物学者からは継子扱ひをされて殆ど省られなかった為めに、さて私が筆を執らうとしても、まづ資料そのものを得るために自らが進んで貝塚なり遺物包含層なりを発掘せねばならなかったのである。で、私は片手に鍬をもち片手にペンを携へ旁々考古学者の捨て去った屑物を、拾ひ蒐めて歩かなければならなかった。かくして私のとり上げた資料の多くは極めて些細な残片のみである。従って時としては種名の同定に間違ひを起しているやうな事もあったり、或いは又夫が為めに思ひ過しをやったやうな点もあるかもしれない。然し発見場所なりその出土層については私自身確言を以て、諸賢に御答へ出来る事を、私はひそかに誇りとするものであって、諸賢も亦之等の記述の中から、腹がへれば食を求むる自分を反省してみて、記録をもたない我等の遠き祖先の日常生活に於ける、食の方面の文化程度を知る事が出来る事と思ふ。

本稿は大体三つの段階に分けて記述してある。第一に記した食物名は彼等の遺跡から発見した材料に拠ったもののみであるが、中には果して食糧とされたであらうかと疑はれるものもあったが、便宜上之等のものも食用されたと仮定して記入して置いた。又今日遺跡から発見せられる生物の残片だけが食用せられたものの全体であって、夫以外のものは食用しなかった。といふやうな事はあり得ないのであるが、残念な事には、残骸を止めていないものは、夫が何であったかが明でないために、残止せられているものと同格に、勝手に想像して陳べ立てる事が出来なかった。只本稿を読まれる諸賢に於かれて、私が本稿内に記したものの外にも猶且つ沢山食用とされたものもあったらうと御想像が願へれば幸甚なのである。第二には之等の生物を食用するために、当時の人々が、如何に努力して之等を得たであらうかといふ事を考へてみた。此の問題は半ば想像や仮定が手伝っているのであるが、此の方面の調査の行き届いていない今日の状態としては之も亦止むを得ない事情にあるのであるから、諸賢の御叱正によって更に一段の正確さを期したいと思ふ。第三は然らば之等の食品を当時の人々は、どんな方法で処理して、食用していたのであらうかといふのである。之も亦ある程度までは想像も這入っている事と思ふ。調理にかけては全くの素人である私の事であるから、さぞかし落度も多い事と思ふ。先輩諸先生及び賢明な読者の御教示が願へれば、私としてはまことに幸甚の至りである。

私は主として元来哺乳動物の化石を調査している者であって、その他の古生物に対しては得意ではないのである。で本稿をあむに際しても、出来るだけ間違ひを少なくするために夫々専門家の意見を徴した。茲に草稿にあたって之等の諸氏に対して深く感謝の意を捧ぐるものである。特に鳥類については籾山鳥学研究所籾山徳太郎氏、植物については京都帝国大学理学部植物学教室三木茂氏、に御高教を仰いだ。又私の此の方面の研究に対して常に同情をよせられ、資料の提供に絶大な御好情を示されたドクトル馬場脩、杉山寿栄男、八幡一郎、稲生典太郎、小林行雄、毛利総七郎、遠藤源七、佐野淡一、桑山龍進、酒詰仲男、芹沢長介、赤星直忠、江坂輝弥の諸氏の御好意は、私の深く感銘する所である。

二五九七年秋、早稲田大学理工学部採鉱冶金学教室獣類化石標本室研究室に於いて記す。

41　一九四〇年四月一日『科学知識』第二〇巻第四号、誠文堂新光社発行、に直良信夫さんが寄せた徳永重康さんの追悼文

大きな足跡を遺された徳永重康博士

奇獣デスモスチルスの発見　理学博士、工学博士徳永重康先生は、明治七年八月二十日、東京芝に生まれ、小学校から大学を経て、昭和十五年二月八日、六十七歳の生涯を終られる迄、ずっと東京から離れなかった。つまり東京の土に生まれ、東京の土に帰られた人だったのである。
明治三十年東京帝国大学理科大学で動物学を修められ、大学院では主に地質学を学ばれた。帝大を出られてからは、根が動物学者であったが為に、化石に興味をもたれ、暇のある度毎に、諸所の化石層を調査せられた。特に、東京市内外の王子、田端、品川等の化石層は、先生の最も良く調査せられた地点だったのである。大学を出られてから五年

後の明治三十五年には、海膽の分類で理学博士の学位を授与せられた。先生の命名になる帆立貝の一種ペクテン・トウキョウエンシスは、先生の一生を通じて、最も思い出の深いものだったと見え、貝化石の話がでると先生はいつも両手を後頭にあてがって眼を細くして昔話をされたものである。

元来、日本の古生物学者は、海から陸に匍い上がってゆくのが常道のようになっているのであるが、先生も亦、この路を歩かれて、この頃から少しづつ陸の生物に眼を向けられはじめた。田端駅構内の崖で、多くの貝化石とともに鹿や象の化石をさがしあてられた時の先生のよろこびは、また格別であったろう。

それから間もなく、岐阜県下の第三紀層から、世界の奇獣デスモスチルスの骨や、バクや犀、象などの化石を掘られて、何千万年かの昔、日本にもこういった獣類が棲息していた事を明らかにされた。特に、このデスモスチルスの発見は世界的なものだった。先生がアメリカの化石哺乳動物学者オスボーン教授から、丁重な賛辞をおくられたのもこの頃だったのである。この吉報に気をよくされた先生は、それから後は、貝の研究などはどこかへうっちゃらかされて、専ら獣類のみを調べて歩かれた。早稲田大学に来られてからは、その職責上、主として地質学や採鉱学の研究に没頭せられ、昭和三年には、その功がむくいられて、常磐炭田の地質学的研究で工学博士の学位をかち得られた。早稲田大学付属の工手学校が創設せられるに及んでは明治四十四年以来、推されて初代の校長となり、育英事業に従事せられた。三十八歳の若い校長先生が、卒業式の日、一同を前にしての名訓示も、今は思い出の種となった。

満蒙調査団の大事業　大正から昭和の初頭まで、しばらく中絶の形になっていた化石の研究が、昭和五年、学士院の補助によって又はじめられる事となった。その頃、あまり世間からは省みられなかった洞窟内の獣類化石に着目した所に、先生の彗眼があったと云ってよかろう。その前年には万国地質学会会議でジャバに行かれ、人類最古の化石といわれている直立猿人の発見地を見学された。翌六年には、九州や朝鮮、明石等の獣類化石産地を踏査せられたり、あるいはまた地方の蒐集家を訪ねられたりして、極めてまめに諸所をかけずり廻られた。

満州事変後、世界の事情がうって変わった八年の夏には、思いがけなくも、時の陸軍政務次官土岐子爵の肝いりで

42　ありし日の徳永重康博士と早稲田大学獣類化石研究室

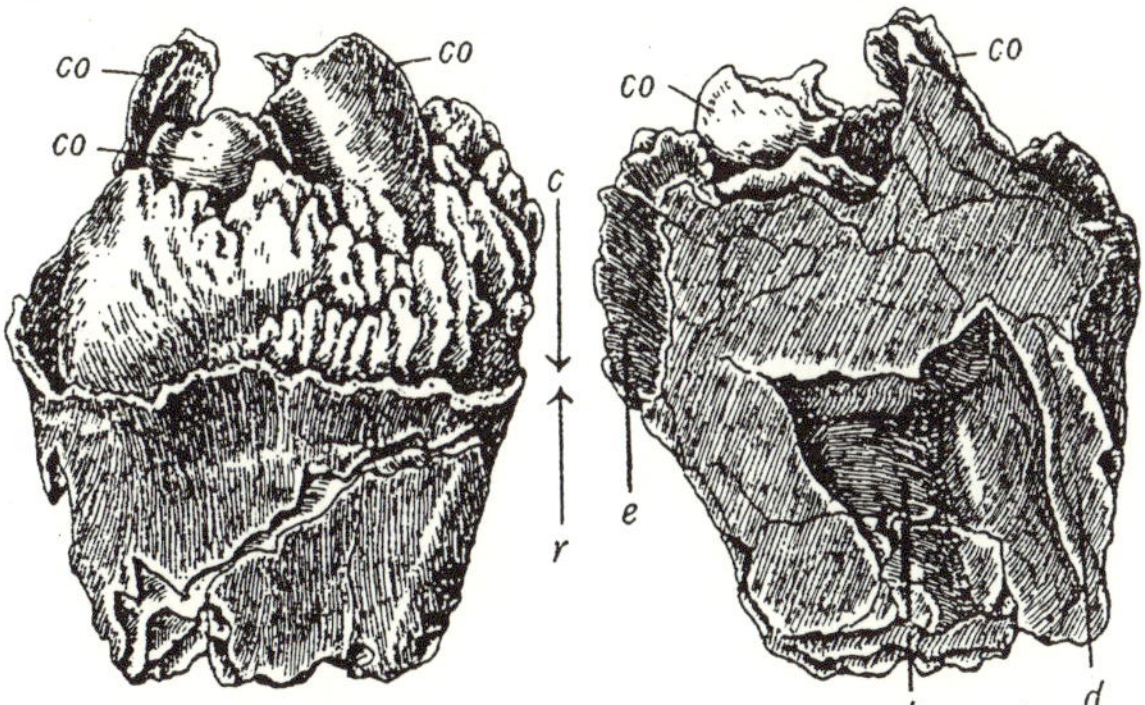

43　徳永さんの佐渡産デスモスチルスの化石の研究論文に付してある直良さんの図（実大）

第一次満蒙学術調査研究団が結成せられ、先生はその団長に就任せられた。それからの先生は、全力をあげての団の目的遂行のために、異常な活動をされた。実際日本としては嘗て例のない大事業であり、且つ気むづかしい多くの学者を引率して、事情の違った大陸で口さがない人々の環視のもとに、事を運んでゆかねばならなかった先生の気苦労は、並大抵のものではなかった。秋十月、予想以上の好収穫を得て、事なく帰って来られた先生は、いつものように元気ではあったが、急に頭髪は霜をいただき、思いなしか少しくやつれて見えた。しかし、一冊、二冊と順次その調査報告書が、世に送られるに及んで、先生の声価は、一層高められてゆき、その響きは世界学界の好話題となった。

ウラル山中で謡を一席 その翌年の九年には再び北満に化石発掘に出掛けられ、十年には、朝鮮満州方面に、十一年には山階侯爵の出資によって琉球列島に出張せられ、十二年の夏には、万国地質学界日本代表としてソ連邦に赴かれた。あのウラルの峻険に腰かけられて朗々と一席、得意の謡曲をうなられた時には、並居る多数の外人学者達も感嘆したものだという事である。

更にその帰りには、シベリアのエニセイ河畔にあるアフォントウヴァに立ち寄られ、有名な旧石器時代遺跡を踏査された。恐らく、旧石器時代に関心をもたれる日本人学者としては、先生が最初の見学者であったかもしれない。越えて十四年の春には石炭の調査で蒙古に行かれ、その年の夏には、東亜研究所黄土調査班長として、再び蒙古の地を踏まれ、黄土の産業科学上の調査を遂行せられなど、大車輪の活躍をされたものである。

巨星地に墜つ 弱音を吐くことの嫌いな先生は、ふだんは強がりばかり言われていたが、昨年来どういうものか、時として、しんみりと、御自分の過去を話されたりする事があった。それによると、もともと先生はあまり丈夫な方ではなかったようだ。それにも拘らず、先生が、六十幾年かの今日迄、盛年者も及ばない活力でつぎつぎと事をやってのけられたのは一つに、〝何糞!〟という、まけじ魂そのものの賜であったと語られていた。実際私共も丈こそ並外れて高いが、痩身のあの先生の五体のどこから、あれだけのエネルギーが出てくるのか、実に不思議でたまらなかった。

本年一月二十七日、いつものように私の室に、ある用事のためにやってこられた時、先生は「少し頭痛がして寒気がする」と言われ乍ら、暖房によりかかって、それでも元気に語られていた。しかし、之が先生との最後の打ち合わせになろうとは、全く予期しなかった。その翌日から先生は臥床せられ、二月一日には、とうとう重症の身を帝大分院に移られたのである。懐のわが家を立ち去られるに際して、先生は好きな謡曲を口ずさみ乍らまたせてあった自動車に乗られたと云う。病院に入られてからも、意識は極めて明瞭であって、常に先生の脳裡を去来するものは、生死の問題ではなく、学校のことや研究のことなどであった。しかし遂に、最後のときが来た。一切が空である。私は先生の臨終にあたって、ふと〝巨星地に墜つ〟の言葉を思い出してごくりと涙をのんだ。ただ残念な事には、さきにも一言した第一次満蒙学術調査研究団の報告書が、あともう一歩で完成するという所まで来て居りながら、その完成の日をまたないで長逝された事である。先生としてもさぞ心残りであったろうし、十幾年か先生の座右にあって同じ路を伴歩きして来た私どもとしても、残念至極である。

三博先生に奇風あり　徳永先生は能の名人だった。先生の能名三博は、理、工学博士の外に、もう一つ能学博士を加えての三博士を意味するものであって、誰云うとなく付けた能名で、しまいには三博会という能の会長にまで、かつぎ上げられてしまった。ふだんは、非常に、せっかちで早口だった先生が、一度能面をつけて舞台に立たれると、まるで別人のように変わった。聞くものも、観るものも、うっとりとして、それが先生である事をも忘れて拍手を贈ったものだという。先生の旅好きも亦有名である。「オイ一寸行って来るよ」といわれるから、伊豆か常磐あたりの鉱山でも行かれるのかと思っていると、それが満州や支那だったりする事も度々あった。旅宿にあって、そのところどころの風物に接し或いは又新しい資料を発見されることなどは、無上の楽しみであったようだ。人に接してやわらかく、ふだんから、若い者と膝をつき合わせて、よく戯談話をされたものである。

先生の食事ぶりはまた一風変わっていた。必ず二品以上を同時に注文されてその何れをも食べ、そしてその何れをも必ず半分残された。即ち、目先の変わったものを、少しづつ食べて、楽しむといったやり方なのである。もしもそれが蕎麦類であったとすると、モリと天麩羅蕎麦といった具合にあつらえるので、もって来る蕎麦屋の方でも二人分にしてもって来たものである。好き嫌いは滅多になく、大抵のものは何でも食べられて居られたが、とりわけ、鰻丼と天麩羅類は好物であったようだ。煙草はたしなまれなかったが、酒は少々やられた。それも日本酒だけのようだった。

先生の思い出はなお尽きない。辿れば辿る程、それからそれへと、色々な方面へくりひろげられてゆく。しかし、今やその人は、既に遠く幽冥境を異にしてしまった。私達は、先生の門弟として、師の遺志をついで、残された多くの仕事を完成しなければならない。それが又、先生に対する唯一の報恩の道であろう。

（二六〇〇・二・二〇記　早稲田大学理工学部獣類化石研究室に於て）

42　一九四一（昭和16）**年二月一〇日**　直良さんは『日本産獣類雑話』を山岡書店から上梓。直良さんにとって出版社からだした最初の単行本となる。この本に収めた野生動物の詳細な生態観察記によって、直良さんは「日本のファーブル先生」の敬称をもらう。その序文。

子供の時分は特殊な性格でない限り、大抵は生き物に対して大小の感興をもっている。それが中等学校を出る頃から、夫々の踏む可き道によって、薄くなったり、濃くなったり、色々と変化してくる。しかし私だけは頭髪が白くなりかかった今日迄、とうとう、この「好きでたまらなかった生き物」の子供心を多分にもち越してしまった。何よりも、生き物と遊ぶ時の方がたのしい。とりわけ私は獣類が好きだった。子供の時分、山に兎の子捕りに行って、日暮れの山道を一人でとぼとぼ歩いてかへった事、捨て犬を拾って来ては母に叱られた事など、思い出はつきない。そしてその間に色々の事を見聞きした。本小著は夫等の日の見聞を、前後の順序もなく単に纏め上げたものにすぎない。従って、話は雑然として一貫したつながりをもっていない。

日本産獣類と銘打つからには現生種だけでは意味をなさないし、又興味も薄い。そこで化石獣のことから、貝塚のものまで、色々とり交ぜておいた。そして、中には相当専門的な記述も含まれている事と思ふが、とかく、ぎこちなくなり易いこの種の内容の欠点を補うために、なるべく内容を落とさないやうにして筆致は出来るだけやはらかに、くだけてかいた。えくぼをつくって読んでいただきたいのが著者の本心なのである。

本書の中には既に諸雑誌や東京の諸新聞に載せたものも若干含まれてはいるが、新しく筆をとったものも相当に多い。仕事につかれたその後で、若しくはお昼休みの三十分間、大地に腰をおろして、青天上のもと、静かにこの書を読んで戴きたい。

そこで諸君は、此の日本の土に生をうけた、過去の獣類から、現在私共の目の前で動いている色々な日本産獣類の歴史や生活状態などを知る事が出来るだらう。以て祖国日本の生い立ちと、此の風光明媚な日本に、私共と同様生をうけた獣類たちのありのままの生活史を知る手引きともならば、私はほんとにうれしい。

本書をあむにあたって私は山岡書店主山岡吉松氏に大変御世話になった。ここに厚く感謝する次第である。猶私の此の種研究に常に御好情と御指導を忝ふした恩師故徳永重康博士をはじめ先輩知友に対して深く御礼を申上げる次第である。

皇紀二六〇〇年　秋深き武蔵野の漂雲を眺め乍ら

早稲田大学理工学部獣類化石研究室にて

43　一九四一年五月一五日　直良さんの『日本産獣類雑話』を高島春雄さん(1)が『動物学雑誌』第五三巻第五号に紹介した一文。

直良氏は二豎の為全く学業を抛ち忍苦の幾年かを経て健康を取り戻され、爾来古生物・考古方面の研究に専念され徳永重康博士の協同研究者或は名誉助手として今日の令名を得られた御方である。或る席上の自己紹介に「私は骨を調べて居ります直良です」と云はれるのを聞いて氏の面目躍如たるものあるを感じた。氏は化石なら矢でも鉄砲でも持ってこいであるが殊に造詣の深いのは東亜産化石獣類の研究である。同時に氏は現世の獣類に対しても不断の注意を怠らない。古色蒼然たる骨や歯をいぢくる片手にネズミやモグラを飼育して丹念に記帳し写生されて居る。斯ういふ両刀使ひは中々た易いものではない。(中略)

「糞の研究」といふ一章がある。一〇種の野獣の糞の記載である。糞も馬鹿にならない。合衆国を巡業する或る大サーカスの引き連れる象につき学者がアフリカ象とインド象とは糞の断面の形も違ふなどと報じた。英本国の蝶は一代記が悉く判って幼虫の排出した糞に由るだけでも何種なるかを知ることが出来るとも聞いた。各地の鹿類の糞を並べて撮った写真は奇観である。

動物学者と云へば無闇に採集して動物の命を奪ったり残酷な実験に日も之足らず、動物愛護の理念などは微塵も持って居らぬ人間の様に思ひなす人が往々ある。数多い同業者の中にはさういふ範疇に属する人も無いとは云へぬかも知れぬが、多くの動物学者が却て動物を愛し動物を虐げざるに心を砕いて居るのは古くはダーウィン、ヘッケルから新しくは今の世の吾々に至るまで其の軌を一にすることは人寧ろ奇とするかも知れない。本書中の「センザンカウ」なる節に、或る学生が台湾に旅行しセンザンカウを観察する好機に恵まれた、併し内地に引き揚げねばならなくなったとき持ち帰って今一段の観察をしようと箱まで造ったのだが、内地で生かすことは難かしからうと向ふの人の言葉に肯き野に放つことに決めた、愈々今夜出発といふ日の午後黒蟻を木綿袋に一杯つめてセンザンカウの肩のあたりに結び、始めに此の獣を見つけた木陰に入って放した――とある。此の学生の心は即ち直良氏の御心であらう。紹介者も限りなき嬉しさを覚える。

旅行でもする時は是非此の一冊を嚢袋に入れて此処に盛られた一つの世界を享受すべきである。一般人士にも動物学者にも面白い。本文七章一五七節、四〇八頁、著者独特のペン画を主とするカット三一個、巻頭に口絵二面がある。

（1）動物学者。一九〇七～一九六二。東京文理科大学、早稲田大学講師を経て、一九四七年から山階鳥類研究所員。著書に、『動物渡来物語』一九四七年（再刊、学風書院、一九五五年）ほか。

44　一九四一年五月二五日　直良さんの『日本産獣類雑話』を甲野勇さん[1]が『古代文化』第一二巻第五号に紹介した一文。

日本産獣類に関する著述は極めて少ない。著書が少ない事は同時に此の方面の専門的学者の少ない事を意味する。日本産鳥類・貝類等は従来幾多の学者の手によって充分研究され、その普及的著述も数多く発行されているが、獣類の研究は仕事が一層地味である上、更に色々な困難を伴う為めか分類学者達からも聊か敬遠されて居た感のある分野である。

所が私達石器時代を調べる者の側から云へば、この方面の専門学者の出現こそ誠に待望久しいものであった。貝塚からは獣骨がガサガサ出る。が何の骨だか皆目見当がつかない。それでも漸く鹿と猪と犬と猿と狸の骨位をおぼえた。それも顎骨が出なければ判断出来ない。従って私などが以前書いた報告には「獣骨は鹿猪にして」と言った様な事で御茶を濁し、あとの解らない奴は頬かむりですました。甚だ面目ない次第であるが、自分では解らないし聞く人もなかったのだから仕方がない。

直良信夫氏は御承知の如く古生物から入って生態研究にまで進展された篤学の士であるが、故徳永博士の門に入ってからの氏の学的発展は実に目覚ましいものがあった。近年諸方で発表される遺跡調査報告中の動物遺骨に関する部分は殆ど氏の手によって成ったものである事も周知の事実である。然し氏は単なる古獣類の鑑別のみに満足せず更に現生産獣類の生態研究の分野にまで進出されたのは、定石通りではあるが、凡人には実行し得ない企てであった。而も氏は此の難事業を著々として克服されつつある。

先年私が氏の御宅を訪れた折、氏は数匹のカヤネズミ——実はこんな鼠のある事も其時初めて知ったのであるが

——を飼育して居られた。氏は此奴等に一々名をつけて居られたらしく、何とか名を呼んで粟つぶを指先につけて出されると、小鼠達は枯草の中からカサコソと出て来てこれを食べた。可愛いには相違ないが私などから見るとペストの兄弟分の様な気のする小鼠を、潔癖家の氏が愛撫されるのは実に意外でもあり不思議でもあった。然しこの心こそ今日の成果をあげる一つの原動力だったのである。

本書は獣類の生態と観察・糞の研究・巣の研究・捕獲法・過去の獣類・獣類雑記・爐辺叢話の七編に分けられている。第一編に於いては主としてネズミ・モグラ、カワウソ等の生態習性等が記されて居り殆ど全部が氏の熱心にして緻密な根気強い生態観察の貴重なる記録である。第二編は糞の形態観察と糞から食料を探らうと試みられたもの、第三編は小獣類の営巣の位置とその構造の記載、第四編はモグラ・ネズミ等の捕獲法に就いて経験に基いて記されたもの、日夜これ等の小獣に悩まされている私達にとって実際の役にたつ。第五編は私達にとって最も興味深い研究で、石器時代家犬・石器時代の馬・豚の問題・其他多数の過去の獣類に関する重要研究が掲載されて居る。第六編には下顎部に穿孔した石器時代遺物・史前日本人と獣猟其他の記事があり、第七編では熊に関する恐ろしき話、センザンコウ飼育の面白き話等が語られている。行文平明、今までに獣類に興味を持つ人も持たぬ人も、一度本書を繙けば恐らくどの部分も興味深く読め、且つその凡てが色々な意味で直ちに役にたつ知識となる事はこの本の特色と言って差支へなからう。

兎に角、本書によって私は我国に棲息した過去の獣類を知り、更に現産の獣類に親しむ機縁を持ち得た事を欣ぶと共に甚だ僭越かも知れないが、出来るだけ多くの方々に読んで戴きたい好著として此処に推奨したいと思ふ。

（1） 考古学者。当時、東京帝国大学人類学教室嘱託、のち国立音楽大学教授。一九〇一～一九六七。著書に『縄文土器のはなし』世界社、一九五三年。『武蔵野を掘る』雄山閣、一九六〇年。『東京の秘境』校倉書房、一九六三年ほかがある。

45　一九四一年九月一五日　直良さんは『古代の漁猟』を葦牙書房から上梓。遺跡発掘の動・植物の遺体の同定と現生の動・植物の観察にもとづいて縄文・弥生人の生活を推想する直良さんの学問を示す代表作の一つとなる。その序文。

本書は、我々の遠い祖先である古代日本人が、海に漁し、山に猟して、自然と共に生きていた時代の生活を述べたものである。その資料とする所のものは、当時の遺跡を発掘して得た多くの自然遺物を基礎として、これを一方に於いて、古生物学的に調査すると共に、他方その生活内容を現在の私共のそれに比べてみて、許された範囲内の追想をたくましくしたものである。

古代といふ語の解釈は、人によって必ずしも同一ではないかも知れない。然しここで私は、考古学の教ふる所に従ひ、その意味を広義に解し、日本歴史の始まる前後から遡って、それ以前の史前文化期を指す事とした。学者によっては史前とはいはないで、これを先史といふ人もあるけれども、私は、有史以前の言葉を詰めて、史前としたのである。史前時代の人骨の研究は、いろいろな方面から多くの学者によって進められ、今日相当の域に進展しているのであるが、然し、私共の充分納得するまでの成果に達し得ているとは断じられない。しかし、たとへその結果がどうであろうと、此の大日本帝国の土に生まれ、若しくはそこに生活していた人々である限り、それらがよし縄文式文化人であろうと、弥生式文化人であろうとも、将又何れの文化人であろうとも、等しく日本人である事には相違なく、此の広義の意味に於いて、私は三千年の昔、此の島国日本に生活していた人々を、凡て古代日本人としたのである。

私は、理屈をならべて此の種の問題を論じようとは思っていない。さう云ふやり方は、その道の方で、別の機会にいくらでもやれると思ったからである。それよりは出来るだけ平易に、一人でも多くの方に読んで戴き、私共日本人の遠い遠い祖先である史前日本人の、ほんとうの日常生活の有様を知って欲しいと思ったのである。

私は、泥にまみれ額に汗して、全く見映へのしない泥の中の仕事を、三十年近くも続けて来た。鍬を持ち竹篦を使って、遺跡を発掘する度に、いつもかうした遠い祖先のほんとの生活の雰囲気にふれ浸っている自分を、幸福だと思った。そして、此の悦びを、かういふ悦びをもたない人々にしらせてあげたらといつも思っていた。

今ここに、ささやかなものではあるが、一書をものし願望を達する日が来たのは、私としてはまことにうれしい。私は現在を思ひ将来を考へると共に、又過去をなつかしむものである。文字とてもなく、勿論記録などをもたなかった悠久な史前時代に還って、私は当時の人々の楽しかったその日その日の生活を、その片鱗だけでも窺って見度い。

猶本書の中では、「漁猟具について」と漁撈に関する若干の記述を省略してある。これらは先輩甲野勇氏が、同じ書房から刊行される高著の中に、詳細麗筆をふるわれる事になっているからである。その点、予め御諒承願ひ度いと思ふ。

稿を草するに当って、私は本書の上梓を慫慂された畏友藤森栄一氏の好意を深謝し、併せて、ふだんから私の此の方面の研究に好情と助力とを惜しまれなかった方々に対し、厚く御礼申上げる次第である。

皇紀二千六百一年　青葉の武蔵野をなつかしみながら

早稲田大学理工学部獣類化石研究室にて

46　一九四一年一〇月一日　森本六爾さんの論文集『日本農耕文化の起源』葦牙書房を『古代文化』第一二巻第一〇号に直良さんが新刊紹介。

本書の著者森本君は、昭和十一年一月二十六日、三十四歳の若さでこの世を去った情熱多感な考古学者であった。私は根岸時代からの友人だったので何かにつけて彼との交遊は人一倍深かった。雑事に追はれて遠のいて行った自分ではあったが、今年がその七周忌にあたると聞かされて、今更のやうに月日のたつ事の早いのに驚いた。後年、同君と親交のあった藤森栄一氏が、今度先学追福のまことをささげて、同君の遺業の中から、その最も得意とした日本原始農業に関する論考をあつめて一巻とし、之に「日本農耕文化の起源と銘打って世におくる事となった。私はいま、此の書を手にし、その表紙のカバーに見事に描き出された優美な弥生式土器の彩色図をしげしげと見るにつけ、学への激しい精進の裏に、いつも人生への淋しみを秘め病躯を押して猪突していた往年の彼が偲ばれて、瞼のあつくなるのを禁じ得なかった。

本書に内容は表題の下に併記されているやうに、考古学上より見たる日本原始農業の研究である。その記する所四部より成り、第一部には総論、第二部第三部は各論、第四部は結論となっている。そして本書の主体をなす各論篇はその前半に弥生式土器の研究、後半に於ては農耕生活の諸形態を論じている。まづ第一部からみるのに、その冒頭に於て、日本農耕文化の拠って来れる事情を明らかにし、ついで弥生式文化が低地に営成せられるに至った理由は畢竟農耕生活への時代的躍出を物語っているといふことを力説し、さらに又当時の農耕社会組織とその人々との生活上に於ける相関を同君一流の熱ある鋭い筆致で述べている。就中、その第二節めにしるされている「低地性遺跡と農業」の題目は、同君が此の種の問題をひっさげて学界に見ゆるに及んでの最初の公席に於ける獅子吼えであった。彼の最も得意とする所だったのである。第二部各論の前篇では弥生式土器の研究史や土器そのものの用途などについて器物と農事との問題を論じている。第三部各論の後篇では土の子としての農民のほんとの日常生活上の姿を描こうと努力して居り最後の第四部結論では弥生式文化つまり農文化の動きを中心として、当時の農民生活の実相を、色々の角度から探究描出することに力をつくされている。特に「日本古代生活」の項では如上縷述の事項を一応整理抄出した形をとり、更に之に諸種の新事実に基く見解を盛って、古代日本人としての弥生式文化人の生活実態を、こまごまとかかれている。編者も言はれているやうに、此の項だけでも一つの立派な論著であって生来弱音を吐く事の嫌ひであった同君が既にせまり来る自身の運命を感じながらそのさびしさをひたかくしにかくして、せっせと精魂を傾けて筆をとったものであることが感ぜられてならない。森本君は叡知の人であり大和の風土が生んだ詩人だった。同君が当時左程人々からは省慮されなかった弥生式文化などに関心をもつに至ったのは彼の生国が大和でありその郷里が大三輪神社のいつきまつる磯城のほとりであったのに深い原因があった。生前彼のみるところ彼の筆の赴く所、彼の前に人なく彼の後に又人を見なかった。歿後七年、同じ道にいそしむ人には必ずしも少なくはないけれど、彼の如く思索の深さをもった論著なく、又、彼程の詩情豊かな一文をものした人とてもなかった。実に彼は大正から昭和にかけての、あはただしい日本考古学の転換期に際して大きな足跡を残した傑物だった。同君を知ると否とに拘わらず苟も日本の考古学を口にし日本の文化史に興味をもたれる諸賢は、日本人である限り何人と雖も、是非此の一本をひもといて、彼が語る日本古代文化の実相にふれ、浸らねばならない。殊に、現時の非常時局に際会して、誰もがひとしく日本国民であることの認識をより深く心にとめ、お互ひが食糧そのものについて一段と意識を更新しなければならない。秋にあたっては、是非とも精読しなければならない好著である。敢てここに声を大にして推奨する所以である。装幀また瀟洒、編者の苦心の程が察せられ、その見事な出来映えにただただ敬服させられる。

47　一九四一年一一月二七日　直良さんの『古代の漁猟』について會津八一さん（歌人、当時早稲田大学教授）が『報知新聞』に寄せた「読書寸感」。

最近の読んだものとしてはまことに感服した。知識の正確さを究める厳格な態度、自然界の観察や著者幼時の追想にほの見ゆる濃かな情懐、叙述の周到と洗練、まことに得易からぬ良き読みものであった。

48　一九四一年一二月一五日　直良さんの『古代の漁猟』を高島春雄さんが『動物学雑誌』第五三巻第一二号に紹介した一文。

単行書の形式をとられた直良氏の第二弾である。著者がどういふ御方であるかに関しては前著「日本産獣類雑話」を御紹介した際既に述べた。之だけ博い学識と永い経験とを有する篤学者を世間はもっと優遇して上げるべきだと痛感する。

「古代の漁猟」の五文字は必ずしも本書の内容を納得させるものではない。されば「考古学及び化石動植物学上より見たる日本古代の食糧と漁猟の話」といふ副標題が必要となる。著者の自序は一層其の内容を明示して呉れる。「本書は我々の遠い祖先である古代日本人が海に漁し山に猟して自然とともに生きていた時代の生活を述べたものである。その資料とする所のものは当時の遺跡を発掘して得た多くの自然遺物を基礎として、これを一方に於いて古生物学的に調査すると共に他方その生活内容を現在の私共のそれに比べてみて許された範囲内の追想をたくましくしたものである」云々の叙述は簡潔に本書の全貌を伝へんとする者にとり模範解答となる。氏の前著は必ずしも一貫せる体系を具有しては居なかったが本書は「古代の漁猟」の五文字の旗幟の下、それに参与し得るあらゆる動物（時に屢屢植物も）が動員されて個人は分隊を成し分隊は小隊となり小隊は中隊となりして遂に第一篇「古代日本の自然環境」第二篇「古代日本の漁猟生活」第三編「日本上代の食糧問題」から「結び」で有終の美を済すに至る（別の云ひ方をすると本書が全くの書きおろしだといふことである）。之等の個人は、分隊は、一つ一つにしても夫々の職能を果し得る連中と見られるが、大隊となり連隊となり統合按配されて一層解説上の滋味を増し読者の脳裡に浸潤して来るのである。学者の謂ふ漁猟は海に漁し山に猟するのであって第二篇の如きも渚の生活、川辺のいとなみ、沼の畔、親潮の岸うつところ、樹林をわけて、黒潮にのって、島の人々、深山に入る等の八章に分たれる。

温和な話し方をなさる著者が直ぐ目の前に在る様な心地がする。著者が今回申告された此の実績に対して願わくは各方面の同学者より配給（厚意と信頼）の篤からんことを。B6判、本文三〇一頁。口絵四面、廉価でなかったのは返す返すも惜しい。

49　一九四一年一二月三一日　直良さんの日記

二六〇一年最終の日

十二月八日、朝七時「臨時ニュースを申し上げます」とラヂオが突然言ひ出した。私は何事が、おっぱぢまったのかしらと受信機に吸ひつけられるやうにしてかけよった。次の一瞬、「帝国海軍は西太平洋に於いて米英と戦争状態に入れり」ときかされた時には「やったなっ」と、ひとりで大きくこぶしを固めて空をうちふったものだ。朝食の膳に直っても体がわくわくして、ろくに飯も喉を通らなかった。何と形容していいか、自分にもわからない興奮がそして感激が、ぐっと胸元にこみ上げて来るのを覚えた。

「とうとうやった。糞!」私はもう一度ひとりでどなった。

街に出てみると、誰もが、皆黙って歩いている。しかし、いつもの日本人ではない。顔がみんな硬くひきしまっていた。やがて詳報が次々と入って来るにつれ、みなの顔が引きしまったまま明るくなった。そこには、十二月八日以前の日本人には見られない明るさが光っていたのだ。

その思い出の十六年が、今日一日で永遠に暮れてゆくのだ。日本の歴史のある限り、いや小にしては、私の生命のある限り、又とない感激の年月だったのだ。「みたみ我生けるしるしあり　天地の栄ゆるときにあへらく思えば」まったくその通りだ。

いつもの年と違って、除夜の鐘もならず、あの低劣な、職業歌手の鼻つまり声の歌もない。緊張の年の暮れである。十二時、床についてもねつかれなかった。十二月八日の夜の、あの興奮に燃えてねられなかったその時と同じやうに――。眼の底を、馬来半島のジャングルを突進する戦争、太平洋を征く多くの艦艇、はてはフィリッピンに、支那大陸に、その大空をまっしぐらにかける飛行機などの、雄々しくもさかんなる姿がまざまざとよみがへる。しづかに眼をつむる。輝かしい戦果のかげに、いたましくも散った、幾多の英霊に対する、哀悼と感謝の涙が一条頬を走る。

50　一九四二（昭和17）年二月一四日　直良さんの日記

紀元節

皇紀二六〇二年二月一一日、大東亜戦争下に迎へた紀元の佳節である。昨夜おそくちらちら粉雪が降っていたと思ったら、今朝は四、五糎ほど積もっていた。今年になって、三度目の雪である。どっさり降り積もった雪よりも、木に凍りついた具合などをみると淡雪の方が趣があっていい。七時家をでて宮城前にゆく。午前九時例年のやうに、紀元の佳節にあたり聖寿の万歳を奉祝するための式が挙げられることになっているのだ。宮城に対し奉って、早稲田二万の健児が整然と脱帽、最敬礼ののち国歌奉唱、総長の発声で万歳三唱、総て式は済んだ。仰ぎ見る九重の松のみどりも一しほ濃く、風は冷たいが何となくすがすがしく、今日のよき日、大空を舞ふ水鳥の姿もまことに神々しい。上代の昔、御東征から大和建国の御時のことなど考へられて。

不思議にも丸の内には雪をみなかった。中野とこの辺とは、かうも気象が違ふのかしら。

午後博人をつれて井ノ頭にゆく。動物園見学。雑木林道を水道に沿ふて三鷹まで歩く。駅前の踏切を越へた所の八百屋で、カブラとウドを求める。男の自分が風呂敷をひろげて青物を仕入れる。これも時勢なればこそである。三鷹駅へ引き返すのもおっくうだったので、そのまま道を吉祥寺駅へととる。杉木立を抜け、楢林を突っ切って、武蔵野を歩む。西風がやや強い。この辺は昨今、雑木林や杉林が惜しげもなく切り倒されて、今までは陽の目も拝まなかったやうな藁葺屋根が、忽然とむき出しにされたりしていて見るものに淋しい気を与える。何年か後にはその草屋根の農家もなくなって、赤瓦の人家が建ち、武蔵野を毒する低調な俗人達が、夏などはアッパッパでのさばって歩くことだらう。目をつむって、そっぽをにらんで歩かなければならない日が、ここにもやってくるのかと思ふと、たまらなく悲しい。一陣の風が大地をふきまくって林の中へと去って行った。ブーッと武蔵野が泣いた。林が、そして森が、わめきざわめいて、ちぎれ雲が杉木立の上で止まった。冬の陽がかげってしまふと、手先がちぎれるようにいたむ。春だといっても、まだ名ばかりだもの——。

本土の初空爆

四月一八日（土）晴。

中食を終えた私は、楊子をくわえて、椅子にもたれていた。と、ふと、ききなれないビューンといふ飛行機の爆音を耳にした。きき耳をたてて眼をあげた途端に、私は警戒警報が発せられていることを思い出した。つかつかと窓辺によって、硝子窓をあけた眼に、大きくうつった機影は、青黒い双発単葉の軽爆機である。時まさに〇時三十分、変な奴だ、さう思い乍ら、いぶかしく仰ぎ見た瞬間、私は翼下の標識が、白丸に緑色の十字であるように思った（後にこれは丸に星であることがしれた）。敵機だ、と思った一瞬その前後左右で、パン、パンと花火のやうなものがあがった。それでも私は、まだこれが、ほんとに敵機だらうか、と疑っていたのだ。それは、敵機は日本にさう易々と入って来れるものではない、とふだんから、他人からもきき、私も亦さう確心していたからだ。「マークが違ふ。敵機に相違ない」。私は、室にいた学生に叫びかけた。とにかく出て見よう。そこで私たちは、いそいで室を出た。何万といふ眼が一斉に空を見ている。高度はせいぜい百米位か。乗っている人間の姿が見えたじゃないか。ゆうゆうと飛んでいるやうだが、きをつけてみると機の動ようはつよい。酔ひどれのやうに、そして又発動機の回転が円滑でないのか、ゴッンゴッンといっているやうにも思われた。そのうちに、大隈大講堂の裏手から煙があがった。人々のさけび声がかまびすしくなった。焼夷弾にやられて燃え懸かったのだ。畜生、私はいまいましい、いきどおりにかられて、いまの飛行機を思い出した。あまりにも、ふてぶてしい悠長さをいまいましく思った。だがしかし、ついに来る可くして今まで来なかった敵機が来たのだ。残念だが、たうとうやられてしまったのだ。いまとなって、騒いだところでどうにもなるものではない。日本人の誰もが糞たれ！とはぎしりしたのに相違ない。そのせいか、案外人々は落ちついていてそれぞれの部所についた。今にして考へてみると、最初、私が機影を認めてしばらくし、パンパンとあがった黒

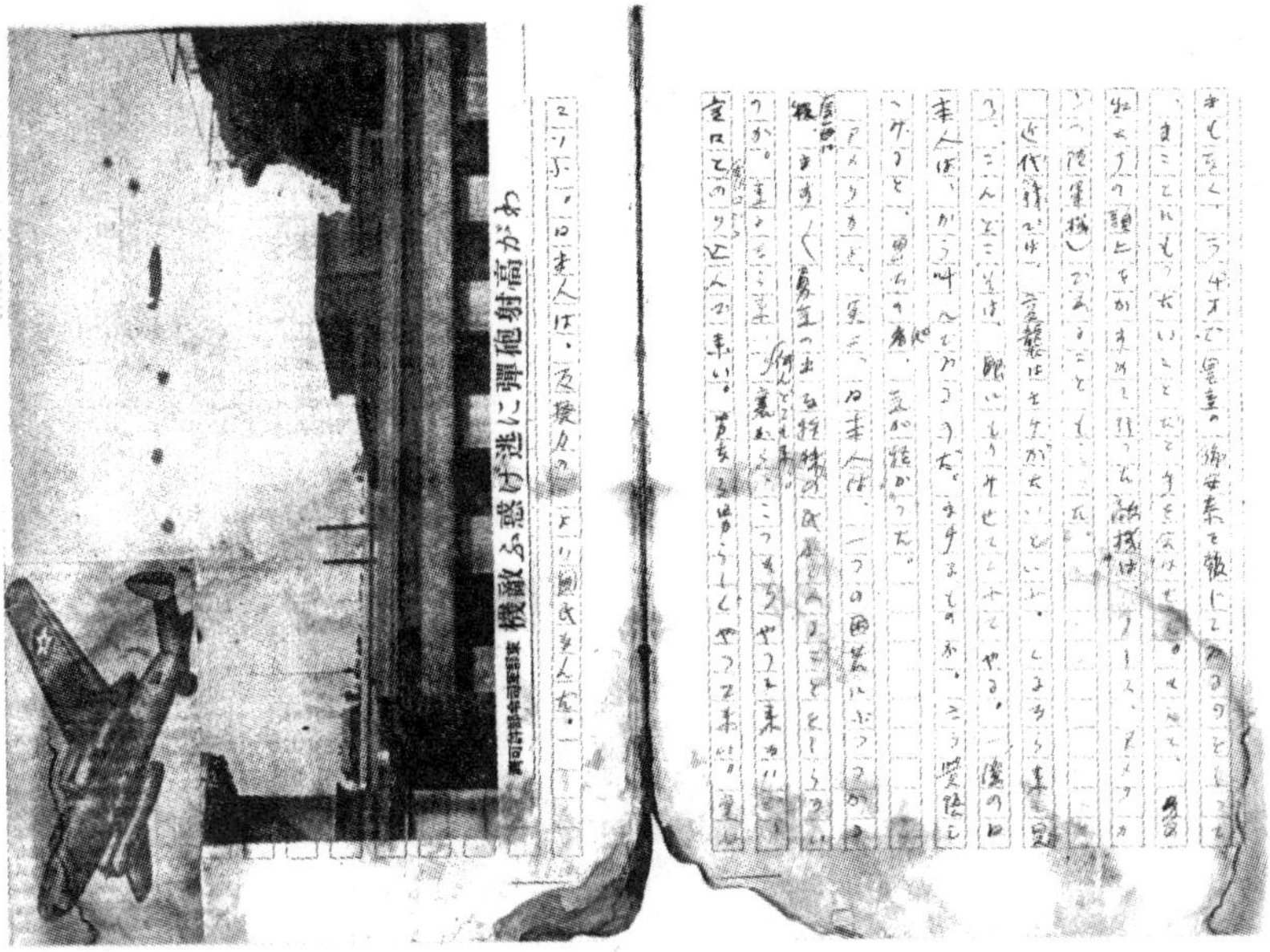

44　直良さんの日記の一部（1942年4月18日）「わが高射砲弾に逃げ惑ふ敵機」の写真は新聞の切り抜き）

45　アズマモグラ（現生種）

煙は、防空隊のうった高射砲の炸裂であり、学校のすぐ上方で落とした大きいものから、途中ではじけ出した沢山のカードのやうな塊は、実は焼夷弾であったのだ。あのとき、いそいで空をみあげた二万近くの学生が、よくも機関銃の掃射をうけなかったものだと、思わずぞっとした。

まもなく、ラヂオで皇室の御安泰を報じているのをしって、まことにもったいないことだと手を合わせた。そして、私たちの頭上をかすめて行った敵機は、ノース・アメリカン（陸軍機）であることもしった。

近代戦では、空襲はさけがたいといふ。くるなら来て見ろ。こんどこそは、眼にものみせてくれてやる。一億の日本人は、かう叫んでいるのだ。まけるものか。さう覚悟してみると、思ひの他、気が軽かった。

アメリカよ、英よ、日本人は、一つの困難にぶつかる度毎にますます勇気の出る特殊な民族であることをしらないのか。来るなら来い。何度でも来い。裏から、こっそりやって来ないで、堂々と表口から乗り込んで来い。男なら男らしくやって来い。重ねていふ。日本人は、反撥力のつよい国民なんだ。

52　一九四二年七月二〇日　直良さんは『子供の歳時記』を葦牙書房から上梓。大分県臼杵町での少年時代の生活・習俗を春夏秋冬に分けて叙述したもので、少年の目で見た異色の歳時記。その序文。本書は一九八三年に佼成出版社から改訂版を刊行した。

どんなにいそがしい時でも、路ばたなどで、無邪気に遊んでいる子供たちをみかけると、ふと、少年の日の自分たちのことがしのばれて、ひとりでに胸のあつくなることがある。あの頃、ふるさとの山川はどうあったとか、あすこで誰彼とああいふ事をして遊んだとか、さういふ事が走馬燈のやうにつぎつぎと思ひ出されてならないのである。

いくつになっても、そして又どこに居ても、なつかしく思ひ出されるものは、ふるさとの自然と人生である。

しばらくぶりで父母のもとをおとづれたり、今はなきゆかりの人々の墓参などに帰郷したりする度ごとに、昔のふるさとでなくなってゆく事を、近頃特にひしひしと感ずる。時の勢とはいへ、まことに愛惜にたへない。

私の故郷は東九州の臼杵である。前は太平洋にのぞみ、後は山でかこまれた、極めて平凡な街だが、それでも、日本に於ける、西洋文化輸入の歴史的な港として、そして又仏教美術史上著明な磨崖石仏が、深田にある事などで、少しは知られている城下街なのである。私はそこの自然にはぐくまれ、その地の人生にひたって、少年期をすごした。従って本書には、ふるさとのことを中心として、なるべく東九州の全域に及ぶように、子供の世界のいろいろなものをそれぞれの項目にわけて集録しておいた。

私の子供の頃は、まだ東九州の大部分に汽車が通っていなかった。交通機関といへば船か馬車くらいのものだったのである。だからそれだけ、他からの移入文化といふものがなく、人々は、何百年間かの伝統をうけついで、古い形の文化をそのまま保有しており、あけくれ自然と共に、純朴な生活に生きることをたのしんでいた。汽車が通って便利になったのは、まことに結構だが、それと共に、新しく入って来た文化のために、その伝統が失はれ、土地固有のものがどんどん姿をかくしてしまひ、今日では、昔想像もしなかった子供の世界が出来上がった。それが良いことかどうかといふやうな詮索はしばらく別として、とにかく、滅びて行くものをなつかしむ心は、それが、自分のふるさとである場合には殊更に深いものである。そこで、私は、自分の古い記憶をたどって、幼かった頃の思ひ出を綴り、滅びゆくままに放っておくには、あまりにも惜しい、子供の世界の数々を、かき留めておかうと決心した。それらの中には、本書の中にだけ生きていて、今は全く滅びてしまって跡方さへもなくなったものもあるだらうし、今日形はかはってはいるが、それでも、昔のおもかげを幾分かその中につたへているものもある事だらう。

ふるさとを愛する気持ちは、結局、国土を愛する心と同じなのである。郷土にのこる昔からの語り伝へに、あるいは又わらべ唄の一節に、幼き日のよすがをしのび、そこから、しぜんと人情の、こまやかな接触を味って戴けたら、私は、ほんとにうれしい。

秋空をゆく渡り鳥を眺めながら武蔵野の書斎にて

53　一九四二年八月二〇日　青少年向けの『古代日本人の生活』を文祥堂から上梓。一九四一年七月に刊行された文部省教学局の『臣民の道』の「皇国臣民は国体に徹することが第一の要件」であり、「我等は私生活の間にも天皇に帰一し国家に奉仕するの念を忘れてはならぬ」に忠実にしたがい、皇国史観の立場にたって青少年向けに縄文・弥生人の歴史を述べたもの。その序文。

あたたかに、なるにつれて、諸君は、野山を歩かれる機会が、一層多い事と思ふ。もし、なだらかな、丘の裾が、田圃の縁などに、つきる所に、出くわしたら、ちょっと、立ち止まって、そこらの畑や崖などを、よく、注意して見給へ。もしも其処に、真白な貝殻が散らばっていたり、七輪のかけらのやうな、赤焼きの土器片が、ころがっていたら、まづ腰を据へて、更にあたりを捜してみるがよい。そこは、きっと、私たち日本人の、遠い遠い、祖先の遺蹟であるからである。貝殻が沢山出て来たら、きっと貝塚だらうし、さうでなかったら、そこは、遺物の包含されている住居の跡であらう。

諸君は、今日、日本が、どんな仕事を、此の大東亜の天地でなしとげつつあるか、といふことを、よく御存知の事と思ふ。たとへ年端はゆかなくとも、諸君は、大君の赤子として、皇国に生まれた、幸福な青少年なのである。諸君の中には、お父さんやお兄さんが、既に、戦場に赴かれて、御国の為に、生命を捧げて、お働きになっていられる方もあらう。全く、安閑としていては、相すまないのである。諸君は、此の光輝ある、日本の若人として、明日の日本を、背負って立たねばならない、重大な責任があるのだから、今のうちから、心とからだを、しっかり鍛へて置く事が何よりも大切である。が、それと、同時に、いつでも自分は、日本の青少年である、といふ自覚を忘れてはならない。

将来、諸君が、どんな方面に向かって、進んで行かれるにしても、祖国日本を、愛する心に、欠けている所があってはならない。それには、此の日本の、生いたちを、よく知っておく事が大切なのである。かういふ意味で、私はここに、私たちの、遠い遠い祖先が、建国以前、此の国土で、どんな生活をされていたかを述べてみよう。それによって諸君が、大日本帝国の黎明期に、私たちの住んでいる此の国土での、うるはしい祖先の生活を知り、一つには、これが、日本の今日の繁栄を、基礎づけた重要な力であった、といふ事実を理解する一助となれば、私はほんたうに、うれしいのである。

私は、三十年近くの歳月を、考古学や古生物学の研究に費やして来た。まことに、見映へのしない仕事ではあったが、今となってみると、かうした学問をして来たおかげで、かういふ方面に、無関心な方には、味へない人生観や、国家観を涵養することが出来た事を、ひそかに感謝している。私は、日本人ほど、詩と愛に満ちた、純情の生活を、大自然の恵のうちに、育成し来った国民は、他にないと信ずる。まことに、有難い、此の国土にあって、太陽を、まともに仰ぐことの出来る人間は、日本人だけなのである。私たちは、此の誇りを高らかにうたひながら、世紀の大聖業の完成に向かって、邁進しなければならない。それは、とりも直さず、此の国土の創生を基礎づけた、私共遠御祖の限りない鴻恩に対する唯一の報ひでもあらう。

本書は、大体に於いて、中等学校初年級の、青少年諸君を対象として書いた。従って、その記述も、なるべく専門的に、ならないやうに心掛け、筆の運びも出来るだけけくだけてかいた。しかし、そのやはらかさの中にも、内容を落とさないように、と常に注意したつもりである。

諸君と共に、朝に夕に、毎日踏みしめている、此の大地、諸君はその一塊の土くれを手にして、そっと香りをかぎ、そして、泌々と見入るがよい。営々、三千年の、かぐはしい歴史の香りが、まづ、なつかしくも胸をゆすり、そのしっとりと潤ほうた、黒土の中に、ありし日の、祖先のあたたかい魂のささやきを、ひしひしと、感受するであらうから。

私は、本書をものするにあたって、江坂輝弥、白崎高保両君から、大変御世話になった、又、出版については、文祥堂岡田菊二郎氏の御好意に負ふ所が多い。記して、深く感謝する次第である。

皇紀二千六百二年　春立ちそめた武蔵野を眺めながら、

早稲田大学理工学部獣類化石研究室にて

54　一九四二年一一月一日　森本六爾さんを追想した直良さんの一文（「考古秋想」『古代文化』第一三巻第一一号）。

三本松遺蹟行

陽が高くあがらないうちにと、森本君と私とは、大和の長谷の街を早く立って、宇陀への道をぽつりぽつりと歩いていた。あすこが山辺赤人のどうした所だとか、ここは誰それがかうした処だなどと、大和生まれの同君は、しきりと説明して呉れた。私は草鞋ばきだが、森本君は靴にカウモリ傘をさしている。はたから見たら、ずいぶんへんな恰好かもしらないが、これから何里かの田舎道の山旅をしようとする私たちにとっては、見栄とか外聞とかいふものよりも、まづ軽装を必要としたのであった。

今とは違って、十八年ほど以前の宇陀道はゴツゴツの石っころ道で歩きづらかった。陽よけに、カウモリ傘をさすのは、同君の癖らしかったが、あのお河童のやうな頭髪には、しまひには本人自身も少々もてあまし気味だった。とにかく、里人の異様な視線の中を、二人は宇陀へ三本松へと、肩を揃へたり、石につまずいたりして、どんどん歩いて行った。みちみち、同君は自分の心境や考古学界のことなどを、彼一流の刺すやうな口吻を以て語った事もあった。そしていい加減おしゃべりをした揚句話し疲れると、しげしげと大和の森に光り輝く朝の陽光を眼鏡越に眺め乍ら、ぢっくりと自分といふものについて語るのだった。かうなると彼は一介の考古学徒ではなく、全く詩人だった。彼自身も亦、考古学徒としてたった事を内心後悔もしていたやうだった。長谷を出てから二時間、どこをどう歩いたか、近道をするのだといって地図にもないやうな小径を歩いて、橋本さんのお宅に着いた時には、私たちは全くへたばっていた。二人とも、決してひと様に自慢の出来るやうな立派なからだつきではないが、森本君はときとして、あの細いからだをぐっと伸ばして鶴のやうな妙な恰好をする事があった。慇懃に頭を下げて挨拶する度に、あのお河童が前に垂れ下がって、はたでみていてはらはらした。夜中にバリカンでかっちまほふかとさへ思った程だ。

私たちは、すぐその足で、縄文式の土器を出土した遺蹟へといった。石鏃、石屑、爪形文の土器片、弥生式土器片、

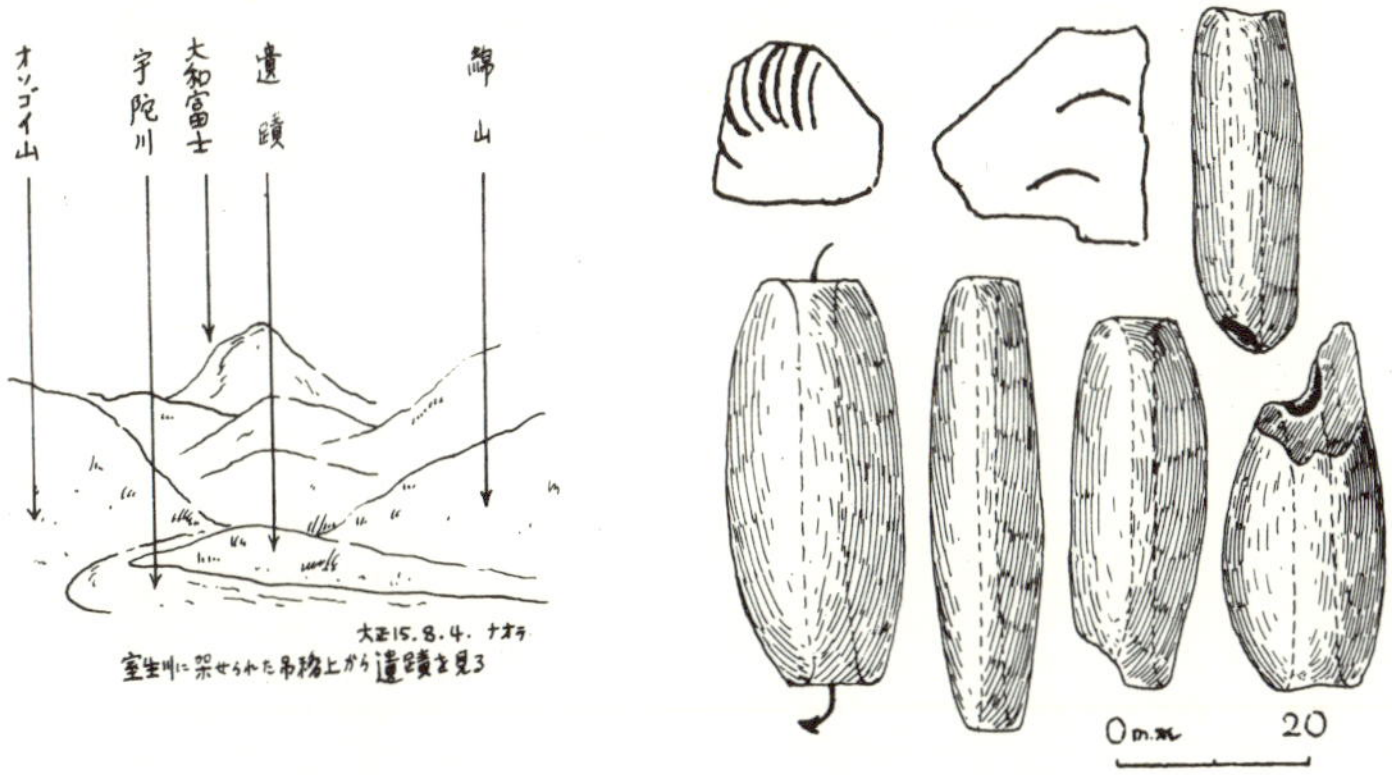

46　奈良県三本松遺跡の遠望と採集した縄文式土器片と土錘

47　足柄山の遺跡を訪ねる直良さん（左は博人さん）

それに祝部土器片などを採集することが出来たのは、もっけの幸だった。遺蹟はその当時でさへも可成り破壊されていたから、今日では更に、随分と変化した事だらう。拙い画だが、その頃のスケッチを一枚載せて、変化の跡を偲びたい。宇陀川に出張った低い丘が遺蹟になっていたが、多少水で運搬されたやうな形跡があったから、実際はほんとの遺蹟がその近くのどこかにあるのだらう。スケッチの上に並べてある土錘は、その付近で採集したものだといふ。川の漁撈に網を使ったのは他にも例がある。縄文式土器を作った人達かそれとも弥生式土器を使った人々かはわからないが、当時の山の文化の一面が窺へて興味深いものがある。

その夜、私たちは橋本さんのお宅にお世話になった。話に華が咲いて、どんどと蚊いぶしをたきながら、夏の一夜をあかしたものだ。だがしかし、十八年後の今日では主人の橋本さんも、同行の森本君も、今は皆なき人の数にはいってしまった。来る年も、亦来る年も、胡麻白頭になった自分の姿を鏡台で見出す度に、私にはその頃のことが思ひ出されてならないのである。

55

一九四三（昭和18）年一〇月一〇日　直良さんは『近畿古代文化叢考』を葦牙書房から上梓。明石在住時代の銅鐸、縄文土器、円筒埴輪棺などの研究論文をまとめる。その序文。一九四三年二月から官製の統制機関である日本出版会が、すべての出版物を審査し、不承認の件数をふやすことに躍起になっていた。直良さんのこの序文は、承認を得るためにこの本の内容とは大分かけはなれたことを書いている。

上代の畿内が、日本文化枢核の地であった事は、何人と雖も否定し得ない所であらう。然し、建国にさかのぼる事遥か悠久な古代にあっては、その状態はどんなであったらうか。私たちは、神武天皇御東征の御事蹟を拝承するたびに、そして今日の強力無類なる日本帝国の発達を思ふにつけ、此の国土に培はれた遠御祖の文化のあとを憶ふこと、洵に切なるものがある。

記紀及び古風土記を繙けば、すぐにでもわかる事であるが、国初に先だつ太古にあっては、所謂畿内そのものよりも、寧ろ近畿を中心として、山陰及びその近域との文化交渉が、一入旺んであった事が窺はれる。従って、私の研究も、殊更に、此の方面へと手をのばしている。素より、神話の形式で叙せられていることであるから、之を直に考古学上の事実に当嵌める事は出来ないだろうが、思へば思ふ程、明朗悠久なる此の国土に、美しくも素直に、さき出た文化を想うにつけ、私は国土創生に関する、もろもろの説話を、限りなく、有難くも、なつかしむものである。古代の近畿を代表する文化は、実に、銅鐸と石器を伴う銅鏃の二つである。之は、銅鉾銅剣の兵器文化が、九州を中心として栄えた事と相俟って、古代日本文化の二大特色といってもいいだらう。しかも、夫等の青銅兵器は、東に移って銅鐸文化と接触し、銅鏃ともある種の関係を結んでいる。是等の兵器は、源を大陸に発して、そのままの形で日本に流れ込んで来ているのであるが、銅鐸と銅鏃とは、その技術なり、文化系統なりを大陸にもっているとはいへ、日本に移されてからは、全く、日本的な風格をもって育成発達した。

私は、いつも思ふことであるが、奈良朝の文化に、讃歎たる美辞を惜しまない人でも、それ以前の文化が、一体どうだったらうかと、かへりみる人が案外に少ないのを、不思議がっている。私に言はすれば、奈良朝のあの絢爛たる文化も、亦万葉集その他に見られる当時の日本人のあの性格も、此の時期に忽然と湧出したものでは毛頭ないのである。何代も、何代も、ずっと前から、この日本の土に芽生えては、育てられて来た、ほんとの日本人の心のかたまりが、時勢にのって、力強くも表面に現はれただけの事なのである。私は、その精神文化の萌生を、銅鐸の上に、発見することが出来るやうな気がする。だからこそ、私は、銅鐸を好み、銅鐸をつくった人々の生活を限りなくなつかしく思ふ。

本書の中には、私自らが踏査した、各遺蹟の調査記録をいくつも書きとめて置いた。是等の遺蹟は、私のこの記述を最後として、全く、此の日本から消え去ったものなのである。一度、跡を絶てば、私たち祖先の偉業の地でも、その文化でも、再び其処に元どほりに顕現するものではない。此の意味で、是等の報文は、ささやかなものではあるが、貴重なものとなるだらう。

葦牙書房主人藤森栄一氏は、御召に馳せ参じて、目下重慶を睨んで戦っている。留守居を守る令夫人は、三人の幼児を抱へて、出版報国のため敢闘している。私は、その意気に深く感銘するものである。戦線も国内も、みんなが一つになって、ただもうお国のために働いているのだ。戦争には勝たねばならない。撃って、撃って、撃ちまくり、撃ちてし止まむの祖宗の大御心を、今こそ、私共は奉戴顕現しなければならないのである。尚本書をあむにあたって、私は手拓について岡本健兒君のお世話になった。記して深謝の意を表するものである。

皇紀二六〇三年五月二十七日　第三十八回海軍記念日のよき日

早稲田大学理工学部研究室にて

56　一九四三年一二月一〇日　直良さんは一九四二年三月から翌年二月までの間、自宅周辺に棲むコウモリの生態を観察し、その記録を『蝙蝠日記』と題して甲鳥書林から上梓。四七三頁の大冊である。その序文。

アメリカの科学者達は、十数年来、世界各地から色々な蝙蝠を蒐集して、旺んにその生態学的研究を実施していた。一体、何の目的で、そう手広く、しかも大がかりに調査しているのかはわからなかったが、それが大東亜戦争となってみて、はじめて合点が行ったのである。彼の使用している、無線位置測定機は、実に此の蝙蝠の研究の成果によって、生まれたものなのであったからである。伊太利のスパランザニの実験以来、蝙蝠が、超音波を彼の耳の下あたりから発散して、物の位置を測知し、自ら又之を受信して、暗夜の飛翔に安全性を保っているといふことが、ことの起こりなのであるが、発明といふものは、ちょっとした事から、大したものが出来るものである。

私が蝙蝠を研究するといふことは、素より古生物学の研究上、どうしても、此の獣類の生活史を調査する必要が、生じたからであったが、長い年月の間、連続的に観察しているうちに、此の獣類が、案外気象と関係をもった動物で

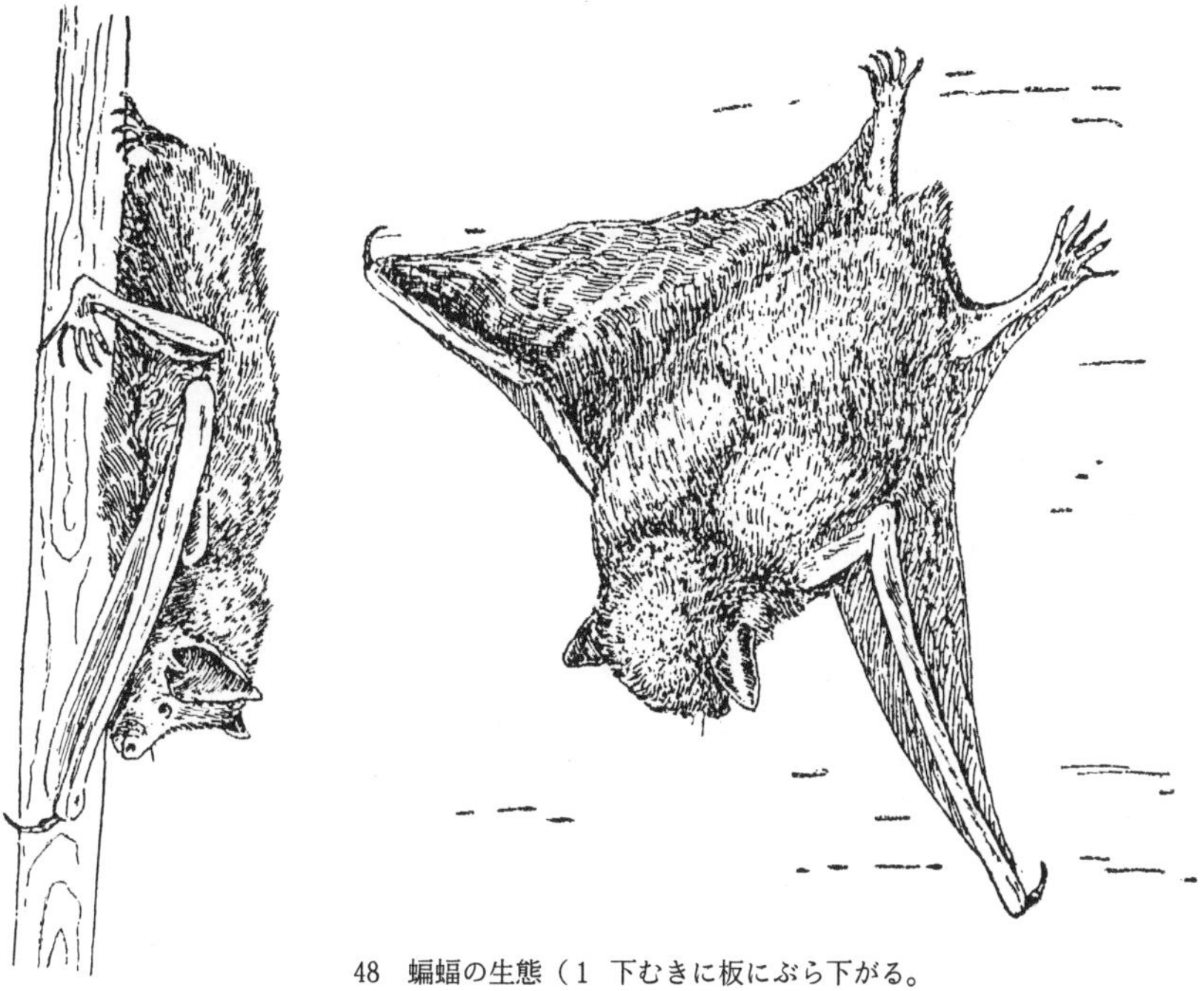

48　蝙蝠の生態（1 下むきに板にぶら下がる。
2 まさに飛び出そうとする）

49　蝙蝠の出翔
（西南風がやや強く吹き晴天、蝙蝠は風向きに逆って大群集して飛ぶ。1942年５月24日）

あることが発見された。従って、此の動物を、更に、もっとつき進んで研究して行ったら、気象学の発達上、有益な資料を見出すことが、出来るだらう。

ご存じのやうに、今から、約五百年程の昔、伊太利の科学者、レオナルド・ダ・ヴィンチが、飛行機の前身である、『空を翔ける人間』の発明を思ひ立った拠点は、実に此の蝙蝠の生活と体の構造に注目したことからはじまったのである。今日の戦争は、まことに空の決戦である。制空権の確保が、伴はないでは、地上及び海上戦の勝利は望めない。即ち、空を翔ける力の大小強弱によって、勝敗が決せられるといっても過言ではないだらう。一機でも多く、そして、少しでも敵国に優る高性能の兵器を発明考案して、前線へ前線へと、送らなければならない。

蝙蝠は、哺乳動物類としては、唯一の空中飛翔の出来る動物である。自由自在に伸縮開閉の出来る翼と、空気に対する絶妙な力と体の構造の特殊な性状、それに超音波の自発自信によって位置方向を探知することの出来る特色など、私たちは、今日の飛行機を省慮して、まだまだいくつかの改良すべき点のあることに気付くのである。各人が、極めて気軽く、僅かな設備により、滑走路などをもたないで、すぐに飛び立つことの出来るやうに、目論んだ、ダ・ヴィンチの着想を、ここでもう一度想起して、今日の最新な科学力によって、見直してみることも、戦時下、極めて必要なことでなければならない。固定した翼をもち、その上、長坦な滑走路を要する、現時の飛行機のもつ欠点は、必ずや、蝙蝠の体の構造と、その飛翔生活を、深く考究することによって、比較的容易に改良される日がくることだらう。

蝙蝠は、私共人間と同様に、動物学上哺乳類に属する一員である。そこに、私共は、新しい観点を置いて、更に、此の獣の一切を再検討し、頑敵英米を撃ちこらすための、最新最精鋭兵器の製作に、専念しなければならない事の、必要であることを、切々に私は痛感するものである。此の意味に於て、私の此の蝙蝠の生態観察記は、まことに、ささやかなものではあるが、新鋭兵器の考案製作に急を要する現下にあっては、何事かのお役に立つ、暗示力をもっている事だらう。

切に、有識技術者の、関心を求めて止まない次第である。

皇紀二六〇三年九月二〇日

早稲田大学理工学部研究室にて

57　一九四四（昭和19）年一月一〇日　『上代日本人の生活』を文祥堂から上梓。同じ出版社から出した『古代日本人の生活』の姉妹編で皇国史観の色が濃い。

今日本は、世界の強敵米英を相手にして、のるかそるかの大戦争をしているのです。このことは、今更私が言はなくとも、皆さんはよくご存じのことと思ひます。皆さんはまだ子供ですから、お兄さんやお父さま方のやうな、力の入ったお仕事は、出来ないでせう。がしかし、それかといって、子供だから、ぼんやりと遊んでいてよいかと申しますと、それはいけません。子供は子供らしく、みんなの力で出来ることは、何でもよろこんでするといふことを、いつも心がけていなければなりません。次の日本を背負ってたつのは、みんなあなた方ですから、この重大なお役目をはたしますために、今のうちから、一層、心を引きしめ、からだを鍛錬して、たくましい日本人となり、天皇陛下の御為に、歴史に輝くこの日本のために、よろこんで難に赴く、心掛けを養ひ育てて置かねばなりません。

あついあつい夏の日も過ぎて、大変凌ぎよい秋になりました。身体をきたへ、心をねり、智識を広めるために、どの学校でも、強歩や遠足を催すことでせう。汽車に乗って、遠くに出かけて行くことは、戦争に必要な、大切なものをはこぶために、お邪魔ですから、ちょっとくらいの里程でしたら、往きもかへりも、歩いて用達をしませう。そこで、今日の遠足は、手近なところで、変化にとみ、その上、みなさんのお為になる所をと思ひましたので、ここからずうっと向ふに見えます、あの丘に登って、そこでひとつ、大昔の日本人、つまり私たちの、遠い遠い祖先方の生活でも、お話してあげませう。今の私たちの生活に、ぢかに何の役にも立ちそうもない、お話のやうにお思ひになる人が在るかもしれませんが、それは大変な思ひ違いでして、私たちが日本人として、此の国土の歴史を知る上には、是非とも、耳を傾けて置かねばならない重要事なのです。皆さんの中には、私のこのお話をお聞きになって、これは不思議だとお考へになるやうなところが、あるかもしれません。さういふ方は、ひと通り、私の話がすみました後で、遠慮無く、どしどし質問して下さい。

では皆さん、そろそろ出かけることに致しましょう。あをいあをいあの大空の下で、そして、あの深い深い森の中で、私たちご先祖の、たのしかった、その頃の生活を偲んで、今日の日曜日を、愉快にくらすことも、戦時下の日本人として、大変意義のあることと存じます。

昭和一八年八月一日

早稲田大学理工学部研究室にて

58　一九四四年五月一〇日　「中野区江古田片山一ノ二〇七三　直良信夫」さんから「兵庫県飾磨市須加　今里幾次様[1]」宛の手紙

拝復

御芳墨拝誦仕りました。

播磨は私にとりましてはなつかしい土地です。大正十年[2]頃から昭和七年まで私は、どんなに明日の日に希望をもって、播磨の地を歩きまわったかもしれませんでした。あの頃と、今日とは、すべてがずいぶん変わっている事でせう。さう思ひますと、猶更なつかしさがこみ上げて参ります。姫路の付近から妻鹿、白浜にかけては、大正十年[3]の秋頃、特に手柄山などは、私をどんなに、考古学方面の研究にいろいろな意味で遊ばしてくれたかもしれませんでした。汽車でそこを通過するたびに、私はいつも車窓に首をつき出して、置き去りにして来た吾が児でも案じるかのやうにほんとに見入ったものです。

さて、太田小丸山の遺物は、大部分そこの小学校にその頃は保存されていたやうに思ひました。私がかきました石包丁（これは私の採集品です）は、粘板岩の磨製で孔は二つ、櫛形（横型）のものでした。完全品ではありませんでしたが。それから、姫路の井上［操］さんのもって居られた磨製の石鏃（粘板岩製）もここから出土したものです。小丸山の遺跡はいまどうなっていますことやら。あの頃は、あまり樹木のない山で、古墳もあり、石鏃などは、ごろごろしていて私共をよろこばしたものでした。姫路の陸軍墓地や男山にも遺跡がありましたが、いまはもうだめになった事でせう。御着の南の明田に貝塚があり、その途中の森とか一ヶ所にも、祝部を出す貝塚などもあったやうに思って居りますが、いまはどうなっていますことやら。一つ一つ古い思ひ出を辿って参りますと、ただもう、なつかしさで一杯です。

それから、大久保の駅近くの廃寺跡などは、あの頃でもやっと、礎石が麦畑の中に頭を出していた位でしたから今頃はもうあとかたもなくなった事でせう。大久保で思ひだしましたが、この辺に金崎神社とかいふ石をまつったお宮があったのですが、その後方の丘の上に、巨石を配置した石器時代の遺跡がありまして、土器や石鏃などが、採集されていました。一度御出でになって御らんになるのも面白いと存じますが。では、粗文にて一筆御返事仕ります。

拝具

五月十日

直良信夫

今里幾次様侍史

（1）　姫路に住む弥生土器や古瓦の研究者。一九一九〜。著書に『播磨考古学研究』今里幾次論文集刊行会、一九八〇年。『播磨古瓦の研究』真陽社、一九九五年がある。

（2）・（3）　正しくは大正十三年。

59　一九四四年六月二六日　「中支派遣鵄三〇六一部隊本間隊　江坂輝弥」さん(1)から中野区江古田の「直良信夫様」宛の軍事郵便ハガキ

コウモリ報告(2)、第四信。

六月二十日前後頃よりコウモリの仔が軒下の諸処に落ちてヨチヨチして居るのが観られます。未だ飛べぬ様です。壁に張りついて上下はします。眼をあかぬものが殆どです。二十五日夕刻始めて眼をあいたものを観ました。死骸もかなりあります。コウモリの仔が巣から落ちたものではないでせうか。

茶色の毛が体をおほふて居りますが、成獣より少なくうぶ毛の様です。身長は七粍ぐらいです（成獣の約半分）。六月二十五日暁方、六時頃（日本時間）コウモリが薄暗い空をカササギ等に混じって飛ぶのを観ました。月夜には真夜も飛んで居る様です。

直良さんから一信のおたよりも無いので待っています。

六、二六

（1）考古学者。一九一九〜。のちに慶応大学教授。主な著書に『先史時代Ⅱ』縄文文化、日本評論新社、一九五七年。『土偶』校倉書房、一九六〇年。『縄文土器文化研究序説』六興出版、一九八二年がある。

（2）コウモリに対する直良さんの深い関心を知っていた江坂さんが、中国の戦場から直良さんに中国のコウモリについて報告したもの。

60　一九四四年七月二〇日　直良さんは『日本哺乳動物史』を養徳社（旧甲鳥書林）から刊行。それまでの自らの獣類化石の研究を一般向けにまとめる。この本に収録した標本の大部分をのちに戦災で焼失、貴重な記録となる。その序文。

本書は、日本といふ土地が出来上がって、昭和の今日に至るまでに、そこで、どんな獣類が活躍したかといふことの、概略を述べたものである。いひ換へてみると、獣類の発達史を通じて、日本地史の一面を、研究しようといふのである。日本内地に、はじめて、陸の獣が出現したのが、第三紀漸新世だといふから、それからもう、三千五百万年の歳月がたっているわけである。従って、本書は又その長い間の、日本の自然史といふ事になっているのだが、その中現世期になってからの、約一万年をさかのぼると、そこには、今日の日本とは、全く変わった世界がひらけていたことに気付く。今日、動物園でないと、気易く見ることの出来ない、象や犀や貘、それに虎などの猛獣が、私達が日夕踏んでいる此の日本の地上を、かつては悠々と彷徨していたのである。夢物語ではない。全くの事実なのである。私は、祖国日本の一木一草を愛し、一塊の泥土にだって、限りない愛着を覚ゆる。これは何も私ひとりのもつ気持ではない。日本人である限り、誰だって同じことだと思ふ。だが、その一塊の土を、ぢっと握りしめてみつめていると、いつものことながら、過去の日の日本の姿が、ぼうっと、眼前に浮かんで来るのを禁じ得ない。私は今、その姿をとらえて、ここで、諸氏に語らうとしているのである。

祖国の歴史を究めるといふことは、どんな仕事にたづさわっている人でも、ゆるがせにしてはならない。私達のこの仕事は、洵に地味であって、すぐに私共の実生活に役立つものではないが、古生物学（化石学）が、地史学や地質学などの基礎的な学問であり、それが又刻下の急務である、地下資源探査の重要な鍵ともなることを思ふとき、かういふ学問は、とっくの昔にもっと大成していなければならなかったのである。しかし、日本では残念ながらこの方面の学問は、どちらかといふと、等閑視せられた傾向が濃かった。だが今からでも、さう遅いといふのではない。うんと馬力をかけて、どんどん育成発展せしめて行き、現下の急望に応ぜねばならない。もしも私の記述が、さういふ方面の発展のために、何等か資するやうなところでもあったとすれば、私としてはこの上もない満足なのである。

尚本書は、一般の読者層を対象として書いた。それがために参考文献名及び、専門的な記載事項を省略した。巻末に、地質時代の区分表を載せて置いたので、地質学関係者以外の読者は、是非参照願ひ度い。

本書の上梓は、偏に甲鳥書林の方々の御好意によるものである。記して、深く感謝の意を表する次第である。

皇紀二六〇三年八月八日　第二〇回大詔奉戴日

早稲田大学理工学部獣類化石研究室にて

61　一九四五（昭和20）年一月八日　「東方文化学院京都研究所　水野清一」さん[1]から「直良信夫様」宛の手紙

直良信夫様

久しく御無沙汰をしてをります。調査ははやく報告はおそく、北沙城の報告、目下一生懸命にやってをります。昨年また蒙古大同省陽高県古城堡の漢木槨墓[2]を発掘しました。そのときの骨若干御鑑定わづらはしたく別封にて発送しました。何分ともよろしく。

小林行雄君、十八日大阪の海兵団へ入団のはず、身辺忙しくなりました。

一月八日

水野清一

（1）　東洋考古学者。のちに京都大学人文科学研究所教授。一九〇五〜一九七一。直良さんと水野さんとは一九三〇年に中国の赤峯紅山後遺跡の獣骨の鑑定を依頼して以来の交流であろう。小林行雄さんが間に入って知り合ったらしい。著書に『龍門石窟の研究』（長広敏雄共著）、東方文化研究所報告、第一六冊、一九四一年。『雲崗石窟』（長広共著）全一六巻、京都大学人文科学研究所報告、一九五一〜五五年。『中国の仏教美術』平凡社、一九七三年など多数。

（2）　報告書は一九九〇年に刊行された。東方考古学会編『陽高古城堡』東方考古学叢刊乙種第八冊、六興出版。

＊　一九四五（昭和20）年五月二五日　直良さんは自宅、早稲田大学獣類化石研究室および莫大な量の標本、図書、調査記録、未発表原稿をアメリカ軍による空襲で失う。自宅が焼失したあと、焼けあとにテントを張って寝泊りする。まもなく焼けのこった木材を組み焼けたトタン板を屋根に張った半地下式の「壕舎」を建てて住む。その後、飛驒の高山に疎開した知人の考古学研究者、和島誠一さんの江古田の家を借りて住む。

1941年

1941年

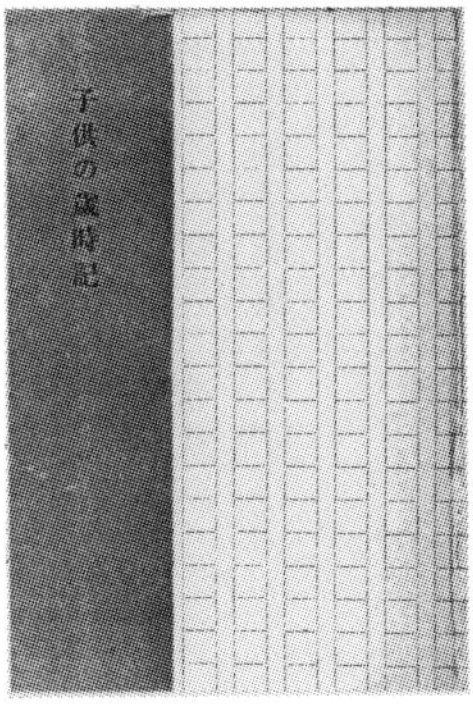

1942年

1942年

1943年

1943年

1944年

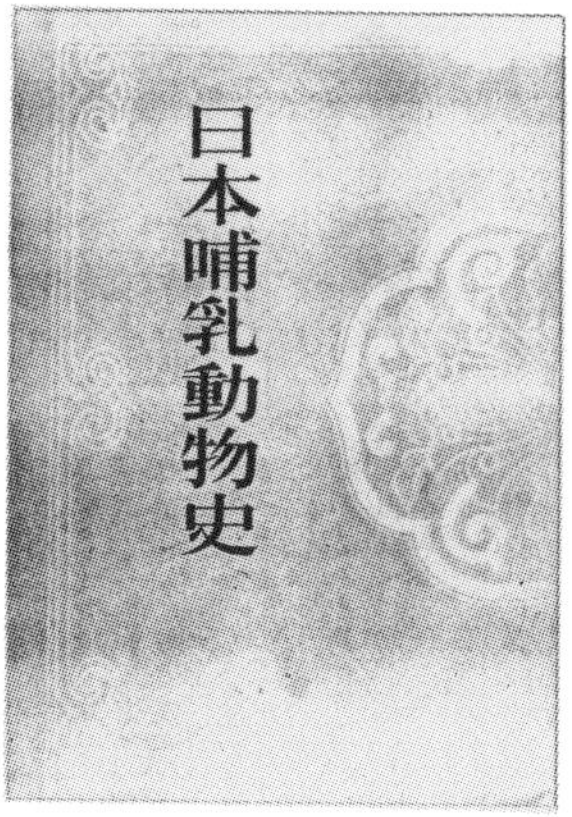

1944年

50　直良さんの著書（1941〜1944年）

62　一九四五年八月一五日　直良さんが原稿用紙に書いた一文。

八月十五日

八月十五日正午、かしこくも、戦争終結の大詔を拝す[1]。ラヂオの前に直立、感極まって、みな慟哭。生涯忘るることの出来ない日である。万感胸にせまって、ただただ茫然。

夜、配給の酒を、思ひ切って、湯呑みに二杯あふってみたが、ちょっとも、酔ふといふことを感じなかった。

この夜、窓べに、はじめて、馬追虫の声をきく。

（1）　直良さんは早稲田大学の事務局のラジオで昭和天皇のいわゆる「玉音放送」を聞いた。

63　一九四五年九月二七日　「京都市左京区北白川平井町四〇　小林行雄」さんから[1]「東京都中野区江古田二丁目七五五　直良信夫様」宛のハガキ

謹啓　永らく御無沙汰申上げました。軍隊生活の最後を東京で過ごしましたので[2]、毎日焼跡を眺めては御宅の安否を気づかって居りましたが、あはただしい復員の際とて御伺ひもせずに帰宅致しました。こちらに帰って思ひがけない人から御転居の由を教へられました。詳しい事はその人も良く知らないので、罹災されたといふ話が本当で無い様にと願って居りますが、皆様御無事でございませうか。何事も夢の様で悪夢の後の疲れの様なはっきりしない頭を持ちあぐんで居ります。

御健勝を祈ります。　敬具

（1）　考古学者。一九一一〜一九八九。当時、京都帝国大学考古学教室助手（第1部69頁参照）。著書に『弥生式土器聚成図録』正編（森本六爾共著）、東京考古学会学報、第一冊、一九三八〜三九年。『日本考古学概説』創元社、一九五一年。『図解考古学辞典』（水野清一共編）、創元

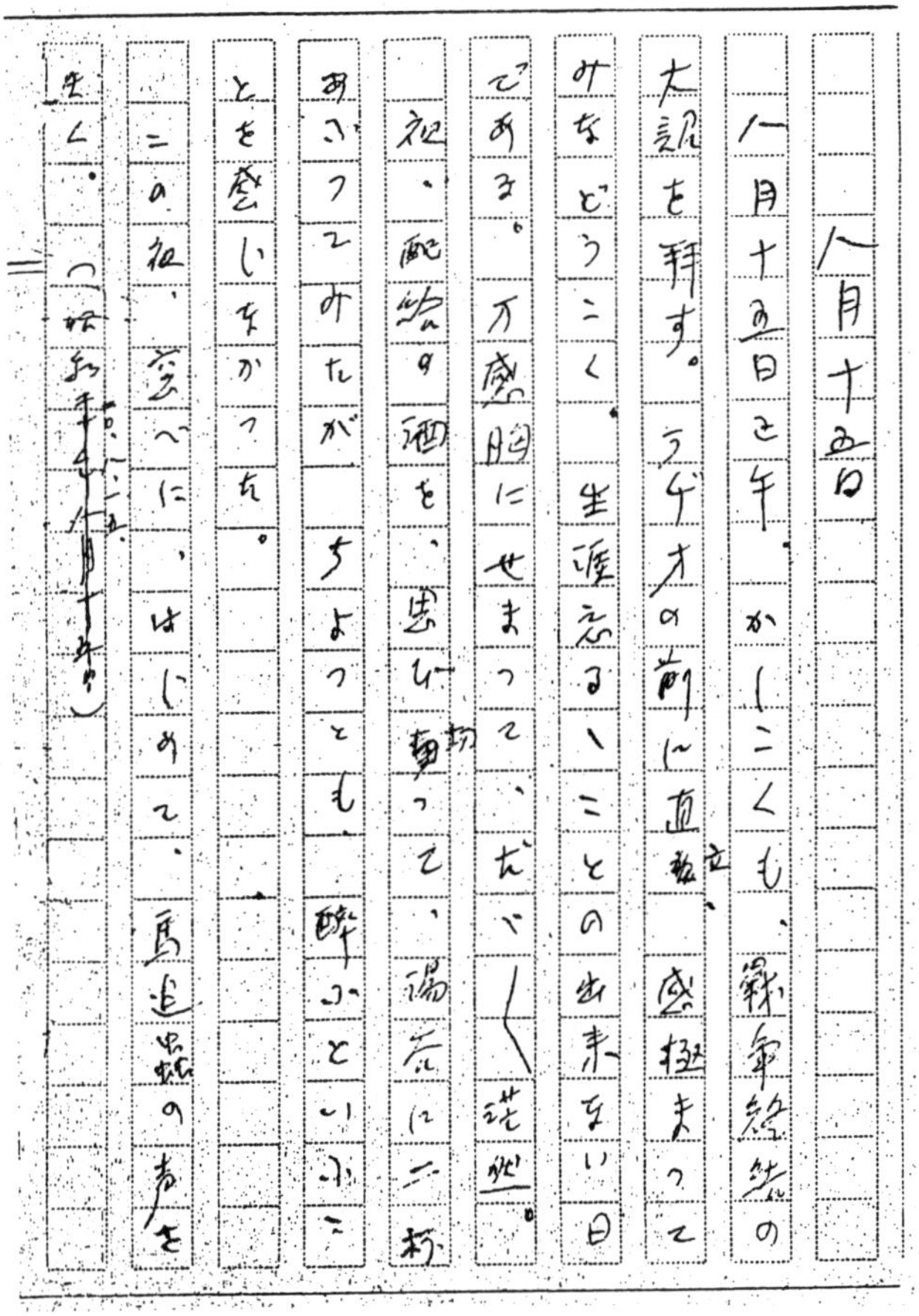
八月十五日

八月十五日正午、かしこくも、戦争終結の大詔を拝す。三千才の前に直立、感極まってみなどうこく。生涯忘るゝことの出来ない日である。万感胸にせまって、たゞ〳〵茫然。

夜、配給の酒を、思ひ切って、痛飲に二杯あふってみたが、ちょっとも酔ふといふことを感じなかった。

この夜、窓べに、はじめて、馬追虫の声を聞く。（昭和二十年八月十五日）

51　敗戦の日に直良さんが書いた日記（1945年8月15日）

社、一九五九年。『古墳時代の研究』青木書店、一九六一年。『古墳文化論考』平凡社、一九七六年など多数。
（2）東京警備隊永田町派遣隊に所属し、永田町小学校に居住。

64　一九四五年一〇月　小倉に住んでいる直良勇二[1]さんから直良信夫さん宛の手紙

秋が深くなるにつれて東京の壕舎生活をされている皆様の事が冷たく感ずる風ごとに考へられます。御元気ですか。戦争も小生が考へていたごとくこんな様になってしまひ、米軍の手で日毎、ギシギシとにぎりしめられて行く事も大体予想した如くですが、街に道路に横文字が増て、米兵の我が者顔の横行をみますたびに全くなさけない戦争をやったものだとつくづく情なくなります。ましてや東京の焼跡で暮らされる皆様の気持ちは、もっと深刻なものがある事と拝します。

片田舎の今市の生まれ故郷も百数十名のヤンクの土足に踏みにじられ、考へれば本当に一発ドカンとたたきつけたいものだーとくやしくなります。

今度の朝日の機構変更は紙面で御存知のことと思います。小生の親分である、白川西部本社代表も退社します。親を失ったような気がしますが、然し白川重役は後々は朝日をにぎる人と思いますので多少安心しています。今度のこのゴタゴタのうごきで小生は白川代表と企画部長のひっぱりで通信部から西部本社の企画部に移り、進駐軍との企画的な問題を専門にやることになりました。通信部の時も遊撃、デスクのかたはら進駐軍を受けもっていましたが、今度はまた企画で専任することになり奴等のどぎもを日本的ないろいろの催事、その他でつぶしてやることになりました。今度御手紙をくださる時は西部本社の企画部宛にして下さい。しゃくにさわる奴等ですが、腹の中でこのテキサスの百姓め（小倉方面はテキサス人が多いです）とののしり乍ら、でも矢張りこわいからいろいろと仕事の事をやっておりますが、役得でこの頃は日本の煙草などすった事などはなく、他人がみたら闇煙草やではないかと思はれる程で

52　焼け跡にのこった門の前で佐渡から訪ねてきた近藤福雄さんとの記念写真（一九四八年）

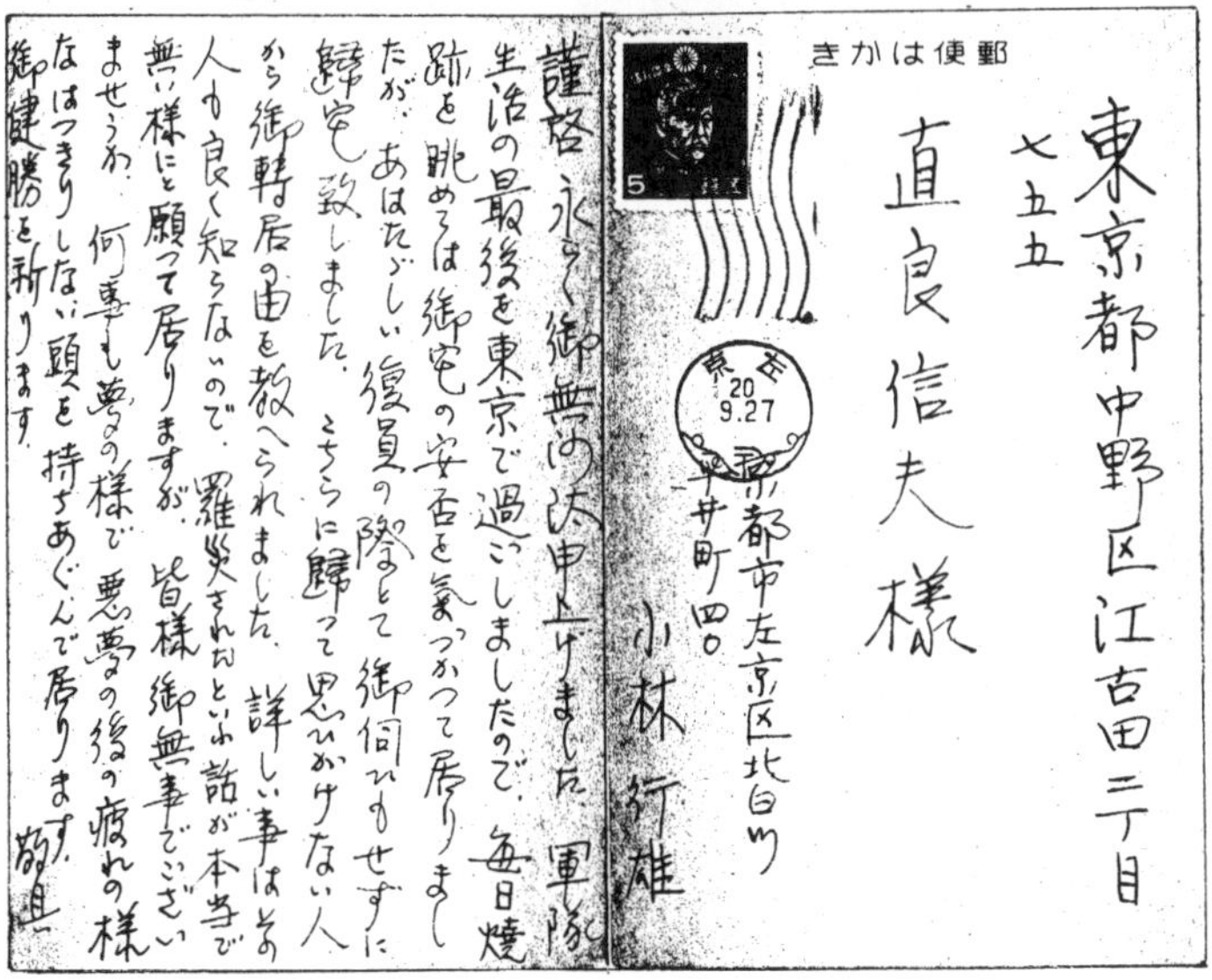

郵便はかき

東京都中野区江古田二丁目
七五五
直良信夫様

京都市左京区北白川
平井町四〇
小林行雄

京都左京
20
9.27

謹啓　永らく御無沙汰申上げました。軍隊生活の最後を東京で過ごしましたので、毎日焼跡を眺めては御宅の安否を気づかって居りましたが、あはたゞしい復員の際とて御伺ひもせずに帰宅致しました。こちらに帰って思ひがけない人から御転居の由を教へられました。詳しい事はその人も良く知らないので、羅災されたといふ話が本当で無い様にと願って居りますが、皆様御無事でございませうか。何事も夢の様で悪夢の後の疲れの様なはっきりしない頭を持ちあぐんで居ります。御健勝を祈ります。敬具

53　小林行雄さんから直良さん宛のハガキ（1945年9月）

すが、奴等が好意に差出した香高い煙草を口にしてうっぷんを紫煙にまぎらはす事もオツなものです。

いま、右側通行を実施する旨通達して来ましたが、東京はいかが、夜は通行止めをする、道路は右側通行、そのうちおそれ多い話ですが、天皇もその地位問題を必ず強引に提出して来る事でせう。敗けた国！然しこの程度であるならば、支那の敗戦地を長年見て来た小生には上々の部だと思はれます。敗戦のみじめさはまだまだこんなものではありません。然し来年或いはその後、敗戦国の本当のみじめさが襲って来るかも知れません。かなしむ可き事です。

しかし、都城の幸江は何度手紙を差出しても電報をうってもなしつぶてで、生きているのか、死んでいるのかさっぱりわかりません。近日家族が帰宅しました折、都城に出かけてみようと思っています。

家族の引揚げは今日、明日中と思います。今市まで進駐軍が入っていますので、敏子らは心配して引揚げを中止しているのではなかろうかと思ひますので二、三日中出雲にまた出かけ様と思っています。不安な落ちつかない世間になった今日、親子揃った生活が苦しくとも物がなくとも一番いい事じゃないかと思はれます。小倉で家がみつかりしっかり生活の基礎が出来上がりましたらお母さんを小倉に当分よんであげ様かと思っていますが、如何でせうか。トミやアミはきっとお祖母さん孝行者だと信じますし、一度は自分達の生活に母を交えてみたいものと思ひます。彦島の妹さん宅を訪問したいと思い乍ら（渡船しなければならぬので一寸行きにくいです）、まだ訪ねていません。

勇二

（1）直良菱江さんの弟で朝日新聞西部本社勤務。第一部58、註（3）参照。

65　一九四五年五月二五日、一一月二七日　直良さんの長男博人さんの日記。

昭和二〇年五月二五日
Das Vorbeugen ist besser als das

昭和二〇年一一月二七日

思ひ出さう！

五月二五日と云ふ日は私は一生忘れられない。私は大いなる刺激を、又広大なる希望を此処で抱いた、その日だ。Das Vorbeugen ist besser als das Heilen［予防は治療にまさる］と森［雅央］から教へられ、常に口にしていたのは二五日より二～三日前の事だ。それを記さうと五月二五日の夜、私はこのノートをひもどきペンを手にして記さうとした。而してDas Vorbeugen ist besser als das まで書いた時、突如となったサイレンにより電灯を消されてしまい、それにより書く事は不可能となった。今思へば、これが私の机との最後の暇乞ひであったのだ。而して私と幼なじみの我が家との別れにならうとは……。

私はこの書きかけのドイツ語をみて当時の私の生活を、而して私の心を、また我が古巣を思ひ出さうではないか。

江古田二丁目の和島さんの家にて、しばらくぶりで降りし秋雨も晴れ、庭先のグミの木葉がホロホロと落ちるのを眺めて……

66　一九四五年一二月三一日　「阿佐ヶ谷三ノ五二六　後藤守一」さん(1)から中野区江古田の「直良学兄」宛のハガキ

年も押しつまり寒さも増して来ました。

皆々様御壮健で御座いますか。

さて、仰せの書肆の件(2)、私の知り合ひのも焼けたのもあり又編輯者の去ったのもあり、なかなか思ふに任せません。三省堂に出かけ交渉しましたが、紙と印刷所との関係で暫くは辞書を専らとするとか申し、昨冬出版協会の承認をとった私の本さへ延期してくれと申し、新規はこまると申して居ります。雄山閣も歴史物ならと申してウンと言ひません。数日前山岡君にも恩を忘れずにどこか奔走したらと申してはおきましたが。右様事情で直ちにといふ訳にはいきません。なほ心かけてはおきます。

（1） 考古学者。一八八八～一九六〇。当時、国学院大学教授を辞め、明治大学専門部の講師。著書に『日本考古学』四海書房、一九二七年。『日本の文化―黎明篇』葦牙書房、一九四一年。『日本古代文化研究』河出書房、一九四二年。『日本古代史の考古学的検討』山岡書店、一九四七年など多数。

（2） 直良さんはおそらく『秋―科学随筆』の原稿を完成しており、出版してくれる所を後藤さんに紹介してほしいと頼んでいたらしい。

67 一九四六（昭和21）年一月一六日 「栃木県芳賀郡物部村高田 谷畑ワカ方 井尻正二（1）」さんから中野区江古田の「直良信夫様」宛のハガキ

冠省

おはがき有難く拝見しました。戦災を受けられたとは、おどろきました。博物館（2）は万事徹底的に連絡が悪く、何としているのかさっぱりわかりませんので失礼してしまいました。この冬はさぞ御不自由のことと存じます。当地はあまりの田舎で、上京したいも駅まで一里半、切符はとても買ふことが出来ず、もう少し列車が増えるまで（目下一日二往復）上京出来かねるので、陳列の方をよろしく御願ひ申します。尚、十二月の月給も送ってくれず、手紙を出しても返事をよこさない会計ですから登館されたら、御迷惑乍ら、ことの理由をお調べ下さいませんか。

忽々

（1） 古生物学者・哲学者。一九一三～一九九九。当時、文部省東京科学博物館研究員。『井尻正二選集』全十巻、大月書店、一九八二～八三年ほか著書多数。

（2） 直良さんは一九四一年四月以来、東京科学博物館の研究員になっており、一九六五年まで同館の研究や展示にかかわっていた。

68　一九四六年二月八日「岐阜県大野郡大八賀村山口井口勝之助様方　和島誠一」さん(1)から中野区江古田の「直良信夫様」宛の手紙

直良先生　玉案下

御無沙汰致しました。度々奥さんからお便り頂きながら大変失礼申上げました。実は昨年屢次の汽車旅行の無理が直接の原因で固疾を再発し、絶対安静を命ぜられまして宿舎に引籠っているうち、長男が肺門淋巴腺炎で熱発がひどく家内も倒れたりして一月まで引続き何やかと取紛れ延引に延引を重ねました。御蔭様でもう私はボツボツ読書や原稿書き位は致し、子供が寝ているだけとなりました。乍他事御放念願います。申後れましたが、昨年中はいろいろと御世話になりまして誠に有難う存じました。御厚情の程深謝致して居ります。何卒本年も宜しく御教導願上げます。奥様始めお子様方にも何卒宜しく。

大分御新築も進捗した御様子ですが、いろいろと御心労も多いことと拝察します。併し何といっても建設は張合のあることと存じますが。何時頃お移りになられますか、私共はこの分なら、三月中には帰京出来ることと存じます。それ迄に私が上京して色々御相談することは今のところ出来そうにありません。弟も度々伺えないと存じます。家のことは一つ宜しくお願い申上げます。頂いたお便りに御近所の方を四畳半に泊めて差上げることにしたとお知らせ頂きましたが、私の帰る迄は一切お任せ致したのですから、別に異存はございません。それで黙っているのは承知の証拠とお解し下さったことと存じます。ただ私共帰ってからそのまま永く居られる様だと困りますが。

東京の高物価にただただ驚き入る許りです。帰ってどうして暮らそうかと先が恐ろしくなります。こちらも相当なものですが、冬越の野菜だけは早く貯蔵するので今、買う物は魚位ですから、勿論相当な赤字にはなりますが、高山に出て魚を買うことも出来なくなった今では、何とか三月迄凌いで行けさうです。奥様から畠のことといろいろ御親切にお申越し下さいましたが、帰ってからの唯一の心頼みは畑だけです。御用多のところを恐縮ですが一つこれも何分宜しくお願い申上げます。何と云っても猫額大の土地ですから余程うまく利用しないと役をしないと存じ色々気をもんでは居りますが、二月中にでも私が上京して、下ごしらへをすることも出来ません。それで、私の存念を書かせて頂きます。このうちもし御賛成下さることがございましたら、一つ御採用願います。

先づ、小林さんと境の垣根に沿った庭先の数坪は最も日当りよく南瓜など植えるによい処と存じます。で、此処に現在生い茂っている樹木、つげ其他を今度の御新居の庭なり、お宅で不必要なものは、例の柿ノ木の後方、垣根の傍なりに移植して、畑にして頂けませんでせうか。それから、例の種馬鈴薯は地味の合わない場所に植えるより、お宅の畑に全部植えて頂き、私共帰ってから、草取など出来ることをお手伝いさせて頂いて、収穫の一部分を分けて頂くことは如何でせうか。そして家の畑には地味に合う里芋を五百目か出来れば一貫程持って帰りそれを四月にでも植えたらと思って居ります。その区画を適当な処に造って置いて頂き度いのですが。その他、先頃お預けして置いた支那野菜、お話しのありましたきび、大根、菜等、私は地味其他一向に知識がありませんから適当に一つお願ひ申上げます。其際三谷さんの垣沿ひの庭木其他邪魔なものがございましたら、抜くなり切るなりどしどし御処分願ひます。

果樹はなるべく助け度いですが其他は一切食糧増産第一主義で当分は行かねばと存じます。こちらから野菜などとても持って行けそうにありません。種位なら何とか少し位はなると思ひますから、もし御入用のものがありましたら念の為御申越願います。

それからお願ひついでに何時かお話のあったラヂオの真空管、一つ私の帰る迄に何とか鳴る様御高配願います。風呂桶も何とか直るようでしたら少し高くついても直して頂き度いと奥様にもお願ひして置いたのですが、もし風呂屋が見つかりましたら一つお願ひ申上げます。勝手なこと許り申して恐縮ですが。

江坂君[2]復員した由ですが勿論元気なことでせう。後藤先生のお宅の例の会[3]、其他学界の趨勢は如何でせうか。Storm and Drang の東京に早く帰り度くもあります。禰津さん[4]、甲野さん[5]などお出会ひの折には何卒宜しくお伝え願ひます。こちらは今年、寒気は大したことなく正月二日に零下二十一度になった位のものです。根雪は融けませんが陽の照る日があって話程ではありませんでした。汲置きの水は必ず氷ますので家内は一寸こたえるやうです。御無沙汰を気にして居ります。奥様にくれぐれも宜しくと申して居ります。中遅れましたが、お家賃は、一月分まで確かに頂いて居ります。東京は空っ風相当こたえませう。皆様御身おいとひ願ひます。

敬具

和島誠一拝

（1）考古学者。一九〇九～一九七一。当時、東京帝国大学人類学教室嘱託。戦後、東洋大学教授、資源科学研究所員を経て岡山大学教授。没後、『日本考古学の発達と科学的精神』和島誠一著作集刊行会、一九七三年が刊行されている。
（2）江坂輝彌さん。
（3）後藤守一さん宅を事務所にしていた日本古代文化学会。
（4）禰津正志さん。
（5）甲野勇さん。

69　一九四六年二月二五日　「京都市左京区吉田中大路町三十一　藤岡謙二郎」さん(1)から「早稲田大学獣類化石研究室　直良信夫様」宛の手紙

拝啓　永らく御無沙汰致して居ります。お変わりございませんか御伺ひ申上げます。実はこの御手紙も届くかどうか心配な程東京も焼野原になったそうですね。私もお蔭で昨年九月に復員致し、以後現職復帰、復員教員の指令にもひっかからずお蔭でもとの如く勤めております。考古学教室では小林さんも帰って、もとのごとく元気にしておられます。まことに過去のミゼラブルだった戦争生活を思ふ時、再びペンを持ち自由に研究出来る幸福をつくづく感じます。若い現役の如き人はともかく、我々の如き応召兵にとっては、例ひ水を飲んでも今の生活の方が幸福におもはれます。

さて実は私が直接本屋から頼まれたのではないのですが、実は今度京都の大八州出版社から三十冊の古文化叢刊

（単行本）を計画しており、私も一、二意見をきかれたのでして、結局「では君から頼んで呉れ」といふ始末なのです。次の如き条件で御願ひ出来ませんでしょうか。ともかく至急御返事下されば幸甚です。

一、四六版　原稿用紙（御送）二百字詰、五〇〇枚

二、題目「生物界と古代文化」（含む史前）或いは「古代人の食糧生活」。その他この類似の題目なら結構で、ともかくこの叢書の過半は古美術史、古文化的なもので、京大の人が大部分です。但し考古学関係では、梅原「日本考古学史」、川勝「石塔婆と古文化」、小林「古墳と上代文化」、村田「古代ギリシャの史蹟」、水野「東洋考古学」、末永「埴輪」、坪井「梵鐘と古代文化」があるらしく、その他二十冊程は例えば西洋古代文化、東洋古文化、飛鳥美術、藤原、鎌倉、芸能史等があり、先生に近いものは私の「地理と古代文化」、織田「古代人の地理的智識」、上村「古代の染色」、太田「古代の織物」位です。又これは梅原先生や考古学教室に直接関係のない計画の様で、又当分広告しない様です。大体、古代史、考古学、美術史を総合した様なもので、読者層は高校の学生程度だそうです。古代は日本に限らずです。

三、原稿期限　七月三一日（駄目なら八月三一日、少なくとも九月一杯）の様です。

四、稿料一割、大体五千部程度。

右が正直な今日きいて頼まれた内情です。企画者は美術関係の人です。何分にも御多忙とは存じますが宜敷く御承諾下され度く伏して願ひ上げます。なほ御返事を急いで居りましたので、正確な題名、期限等私宛て御返事下されば幸甚です。

先は取急ぎ御願ひまで。

二月二五日　　　　藤岡生

直良先生

（1） 人文地理学者。当時、京都大学地理学教室助手、のちに教授。一九一四～一九八五年。直良さんとは一九四一年八月に「近江佐目の洞窟遺跡」を『古代文化』第一二巻第八号に共同で報告（小牧實繁さんも共著者）。著書に『地理と古代文化』大八洲出版、一九四六年。『都市文明の源流と系譜』鹿島出版会、一九六九年。『浜田青陵とその時代』学生社、一九七九年など多数。

70　一九四六年六月一五日　この年二月に藤岡謙二郎さんから依頼された大八洲出版の『古代日本人の食生活』を資料や図書など一切のものを焼失した状況のもと三ヶ月余りで脱稿。発行は翌四七年四月一〇日。その序文。

世の中で、何がつらいかといったら、食べものが食べられないのが、一番つらいと答へた人があったといふ。実際、食べたくてたまらないのに、食べるもののない位心さびしいものはない。精一杯働き度いがために、強く生き抜きたいが故に、私たちは、ただもう食べたいのである。意地ぎたないやうだが、いつもさう思っているせいか、時折、私は自然の中に生きていた、遠い昔の私たち祖先の食生活のことを夢みるのである。あの頃は人口も希薄だったし、自然の恵みも海山にありあまっていたので、さぞかし、心ゆくまでの、ほんたうの人生が味へたらうに、と想ふと、たまらなく祖先の生活がなつかしくなる。

古代といっても、私がここで取扱っている範囲は、主として日本歴史のはじまる以前の時代であって、考古学者のいはれる先史時代のことであるが、叉の名を、歴史以前の時代の言葉をつめて、史前時代とも呼ばれている。むつかしい言葉に拘泥することなく、私は、本書では、この二つの言葉をよくつかっているが、どちらも同じ意味で、古代のことをいひ表はしているのである。一口に史前時代といっても、文化にもいろいろな変わった相があり、時間的にも考慮しなければならない点が多いのであるが、本書では、そんなこまかい点には、あまり拘束されないで、大きい観点から、之等の時代を「史前時代」なる言葉のうちに含ませ、併せて、時間的にも、必ずしも史前とはいひ得ないが、文化がまだ史前時代のものの延長であったり、ある特定の地理的事情から、さういった状態を、ずっと後代までもち続けて来た、特殊の文化をも、仮りに此の中にいれておいた。

本書は、昭和一三年に、雄山閣であんだ、人類学先史学講座中に、私のかいた「史前日本人の食糧文化」をもとにして、その後知られた事実を加へ、更に直す可きは直し、改む可き個所は改めて、全体に亘って、新に書き直したものである。猶、本書中には、さきに、東京葦牙書房から出版した「古代の漁猟」と、大阪の文祥堂から出版した「古代日本人の生活」中に記述した、いろいろな食生活の問題については、重複をさけるために、なるべくここでは触れないことにした。併せて、御覧願へれば、幸なのである。

稿を起すにあたって、本書の上梓については、藤岡謙二郎、毛利久両氏に大変お世話になり、又出版にあたっては、大八洲出版株式会社の皆様の御厚情によるものであることを記して、深く感謝のまことを表すものである。

昭和二一年六月一五日　雨近き麦秋の武蔵野をなつかしみながら

71　一九四六年五月　焼けあとに手作りで建てた小さな家に住む直良さんを藤森栄一さん(1)が訪ねる。藤森さんが、一九六五年に『旧石器の狩人』（学生社、九九～一〇〇頁）に書いた当時の思い出。

終戦の翌二十一年の初夏、私は復員後はじめて、中野区江古田に直良さんのお宅をたずねた。このあたりは、もう見わたす限りの焼野原で、赤土の丘が、ときどき大谷石の垣やコンクリートの土台で、区切られているのみだった。直良さん一家は、焼け跡のジャガイモ畑の中に、やけぼっくりで建てた校倉造のようなバラックの中で、寝込んでしまった奥さんを中心にして住んでいた。イモ畑には、スベリヒュウ・アカザ、それに鉄道草がいっぱいに繁り、もえたつ陽炎の中で、その小屋はゆらいでいるようであった。

あの莫大な直良さんの標本群も文献も、まったく失われていたが、不屈の魂があった。その小屋に、もう板切れで作られた書棚ができて、若干の新しい本がたてられていた。その収集者は当時高校生だった博人さんである。私は、わずかの小遣いを持っていたので、博人さんと中野へ買い出しに行った。何軒かの古本屋を歩いて、博人さんの、あの店のあの本は安い、という本を数冊買ってその本棚へ収めた。その夜、明石人骨が、なんでもないままに、というよりも、嘲笑のうちに戦火で消えた遺恨を、直良さんは涙をためてかきくどかれたが、私は、ただ、戦火の不運について云々するより、何ひとつ、気のきいたことをいってあげることはできなかった。

（1）考古学者。一九一一〜一九七三。さまざまの職業を経験しながら東京考古学会、日本古代文化学会の委員として会に尽す。葦芽書房の主、旅館経営をしながら諏訪考古学研究所を運営し、多くの考古学研究者を育てる。『井戸尻』（編著）、中央公論美術出版、一九六五年。『二粒の籾』河出書房新社、一九六七年。『縄文農耕』学生社、一九七〇年。などのほか『藤森栄一著作集』全一五巻、学生社、一九七八〜一九八五年がある。

72　一九四六年九月三〇日　直良信夫さんは『秋―科学随筆―』（丸善出版株式会社）を上梓。直良さんにとって戦後初めての著書となる。その序文と本文の一部。

秋は淋しいものだと人は云ふ。それもたしかにいはれのないことではない。だが冬の寒さから解放されて、春を経て伸び放題に伸びて来た凡てのものは、冷涼な秋を迎へて一息つく。夏に栄えたものは、自分の歩いて来た跡を省みて、新しい発足への脚がために入る。一年の計は正月にありといふが、生きるものの衣換へは秋にある。あたたかさに慣れて兎角脇道にそれ勝ちだった人間の生活も、自然の運行に誘われて、此の秋に於て一転換期に這入る。旧套を抜ぎ捨てて、また来る春への準備のために、植物のあるものは葉を捨て、動物のあるものは孔に籠る。敗れてからの逃避ではなく、正しく強く生きんがための準備なのである。人の眼にこそ荒涼として映ずるかもしれないが、それも物を観る人の心の持ち方であり、自然そのものは、決して真から荒れ果ててはいないのである。

本書は、私の目論でいる四季に対する科学的随筆の第三「秋」の巻である。秋は飽に通じ、万穀熟して、食に飽くといふ事から出たともいはれているが、一説には、凡ての草木が火のやうにあかくなる事から生まれたとも云はれている。支那の漢もしくはそれ以前の物だと肯定されている遺物には、既に秋という字が使われている。従ってこの字は、移入文字である事には相違ないが、お互いが北半球の温帯に住むものとして、その土地土地で、色々な姿の秋を、昔からたのしんで来た事だらう。私は日本の秋を愛する。淋しいには相違ないが、同じ淋しさの中にも、明るさがある。だから私は大好きなのだ。

前、中、後の三篇に分け、前篇では天と地の秋、中篇では、それを生活の舞台とする生物の動きを述べた。後篇は、前中両篇を土台として、秋をたのしむ事にした。書き度いと思ふことは山程あった。是非これだけは、もっとくわしく述べたいと思ふ事も尠くはなかった。しかし限りある紙数のこととて思ふにまかせず叉の日に夫を割愛しなければならなかった事を残念に思ふ。科学的に物を観る眼を養ふといふことは、今の私達にとっては大切な事である。もし本書がさういふ事柄のために何かのお役にでもたてば幸である。もともと私は化石の調査を仕事としている一古生物学徒なのである。好きだから書いたとはいふものの、随分間口をひろげて書きちらした。出来るだけ間違ひを尠くしたいがために、夫々の専門書を参照する事を怠らなかったが、努力の不足からして、大きな過誤をおかして居りはしないかと、只その事を心配している。特に、藤原博士の雲、岡田博士の気象学、宮本・大川両氏の飼料植物学、東京天文台編纂の理科年表は大変よい参考となり、資料の一部を引用させて戴いた。

ここに本書の成るにあたって、多くの資料を恵んで下さった諸先生並びに先輩、学友に対して深甚な謝意を捧げ、出版にあたって絶大な御好情をたまはった丸善出版株式会社の方々に厚く御礼を申し上げる次第である。

昭和二一年冬　ヒヨドリの啼く武蔵野の書斎にて

業火にうちのめされた焼跡にも、秋の訪れと共に色々な草が芽を出していた。所詮草一本さへあの赤錆色の焼土には、生えないだらうと思はれていたのに、古株の焼けたものは、夏のうちに新芽を出して花をつけ、枯れ果てた、と思はれていた木の幹からは、若々しい二代目の芽が出た。梅、桜、楓などは、時ならぬ、あかい色の新葉だが、青木や八つ手は、あをあをとした嫩葉をひろげている。焼跡を歩いてみて、驚いた事には、何処にも桐の木が実生してい

54　雛を育てているモズ（江古田にて、1946年6月22日）

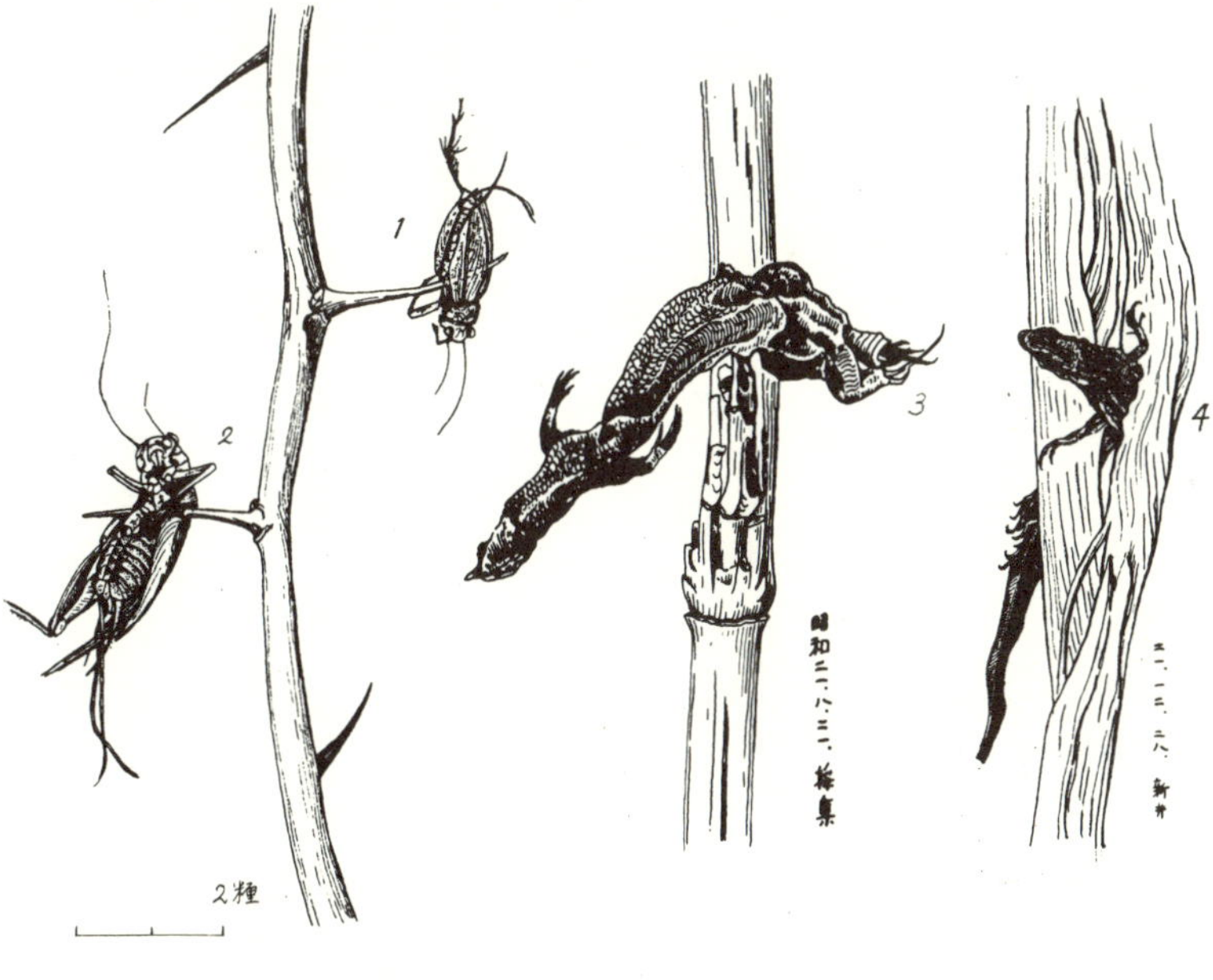

55　モズの早ニエ（1943年、1946年）
1　ヒメコオロギ、2　エンマコオロギ、3・4　トカゲ

た事だった。それも、秋の声を聞いた頃には、一尺ほどの高さだったが、いつの間にか葉が落ちて、小さな棒片が方々にぽつねんと突きささっているやうに蕭然と立ち並んでいた。ただ竹だけは、俺の天下だとばかりに、さらさらと秋風に、葉をならしているのが、一際目に立つ。焼けて間もない頃は、焼土の中から頭を出した筍で、どんなに罹災者が助かったかしれなかった。風下だったせいか、私の庭には、オオケタデやヒエなどが、驚くほど群生した。一度だって、こんな植物を栽培したことはなかったのに、秋には、美しい花をもち、こてこてと実を結んだ。このオオケタデは、数間離れた向ふ隣で、前年に栽培されていたし、ヒエは十間ほど西南の家の中学生が、小鳥や鳩にくれていた餌だったのである。それがあの熱風でふっとばされて、私の庭先で落ちついたのだ。肝心な本家の方には、一茎も生へないで、今年は、あべこべに、私の家に一茎下さいと貰ひに来られた。冬瓜（とうがん）もさうだった。とんでもない石垣の間や、木灰を小積んであった納屋の脇などで、三株四株と蔓を伸ばして、九月にはまるまるとした、私の頭ほどの瓜を十数個ならして、思ひがけない収穫に、女子供をどんなに喜ばしたかしれなかった。私の家から二、三十間離れて、そこに台湾出身の夫婦者がいた。その人達が毎年裏庭に作っていたハンツァイが、あの焼土の中で根を張って、私たちの食膳を、どんなに賑やかにして呉れたことか。つぶさに調べてみたらば、どんなに沢山の植物が、生える筈ではないと思はれた焼土に生活しているかしれないと思ふ。火熱をうけても、壌土だけの所だったら、手がけやうで、植物が育たないといふこともないだらうが、焼け崩れた壁土の根を下ろしたのにはびっくりした。シバのやうな草は強いもので、この焼土の上に放り出して置いても、すぐに根をつけた。キク科のキバナバラモンジン、ナス科のイヌホウズキにセンナリホウズキなどは、随分と沢山生えていた。ゴマノハグサ科のキクガラクサにマルバノウンランなども多かった。タデ科のソバカズラ、ゼニアオイ科のマルバキンゴシカ、マメ科のケノボリフジ、ヒユ科のアオビユさういふものも亦、焼土に芽ぐんでいた。

センナリホウズキを見つけた子供が、喜んで手折っていた。が、「そりゃ駄目よ、ほうずきにならないのよ」と、母親にたしなめられて、恨めしそうに放り出しているのも笑へなかった。秋が更けて、私の家のすぐ近くの焼土塊の蔭に、遠くからみると、まっかに色づいて、ぽつねんとつっ立っているものがあった。何だらう。みんなさう思ってはいたが、誰一人そばへ行って見やうとはしなかった。その中、ふとした事から、それがほんもののホウズキであることが知れると二十日ほど前、センナリホウズキを放り出した女の子が、ころぶやうに駆けつけて、頬ずりして喜んだ。

どこを見ても、赤錆色の焼の原である。木といへば、どれも冬木立そっくりの荒涼たるものだ。だが、秋草だけは、この焼土の中に花をもって、ぢっと、空行く雲のけわしさを見守っている。

ブドウが色づく秋になると、私は学友森本六爾君を偲ぶ。河内大県の葡萄畑の開墾地から、偶然掘り出された、細線鋸歯文鏡をめぐって、激しく論議し合った[1]のも、若い頃の思い出になった。その友は、もう此の世の人ではない[2]が、あの頃、きり拓かれたばかりの山地は、見違えるほどの葡萄畑になって、毎年、つぶらな実がなると聞く。

(1)　一九二七（昭和二）年頃のことだろう。
(2)　一九三六（昭和一一）年一月二二日に鎌倉の仮寓で病没。享年三四歳。著書に『日本上代文化の考究』（中村久四郎共著）四海書房、一九二七年。『日本青銅器時代地名表』岡書院、一九二九年。『日本農耕文化の起源』（藤森栄一編）、葦芽書房。『日本考古学研究』（坪井良平・小林行雄編）、桑名文星堂、一九四三年。『日本の古墳墓』（春成秀爾編）、木耳社、一九九一年、などがある。

73　一九四六年一〇月二〇日　随筆集『三光鳥の鳴く朝』を諏訪の葦牙書房から出版。その序文。

戦いは敗北に終わった。戦時若くは終戦後に起った色々なみにくい出来事は、さらりと水に流してしまって、さあこれから日本再建のために、お互いに手をとって、起ち上らう。

愚痴をこぼしたり、不平を言ふのも止めやう。「自分だけよければ」そんな、けちな根性も捨ててしまはふ。「日本人は、此の大革新期に、あまりにも、ちっぽけな、自分自身の身辺の始末だけに追はれ過ぎてる」と連合国人は言っている。そんな事であってはならない。三千年来、はじめて、でっくわしたこの機会だ。実体をよく見極めて、日本人らしく再出発のスタートを切らう。

「勝つために、勝つために」ただそのことのために、私達は、何もかも凡てを捧げつくして来た。平和になった今、じっと火鉢に手をかざして考え込んでいると、あまりにも自分達の生活に、潤ひのなさすぎたことが知れた。詩も歌も無い人生が、どんなつまらないものであるかを、今日ほど、しみじみと感じた事はない。この書は、とるにも足らない駄筆集だが、さういふ意味で、戸すべりの油の役にでもなるやうなことがあれば、幸だと思ふ。

窓外は火の燃へるやうな秋景色である。鉄車にいためつけられた路傍の雑草も、一度は業火にくぢけた街の木立も、それぞれもちまへのあかるさに色づいて、美しいこと限りない。空は高く、瑠璃色に冴えている。風が吹くと言ったって、まださう冷たくはない。来る可き春に希望を抱いて、それぞれの生物は、冬籠りの用意に忙しい。秋は万物の凋落する時だといふが、しかし、見方を変へれば、希望の春への足固めの時期ともいへやう。

草鞋の紐をしっかりしめ、地下足袋のこはぜをきちんと止め直して、春への道を踏み出すのだ。

同朋よ！昇る太陽を朝に迎へ、夕に落陽を弄するあの祖先の教へに従って、さあみんな力を合わせて、正しく、強く、人生を歩こう。

秋深き武蔵野の壕舎にて

74　一九四七（昭和22）**年一〇月一〇日**　『モズの生活』を札幌の鶴文庫から上梓。一九四六年二月から一〇月までのモズの生態観察記に総論をつけたもの。その序文。

私は、野を歩くことが大好きなのである。

自然に親しみ、自然の中にとけこんだ生活にひたりたい念願が、私を人ごみの雑踏の中から、寂の世界へと誘ふの

56　魚をねらっているカワセミ（1948年１月12日）

だらうけれども、とかく、うその多い人間の生活に、いや気のさしたことにもよるだらう。野山を歩いていると、色々な自然の姿が、驚異的な事実となって、私の眼にうつり、深く心にしみる。やがて、それは愛となり、熱となり、人生についても、いろいろと考へさせられる場合が多い。だから私は、寸暇を惜しんで、自然の中に生きようとつとめるのである。

この小冊子は、私が野歩きの際に、ノートの端に書きとめたものの中から、モズに関する記録の若干をひっこぬいて、まとめたものにすぎない。まことに、内容の貧弱なものではあるけれども、同好諸氏のご参考にでも役立てば、幸だと思ふ。稿の成るにあたって、色々御好意をたまわった北大牧野博士、山階鳥類研究所高島春雄氏に深くお礼申し上げる次第である。

昭和二十二年六月十一日　入梅の日

＊　一九四七年一〇月一日　中学生向きの普及書、『私達の祖先の生活』を大阪の文祥堂から上梓。一一月七日　長谷部言人さんの使いで渡辺仁さんが早稲田大学採鉱冶金学科教室の直良さんを訪ね、西八木採集の人骨片の焼失を確認、石膏型を使っての研究の了解を求める。

75　一九四八（昭和23）年七月一七日　兵庫県立伊丹高校校長の倉橋一三さんから「直良信夫様」宛の手紙

長い梅雨で誠にこまった天気ですがお変わりありませんか。

先日は突然御伺い致しまして誠に失礼致しました。色々御話承りまして誠に有難う存じました。御手紙拝見致しました。返事を差し上げるまでに一応明石の方と打ち合わせた上と思いまして延引致しまして恐縮です。何やかやでまだ出向く機会がありませんので具体的に御返事申しあげられませず延引いたしますので一応御わび旁々御連絡申しあげます。明石も殆ど人が変っておって当時の人は現存しませんので一度責任者にもゆっくり話したいと存じます。土岐氏は健在で屢々学校に出入りしておられる様でいつも注意して見ていていただいておる様子です。土岐氏関係の分もありますのであれこれよく話をして来たいと思っております。何れ改めて又御連絡致します。早速御手紙差し上げねばなりません所をそんなことで延引いたしまして申しわけありません。どうぞ御許しの程を御願い申上げます。
時節柄呉々も御自愛下さい。奥様にも御よろしく。

七月一七日

倉橋一三

直良信夫様侍史

76　一九四八年七月一日　長谷部言人[1]さんが「明石市付近西八木最新世前期堆積出土人類腰骨（石膏型）の原始性に就いて」『人類学雑誌』第六〇巻第一号を発表。直良さんが西八木海岸で採集した人骨片を北京原人やジャワ原人と同時代の化石人骨と認め、Nipponathroropus akashiensis の名を与える。以後、新聞は「明石原人」の通称を使うようになる。長谷部さんの論文の書き出し部分。

去る一一月六日東大人類学教室の写真ダンスに入れてある石器時代人頭骨写真を取出すとき、同じ抽出しの中にある明石人骨と赤鉛筆で書かれた印画紙袋が目についた。何心なく内容を改めると、一個の左腰骨の写真が四葉入っている。一葉のうらに故松村瞭博士の筆跡で「播磨明石付近西八木礫層中より発見と称する人類左腰骨、直良信夫氏発見、1931年4月研究の為借用撮影」と記され、又他の一葉には腸骨翼外面中央にＮｉｓｈｉｙａｇｉ　18、4、31と墨書し、其下方に貼紙がしてあるのが写っている。壮年女性の左腰骨らしいが、腸骨翼幅狭く、いかにも異様な形をしている。用事をすませた後、この事を須田助教授に話すと、その腰骨の石膏型が廊下の陳列戸棚にあると注意され、即時これが見出された。恐らく年来之を目にしながら、同じ戸棚にある他の市販石膏模型などの類と早合点して、看過したらしく、手にとってよく視るのも初めてである。暗褐色に彩られた表面に細かい雲母片がついている。粘土を母型としたらしく、骨面や破折及磨損面の肌合が細かにうつし出され、安心して原標本の代わりに記載計測に用い得る優秀な作品である。

この石膏型を精査した結果、西八木の腰骨は後述の如き珍奇な特徴により最新世礫層中にあったという直良氏の証言を肯定してよいと断言する自信を得た。そこで渡辺仁理学士を煩わして、直良氏に原標本の安否を質し、昭和二〇年春東京爆撃の際焼失したことを確めた。松村博士の周到な配慮の賜ものとして、この石膏型が図らずこれに代わる貴重な標本となったわけである。

本腰骨の原品は、昭和六年四月一八日(前記写真中の日付による)明石市西方大久保西八木海岸の高さ一〇米程の断崖面に満潮時汀線より一米位の高さに段ができているところへ上方の最新世礫層から崩れ落ちていた同層に特有な色質の土砂塊の中にあったのを、直良氏によって発見されたのである。氏はこれが当該礫層から直接摘出されたのでないのを遺憾として、繰返し弁明してはいるが、骨自体の客観的所見に関しては何ら述べていない。石膏型の彩色に似た色を呈していただろうが、化石度など不明である。ただ恥骨上枝の破折面が貝塚人骨の折れ方に類し、後代墳墓などから出た骨には見られない状態である。

(1) 人類学者。当時、元東京大学理学部教授、東北大学医学部名誉教授、日本人類学会会長。一八八二~一九六九。著書に『先史学研究』大岡山書店、一九二七年。『日本民族の成立』新日本史講座、原始時代、中央公論社、一九四九年ほか。

77　一九四八年八月六日　「佐渡島金沢村　近藤福雄」さんから(1)「中野区江古田一ノ二〇七三　直良信夫様」宛の手紙

拝啓、一年中の最も暑い時で御座います。

先日御来島(2)の節は、いぶせき田舎家にお泊め申し何の御もてなしも致さず失礼いたしました。

明石市附近西八木最新世前期堆積出土

人類腰骨(石脊型)の原始性に就いて

長谷部言人

去る11月６日東大人類學教室の寫眞ダンスに入れてある石器時代人頭骨寫眞を取出すとき、同じ抽出しの中にある明石人骨と赤鉛筆で書かれた漬畫紙袋が目についた。何心なく内容を改めると、１箇の左腰骨の寫眞が４葉入つている。１葉のうらに故松村瞭博士の筆跡で「播磨明石附近西八木礫層中ヨリ發見ト稱スル人類左腰骨、直良信夫氏發見、1931年4月研究ノ爲メ借用撮影」と記され，又他の１葉には腸骨翼外面中央に Nishiyagi.18. 4. 31 と墨書し、其下方に貼紙がしてあるのが寫つている。壯年女性の左腰骨らしいが、腸骨翼幅狹く、いかにも異様な形をしている。用事をすませた後、この事を須田助教授に話すとその腰骨の石膏型が廊下の陳列戸棚にあると注意され、即時これが見出された。恐らく年來之を目にしながら、同じ戸棚にある他の市販石膏模型などの類と早合點して、看過したらしく、手にとつてよく視るのも初めてゞある。暗褐色に彩られた表面に細かい雲母片がついている。粘土を母型としたらしく、骨面や破折及び磨損面の肌合が細かにうつし出され、安心して原標本の代りに記載計測に用い得る優秀な作品である。

この石膏型を精査した結果、西八木の腰骨は後述の如き珍奇な特徴により最新世礫層中にあつたという直良氏の証言を肯定してよいと斷言する自信を得た。そこで渡邊仁理學士を煩わして、直良氏に原標本の安否を質し、昭和20年春東京爆撃の際燒失したことを確めた。松村博士の周到な配慮の賜ものとして、この石膏型が圖らずこれに代る貴重な標本となつたわけである。

本腰骨の原品は、昭和６年４月18日（前記寫眞中の日付に據る）明石市西方大久保村西八木海岸の高さ10米程の斷崖面に滿潮時汀線より１米位の高さに段ができているところへ上方の最新世礫層から崩れ落ちていた同層に特有な色質の土砂塊の中にあつたのを、直良氏によつて發見されたのである。氏はこれが當該礫層から直接摘出されたのでないのを遺憾として、縷返し闡明してはいるが、骨自体の客觀的所見に關しては何ら述べていない。石膏型の彩色に似た色を呈していたであろうが、化石度など不明である。たゞ恥骨上枝の破

人類 [illegible]　(32)

明石市附近西八木の最新世前期堆積出土人類腰骨の原始性に就いて　33

折面が貝塚人骨の折れ方に類し、後代墳墓などから出た骨には見られない狀態である。氏は昭和11年５月ミネルヴァ第１卷第４號掲載「日本最新世と人類發達史」の中に次のように述べている。

「西八木海岸の河床礫層（私註　湖沼性だという説もある）からは此のナマチクス象の化石の外にパラステゴドンや鹿角を出し、同一地點の礫層から打裂や剝取を用ひて作出せられた最新世人類の遺品である舊石器類が出土し、同時に礫層底の粘土中からは工跡をもつた骨片が出た。之等の遺物に就いて私は既にその大要を學界に發表した事があつた。所が

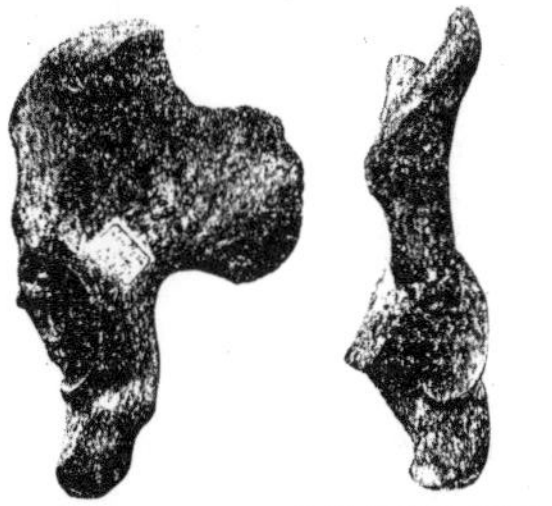

昭和６年１月８日（４月18日の誤と推定する）に私は遺物の最も發見される局部から東方20米とは離れてゐない滿潮汀線上１米からある柵（棚の誤植か）をなしてゐる崖の上で何等夾雜物をもつてゐない崩壞礫層中から母層土にまみれてゐた人類の骨盤を發見した。その發見狀態は昭和６年４月１日に明石女子師範の櫻井氏がナマチクス象の下顎骨を此の骨盤發見地點の西方に於て見つけ出された狀態と全く同様であつた。骨盤は性別不詳、但し若者、骨の厚みが今日の日本人のものとも異り、同年輩の夫よりはずつと厚いと驚かせられた。私は此の人類骨盤はあくまでも舊石器を含藏してゐる礫層の小砂の多い部分に埋

(33)

57　長谷部言人さんによる明石人骨の報告（『人類学雑誌』第60巻第１号、1948年７月）

明石の日本原人　1948 9.8 M

70万年前 世界最古か

学研が來月現地調査

23.9.7 毎日

日本に最古の原人

明石で発掘 70万年前の腰骨

北京人のシナントロープスに…

レニッポントロープス・アカシエンシス（明石の日本原人）と命名した。

58　「日本原人」の発見を伝える新聞（1948年９月）

それにもかかわらず最高の御礼の御言葉を頂戴いたしました事をこちらから厚く御礼申し上げます。日時が無いので現場御案内が出来ず残念でしたが、いままで疑問視されて居りました化石(3)を御判定下さったこと丈けでも、どの位島の文化面に貢献なさった事か、この学問にたづさわる者丈けの特に醍醐味かも知れませんが、アシカの頭骨には島びともセンセイションを巻おこして居ります。それかあらぬか博物研究熱がおこって居り、去る二日も植物指導の為に金北山まで高校の先生や生徒の二十人位で登ってまいりました。

其後、貝塚遺物の写真を新たに撮影いたしましたので、御申越しの金沢村の貝塚の貝塚全景写真及び土器、貝、骨片等の写真其他を同封御送り致します。(4)印画紙が悪いので、はっきりせないので残念ですが、だいたい御覧下さるにはさしつかえないと存じます。

登呂で大場先生、八幡先生等に御会いになりましたか、暑いのに御苦労と存じます。

笠井松雄君に届け「もぐら」の採集方も依頼して置きます。(5)何れ後便で。

夜は秋虫のすがすがしい声もここ二、三日聴かれるようになり一ト月遅れの御盆も近づきました。奥様其他の方々によろしく申して下さいませ。

昭和二十三年八月六日

近藤福雄

直良信夫先生

(1) 大正時代末から昭和にかけての佐渡の写真家で、考古学と植物学に関心をもつ。一九〇〇～一九五七。

(2) 佐渡史学会・哲学会の招待で一九四八年七月二二日に直良さんは初めて佐渡に渡る。

(3) 小木村素浜採集の頭骨化石を新種のアシカ科と鑑定。その記載原稿は直良さんの没後、春成が整理して公表。直良「佐渡の自然遺物」『動物考古学』第九号、一九九七年。現在では *Alodesmus kernensis* とされている。

(4) この時の調査結果は註(3)文献に収録。

(5) 生きた状態のサドモグラを直良さんは笠井さんから入手し、飼育・観察してスケッチをのこしている。

78　一九四八年八月一〇日　さ・え・ら書房から小学生上級ないし中学生を対象にした「ぼくたちの研究室」シリーズの第一冊目になった『地球と生物の生いたち－化石の話－』を上梓。そのまえがき。

毎年のように、梅雨が近づくと、つゆはいやだ、といわれる方がありますが、このつゆがあるばかりに、米を食べる私たちは、すくわれているのです。でも、毎日毎日、雨降りの日が、続くわけでもないでしょう。つゆがあけて、陽が、かっと照りつけると、もう夏です。学校はお休みになるし、山や海へも、気らくに行けるし、思っただけでも、胸がわくわくするほど、うれしいではありませんか。

今年の夏の計画は、もうお出来になりましたか。

木かげに腰をすえて、好きな本を読むのも、よいことです。お家の手伝いをして、お母さんをよろこばしてあげるのは、なお更よいことだと思います。時間をむだに、つかわないようにして、そして、ふしだらな生活をしないように、十分気をつけましょう。からだをきたえ、心をねるのには、夏休みのうちが、一番よいときなのです。山に行かれるもよいでしょうし、海や川に足をはこぶのも、よいことです。自然にしたしみ、自然の中にとけ込んで、心ゆたかに生活することは、皆さんの年頃には、何をおいても必要だと思います。

道ばたの一本の草にも、草むらで鳴く一匹の虫にも、みんな、それぞれの歴史があります。生き物の歴史は、結局化石をしらべるよりほかに、みちがありません。生物の歴史の研究は、地球の生いたちを、究めることになります。地球は、私たちの、なつかしい、ふるさとなのです。

私は、ながい間、化石の研究を続けて参りました。むとんちゃくな人には、なんでもないようなものでも、私にとっては大切な学問上の資料である場合が、多かったのです。私はいま、そういうものをもとにして、ここで一つ、みなさんに、化石のお話を、しようと思います。私のこの本をごらん下さって、化石がどんなに大切なものであるかが、おわかりになりましたら、夏休みには、ぜひ、ご自分で、野山に出かけて、化石をあつめて来て下さい。お家へもって帰られて、お父さんやお兄さんに、わからないところを、おきき するのもよいし、学校の先生に、うかがってみるのもよいことだと思います。わからないからといって、ほうっておいては、いけません。もしも、この本が、そういう場合に、みなさんのお役にたつようなことがありましたならば、私は幸だと思います。

私は、この本を出版しますのに、さ・え・ら書房の浦城光郷さんに、大変お世話になりました。ここに記して、厚くお礼を、申しのべます。なお、本書に引用させていただきました絵は、すべて一度私がかきなおしたものです。あわせて、それぞれの先生方へ、厚く感謝いたします。

昭和二十三年五月二十九日　麦の花咲く東京の書斎にて

79　一九四八年九月七日　中野区江古田の直良信夫さんから「埼玉県比企郡小川町小川高等学校東　杉田理髪店皆々様」宛の手紙

拝啓

先達ってはたいへんに御せわ様に相なりました。御好情のほど身にしみてありがたく厚く御礼言上申し上げます。旅さきにて雨に会い困惑いたしておりました親子に対して、御心厚い御もてなしにあずかりました事、ほんとうにうれしゅう御座いました。(1) 重ねてあつく御礼申し上げます。

あの日東京はほんのちょっと小雨がふっただけだったそうです。せっかく調査に参りましたのに、雨にわざわいされまして途中で帰って来ましたことを残念に存じています。その内また折をみて、出かけたく存じます。東京にお出での節はぜひ御よりたまわり度く御まち申して居ります。

先ずは右雑文にて一筆御礼言上に参じました。ありがとう御座いました。

拝具

九月七日

直良信夫

杉田様皆みな様侍史

（1） 埼玉県小川町の遺跡の調査に博人さんを連れて行った時に降雨にあい、雨宿りさせてもらったことに対するお礼状。

80　一九四八年九月一一日　中野区江古田の直良信夫さんから「兵庫県明石郡中八木村（瓦製造業）　桜井松次郎様」宛の手紙

拝復

その後は打たえて御ぶさた失礼申しました。皆様御清栄の御事と存じおよろこび申し上げます。私の方も一同ぶじでくらして居りますから、他事乍ら御放念下さい。空襲の際はいかがでしたか。私の方は二〇年の五月二十五日に焼けて、何一つありません。ながい間集めました標本は、一晩のうちに灰になってしまいました。一時はどうしてよいか、ポカンとしました。が、これではいけないもう一度立ち直って、大いにやろうと考え直して、目下着々と旧に増して馬力をかけて研究をつづけております。学校の標本も全部焼けてしまいました。何もかもが、裸一つになったわけです。でもよろこんで下さい。十八年前、苦心してしらべたものが、やっとこの節みとめられて世に出ました。今年の発掘には私は参りませんが、東大の先生方が、お出になりましたら、どうか万事よろしく御便立御取計いのほどお願い申します。よい標本でも発見されればよいが、とただそのことばかり祈って居ります。

その後、現地の御採集はいかがですか。奥様や、御親戚の方々へも何卒よろしく御つたえ下さい。ではとりいそぎ近況御報旁々御願いまで。

拝具

長男は目下東京文理科大学動物学科の二年生になりました。長女は家に居ります。

昭和二十三年九月十一日

直良信夫

桜井松次郎様侍史

81　一九四八年九月二〇日『野外手帖　秋』を風樹社から上梓。その「自序」

季節の変り方の、割合に、はっきりとしている日本では、人々はその季節季節の移り変りに従って、ふだんの生活をつづけている。だから、季節の動きを度外視しては、日本人の生活は、成り立たない。私たちの祖先は、何千年も大昔の頃から、このうるわしい国土にあって、自然の裡に起伏し、土の児として、心ゆくまで、生活をたのしんで来た。私たちもまた、その教えにしたがって、今日今後とも父祖の親しんだ、山を見、川を眺めて、心豊かに暮らしてゆくことだろう。こういう、つつましやかな生活の中から、にじみ出た心の結晶の一つに、俳句がある。日本だけの文学だということだが、日本の自然現象をもとにしているだけ、私は大好きだ。しかし、日常忙しい仕事に携わっていると、とかく、自然現象に疎遠になり勝ちである。これでは、ほんとうの、味のある俳句は生まれない。私は日本の自然が大好きだ。だから、好きなままに、筆の向くがままに、身辺の自然についての感想をかいてみた。まとまったものではないが、俳句を作る方々に、何かのご参考にでもなれば、望外の幸に思う。私は、もっと盛り沢山に、あれこれとつきまぜて、書きたいと思った。が、もともと本書は、気楽な気持ちで野外に出て、野趣を味わいたいと思う方や、俳句を作る方が、ポケットにいれて野外を歩く際や、机上での思案のときの、そのお伴をする役目を、仰せつかっているので、分厚なものとすることが許されなかった。記載を省いたものについては、何かの機会に、更めて書き加えたいと念じている。

稿を起すにあたって、私はこの書の出版について、いろいろお世話になった風樹社主人長島千城氏に、厚くお礼を申し上げるものである。

昭和二三年八月一五日

＊　一九四八年一〇月二〇日～一一月一五日　長谷部言人さんを委員長とする明石西郊含化石層研究特別委員会が西八木海岸を発掘調査。二一日直良さんは現場を訪ね、長谷部さんに会う。

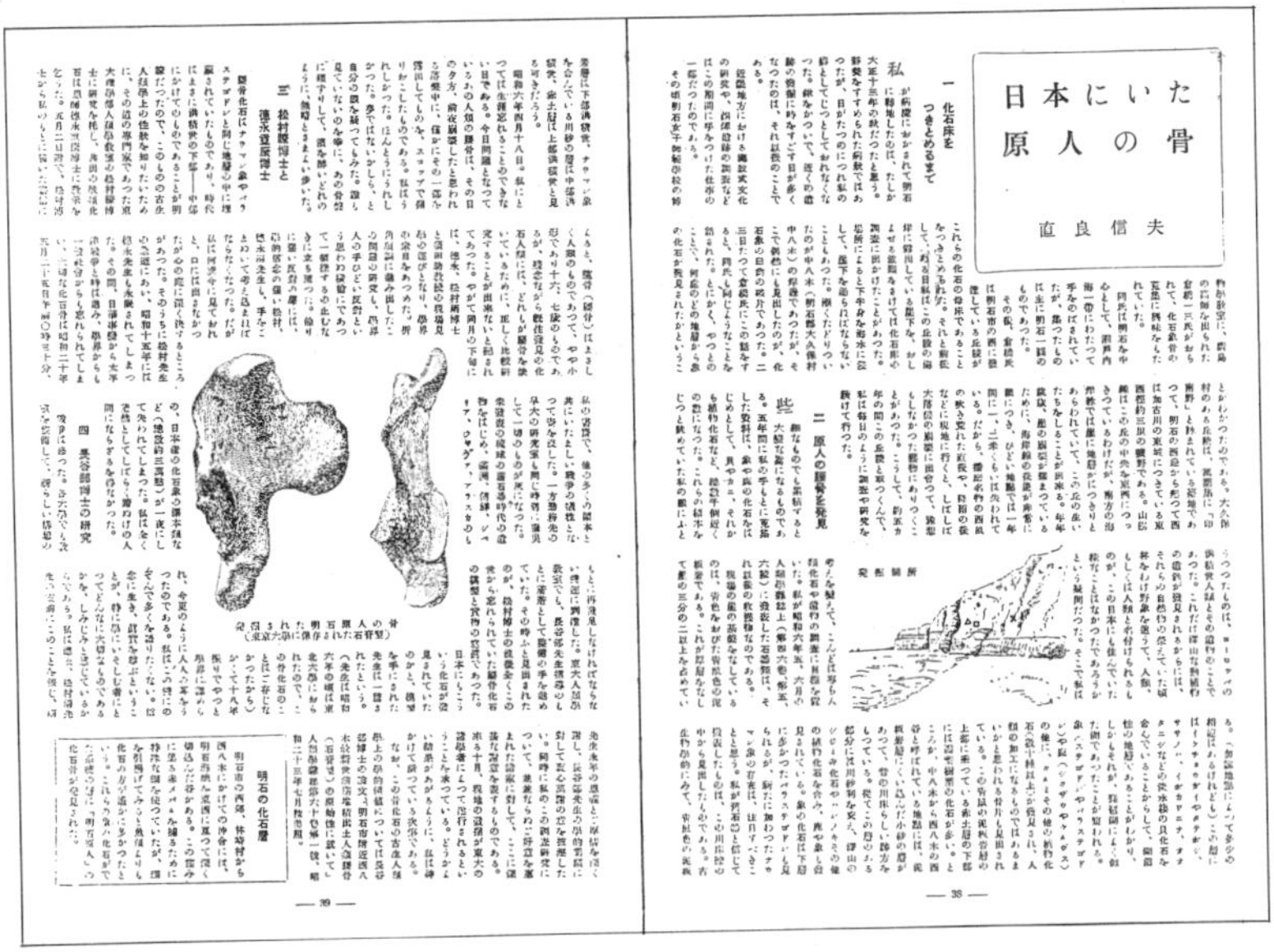
日本にいた原人の骨

直良信夫

一　化石床をつきとめるまで

二　原人の腰骨を発見

三　松村瞭博士と徳永重康博士

四　長谷部博士の研究

明石の化石層

59　西八木海岸の発掘調査直前に直良さんが書いた一文（『科学画報』第37巻第11・12号、1948年12月）

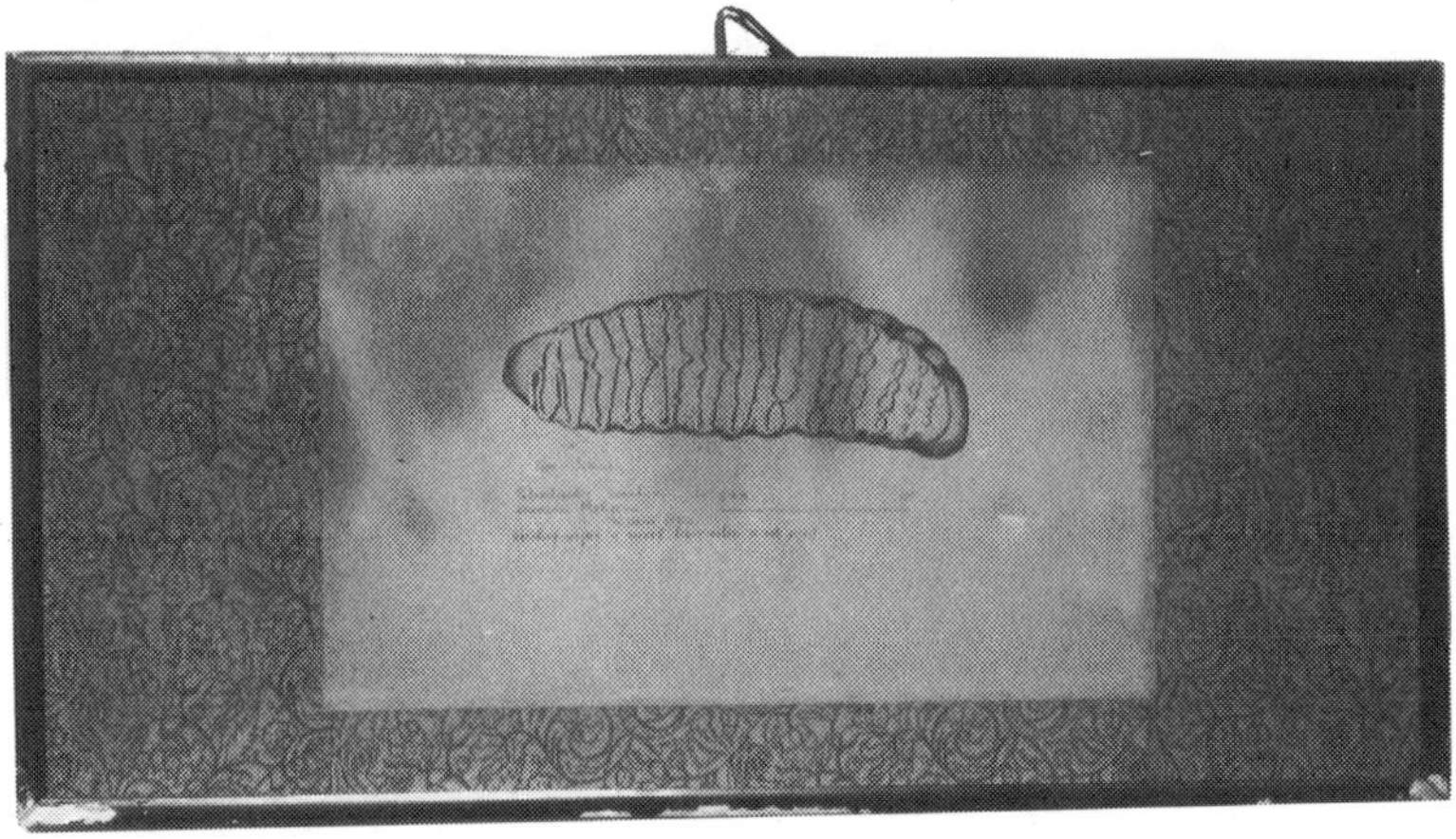

60　桜井松次郎さんが表装して自宅の鴨居にかけていた直良さんの図
（ナウマン象の臼歯、1932年）

82　一九四八年一〇月二五日　中野区江古田の直良信夫さんから「兵庫県明石郡大久保町中八木　桜井松次郎様気付　長谷部言人先生」宛の手紙

拝啓　過日は参上仕りまして、失礼申しました。いろいろ御高慮をたまわりました事を御礼申し上げます。

何かと御不自由の御事と存じ承りますが、桜井氏、井内氏(1)に、よくよく御願い申して御ざいますから、なんでも御相談下さいます様御願い申します。あの層で御ざいますと割合に発掘し易いように覚えて居りますし、秋十月の天候は、一年中で一番よい頃と存じますので、大いに成果が挙がる事と推察申し上げて居ります。ただ人夫の件につき多少難点がありますす様、桜井氏も心配いたされて居りました。これは井内氏が申されて居りましたように、囚人(2)をお使いになってはいかがかと存じます。労働能率がよいばかりではなく、賃金も安くてすむように承って居ります。御相談の上よろしき様、御取計らいの程お願い仕ります。

もし余力が御ざいました節は、西谷あたりの青粘土層(3)を試掘なさいます様、おすすめ申し上げます。面白い結果があがるように考えられてなりません。

時節柄皆様の御自愛と御成功の一日も早からん事を、祈って居ります。

一筆粗文失礼ながら御礼かたがた要用言上仕りました。

拝具

二十五日

直良信夫拝

長谷部先生侍史

(1)　功さん。旧姓新海さん。当時、大久保駅前で井内医院を経営。東京医科大学学生時代の一九三二年八月に、瀬戸内海女木島の山頂にある鷲ヶ峯貝塚を直良さんと調査。

(2)　当時、大久保に刑務所があった。

(3)　田中良一さんが「古人類の前頭骨」を掘り出した地層が露出している場所。

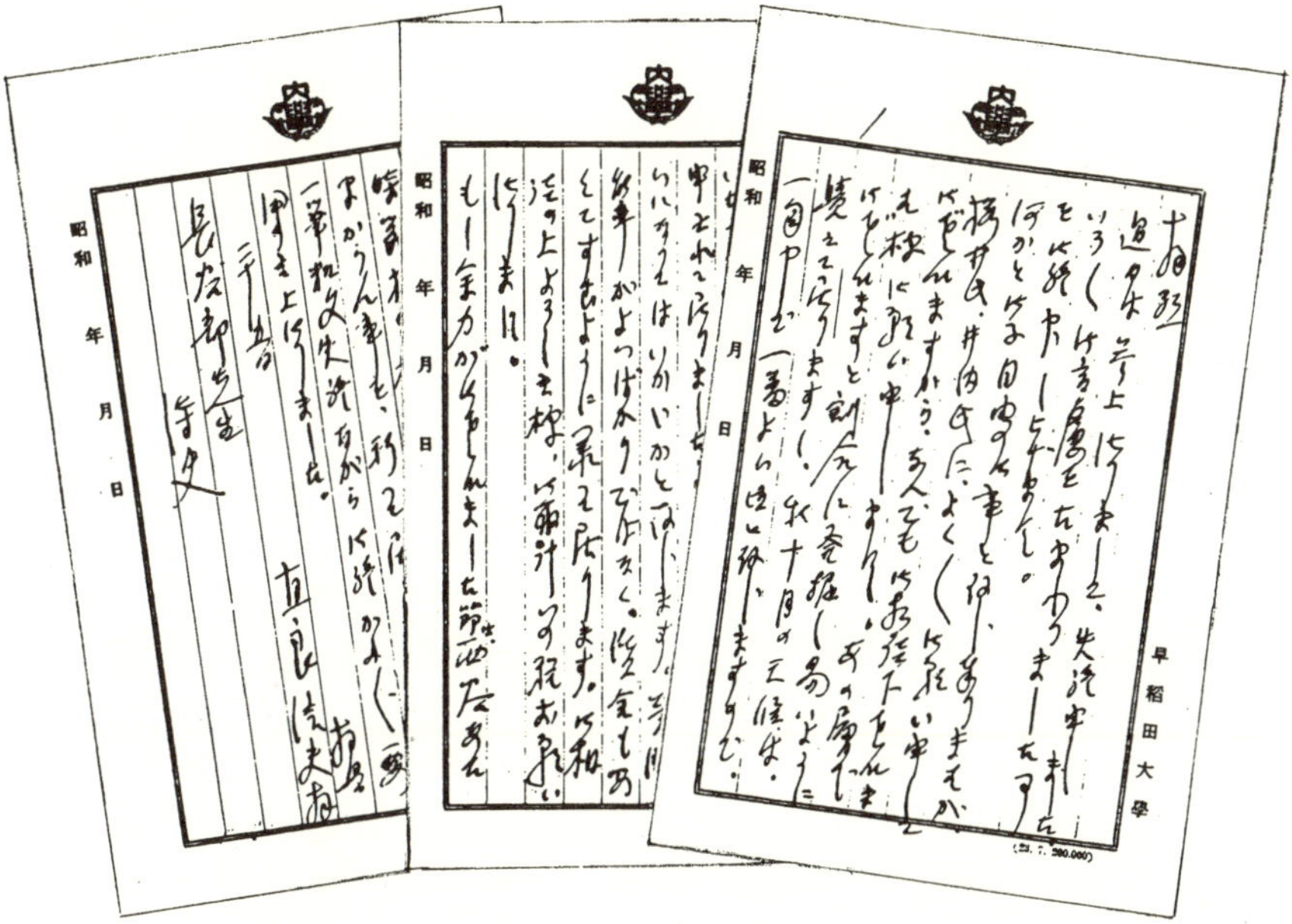

61　直良さんから中八木に滞在中の長谷部言人さん宛にだした手紙（1948年10月25日）

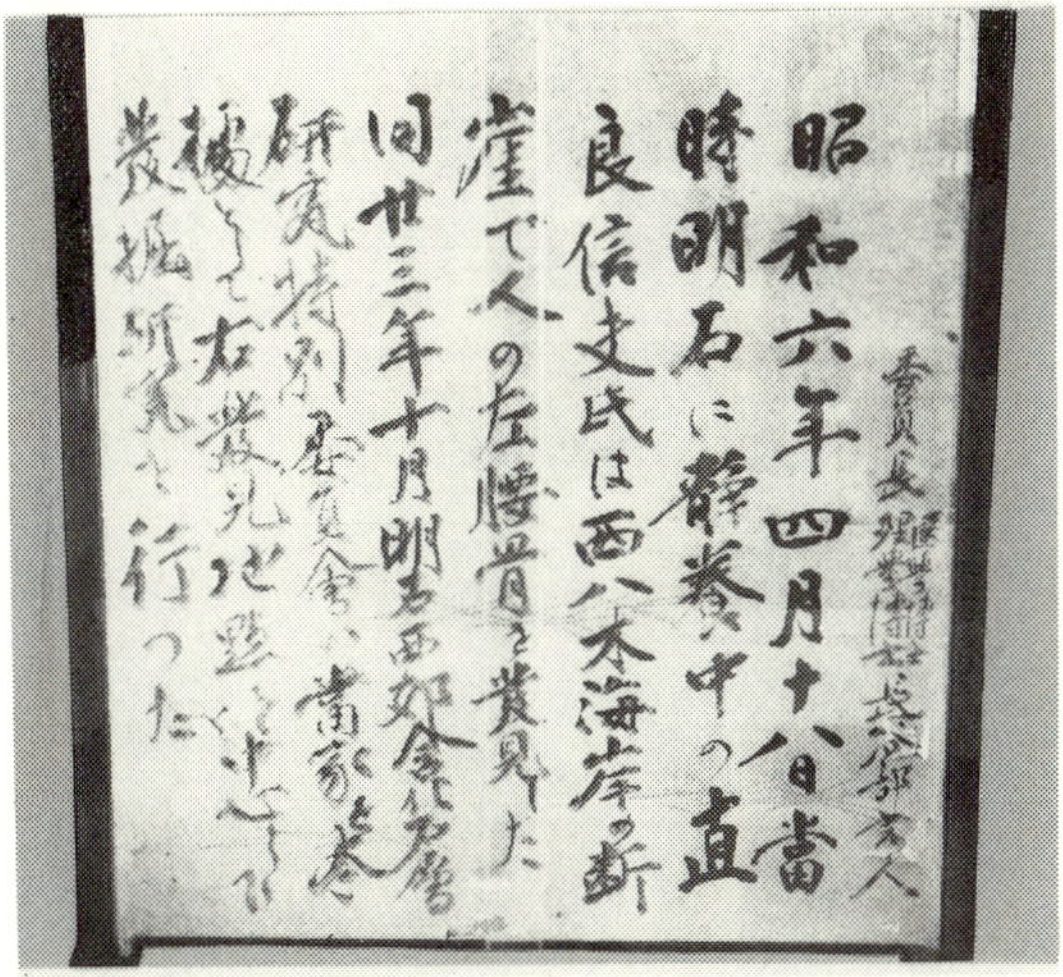

62　長谷部言人さんが調査中に宿舎にした桜井松次郎さん宅にのこした衝立

83　一九四九（昭和24）年一〇月八日　「京都市浄土寺馬場町一七　水野清一」さんから中野区江古田の「直良信夫様」宛の手紙

直良信夫様

早速骨の調査御送付下され誠に有難く存じます。あのまま例によって付録にいたします。イノシシの図できればいれます。まだまだ吾々はこれからかくのですから充分間に合ひます。

イノシシの問題非常に面白いですが、カウライイノシシといふものは北九州に分布するものでせうか。朝鮮との類似は九州以上でせうか。所詮は九州型のファウナでせうか。

考古学協会秋の総会に御出席になりませんか。

匆々

十月七日　　水野清一

84　一九四九年四月五日　『秋』につづけて『春－科学随筆－』を丸善から上梓。その序文。

アカメヤナギが、飴色のビリケン帽を、一つ一つぬぎ捨てる頃から、向陽の枝に、梅は一輪づつの花をもつ。春告鳥の鴬が、本音でなき出すのはそれからである。

どけと云っても、なかなか逃げ出しそうもない一徹ものの冬に、しびれをきらした春の女神が、花に宿り、鴬にこもって、天から地から、静かに、たちふるまひだしたのだ。三月に入ると、君はもうよい加減に、北地へ帰ったらどうだ、と、お天道さまも、さう云っているやうに、にこやかに照る。どなたも喜んでいただきたい。菫の花咲く春が来たのだ。締めきった窓をあけ、重い外套を抜いで野に出よう。木といふ木、草といふ草は、どれもが可憐な花をつけ、小鳥は囀り、蝶は舞ふ。しんから、からだがほてり出すのは、人だけではない。五分の魂をもつ、その虫けらも、春の香をかぎつけ、すたこら穴から匍ひ出して、みんなで若草の原に遊ぶ。あたたかになったといふ事だけでも、うれしくってたまらないのに、ただもう、うっとりとする程、すべてが、美しくて柔かい。春は、万物の発するときなので、発が春になったといひ、凡てのものが張り出すので、張が春になまったともいふ。語源が何処にあったにしても、もともとは、春といふ字は、中国からの移入文字であった事には、相違ないだらう。四季を通じて、気候は中庸、気象状況は静穏であり、この時節ほど、暮らしよく、すみよいときはないのだ。

よしや猫額ほどに、国土はちぢまり、その日稼ぎの、貧乏暮しになったとはいへ、季節ともなれば、国土は天地悠久の春の香に満ち、万物は更新して、生き生きと動く。いつまでも、過ぎし日の出来事に拘泥して、くよくよしていてはならない。寒に耐えて、馥郁と薫る梅花をみるがよい。足下に踏みにじられた路傍の雑草に、眼をうつすがよい。心さへあれば、めぐり来る春に、花の咲かない草木とては、ないではないか。

さあ春だ。何もかも、一切の悪夢をすてて、祖国日本の春を讃へよう。

本書は、さきに出刊した、科学随筆「秋」の姉妹編である。出来るだけ平易に、そして興味を失わないやうに、書いたつもりではあるが、何分にも、化石ばかりいぢっていて、ふだんから、文筆に親しまない私の事なので、さぞかし読みづらい所が、多々あるのではないだらうか、と懸念している。思ふ事も、充分述べつくしてはいないのだが、日本の春の好さを、科学の眼で観ようとした私の気持が、幾分でも汲んでいただけたら、私はそれで幸なのである。ここに、本書の成るにあたって、本書の出版について、何かと御厚情をたまはった、丸善出版株式会社の方々に、深く感謝の意を表するものである。

昭和二十四年一月二十日　春近き秩父の山をなつかしみつつ

85　一九四九年一一月一九日　「練馬局区内小竹町二六七一　佐原真」さん(1)から中野区江古田の「直良信夫先生」宛のハガキ

寒さがきびしくなってきましたが先生にはお変わり御座いませんか。

江古田泥炭層で史前自然遺物採集(2)の折は色々お教えを頂いて有難う御座いました。

今夏、関西へ行き、唐古・国府・瓜破等へ行って来ました。

大歳山は「一片でも」と思って出掛けたのですが一片も拾ふ事が出来ず、先生の徹底的な御採集に驚かされました。

吉田神元神社(3)付近では割に古そうな稲の痕のある口縁を拾ひました。

桐生の旧石器－岩宿遺跡はどうもそんなに古いといふ感じがしません。ローム下でCoup de pointが出てる(4)とは云ってもも北関東のロームと南関東のロームは堆積年代が違ふやうです(5)（前期、甚しくは中期の土器片がロームの中から、出土することが屢々あるらしいです）。普門寺へも行って来ましたが捺型文土器などは実に深くから出て居ります。では又お便り致します。

真

（1）考古学研究者、一九三二年～。当時、東京の武蔵高校二年生。現在、国立歴史民俗博物館長。著書『日本人の誕生』小学館、一九八七年、『考古学千夜一夜』小学館、一九九三年。『斧の文化史』東京大学出版会、一九九四年。『祭りのカネ銅鐸』講談社、一九九六年など多数。
（2）現地で佐原さんは偶然出会ったという。
（3）正しくは神本神社。
（4）ハンドアックス（現在では刃部磨製石斧）が出土したこと。
（5）当時、山内清男、酒詰仲男、渡辺仁、高井冬二さんなど東京大学の関係者はこのように考えていた。

86　一九五〇（昭和25）年一月二日　「世田谷区松原町四の一一三一　野口義麿」さんから中野区江古田の「直良信夫先生」宛の手紙

謹賀新年
昨年中は種々御世話になりました。厚く御礼申し上げます。本年も何卒御指導御願い致します。
さて、去年十二月予定通り銚子粟島台遺跡を調査致しました。毎日雨ばかり降り続いて十分な調査も出来ませんでしたがいろいろ面白い遺物を発掘致しました。自然遺物でも出土致しましたら先生に御願い致す心算でしたが残念な

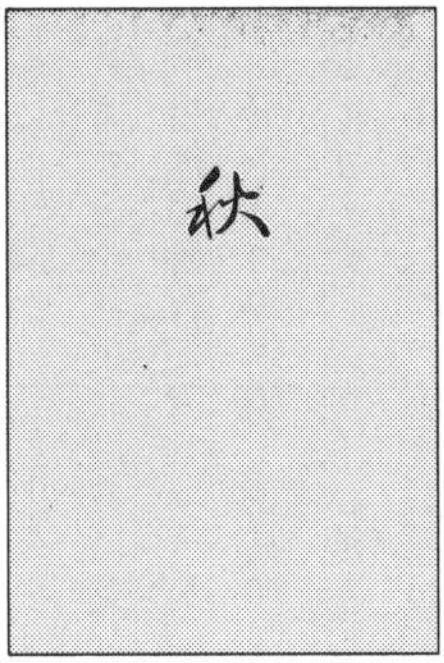

一九四六年

一九四六年

一九四七年

一九四七年

一九四七年

一九四八年

一九四八年

一九四八年

一九四七年

一九四九年

63　直良さんの著書（1946〜1949年）

りますが半分迄穴をあけて居事に自然遺物は発見出来ませんでした。文化遺物の中で特に注目すべきはコハクの未完成品……半分迄穴をあけて居ります……と東北地方に丈しか今迄発見出来なかった様な土器片等がありました。縄文式中期にコハクの発見された例は他に御存知でしょうか。

又十二月の末頃千葉県加曽利貝塚を二、三日調査致しました。私は運がよかったのか阿玉台式土器の出る地点を発見しました。当地点は混土貝層－純貝層－中間褐色土層－純貝層－竪穴となって居り表土より竪穴床面迄一米五〇糎程ありました。混土貝層は加曽利E式土器でしたがそれ以下は、阿玉台式土器ばかり出土し特に竪穴直上の純貝層は遺物が非常に多く復原可能のものもありました。この地点は良好と思われる場所の大部分が麦畑のため、下の方から次第にトンネル掘りになってしまいました。丁度この麦畑の下へトンネルを開けた地点竪穴より二〇糎くらい上の処より獣骨犬と思います、を発掘いたしました。一匹は完全に横になって寝て居たのですけれどどうもトレンチも小さくトンネルの中ではありその上褐色土層の為にベトベト粘土の様に土が着き完全に全部の骨を採集出来ませんでした。そのすぐ隣からもやはり犬が発見されましたが、之は頭部のみです。之もあまり上手に採集出来ませんでした。皮肉なことに犬の周囲からは夥しいほど土器が発見されますので、獣骨は自然二の次となってしまいました。

近い内に先生のお宅へその骨をお目に掛けに参ります。

暇にまかせて近況をお知らせ致した次第です。乱筆にて失礼致します。

一月一日　　　　　義麿拝

直良先生

87　一九五〇年三月二六日　「目黒区碑文谷一ノ一一九五　藤原英司」さん(1)から中野区江古田の「直良信夫様」宛のハガキ

長らく御無沙汰いたしました。その後も御元気で御暮しの事と存じます。三月一六日から休暇になりましたのでモグラとネズミを追いまわしています。いずれも林業試験場内でアカネズミ三頭、モグラ一頭を捕獲致しました。アカネズミ二頭は雌でしたが既に妊娠しており、一頭のには一・五㎝の胎児四頭が見られました。他の一頭のは五㎜位の胎児でした。雄の testes は昨年四月に捕獲したものと殆ど同大でした。この夫婦の棲んでいた穴を掘り面白い図を得ました。巣と食倉はわかりましたが便所がわかりませんでした[(2)]。モグラは竹筒で生捕り罠を作り中へは入りますが駄目ですので箱形に直しましたが同じですので癪にさわりスプリングのついた刺殺機をかけました。一度はよけましたが、とうとうかかりました[(3)]。♂でした。今「日本産獣類雑話」を借りて来て読み直しております。観察の克明さには全く敬服の外はありません。

ヤマネは元気ですか。もうヤマネ日記も近々に出版されそうな気が致しますが、今泉氏が今度上野科学博物館に転勤されるそうです。もう来月から移られるそうで調査室を片づけておられます。では又。

(1)　一九三三〜。当時、都立青山高校生徒。国立科学博物館動物課、貿易商を経て現在、常磐大学国際学部教授。

(2)　こう丸。

(3)　当時は研究対象の動物を殺して得ることはごく普通であった。しかし、その後、藤原さんはすべての生命に対して尊厳を認める立場をとるようになり、『虫ケラにも生命が——自然保護思想の変革』(朝日新聞社、一九七三年)、『動物の行動から何を学ぶか』(講談社、一九七四年)を著しているほか、『全集日本動物誌』全三〇巻、『世界動物文学全集』全三〇巻、『全集日本野鳥記』全一二巻、以上いずれも講談社、の編集・解説の仕事がある。

88　一九五〇年七月一日　鹿間時夫さん[(1)]の『古生物譚』後篇の「骨学」一部、日本鉱物趣味の会

骨学

私は此の方面でとりたてて直良信夫氏の仕事に敬服していた。氏の骨学に対する熱情に頭を下げていた。江古田の氏の家の研究室は骨で一杯であった。私達はよく徹宵して語り明かした。骨の話で一晩くれたことも少なくなかった。

氏が満州［中国東北地方］顧郷屯の化石骨を研究していた頃や明石海岸の象等をつついていた頃[2]がその白熱期であった様な気がする。氏は元来考古学畑の人であるが鋭い観察力とファーブル式の文学を持っていて動物の生態方面にも詳しい。私は幾多の資料を直良さんより戴いた事を感謝している。江古田の家は思い出の家であった。氏の熱情が丹念に蒐めた資料で充満していた。今度の戦災で此の貴重な資料が焼けたのは残念でならない。「家も学校も一切をやきました。あれほど沢山ありました標本も文献もすっかり失ってしまったのです。泣くにも泣けない日が続きましたが、この節ではもうあきらめてもう一度起ち直るつもりでやって居ります」、と便りに書いていられる。直良さんの戦災は日本骨学にとって大きな損失である。もう一度再起して戴く事を祈らずに居れない。

（1）古生物学者。一九一二〜一九七八。当時、長野県飯田高松高校の教員。のちに横浜国立大学教授。
（2）直良さんは一九三三・三四（昭和8・9）年に顧郷屯を徳永さんと発掘、一九三九年に最終報告書を刊行。鹿間さんは東北大学理学部地質学古生物学教室の卒業論文に「明石海峡付近新生代地史」を選び、一九三三年夏から三五年春まで、地史と象・鹿化石の研究に専念した。その成果の一部をまとめた論文「明石層群に就いて」（『地質学雑誌』第四三巻第五一五号、一九三六年）の中で、鹿間さんは「特に本研究を通じ終始熱烈なる御援助を戴いた直良信夫氏及び御家族の方々に、衷心より感謝いたします。」と特筆している。

89　一九五〇年八月一三日　「茨木県稲敷郡木原村　厚生科学研究所　清野謙次」さん[1]から中野区江古田の「直良信夫殿」宛の手紙

直良学兄
先日は参上、色々御厄介になりまして有り難う存じます。
帰来、弘文堂の依頼で「原始人類への諸論題」を書いて居ます[2]。
一、その中の一章「日本人種自然史」の結尾を別便で送りますからお眼を通した上で御返送下さい。
二、御異論ある部分は鉛筆で消すなり又御訂正下さい。
三、上膊骨の大体の長さを御記入下さい。

四、右側か左側か忘れましたから御記入下さい。
五、まだ書き入れる必要の事あらば教へて下さい。
右御願まで

清野謙次

（1）病理学者・人類学者。一八八五〜一九五五。元京都帝国大学医学部教授。著書は『日本石器時代人研究』岡書院、一九二八年。『古代人骨の研究に基づく日本人種論』岩波書店、一九四九年。『日本考古学・人類学史』岩波書店、一九五三・五五年。『日本貝塚の研究』岩波書店、一九六九年ほか多数。
（2）『人類の起源』に題を改めて一九五〇年一一月、弘文堂から上梓。その一八八頁から一九〇頁で、この年の六月に直良さんが葛生町大叶一〇号採石場から見出した人骨を紹介し、所見を述べている。

90　一九五〇年七月　さ・え・ら書房のぼくたちの研究室シリーズの一冊『動物の歴史』の「はしがき」

私のうちには、現在、いろいろな、動物を、七・八十匹も飼っています。アカネズミもおれば、ハツカネズミもいるし、めずらしいものでは日本産のヤマネなどもいます。だから私は、こういう動物たちの、お父さん格であるとともに、「直良小動物園」の園長さんでもあるようです。飼ってみますと、どんな生き物だって、眼に入れてもいたくないほどかあいいものです。

私は、子供の頃から、生き物を飼うことが大好きでした。生き物といっしょにくらしていないと、何だかさびしくってしょうがなかったのです。自分のたべたいものでも、犬がしっぽをふると、やらないではいられませんでした。

世の中には、不思議なことがたくさんあります。その中でも、私が一番に不思議だと思うことは、自然のもつしんぴさです。研究すればするほど、深く考えれば考えるほど、つぎからつぎへと、いろいろなことがらが目につき、心に浮かんで、人間の力の浅いことを、しみじみと、感ずることがあります。

最近の科学の進歩は、そういう疑問に対して、新しいかいしゃくの仕方を教えてはくれますが、まだまだ、十分というわけには行きません。

「地球は、ぐるぐるまわっているというのに、どうして、コップについだ水が、ひとりでこぼれないの」とおとなりの坊やにきかれたことがありました。そして、この坊ちゃんは、その後で、土をいじりながら、地球の生いたちだとか、そこにすむ、生き物のことなどについて、矢つぎばやに私にといかけるのです。子供は正直ですから、わからないとなると、どんどん、つっこんで来ます。ときには、私をめんくらわしたこともありました。しかし、子供のこうした追求欲は、それが正しいものである限り、どこまでも、のばしてやらねばならないと思います。うるさがって、いいかげんにあしらっている人があるようですが、それではいけません。子供の知識を正しいものに育てるために、大人の私たちも、たえず勉強することを怠ってはなりません。

そこで私は、私によせられた、いくつかの質問のうちの、生物（ここでは、殊に動物について申し上げましょう）の歴史についてのご返事を、この本をかりて申し上げることにいたしました。

私は、この本をあむために、沢山の本を参考にしました。その中でも、チッテル、ラル、アーベル、ローマー、オスボーン、ピボー、スコット、ハッチンソン、マーシュ、ライデッカー、ウェルズなどの諸先生のお説は、大変に私を力づけて下さいました。また、この本を出しますのについて、さ・え・ら書房の浦城光郷さんには、ひとかたならぬ、お世話さまになりました。共々に、あつくお礼を申し上げます。

昭和二十九年七月　窓ごしに明るい冬空をながめながら

1948年

1949年

1949年

1949年

1950年

1952年

1954年

1955年

1956年

64　直良さんの子供向けの著書（1948〜1956年）

91　一九五一（昭和26）年五月二〇日『読売ウィークリー』にでた直良信夫さんの紹介記事

糞学

不気味な灰色に薄光る人骨と獣骨の破片、異様な泥土の塊り、臭気を発する糞便の山、これらのものが天井まで届く書籍の山と一緒に、雑然とつめこまれた三畳ほどのベニヤ板張りの狭苦しいバラック…これが洪積世の研究では指折りの早大講師直良信夫（五〇）氏の、中野区江古田一の二〇七三にある研究室だ。直良さんはこの研究室で動物の糞の研究、すなわち糞学の体系づけに没頭しているのだ。

直良さんが糞の研究を始めたのは今から十数年前のことだが、当時まず手初めに上野の動物園に通い、動物の糞を片っ端から貰って来て収集した。仲間の学者たちはこの臭い研究に鼻をつまみ、誰も相手にはしなかった。ところでこの動物園で採集した糞は人工的に与えた餌料を消化したものだから自然に生きる動物の糞とは大分相違している。そこで直良さんは「理想的な糞」を集めるため人跡未踏の森林や山地を踏破しては、熊、狐、狸、鹿、イタチ、カワウソ、モグラ、ノロ、テン、山鼠などからミミズに至る無数の動物の糞便を採取して歩いた。それらの臭気、形状、色、重量、糞となった餌食、糞の仕方、糞をする場所などを厳密に調査し、分類、記述するのである。

「イタチ…糞長五五ミリ、糞径七ないし八ミリ、糞量一・六グラム、糞から識別される食物は蛙と鼠で、鼠はその毛が消化されず、骨は五ミリ位に折れているが原形を留めている。これが一回に排泄される量は…」といった具合である。

「私は動物を研究するように生まれついたものか、多分に動物的素質があり嗅覚などが人間ばなれして発達している……」と直良さん自身いっているが、その特有の鋭敏な嗅覚のおかげで、糞のにおいをかいだだけで動物が何であるかを判別出来るようになったという。

さて直良さんの誇る「糞学」の構想を要約すると次のようなことである。

考古学・古生物学の研究上、洞穴の中などに残されている糞の化石を調べることが必要だ。その内容がわかればその動物の食性その他がわかり、したがって糞から動物そのものの実態を想定することができる。糞の名を識別するためには、現在生息する動物の糞を研究し、それが化石化した糞を通じて、その糞をした動物の性質を推定するのであり、穴居人類の生活様式も同様にしてその糞便からわかってくる。さらにある種の鳥類の糞は過燐酸石灰として応用化学上に大いに役立つが、その方面にも糞学の研究は結びついてくる。まだ新鮮な動物の糞はその臭気や形状から健康状態を判断することが出来るから、畜産学上にも大変役立つ。現在の畜産学は全然糞の研究に手をつけていないから、この方面の開拓は重要な意味がある。これを狩猟に役立てれば、糞を発見することにより、その付近の獣の種類、巣窟や餌食となる動物などが判り、獲物を追い求める狩猟家にとって便利である。こうして糞学は種々な応用面を持つに至る…というのが直良さんの説なのである。

直良さんは採取してきた無数の動物の糞を片っ端から自宅に持ち込んだ。大学の研究室を臭くしては他の教授や学生に迷惑だというので…ところが自宅でその臭気にスッカリまいってしまったのは夫人の菱江さん、一人息子の東大物理学教室大学院学生の博人君の両人だったのは言うまでもない。特に富士山で熊の新鮮な糞を三個発見したときなどは直良さん自身はホクホク大喜びで持ち帰ったものだが、熊の糞の臭気は言語に絶するほどで、家の隅々まで滲みわたり、家人の食欲がそのためみるみる減退して行った。そこで閉口した博人君が折りよく入った一万円ほどの父君の原稿料で材木を買い込み、三ヶ月かかって素人手に造りあげたのが現在の三畳ほどの糞学研究室なのである。

「ダーウィンは一匹のミミズを研究するのに四十年かかった。人から馬鹿にされながらそれをやりぬいたダーウィンを私はいつも頭の中に描いていた…。どうせ私たちのような学問をやっている者は気違い扱いを受けるのが本当じゃないですかネ」

直良さんは「明石原人」「日本橋人類」(1)を発見し特異な境地を開いているが、大変な貧乏で、結婚以来直良さんの俸給は全部研究費にあてられてしまうため、女高師の理科を出た奥さんが女学校の教師をして一家の生計をはかってきたのだ。だから「今日まで私は女房と喧嘩ひとつしたことはない。女房に出て行けとでもいおうものならたちどころに私自身が生活に窮してしまいますからね…。」と直良さんは語るのである。

「私は世間的には敗残者かも知れない。だが古代の壮大な自然世界に想いを馳せていると現代人の社会など馬鹿ったらしくて仕方ないですワィ。生活苦なんていうものは原生物世界の幻想の中にとけまして忘れてしまいますョ。」だから直良さんはしばしば空想の古代自然界の中に忘我状態になることがあり、人類のいない世界で羊歯類の密生する草原を徒歩して、マンモスや恐竜などに出会う夢などは毎日のように見るそうだ。去る三月発掘した「日本橋人類」は直良さんの判断によれば、二二、三歳の反っ歯の女性なのだそうだが、発見した夜のこと、その娘が枕辺に現れてニッコリと微笑みかけ「私はあなたによって救い出され、世に浮かび出ることができたのですワ…」と静かに語ったまま消えて行った夢を見、それからというものは電車の中や往来でその年ごろの娘をみると、みな日本橋人類の再来のように思えて仕方がないそうだ。

（1） 東京都中央区日本橋の有楽町貝層下で見つかった人骨に対して直良さんが清野謙次さんと相談して与えた名称。直良さんの『日本旧石器時代の研究』早稲田大学考古学研究室報告、第二冊、二六五～二七四頁、一九五四年、清野さんの『増補 人類の起源』二二五～二二六頁、弘文堂、一九五三年に詳しい。直良さんは完新世初めの人骨と推定しているが、鈴木尚さんは江戸時代の人骨と考えている。

92 **一九五一年五月** 松村健・秋葉俊彦・長谷川昇さん（当時、足利市立第二中学校二年生）が直良さん宛に書いた手記。栃木県安蘇郡葛生町山菅前河原の石灰岩採石場跡で人類の大腿骨化石を三人が見つけたときの状況を記す。

五月三日の憲法発布の日に松村・秋葉・長谷川で葛生に化石採集に行った時に、山菅のがけの中ふくで大きな鍾乳石（直径約三〇センチぐらい）を見つけ行って見ると動物の骨らしい物が約八センチぐらい石の外にでていた。まわりには大きな石灰岩がちらばっていた。僕達が考えるのにはこの骨は一つの物になっていたのが高いところからおちる

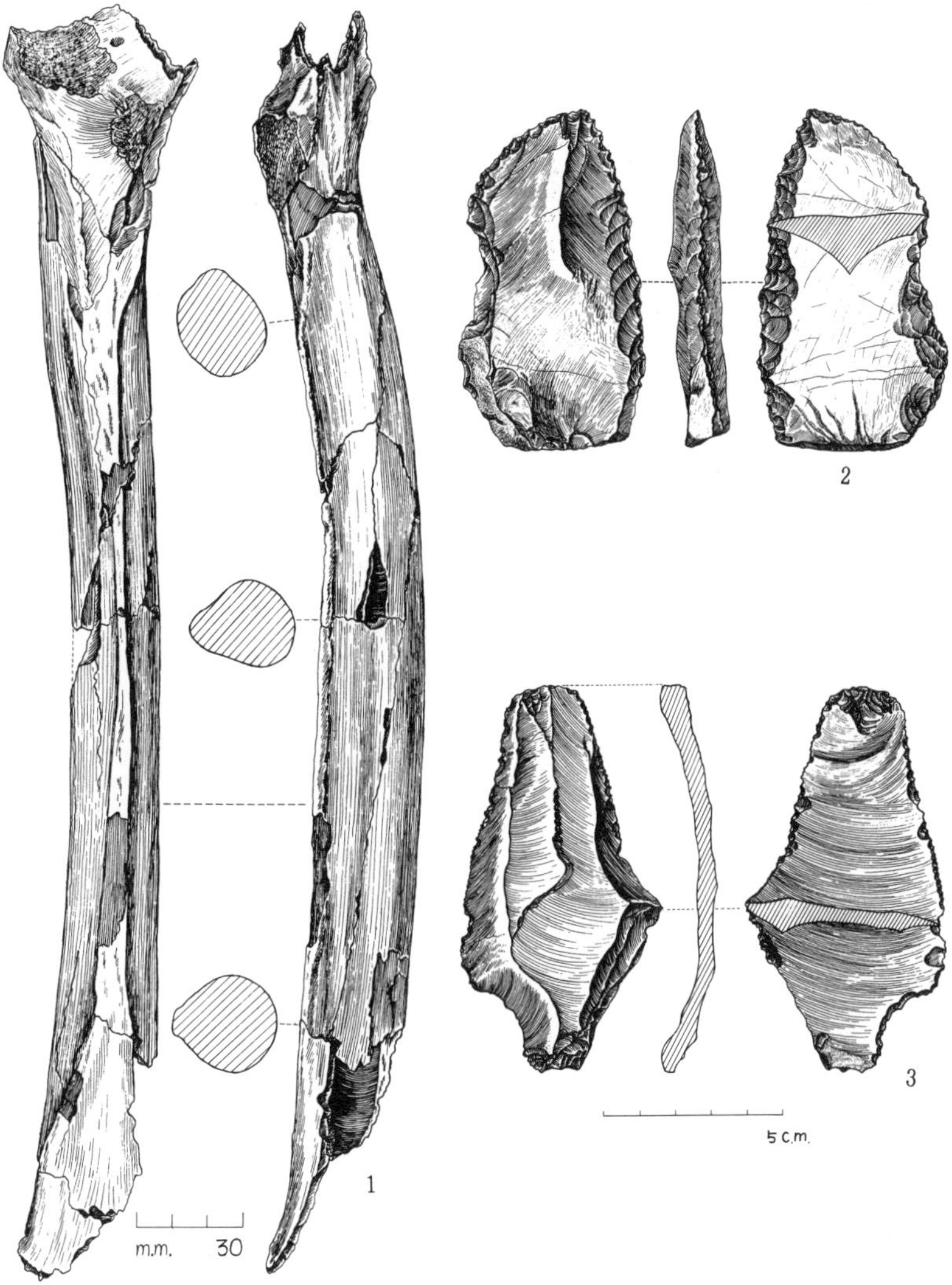

65　栃木県葛生町出土の人骨と石器
1 前河原で採集の大腿骨、2 葛生中学校庭で採集した石器、3 築地の工業前河川工事中に礫層から発見した石器（黒色の硅質頁岩）

時にばらばらになってしまったのだと思う。左の高い丘のところには墓地があったが、その墓地の骨ではないことは僕達しろうとでも分かる。それはその骨がカルサイト（石灰岩）につつまっていたからである。墓地の骨ならばその石灰岩の中にははいっていないと思う。

それから清水石灰工場の清水さんの所でナウマンゾウの化石を見せてもらった。僕達の発見した骨もだいたい同じ時代ぐらいだと思った。それは骨のかたさからもっていってもぜったい地質時代の物にちがいないと思った。

石灰工場ではたらく人達にみせたらその骨は上に墓地があるから人間の骨だといった。僕達はそのしょうことして、その骨のはいっていた石灰岩をとってきて見せたらだれ一人として墓地の骨であるなどといわなくなった。その石灰岩は、非常におもいので清水さんの家の所にすててきてしまったが、学会において直良先生が発表する時にそのしょうことして僕達三人がしょう人として行こうと思う。

93　一九五一年六月三日　「千代田区四番町アパート21号　斎藤弘吉」さんから[1]「直良信夫様」宛のハガキ

前略

日本狼（現世、徳川末一明治）で私の計測したものの内一番長大なM_1は伊勢国の内田氏蔵のもの28・5㎜です。27㎜になると数例ありますが、先日拝見した程大きい29～30㎜のもの[2]はまだありません。朝鮮狼で私の計測した内一番大きいものは27・5㎜です。朝鮮でも北の境になると28・5㎜、旅順狼では29㎜等があります。日本新石器時代では私の計測した中、一番大きいのは土佐佐川の28・2㎜です。上のP4は現代の日本犬で20㎜は数多くありますが日本狼では20・5㎜が多くあり、その差僅少と云わねばなりません。外国犬ですと22㎜まで多くあります。

先日拝見の家犬の下顎骨はCのあたりの体の高さが割合高いため前後平均的な高さの形に見える率が多い様に思いました。厚さはあの程度は新石器時代に多いですし、犬科一般イヌは勿論、体の厚さの厚いのは家犬で、野生は御存知の様に寧ろ薄いので、厚いのが野生的とは云はれません。

（1）犬・狼の研究者。一八九九～一九六四。『日本の犬と狼』雪華社、一九六四年などの著書がある。
（2）直良さんの『日本産狼の研究』校倉書房、一九六五年、に掲載の現生標本と思うが、どの標本をさしているのか不明。

94　一九五一年六月二〇日　「諏訪市和泉町諏訪考古学研究所　藤森栄一」さんから中野区江古田の「直良信夫様」宛の手紙

御無沙汰致して居ります。皆様お変わりはございませんか。私方一同元気で居ります。本年一月から四月まで、脾臓肥大症で一時輸血で持つほどになりましたが、昨今ようやく元気になりました。

本日浦城光郷兄来訪、いろいろお話が出まして先生御高著の件お話がありました。御迷惑をおかけ致して居ります。若し「さえら」で受けるようでしたら紙型おゆづり致してもよろしいと存じます。

家内から呉々もよろしく。御返答のみ

匆々

藤森生

直良先生

95　一九五一年八月五日　『子どもは土の子しぜんの子』「幼年理科ものがたり」の副題をつけてさ・え・ら書房から上梓。中学生向きの本をたくさんだした直良さんが小学生向けに書いた唯一の書。そのあとがき。

こどもは　かぜの子　ゆきの子ともうしますが、わたくしは　それに　もうひとつ　つけくわえて　土の子といいたいとおもいます。

土の子ともうしましても、どろおいたばかりして、どろんこになって、あそびなさい。

というのではありません。そのような、おあそびは、きたないばかりでなく、おかあさんが、あとしまつに、おこまりですから、どろあそびはあまりやらないようにしましょうね。

わたしが、土の子と、もうしましたのは、こどもは、しぜんの子でないと、いけないということを、いっているのです。

しぜんは、ほんとうに、うつくしく、そのうえ、みなさんがしりたい、しんりのせかいが、かずかぎりなくひそんでいます。ですから、みなさんのとしごろから、しぜんのしくみが、よくわかるように、しぜんにしたしんで、だいちに、しっかりあしをふんばった、人にならなければいけないとおもいます。

そういうことからして、こどもは、どこまでも、土の子であってほしいとおもいます。

この本は、小学校の、ぼっちゃんやおじょうさんに、よんでいただくために、かいたのですが、さてかきあげてみましたら、ちょっとむずかしいところが、あるように、おもわれてなりません。

もし、わかりにくいところがありましたら、ゆうがた、ごはんのすんだあとなどに、おとうさまやおねえさまに、うかがって、ください。

わたくしは、この本を、つくるために、いそべせんせいと、さえらしょぼうのかたに、たいへんおせわになりました。あつく、おれいを、もうしのべます。

また、さしえをおかきくださった、こばやしせんせいにも、こころから、おれいをもうしあげます。

春ちかき日　　なおらのぶお

96　一九五一年一〇月一七日　「群馬県桐生市横山町二二五　東毛考古学研究所　相澤忠洋」さん(1)から中野区江古田の「直良信夫殿」宛のハガキ

前略　先日は大変失礼申上げました。
又早速の御書状有難く拝見致しました。
さて、私、一九日に上京致しますので二十日午後学校の方へ御伺致し度く存じて居ります。
此の件何分よろしく御願い申し上げます。
では、いずれ御面接の折。
右取急ぎ乱書にて御願迄。　　敬具
　昭和二十六年十月十七日
　　　　相沢生
直良先生殿

(1)　考古学者、一九二六〜八九。岩宿遺跡の発見者。著書に『岩宿』の発見－幻の旧石器を求めて』講談社、一九六九年。『赤城山麓の旧石器』（関矢晃共著）、講談社、一九八八年がある。

97　一九五二（昭和27）**年一二月一日**　京都の木原均さん(1)から「早稲田大学古生物研究室　直良信夫様」宛のハガキ

御高著「農業の歴史」御恵贈深謝します。大変有益です。いずれ参上仕り御高見を御願いします。先日正倉院にて大麦、小麦、稲、粟、キビ等をみて来ました。　匆々
　一一月三十日
　　　　木原　均

（1）　植物遺伝学者。一八九三～一九八六。当時、京都大学理学部植物学教室教授、のちに国立遺伝学研究所所長。

98　一九五三（昭和28）年五月　前の年からこの年にかけて直良さんは福村書店からの依頼で中学生向けに「人間の歴史文庫」全六冊を一人で書くことにして『住まいの歴史』、『農業の歴史』、『食べ物の歴史』、『漁と猟の歴史』、『人間の歴史』を月一冊の割合で上梓。しかし、最後の一冊『きものの歴史』は、校正途中で出版社の事情により未刊のままにおわった。その序文。

母への感謝を筆にこめて

わか葉の木立をゆすって、あまい五月の風がほ立ち前のムギ畑を、そっとなでてゆきます。きのうまで、ムギのしとねのすみかの上で、なごりの春の感激をひねもす口ずさんでいたひばりも、今日はどこかに旅だって、畑のわきの小川だけが小石にせせらぎ、雲を浮かべて流れています。あてどもなく五月の陽かげをふみ、青葉の香気にむせびながら野を行くことは、私にとってはまたとないたのしみです。生きていることのとおとさをしり、生命のふしぎさにひどく胸をうたれるのもこうしたおりだということを、しみじみと私はおもい浮かべるのです。

若いうちはそうは思いませんでしたが、年をとるのにしたがって、なぜかふるさとのことがあれこれと心によみがえってきます。郷愁は詩の中心をなすものだということを何かの本でよんだことがありましたが、詩人でない私でも、雨につけ風につけはるかにしのぶは少年の日のふるさとの思い出です。

私の子供のころには、ひるはひる、夜は夜で、母はせっせとはたを織っていました。冬じゅうゆびさきやかがとに大きな口をあけていたあかぎれも、春風がふきそめてからやっとなおって、はた織りができるようになったとよろこんでいたあの母も、あれからもう四十いく年、耳も遠くなり視力もにぶって、このごろでは腰もまがられたという便りをいただきました。あの子、この子とおおぜいの子供をかかえて、一人ひとりのきものを夜明かしをしてぬって下さったあの母。きものの歴史をかこうとしてペンをとったしゅん間、私の心にふとよみがえったものは、あかい目をしょぼしょぼさせながら、あげをしおわるとしつけの糸をとって下さった母のすがたでした。少年の日をふりかえり、今をおもって、いくつになってもこの母に孝養のつくせない自分のふがいなさが、切々と私の心をいためつけます。

きものが発明されてざっと一万年ほどになりました。ヨーロッパでくらしていた、後期旧石器時代の人々がはじめてこれを身につけて、当時の寒さをしのいでいたのですが、そのころすでに、うわぎにスカート式の下ぎをつけていた南方型と、ズボンようのものをはいていた北方型のものとがありましたから、その土地土地で用いるものにちがいができていたことがわかりました。だから実際のおこりはじめは、もっと古い時代にさかのぼってゆくことでしょう。きものと申しますと、せまい意味では日本のきもののように両肩で支えて前であわせる式のものをいうのですが、ここでは広いはんいに意味をひろげてすべて身につけてきるもの、つまり衣服のことをさしているわけです。人間がきものをきるようになったのは、大きくわけると三つの理由があったのです。なんといってもその最も大もとの原因は、寒いから何かうえからはおって、あたたまろうとしたことにあったと思います。当時の人々が常に住まいとしていた所は、岩山の岩かげやほら穴の中でした。ごしょうちのように、岩石は夏は太陽熱をすいこんでとてもあつくるしいものですが、冬はそれとは反対に岩がこおってしまつが悪いものです。したがって足ばがわるいことと相まって、けがをしがちなのです。ですからこんな所で生活するのには、からだを保ごする物をまとっていなければなりません。きものの発明された第二の意味はここにありました。人間が動物のようなくらしをしていたときには、まっぱだかでいてもおたがいにきになりませんでした。ところが知識がだんだんと進み文化が高まってきますと、はじろう心がわいてまいりました。みにくい部分をかくして、人間的な生活をより高いところに高めてゆかねばなりません。そのためにに、一番さいしょにかくさねばならなかったところは、腰のあたりでした。もちろんこれには原始的な宗教上のいわれが多分に含まれていたことと思います。これがきものの発明された第三のわけでした。こうしてきものは、人間の生活上欠くことのできないものとなって、いろいろと工夫や改良がつまれて今日にいたったものでした。しかし、きものをきるならわしがついたことから、人間はからだから毛をうしなってしまいました。今後このぶんで進んでゆきますと、しまいにはタコのようにちっとも毛のないからだになってしまうのではあるまいかと考えられたりします。寒さをしのぐために、きものをきることはもちろん必要ですが、度をこすとひふのていこう力が弱くなってきます。すぐにカゼを引いたり、寒さに非常によわいからだになってしまってはなりません。からだをいたわるとともに、からだをきたえて、ちょっとくらいの病気にはおかされないような強いからだにきたえあげなければなりません。きものの発明されたわけをよく考え、きものの歴史を深くきわめ、悪いところは改め、よいところはどしどしとりあげて、人間の生活を豊かにするようにつとめましょう。

愛するもののすこやかなしあわせをいのりつつ、一針ひとはり、おもいをこめて針をはこんで下さったふるさとの母へ、限りない感謝のまごころをささげながら、私はこれからきものの歴史をみなさんといっしょに研究してみたいと思います。何分と小冊子のことですから、中華民国やインドなどのきものについて、あれこれ書きつづることができなかったのは、私としても残念なことだと思っています。

毎度のことながら、この本をあむにあたって諸先生や学友、それから福村書店のみなさんにたいへんおせわになりました。厚くお礼を申し上げます。

昭和二十八年五月五日のよき日

早稲田大学考古学古生物学研究室にて

99　一九五三年七月二十七日　「目黒区碑文谷一の一一九五　藤原英司」さんから中野区江古田の「直良信夫先生」あてのハガキ

長らく御無沙汰致しております。暑中御見舞申上ます。
退館後、貿易商の生活だいぶなれてまいりました。
先月、一ヶ月ばかり今泉先生のところへ日曜にでかけてガリ版を切りました。かくして、会報四号でき上りというわけです。かくもけなげな行為をいたしましたのは委員という高等小使いの責任を果さんが為の男々しい努力です。（オホン！）ところで冗談はぬきにして会報の原稿、次の五号のみありますが六号のが一寸品切れですので是非是非先生に書いていただきたく思い御願い致す次第です。

何か今飼っておられますか？「日本産獣類雑話」、再版は不可ですか。四年前に猟政で見た時から欲しいと思っているのですが、さっぱり見当りません。先生の最近の行動、―というと失礼ですが、研究の進行状況、調査旅行等の消息を御知らせ下さいませんか―会報の会員動静の所へゼヒゼヒ入れさせていただきたいのです。これでも暑中見舞いのつもりです。何卒善意に御解釈下さいますよう御願申上ます。

100　一九五三年八月三一日　「熊本県菊池郡泗水村北住吉　坂本経堯」さん[(1)]から中野区江古田の「直良信夫様」宛のハガキ

「肥後のもみ」おくれてすみません。去る七月二十二日からずっと発掘に廻っていて、二十三日からその整理にかかっています。天智の鞠智城の炭化籾は手を打っておきましたので近々入手出来ます。古閑原弥生層の孔のは研究室にあり、中道貝塚（遠賀川）のものは疑点が有りますが玉名高校に話しておきました。近々に揃えて御送りいたします。ご令室様の御病気の由御心配せう。御全快の速やかであるよう祈ります。

不備

御大切に

（1）熊本県の日吉山王神社の神主で考古学者。一八九七〜一九七四。著書に『肥後上代文化の研究』肥後考古学会、一九七九年がある。

101　一九五四（昭和29）年一月一五日　直良さんは『日本旧石器時代の研究』を「早稲田大学考古学研究室報告」第二冊として寧楽書房から上梓。直良さんのこの分野での研究の集大成となる。その序文。

私が本腰を入れて日本の旧石器時代を研究しようと思い立ったのは、大正13年明石に居を転じた年からはじまった。何一つ知らなかったわたしが、こういう方面に異常な興味を覚えたのは実は大正一〇年にアルス書店から出刊された故石井重美氏著の「宇宙生物及人類創成」を読んだ時からであった。当時私はこの本をまる暗記して遠い過去の日の大自然に対して限りない憧憬となつかしさを感じた。それからオスボーン、マーシュ、ウエルズ、ソーラス、ブロイ、オウベルマイエル、バイエル、ラル、スミス氏等の諸家の著作をむさぼり読んで、日本ではこうゆうことを実際にたしかめることができないものだろうかと考えるようになった。明石への転居はこう考えていた私にとって、今にして考えると天恵の環境と機会を与えてくれたことになった。

しかし、ふりかえってみると、私の歩いて来た道は決して平坦ではなかった。現在とてもやはり同じ道の続きを歩いているわけではあろうけれども、それでも以前に比ぶれば明日の日に希望のもてる小尾根の頂に立っているような気がする。ここに辿りつくまでに私は幾度茨に足をとられて血だらけになって転げ落ちて気を失ったかしれない。しかし私の心の底にはいつも達磨の姿が浮彫されていた。手足は出せなくとも転べば必ず起きあがるあの達磨こそは、今の自分にとってふさわしい無二の友達だと思った。あのきらめく眼ざしを見るがよい。なさけないことを言ってべそをかいてはならない。私はまた起きつまろびつして細道を歩きかかった。思えば三十年余に及ぶ苦難の月日であった。その間折角蒐集した一切の資料は、災難を受けて一夜にして灰化し全く泣面に蜂の譬の通りだった。

だが、天は自ら助けるものを助くとはよくいったものだ。昭和二三年には長谷部言人博士によってまず明石在住中に手がけた仕事の中、偶然にも発見した人骨が、洪積世人類の遺骨として認められ、明石原人の名で浮かびあがった。人骨を発見して一八年目にやっとむくいられたわけである。ついで昭和二五年六月には、栃木県安蘇郡葛生町にある

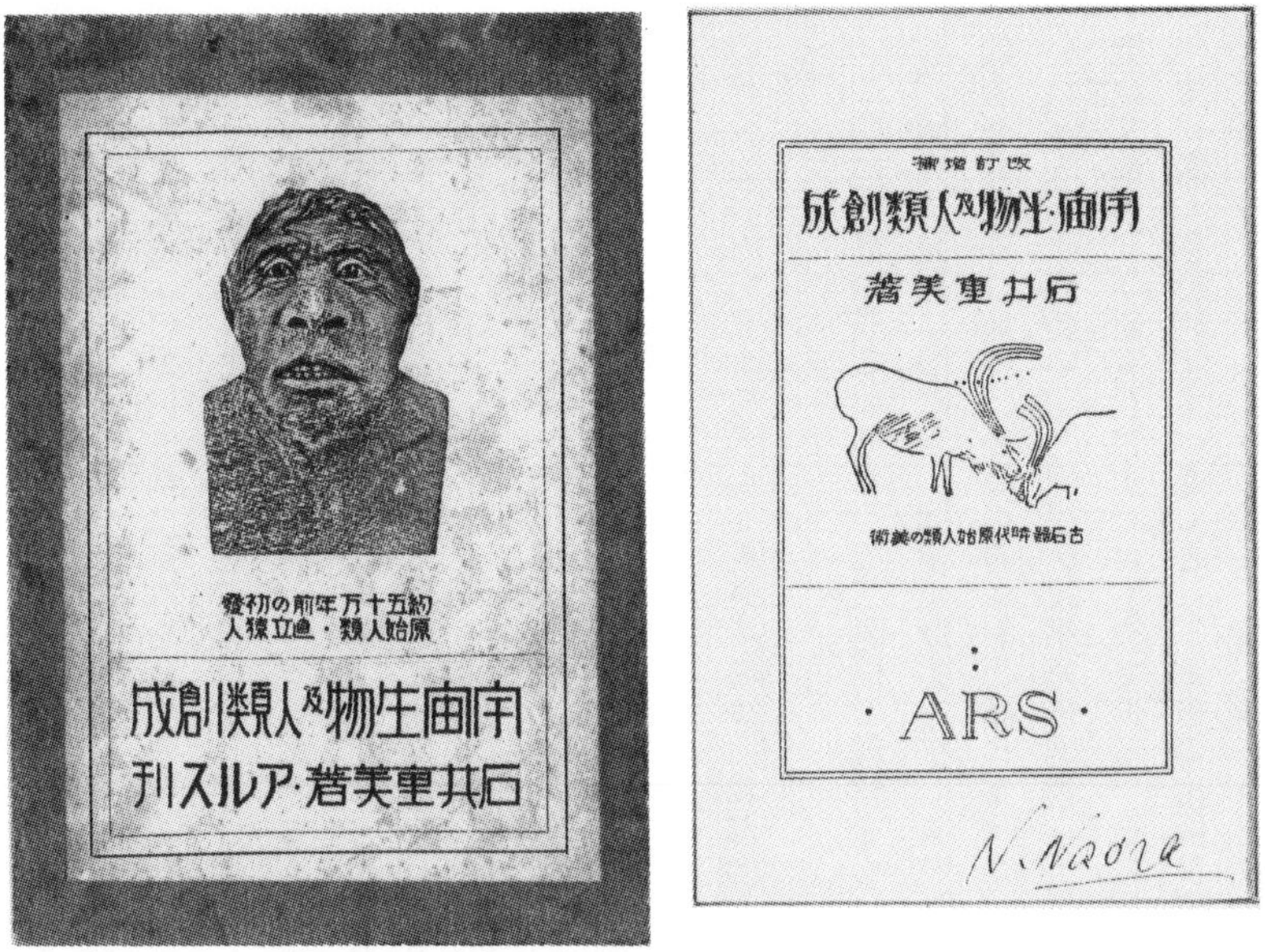

66　直良さんが青年時代に愛読した石井重美さんの著書

67　栃木県葛生町吉沢第3採石場で化石採集中の直良さん（1933年6月）

吉澤石灰工業株式会社の石灰岩採石場洞窟で、同社社長吉澤兵左氏等の好意で洪積世人類の遺骸を蒐集、翌、二六年には同じ葛生町山菅清水耕作氏御一家の好意で、同地前河原洞窟で化石人類の遺骨を掘りあて、これに足利市立第二中学校生徒諸氏の提供された資料を合すると、七、八点の多きに及び年来渇望していた期待の一部が、漸く達せられる日が来た。しかしまだまだ私のほんとうの仕事はこれからである。これからが本舞台にはいるのだと思っている。これまで発見蒐集された資料は、すべて貴重なものであるとはいえ、研究に肝心な整った頭骨標品を欠いでいる。私は今それを一日も早く探しあてたいと念じつつ野山を歩きまわっている。そこで明日への新しい発足にそなえて過去の資料を一応整理して置くことの必要を感じた。自分としてもまず足ごしらえを十二分にしたいという気持ちもその中に若干含まれているのであるが、一面に於ては元気に満ちた若い人達に、こういう仕事の内容と重要さを理解していただき、しっかりとした気構えのもとに自ら実践躬行していただきたい念願であることに他ならない。出土物を机上で調査するのは老人だって出来る仕事であるが、洞窟にもぐり、崖によじ登っての現場での調査は、若い人でなければ出来ないわざなのである。ロープにつかまりきりたった崖に立っての発掘に足のふるわなかった私も、この節では何んとはなしにおそろしさを感ずるようになった。弱音を吐くわけではないが、年のせいかもしれないと思っている。

ここに本書の成るにあたって、温情と理解をもって常に私を激励指導して下さった故徳永重康博士のご高恩を深謝し、研究に発掘に限りない同情と助力を惜しまれなかった先学及び同学の諸氏に対して万謝するものである。各地の調査や発掘については多数の方のお世話になった。それらはそれぞれの条下に記名して厚く感謝の誠意を披瀝しておいた。尚本研究の中、九州松ヶ枝洞窟の調査（昭和二四年度）と葛生町吉澤第一〇号採石場洞窟（昭和二五年度）の研究は文部省科学研究費によったものである。茲に記して厚くお礼を申し述べる次第である。

更に深く感泣銘記すべきことは、本書の出版に際して井上兼吉氏の厚いご好情を忝うしたことである。同氏の理解とご同情がなかったならば、おそらく本書の出版はなしとげられなかったであろうことを思うと、出版をこころよくお引き受け下さった寧楽書房の吉村徳之、井上秀雄両氏及び組版にあたって特別のご便宜をお許りいただいた株式会社高橋活版所の方々のご好志と共に私の深く感銘拝謝してやまないところである。

昭和二八年二月三日　節分の日

早稲田大学考古学古生物学研究室にて

102　**一九五四年五月二一日**　『科学文化新聞』に連載の「別コースを行く」で直良博人さん（当時、東京大学理学部大学院学生。現在、オーストラリア国立大学名誉教授）を取りあげた記事。

医学のため基礎を

昭和生まれの直良博人君をここに御登場願った。ほかの「大先生」がたと違って、まだ文字通りの学徒であるが注文通りの別コースを通ってきている。若いといっても新聞に出されていい気になるような心配はあるまい。物置のようにうす暗い東大理学部の物理教室の二階の一室それをまた黒いカーテンで遮光して昼間も真暗にして世界でも珍しい「顕微測定装置」という名の機械の横で小さくなって勉強している。

元来余り健康でなかった直良君を競争の激しい科目に進学させたくないという両親の慈愛に満ちたおもい遣りから入ったのが東京農林専門学校（現農工大学）の獣医学科。これを昭和二十二年の春卒業、今度は東京文理大（現教育大学）に進学、動物学科へ。ここでも動物学らしいことは一切やらず専ら基礎的なことに目を向け卒業論文は獣医時代からやっていた「腸管の吸収機構－糖の吸収とアルカリ性フォスファターゼについて」という生化学畑のものだった。

この論文で現在やっと生化学界で大きな課題となってきたATPについて既に手を着けた。文理大に在学中にミノファーゲン研究所に通い市川収所長や柴谷篤弘氏らに知られ今の研究に没入する機縁となった。腸の吸収機構は今ではわかりきったことであろうが当時は漠然としていた。糖が腸から吸収されると約三十分から一時間の間にグリコーゲンに変化する、この反応過程にATPが働いていることをあきらかにした。イスパニア大学の糖の研究家ソールス博士と手紙で意見の交換をし指導を受けた。「外国の学者は非常に親切で異国の一学生に過ぎぬわたしにわからないことはよく説明してくれた。」

細胞内における物質代謝を知りたいために凍結乾燥法をはじめた。これだと固定液によるものとちがって細胞物質に変化をおこす心配がまったくない。ところが凍結乾燥には真空の知識が必要で、この方面には全く素人だから物理学を第一頁から勉強しなおすことを決意したというわけ。新しい装置を作って外国雑誌に発表したら有名なグロスマン博士の激賞を受けた。だがこれでは定性的なことしかわからない。定量的な研究をするため作ったのが顕微測定装置。これには幾何光学知識が必要というので柴谷助教授の紹介で小林理研の岡小天博士に会い同博士と同期の現在いる小穴教授の研究室に入れてもらった。かくして獣医変じて物理学者となった。

この装置を使ってまず体細胞内のDNAの含量という世界的な研究課題をとらえ「動物の生長に伴ってDNAの含量は変化するけれどもすべての細胞核は一定の値をとる」という条件付き一定性を提唱してアメリカのポリスター・グループ、ベルギーのリゾン・グループなどの従来の説を否定した。今ではこの説はスエーデンの学者達に支持されている。将来は燐酸代謝、ATP、核酸の問題を取りあげて研究を進めたいそうだ。

「こんな生物学の基礎的な研究だけど結局医学に結びつけて人間の実生活になにがしかの貢献をしたいのが念願ですよ。できればガン細胞やウイルス性疾患の問題などにも手をつけたいんです。最近医学部の先生たちから頼まれて流行性肝炎の肝細胞の測定をやったりしています。この装置が一つしかないので方々からいろいろ頼まれて弱っています。みんなやってあげたいんですけどそれでは自分の研究をやる暇がなくなってしまうんで。０光学で製品化するという話ですが早く方々の研究室へ備えつけてくれると有り難い－これでも二百万円はかかりますかね。」京都で明後年に開かれる国際遺伝学会を目標に何か野心的な研究を進めているらしい。風光明媚な播州は明石の産。

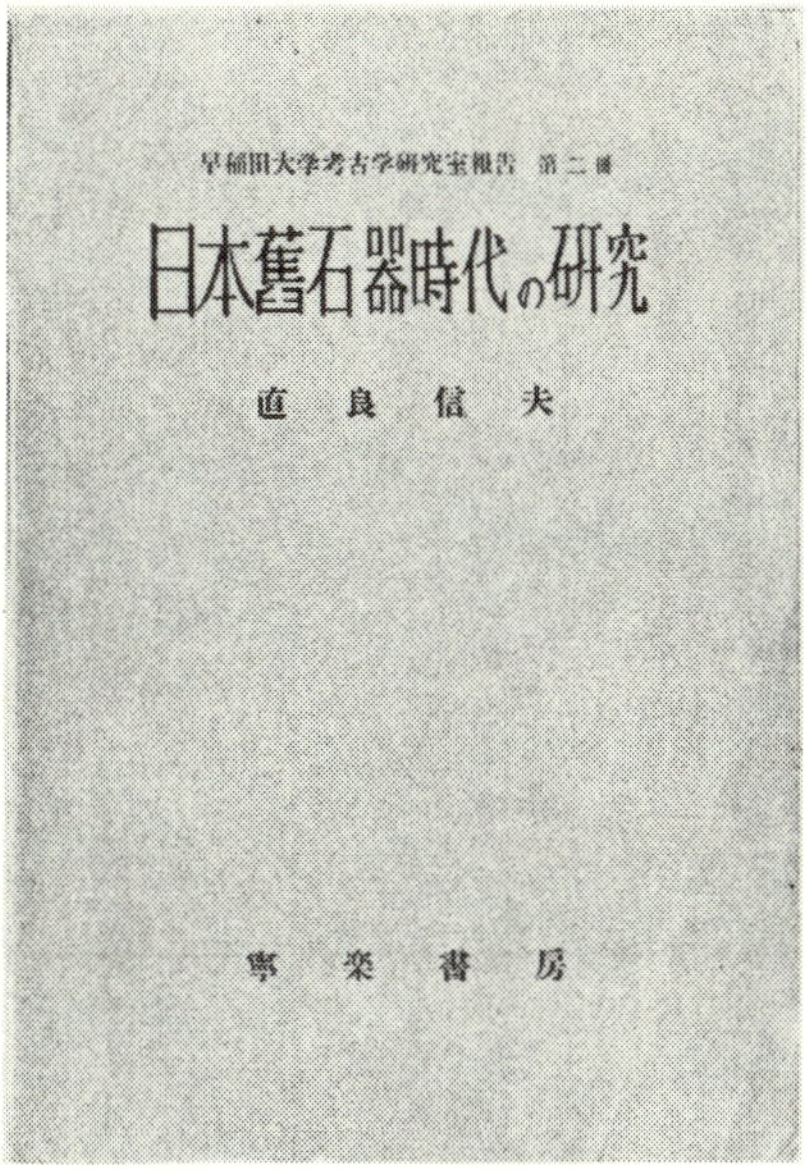

68　直良さんの『日本旧石器時代の研究』（一九五四年一月）

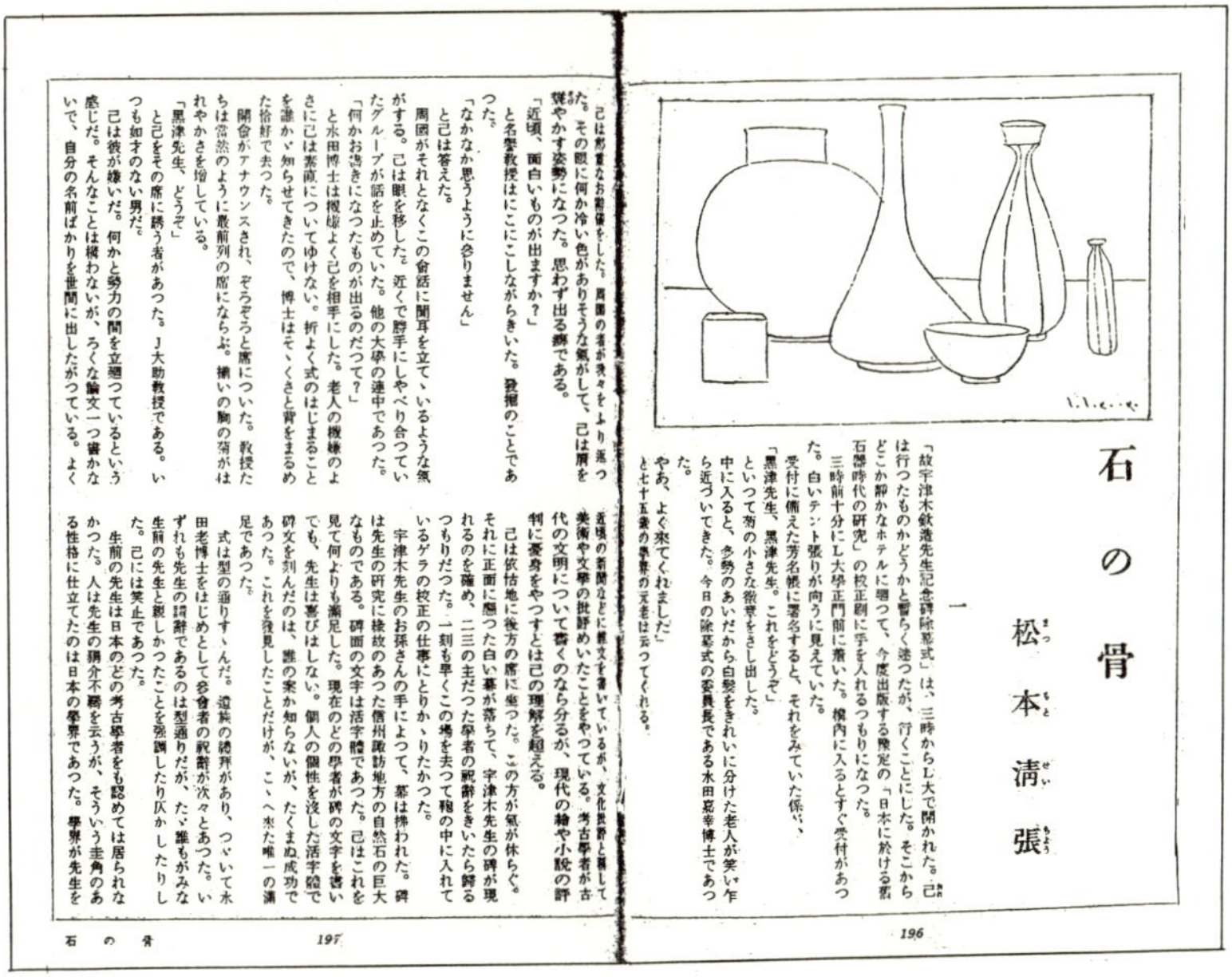

石の骨

松《まつ》本《もと》清《せい》張《ちよう》

一

「故宇津木欽造先生記念碑除幕式」は、三時からL大で開かれた。己《おれ》は行つたものかどうかと暫らく迷つたが、行くことにした。そこからどこか靜かなホテルに籠つて、今度出版する豫定の「日本に於ける舊石器時代の研究」の校正刷に手を入れるつもりになつた。

三時前十分にL大學正門前に着いた。構内に入るとすぐ受付があつた。白いテント張りが向うに見えていた。

受付に備えた芳名帳に署名すると、それをみていた係りが、

「黒津先生、黒津先生。これをどうぞ」

といつて菊の小さな徽章をさし出した。

中に入ると、多勢のあいだから白髪をきれいに分けた老人が笑い乍ら近づいてきた。今日の除幕式の委員長である水田嘉幸博士であつた。

「やあ、よく來てくれました」

と七十五歳の學界の元老は云つてくれる。

196

己は鄭重なお辭儀をした。周圍の者が次々をより集つた。その眼に何か冷い色がありそうな氣がして、己は肩を竦やかす姿勢になつた。思わず出る癖である。

「近頃、面白いものが出ますか？」

と名譽教授はにこにこしながらきいた。發掘のことであつた。

「なかなか思うように參りません」

と己は答えた。

周圍がそれとなくこの會話に聞耳を立てゝいるような氣がする。己は眼を移した。近くで勝手にしやべり合つていたグループが話を止めていた。他の大學の連中であつた。

「何かお驚きになつたものが出るのだつて？」

と水田博士は機嫌よく己を相手にした。老人の機嫌のよさに己は素直についてゆけない。折よく式のはじまることを誰かゞ知らせてきたので、博士はそゝくさと背をまるめた恰好で去つた。

開會がアナウンスされ、ぞろぞろと席についた。教授たちは當然のように最前列の席にならぶ。揃いの胸の菊がはれやかさを增している。

「黒津先生、どうぞ」

と己をその席に誘う者があつた。J大助教授である。いつも如才のない男だ。

己は彼が嫌いだ。何かと勢力の間を立廻つているという感じだ。そんなことは構わないが、ろくな論文一つ書かないで、自分の名前ばかりを世間に出したがつている。よく近頃の新聞などに雜文を書いているが、文化批評と稱して美術や文學の批評めいたことをやつている。考古學者が古代の文明について書くのなら分るが、現代の繪や小說の評判に憂身をやつすとは己の理解を超える。

己は依怙地に後方の席に坐つた。この方が氣が休らぐ。それに正面に懸つた白い幕が落ちて、宇津木先生の碑が現れるのを確め、二三の主だつた學者の祝辭をきいたら歸るつもりだつた。一刻も早くこの場を去つて鞄の中に入れているゲラの校正の仕事にとりかゝりたかつた。

宇津木先生のお孫さんの手によつて、幕は拂われた。碑は先生の研究に縁故のあつた信州諏訪地方の自然石の巨大なものである。碑面の文字は活字體であつた。己はこれを見て何よりも滿足した。現在のどの學者が碑の文字を書いても、先生は喜びはしない。個人の個性を沒した活字體で碑文を刻んだのは、誰の案か知らないが、たくまぬ成功であつた。これを發見したことだけが、こゝへ來た唯一の滿足であつた。

式は型の通りすゝんだ。遺族の謝拜があり、つゞいて水田老博士をはじめとして參會者の祝辭が次々とあつた。いずれも先生の讃辭であるのは型通りだが、たゞ誰もがみな生前の先生と親しかつたことを強調したり仄かしたりした。己には笑止であつた。

生前の先生は日本のどの考古學者をも認めては居られなかつた。人は先生の狷介不羈を云うが、そういう圭角のある性格に仕立てたのは日本の學界であつた。學界が先生を

石の骨　197

69　松本清張さんの「石の骨」（1955年10月）

103　一九五四年一二月二九日　「東京都練馬区関町一の一三一　松本清張」(1) さんから中野区江古田の「直良信夫先生」宛のハガキ

先日は森本六爾のことで種々御高教を頂き有難う存じました。暫く小説にまとめまして、今度の「別冊文芸春秋」に発表いたしました(2)から何卒御高覧願ひます（本は別送いたしました）。今後ともよろしく御願ひ申上げます。よき御越年を御祈り申上げます。

（1）作家。一九〇九～一九九二。松本さんはこの年に朝日新聞西部本社から東京本社に転勤、不動産屋を走りまわって半年後に九州の小倉から東京に家族七人を呼んだ。

（2）松本清張「風雪断碑」『別冊文芸春秋』第四三号、一九五四年。

＊　一九五五（昭和30）年一〇月　松本清張さんは直良さんをモデルにした小説「石の骨」を『別冊文芸春秋』第四八号に発表。直良さんが明石人骨を発見した当時の状況や戦後長谷部言人さんが石膏型を発見し、発掘調査、そして終了後の報告文の内容にいたるまで、直良さんの身になってかいたもの。ただしフィクションも多い。

104　一九五六（昭和31）年一月二五日　「鹿児島大学農学部　林田重幸」さんから「早稲田大学理工学部　直良信夫先生」宛のハガキ

寒中御見舞い申し上げます。平素御無沙汰致し居り申し訳ありません。前にお約束していた籾の件、昨年八月奄美大島の徳之島で入手した二例（共に一期作）鹿児島県大隅の志布志及大崎町のが好適かと存じ今回入手出来ましたので御送りします。改良種が大部分であるので在来が入っているかどうか疑問です。大島のトウブシ（赤米）はなかなかなく目下依頼してありますがまだ入手できません。馬の遺骨はその後ありませんか。先生の顧郷屯・潼関金馬とも比較しています。オルドス・シベリア地帯の旧石器時代馬の骨や歯の計測値はないものでしょうか。又雲南洪積世Koken（1985）の計測値は臼歯一例しかないのでしょうか。

105　一九五六年六月一日　『日本古代農業発達史』をさ・え・ら書房から上梓。この書が学位論文となり、一九五七年七月に早稲田大学文学部から文学博士号を授与される。その序文。

私が日本古代農業に関心をもつに至ったのは、昭和七年の夏に遡る。当時故森本六爾氏はもっぱら弥生式土器を中心として、この文化の解明に熱中されていた。弥生式文化の研究は結局、古代農業文化の究明に落着するので共々に研究すべきことを提言された。よって爾後数年間私は同氏と共にこの方面の調査研究に従事した。が、昭和一一年同氏の病歿を機に、一応本問題から離れて、私本来の仕事である自然遺物の研究に精進しなければならなかった。ところが、昭和二四年に至って、信州平出遺跡が大場磐雄博士主班のもとに掘査され、同遺跡の自然遺物の調査を担当することになった。さて手もとに届けられた資料を調べてみると、その大部分が農耕関係の遺物であった。そこで再びもとの立場に帰って、あらためて日本古代の農業問題を見直さねばならないことになった。かくて数年間、日本各地の農耕文化関係の資料蒐集につとめ、大方にご厚情によって、漸く日本古代農業の実態を掴むことができるようになった。とはいえ、まだまだ現在の資料だけでは、解明しかねるものが山ほどのこされている。が、これらの未詳な問題はしばらく後日の課題としてとっておき、現在わかっている事がらだけでも一応まとめておくことの必要を痛感した。

私はあくまでも、実証に重点を置いて論歩を進めようと心がけた。したがって私の研究態度は遺跡と異存物の呈示する事実に準拠し、それらによって得られた学識をもとにして考想に活力をもたせようと努力したところにあった。文献を唯一の資料として、日本古代の農業を論じた学書は、これまでにも多数のものが刊行されている。そこで私は、もっぱら遺存物を対象として、これに考察を加うることが考古学及び古生物学徒としての私のつとめでもあるかのように感じた。その結果文献では未詳であったものが実物の研究で明瞭になった部分もあるだろうし、時には又文献の示す事象とくいちがいを生じた個所もあるかもしれない。文献は文献なりに価値を有するものであることはいうまでもないことであるが、遺存物を資料としての研究も、それに倍して大切だと思われたのである。

従来、学者の多くは、農耕的な用具が出土したり、遺跡の立地条件乃至は単に作物遺存体もしくはその印象が発掘されたりすると、非常に簡単に営農問題を考慮されたものであった。しかしこのようなものの考え方はむしろ危険を伴うものであることを指摘しておきたい。少なくとも、営農を論ずるからには、第一に其処が、農業立地の立場からみて営農のできる場所や土地であったかをまず充分に究めることが肝要である。いかにあせっても、作る物がその地の気候風土に適さなければ、作ろうとしても作ることができるものではないからである。第二に当時其の土地に於て栽培されていたと解される農作物の遺存体が発見されることが必要であるし、第三にはそれらの営農に用いていた農具の出土をたしかめねばならないことも大切な要素となっている。したがって、この三者がそろってからこそ、はじめてそこに営農の事実を認証する段取になる。場合によっては、あるいは遺跡によっては、この三者の中の何れが欠けていても、自余の資料から判断して、営農を裏付ける有力な因子の存在を是認することの可能な例示もないことはない。が、従来のゆき方の如く、石包丁があったり、あるいは鍬を想わせるような石斧が出土したからといって、すぐに営農と結びつけて日本古代の農業を論ずるような軽率さは許されない。ことは重要な問題であるから、それだけまた慎重の上にも慎重わかさねて、判断を誤らないように、戒心をもって調査研究にあたらねばならないのである。

本書はもとよりささやかな日本古代営農についての私の論攷に過ぎないが、従来文献を手がかりとして研究されて来た日本古代の農業が、それを実際の遺存体から究めてみた場合、どのような結論に到達するであろうかを知っていただくためには、何程かのお役に立つものを有しているかもしれない。実際のことを申せば、その点を願って、私はとくに筆をとったのである。

稿を草するにあたって、この研究のために、多大のご懇情を忝うした先輩及び同学の諸氏に対して、私は深く感謝のまごころをささげるものである。ことに、本書の出刊に際しては、さ・え・ら書房主浦城光郷氏の並々ならぬご厚情に接し、写真作製にあたっては、東京大学理学部物理学教室小穴純博士及び国立科学博物館地学課長尾崎博氏のご高慮をたまわった。さらに本書の成るについては早稲田大学の中野実、滝口宏、洞富雄の諸先生、中沢保、清水辰二

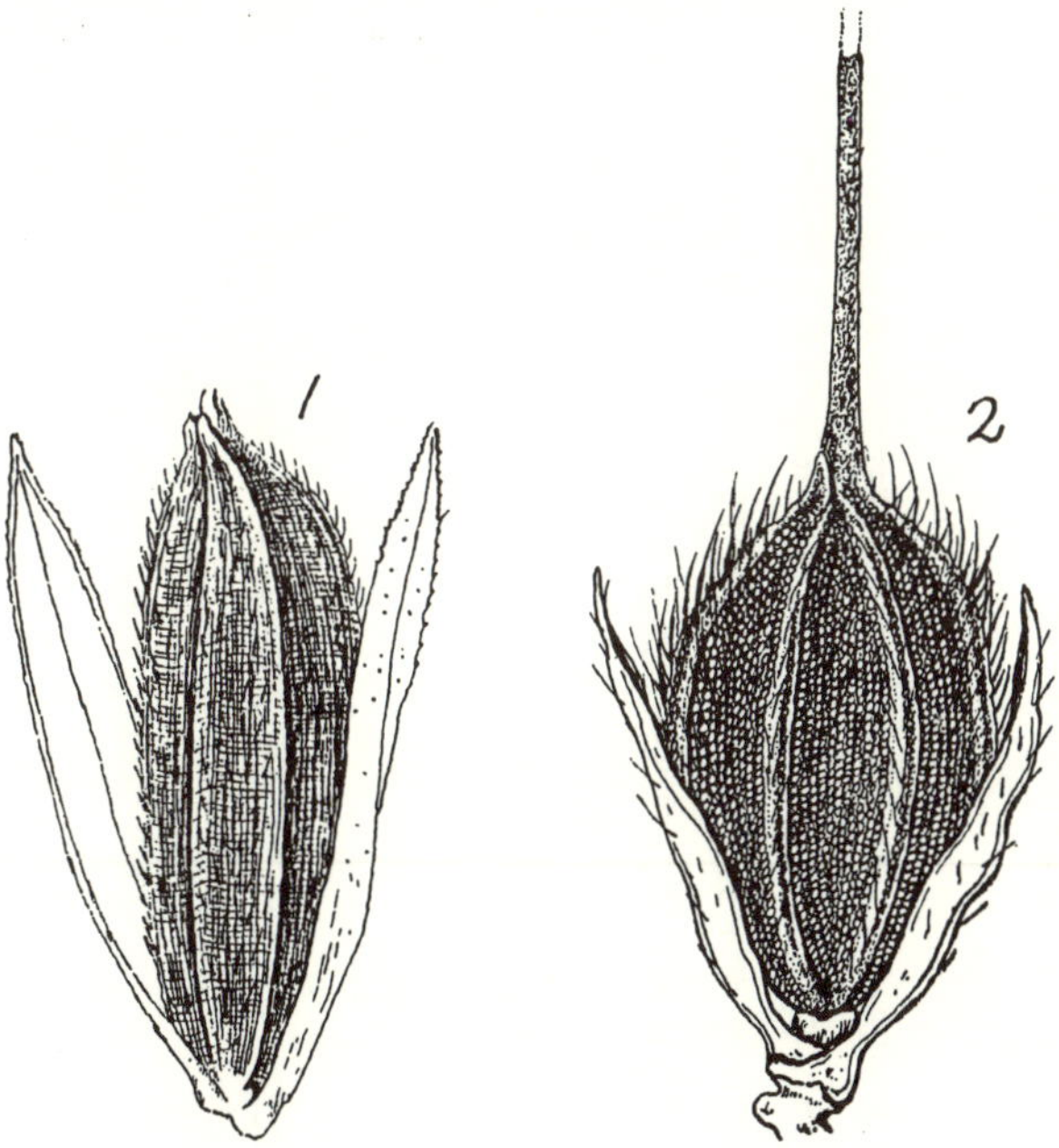

70
長穎稲
1　東南アジア植栽、2　奈良県唐古遺跡88号竪穴出土

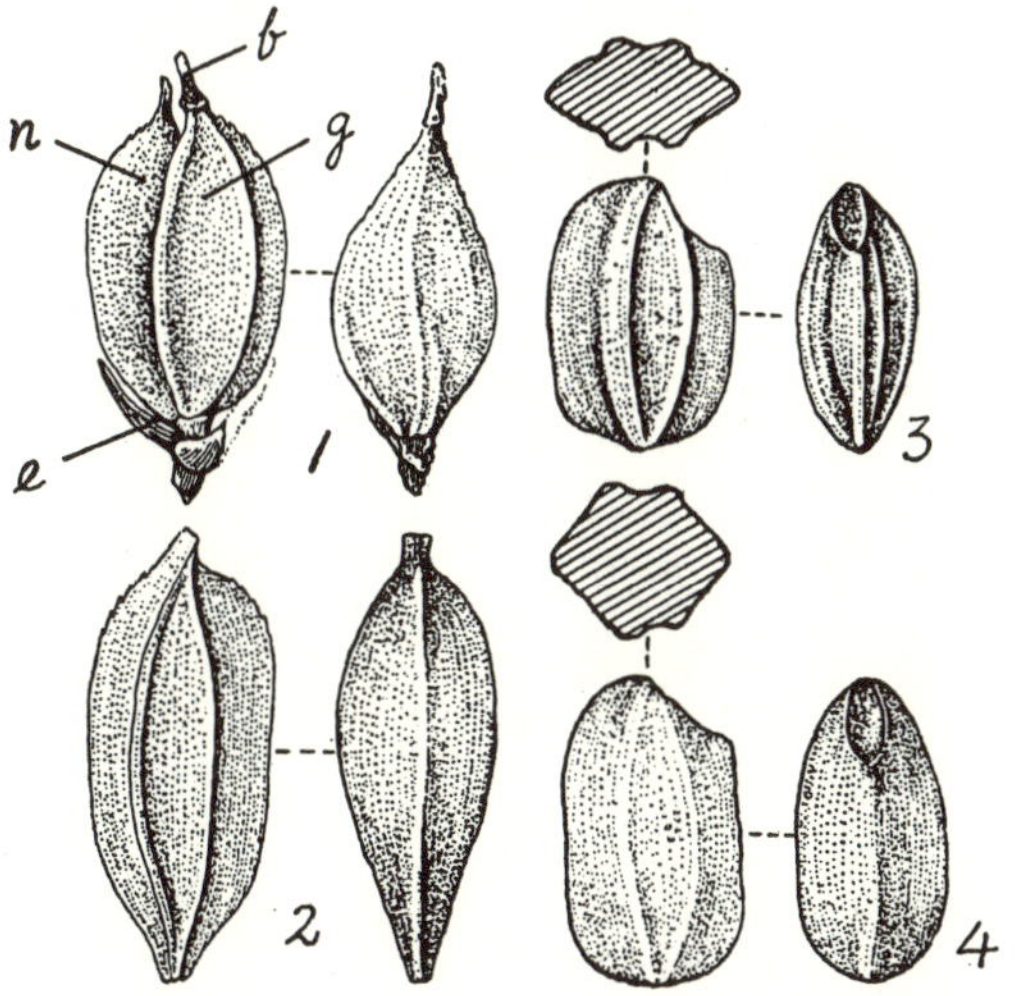

71
静岡県登呂遺跡発掘の炭化米（日本型）
1　普通型の籾（e　護穎、g　外穎、n　内穎、b　芒）、2　やや長手の籾、3　多少広幅の米、4　日本型正型

郎、金子浩昌、小林茂、杉山荘平の諸氏にも、大変お世話になった。ここに記して、共々に厚く御礼を申し述べる次第である。

昭和三一年二月四日　春立つ日

106　一九五六年八月二五日　「北海道磯谷郡蘭越町昆布駅前　福田新太郎方　松平義人(1)」さんから中野区江古田の「直良信夫様」宛のハガキ

前略

白滝駅より石器一函御送り仕りました。置戸の原石の有る沢を登り約四百米から四百五十米付近で発見した処ですから発掘すれば面白い結果を得られると存じます。北大の大場氏が安住の後藤氏畑地と中里の谷崎氏其他と合計三ヶ所を児玉氏と発掘することに相成り十六日に来ましたので小生は一日だけ手伝って引上げました。白滝の石器も在中して居ますが優良品は拙宅の方へと送って有りますのと持参して行くのとをお別ち申し上げます東大へと学習院とで希望されて居りますから三部分に区別して差上げたいと存じます。北海道は本年は特別に低温で毎日ストーブに当たる位です。九月早々には引揚げねばなりませんので目下帰り支度です。何れ御面談の上委細を御報告申上げます。先ずは取敢へず右御通知まで。

匆々

（1）小樽中学校、法政第一高校の教師時代に北海道の置戸、白滝、遠軽などで黒曜石の石器を大量に収集し、旧石器と主張、一九四九年の岩宿遺跡の調査後、ようやく認められる。「北海道の三大旧石器遺跡発見の思い出」『考古学ジャーナル』第三三・三四・三六号、一九六九年を書いている。

107　一九五六年一〇月二七日　「横須賀市公郷町三ノ一二　赤星直忠」さんから「中野区江古田一ノ二〇七三　直良信夫先生」宛のハガキ

御無沙汰致しました。大部涼しさが身にしみる日が多くなりました。御変わりありませんか。

先達から長谷部言人先生から手紙で野島貝塚出土のネコの頭骨（その他骨も）を研究したいから貸してくれる様に申して来られましたので直良先生のところに全部行っている旨回答しました処是非貸してほしいから直良先生に話してくれと申されます。

如何でしょうか、直良先生の御調査が済んでいる様なら貸して上げてはどうかと思いますが御意見うかがわせて下さい。

108　一九五六年一二月一日　「京都大学文学部考古学教室　小林行雄」さんから中野区江古田の「直良信夫様」宛の手紙

拝復　御高著「日本古代農業発達史」御恵送にあずかりまして厚く御礼申上げます。
承れば御健康すぐれられぬ由、御病人を御看護になるだけでも大変ですのに、さだめし御苦労のことと存じます。家事万端御一人できりまわして居られる御姿を想像いたしますと、明石時代が思い出されて、先生だから出来ることだという気持ちもいたします。学問ばかりでなく、生活の面でも、私共には到底真似が出来ない感じで二重に不肖の弟子だとはずかしく存じます。しかし、どうか呉々も御無理をなさいませぬように祈ります。とりあえず御礼まで。

敬具

十二月一日

小林行雄

直良信夫様

109　一九五七（昭和32）年五月一二日　「松本市東の丁七七四　小林国夫[1]」さんから中野区江古田の「直良信夫様」宛の手紙

拝啓

突然書面を差上げます。失礼の段御容赦下されたく存じます。同封いたした鹿の角、御同定いただき度く存じます。[2]

場所　長野県明科町大字大足吐中（トッチュー）

含まれる地層　精査してはおりませんが、現河床から一五　mぐらい高い段丘につづく谷間の堆積物、第三紀層（別所層）の粘土質の泥が谷をうめたようなところで、木片多少、湿地性の植物と思われる葉などおびただしく産します。この堆積物の上には一見ロームらしいものはありませんが、おそらくロームがのるかどうかの境い目ぐらいのもので、今後調査をつづけます。coneは松本博物館の下川氏によるとトウヒかエゾマツのものらしいということです。本県小県郡浦里の鹿とも少々ちがうように思います。

今後しばらく発掘をつづける予定ですが、とりあえず御高教をいただきたくおねがい申しあげます。この一週間ばかりまえまで諏訪湖北方の男女倉（旧石器）遺跡を発掘していました。大変な収穫でしたが、いずれ御報せできると存じます。

まずはおねがいまで

小林国夫拝

直良信夫様

一九五七・五・一二

（1）地質学者。当時、信州大学文理学部助教授。一九一八～一九七九。著書に『日本アルプスの自然』築地書館、一九五五年。『第四紀（上）』地学団体研究会、一九六二年などがある。

（2）吐中産のオオツノジカの鹿角化石。この標本の写真を直良さんは見て、ユーリケロス型のオオツノジカと推定して小林さんに返事を出している。報告は亀井節夫さんが書いて、オルドスオオツノジカとして記載した（Discovery of Megacerid Deer from Totchu, Nagano-ken, Central Japan. Jour. Fac. Lib. Arts & Sci. Shinshu Univ., No.8'1958.）。しかし、現在ではヤベオオツノジカの角とみなされている。

110　一九五七年五月一八日「松本市県町　信州大学文理学部地質学教室　小林国夫」さんから中野区江古田の「直良信夫様」宛の手紙

拝復
早速御書面いただき大変面白いお話をうかがい厚く御礼申しあげます。当地では信州ローム研究会の発掘計画の一つとし十九日とりあえず十数名ぐらいで試掘をはじめることにしました。その結果で大掛りにするかどうか決めたいと思います。花泉と大変よく似ているようなお話で、私共も期待しております。いまのところ大掛りにする予定もありませんが、若し当地方へおいでの際は御案内いたしたく実物もごらんいただけると幸です。いずれ機会をつくるようにこちらでも努力いたします。
扨て、江古田の御研究は非常に期待いたしております。じつは、御著を拝見し、私なりに江古田に関する妄想がありました。私も第四紀を専攻する希望があり乍ら、いままで主として第三紀層のことばかりやって来ているので、いろいろ御教示をいただく余裕もなかったわけでありますが、今後よろしくおねがいいたします。江古田は私はほとんど見ているわけではないのですが、フローラの中にはかなり低地性のものがあることから、氷期後であると考えますが、どうでしょうか、御貴殿のように実際をあまり見ているわけでなく、また徹底的に地質学的な資料からというわけではないのですからまったく汗顔の至りですが、御叱正をいただければ幸です。じつはこのことを一寸書いたものが、近日出ますので旧著を一括しておおくりするつもりです。
江古田の層序については、関東ロームグループの連中が、地質学雑誌に書いているのですが、まったくあいまいな書き方で御著で大分はっきりいたしました。私はじつは、信州のフローラで氷期に相当するものがありはしないかと心がけ、お話の八ガ岳山麓の諏訪鉄山の化石層や、白骨温泉の石灰華中の植物化石を今年採集するつもりでおりましたが、お話をうかがい大へん面白く感ずる次第です。どうか御研究くださることをおねがいいたします。なお、御返送くださった写真謹呈いたします。何にでもおつかい下さい。なお御入用ならばお送りいたします。
今年に入って男女倉遺跡発掘を延三〇〇人ばかりでやり大分収穫をあげました。ブレードに近いものから捺型文まで成層する状態をはっきりさせました。信州ローム連絡紙 No. 2の予報はお手許に参っていると存じます。今度の発掘結果もいずれ報告することになると思いますがその際はよろしく御配慮いただき度く存じます。

不一

五月十八日　小林国夫

直良信夫様

111　一九五八（昭和33）年九月二四日　「横浜国立大学地学教室　鹿間時夫」さんから「直良先生」宛の手紙

直良先生

やっと花泉の図面を御見せすることが出来る様になりました。大変忙しく書いておりますので気が引けますが御許し下さい。

御面倒でもチェックをして頂きます。時間が許せば堆積土に就いて一文をまとめる所存でしたが、次回に予算も戴けるようですから合わせてやりたいと思います。

発掘状況を詳細にスケッチ出来なかったのが残念ですが、問題は Palaeoloxodon Bed と Megaceros Bed である様です。Bison Bed は明らかにその上位にありEkodaからMusashino Loamに当たる様に思いますが、ロームとの関係を明らかにする必要があります。一〇月早々上京します。

では御拝眉の折に。

9. 24.　10時10分　T. Sh

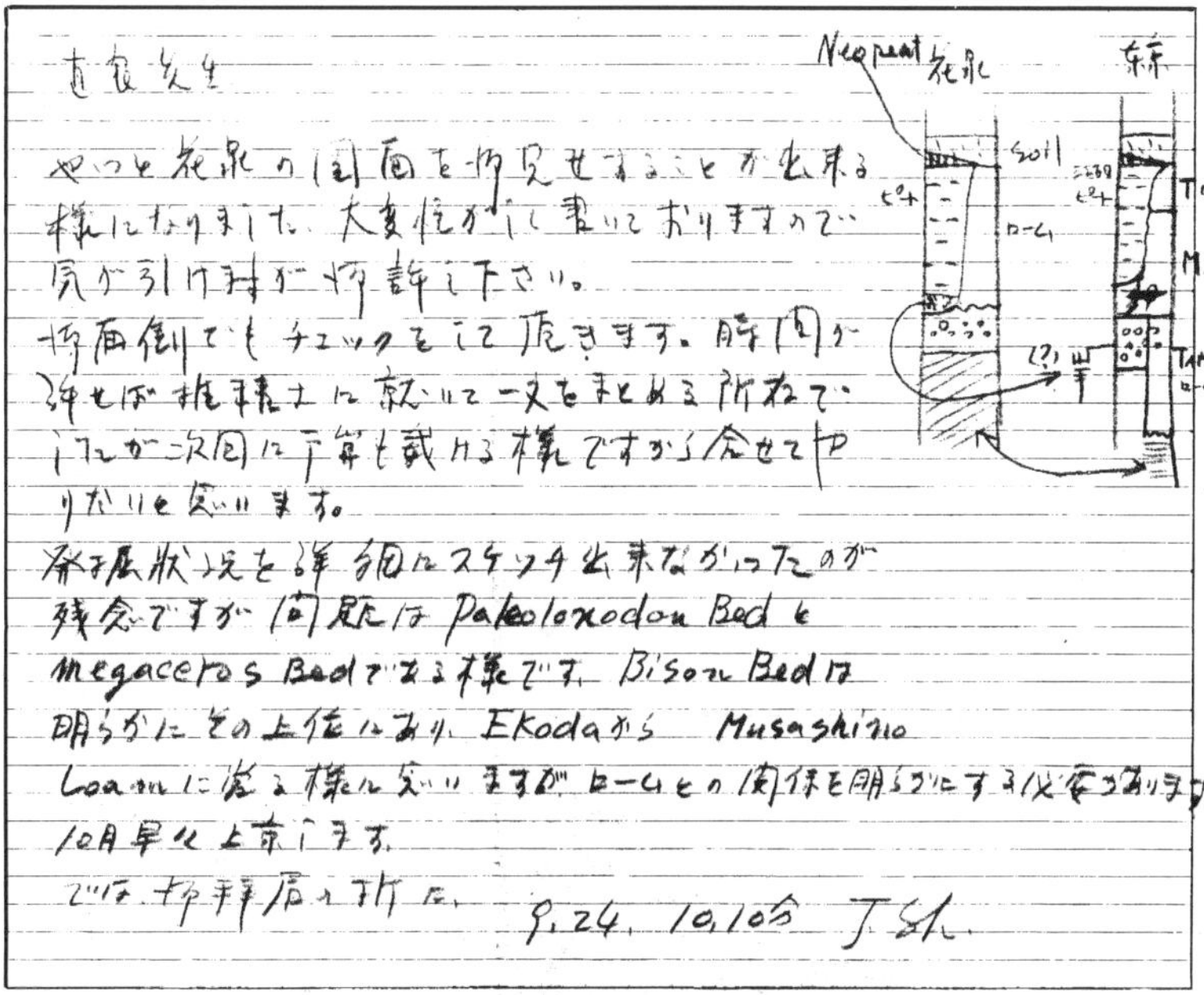

直良先生

やっと花泉の断面を拝見することが出来る様になりました。大変忙がしく書いておりますので気が引けますが御許し下さい。

断面側でもチェックをして置きます。時間が許せば堆積土に就いて一文をまとめる所存でしたが次回に予算も試みる様ですから合せてやりたいと思います。

発掘状況を詳細にスケッチ出来なかったのが残念ですが問題は Paleoloxodon Bed と Megaceros Bed である様です。Bison Bed は明らかにその上位にあり、Ekoda から Musashino Loam に当る様に思いますがロームとの関係を明らかにする必要があります

10月早々上京します。

では御拝眉の折に。　9.24. 10.10分　T. Sh.

72　鹿間時夫さんから直良さん宛の手紙（1958年９月24日）

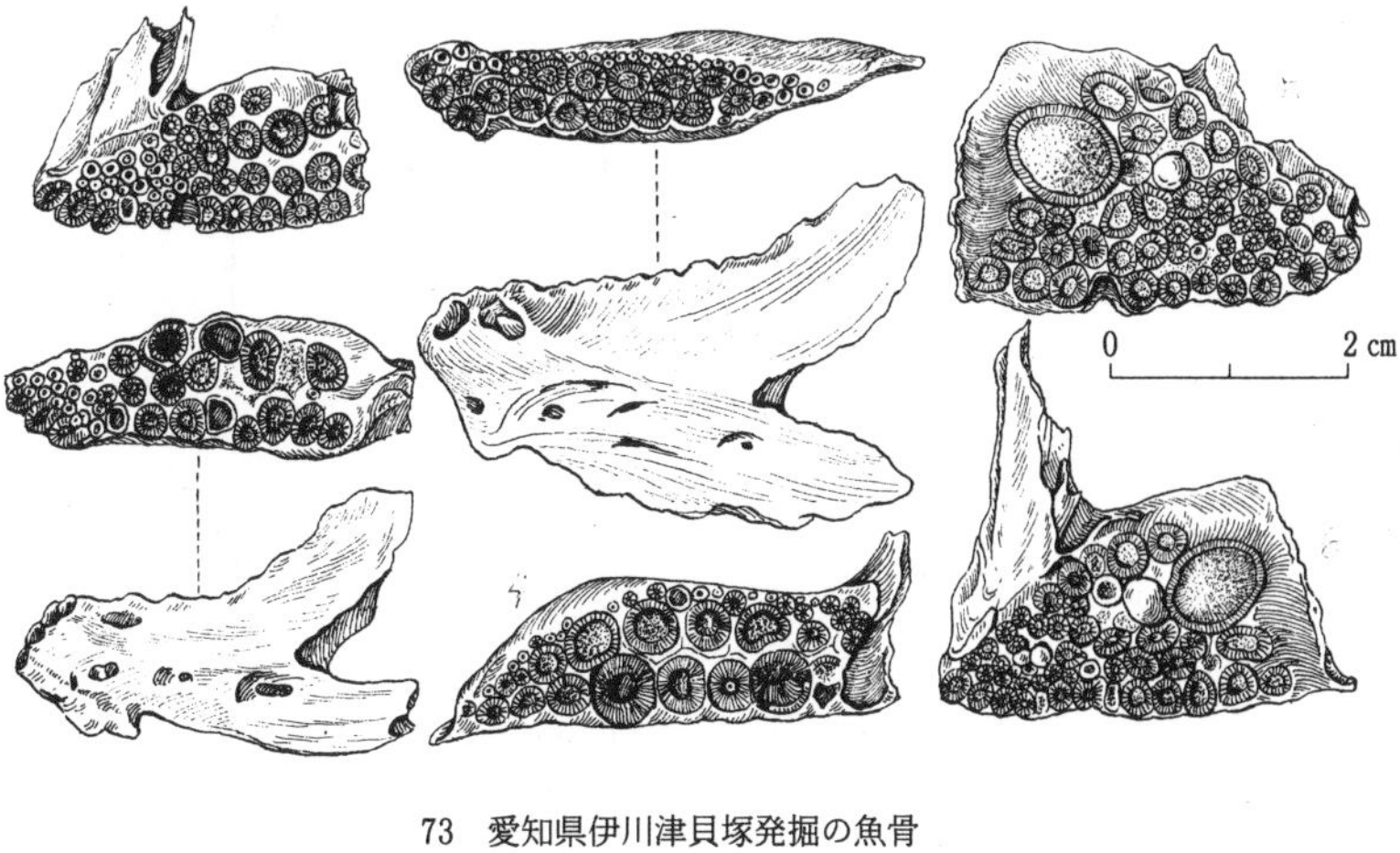

73　愛知県伊川津貝塚発掘の魚骨
1・2　クロダイ、3・4　マダイ、5・6　ヘダイ

112　一九五八年一二月三日　「港区青山南町六丁目一二二番地　戸川幸夫」さん[1]から中野区の直良信夫さん宛のハガキ

前略御無沙汰いたしています。

本日は貴重なる資料御恵与を賜り有難く存じました。オオカミについてはいろいろと勉強したく心掛けていましたのでたいへんに嬉しく存じました。またα誌の御令嬢の作品[2]、早速拝読させて頂きます。文学に志されている方ですか。

いずれ拝眉の節に

先ずは御礼まで　早々

（1）動物文学者。一九一二〜。一九五五年まで毎日新聞社、以後、作家。著書に『戸川幸夫動物文学全集』講談社、一九七七年などがある。

（2）瀬戸内晴美さんを中心として女性七人でつくっていた同人雑誌『アルファ』に美恵子さんが書いた小説「ぼろぼろ」。『婦人朝日』に新人として入選。

113　一九五九（昭和34）年一二月五日　「板橋区板橋六ノ三三〇二　鹿間時夫」さんから中野区江古田の「直良様」宛のハガキ

冠省　お寒くなりました。お元気でいられる事と存じます。

さて、一度御伺い致し御願いしようかと思っていましたが、学問のごたごたで、よう出来ずおります。群馬県のメガケロス、先生が御研究のよしきき大変結構に存じています。津川さんに早速お願い致しましたら、科学博物館へもって行くから見て下さいとの事でした。メガケロスは前から私、専門的に関心あり、花泉のもやりたいと思っているうち、松本先生、さっそく記載されてしまいました。あのレストアと思っているうち、群馬のが出土、息つくひまありません。勝手な事申し、失礼ですが、ミットか何かの形で研究、記載させていただけませんか。お願い申上ます。オルドシアナスではなく、やはりフラベラタスの子孫型が正しいようで、ヤベイは確立したように思います。英文で記載したいものです。簡単乍ら御願いまで。

草々

114　一九六〇（昭和35）年四月一二日　「諏訪市和泉町　藤森栄一」さんから「新宿区戸塚早稲田大学理工学部化石学研究室　直良信夫先生」宛の手紙

いつも家事にかまけて居りまして御無沙汰申訳ございません。先日は幸便に託し、富士見町井戸尻遺跡六号竪穴床面出土の炭化物をおとどけ致しましたが、何卒よろしく御鑑定のほどお願い申し上げます。事情は金井さんによくお話し致しましたが、一個はひねり餅風で完型、一個はコッペパン型で上下に木の葉が当てられた跡があります。この二個の他、全部おとどけ致しました訳で、細かい破片の中に穀物らしい粒粒が見えるような気がするのですがいかがでせうか。甚だ勝手がましい次第です。早大の総会までに結果が出たら本当にうれしいのですが、何卒よろしくお願い申し上げます。

当該品は石皿（床から十二、三糎の置土の上に正しく据えられておました）炉跡と並んでいました。

末筆乍ら奥様に呉々もよろしく。

四月十二日

藤森栄一

直良先生

115　一九六〇年四月二五日　カッパブックスの一冊として『日本の誕生―原始カオス期の歴史―』を光文社から上梓。その「まえがき」

「日本の誕生」といえば、多くの場合、『古事記』や『日本書記』の示す時代から、筆を起こすのが、長い間のならわしであった。戦後は一歩を進めて、新石器時代から始められていたが、最近の新しい事実の発見から、もはや、これでは、役に立たなくなった。新石器時代以前の日本が、無人島であったという見解が、根底からくつがえされてきたからである。将来、さらに調査や研究が、いっそう進展していくと、日本における人間の歴史が、もっと古い時期に、さかのぼるような可能性が十分に認められる。

といっても、一国の歴史は、単にその国土での、人間の歩みだけをしるせばよい、というわけのものではない。国土があっての人間生活だから、人間中心主義に、国土の発展伸張を論じてみたところで、それでは、ほんとうの国の歴史を述べたことにはならない。

人間は万物の霊長をもって自負している。自負はまことにけっこうだが、ともすると過信におちいりやすい。いかにも大言壮語しても、人間は一個の生物であることには、変わりがないのである。将来、宇宙科学がいっそう隆盛になって、地球以外の他の天体に、人間の移動が、容易に行われだすようになるかもしれない。だからといって、人間が地球を、まったく身すててしまうようなことにはならないだろう。あくまで、地球は私たち生物の故郷だからである。

私たち日本人は、父祖のひらいた、この細長い国土に生命をうけてきた。私たちが、日本の国土の発達史に深い理解を持つことは、けっきょく、今日および将来の日本人の生活を、より以上、しあわせにする秘訣だと言わなければならない。

そういう意味から、日本の誕生を考えるにあたっても、私は、この国土の移り変わりを、おろそかにできなかった。日本の国土が創成して、すでに二億五千万年という歳月がたっている。その長い地球の発達史から見ると、人間の歴史が、いかに短いものであるかが、この本でおわかりねがえることと思う。小さいことにこだわって、大きなしあわせを、とりにがしてはならない。

私たちは、人間が生物の一員であることをよく認識し、大自然もまた、ある意味では巨大な生物であることを理解し、正しい人間生活の発展に、最善の努力をかたむけなければならない。

人間の歴史は、そうしたところから、いっそうの光を放つであろうし、それが、とりもなおさず、私たち日本人の正しい歴史を、このうえとも持ちつづけていく、原動力となることだろう。

なお、この本を執筆するにあたっては、光文社カッパ・ブックス編集部のかたがたに、たいへんお世話になった。また、早稲田大学文学部の洞富雄博士からは、いつもながらのご好意をいただいた。ここにつつしんで、お礼をもうしあげるしだいである。

昭和三五年四月

116　一九六〇年五月三日　「下谷」の消印で「大阪府狭山　末永雅雄」さんから「新宿区早稲田大学理工学部　直良信夫様」宛のハガキ

拝啓、貴著忝く拝受。明石原人のこと、その頃の経緯を知るものも少なくなりました。拙著「先史時代の瀬戸内海」で貴兄の気持ちを察して数行を記しましたのも十余年前になり御互いに鬢髪霜を加える頃になってきました。顧ると三十数年を経過したわけです。御自愛下さい。

117　一九六〇年五月一〇日　「兵庫県揖保郡太子町矢田部　森本義夫」さん[1]から「直良信夫様」宛の手紙

直良信夫様

冠省お許し下さい。

神戸新聞にあなたの御本[2]の紹介が出ましたので早速買い求めました。先ずふくよかな御写真を眺め、今本文を読み始めたところです。

何と読み易い文でしょう。あなたのお話をじかに聞いている様です。あなたのお声が聞こえてくる様な気がします。幾度も写真を見直しながら読みついでいます。ここは学校、今は空き時間。

あなたの眼の黒い内に明石原人が認められて何よりうれしいです。又この度の御本が多数の日本人から歓迎を受けたことも悦びにたえません。明石にほど遠からぬ姫路在から祝意を表します。

私は郷里に帰住し耕作をしながら姫路にある私立女子高校に勤めています。

久しく藤江の海岸には参っていません。また地学からも遠のいた生活をしています。

神戸新聞のブックガイド欄を同封いたします。末筆ながら御奥様によろしく。

敬具

五月一〇日

森本義夫

（1） 元明石中学校の博物学の先生。昭和初期に直良さん、倉橋一三さん、土岐義政さん、桜井松次郎さん、桜井勇一さんらと化石収集に熱中。直良さんが明石を去ったあと、鹿類の足跡化石の研究を教え子の津田貞太郎さん（当時、東京高等師範学校生徒）とすすめ、一九三七年、森本・津田「兵庫県明石市付近より発見された足跡化石」を『博物学雑誌』第三五巻第六〇号に発表。直良さんは森本さん提供の昆虫化石を森本さんとの友情を記念して *Nemobius morimotoi* と命名し、和名をモリモトスズと呼んでいる。

（2） 直良さんの『日本の誕生―原始カオス期の歴史』、光文社。

118

一九六〇年五月一八日　「練馬区関町二の五〇　矢部長克」さん[(1)]から中野区江古田の「直良信夫様」宛のハガキ

御恵贈の貴著 On the Fossil Plant Bed of Egota, Tokyo 頂きました。御厚意深謝します。尚立川ロームとコニファ層の関係を明らかにして下さいましたことは誠に有り難いことです。

五月一八日

（1） 古生物学者、東北大学名誉教授、日本学士院会員。一八七八―一九六九。矢部さんには、『江古田松柏科植物化石層の地質学上の意義』『地質学雑誌』第五三巻第六二一～六二七号、一九四七年がある。

119　一九六〇年一一月四日　「都下くにたち東区五　甲野勇」さんから「中野区江古田一―二〇七三　直良信夫様」宛の手紙

前略　過日は別刷御恵送いただき有がとう存じました。御礼を申上げるのがおくれ誠に申訳ありません。実は小生近頃、桧原を調べておりますので、何か面白いニュースと共に御手紙を差上げようと思っていましたので――さきに御調べいただきました脊骨の問題が気になって狼のことを聞きますと、いろいろ資料が出てきました。狼の牙と毛を呪物としてもって居る者もあるようですし、貴著にあります狼の乳をのんだ者も元気でいるそうです。出来るなら貴兄と御一緒に見たり会ったりしたいと思うので、小生はまだ見て居りませんが――。

そこで貴兄の御都合のよい節、御調べ願えないでしょうか。若し御出願えるなら、不便な所ですから、立川まで来ていただければ、朝日新聞社のジープをだしてもらいます。小生は金、土、が登校日ですが、これはサボってもかまいません。日曜は新聞社の方が都合が悪いと思います。若し御出いただけるなら貴兄の御都合のよい曜日をおもらし願えないでしょうか。

秋川渓谷の紅葉は美しいと思います。右御願まで　　匆々

直良学兄侍史　　甲野生

120　一九六一（昭和36）年二月二〇日　『峠路―その古えを尋ねて―』を校倉書房から上梓。その土地土地の歴史を調べるのを趣味にした直良さんの一面をしめす本。そのはしがき。

子供の頃、私は祖父につれられて、峠越しに山向うの親戚に、よく出向いたものだった。新道をとおれば、馬車も走っていたし、歩きよくもあった。が、これでは時間がかかってやりきれない。峠の頂には、古びた石地蔵が一基建っていて、足をなげ出して休むのには、あつらえ向きの場所だった。盆栽好きな祖父は、そこらで枝のひねくれた小松などをあさって、もち帰ることがたのしみだった。かつぎ役は、もちろん私であったが、そのみち路で、祖父は峠に

まつわる、昔ばなしを、もりだくさんに聞かしてくれた。

それから五〇年。その祖父の年頃に、私もおいついてきた。いつもおもい出すのは、子供の頃聞いた、峠話のなつかしい思い出である。

幸か不幸か、私たちは山国の日本に生まれた。ちょっと旅をするといっても、山を越し、峠を通らなければ、目的地につかない場合が多い。人文発達のおかげで、峠の上を飛行機がとび、峠の下にトンネルができて、ムカデのようなかっこうで、汽車や電車が走っている。そのために、今の私たちは、峠の必要性も、歴史的な事項も、すっかり忘れ去ってしまった。しかし、物資の輸送や乗用車の運用が、もしも今日以上に発展していくと、当然峠の問題は新しい角度から、再検討してみなければならない。すでに、その時機がやって来ているように私はおもう。

峠の浮き沈みは、けっして簡単な理由に由来しているとは考えられない。政治や経済にむすびつき、ときにはまた軍事などにも関係があったろう。その一つ一つをとりあげて、くわしく究明してみると、興趣のつきないものをもっている。

が、私はここでは、もっぱら、古墳時代後期から、奈良・平安時代に焦点をしぼって、峠と、それにつらなる古道の問題を解析してみることにした。(記述の都合から、その前後のものも若干含まれてはいるが)官道や私道が、ようやくととのって、峠が人間の生活に大きく浮び上ったのが、ちょうどこの時代であったからである。

官道がはじめて整備された奈良・平安の頃には、近畿から北九州の太宰府に通ずる大路をはじめとして、日本の国内に、都合七つの国道が設けられていた。近畿から東国に下る道には、太平洋岸をとおっていた東海道と山の官道であった東山道の二つがあった。これらの古道は、この時代になって、はじめて国道として面目をほどこしたわけだが、実際にはそれ以前の大昔から、いわず語らずのうちに、人が通り、文化が動いていった、天下の大道であった。したがって、この道を究めないかぎり、近畿地方から東に波及した文化の実体も、人間の生活内容も、わからないことになる。この古い公道には、いくつも峠があった。が、歴史的にもっとも名高いものは、東山道では美濃から信濃には

1952年

1952年

1952年

1952年

1956年

1953年

1961年

1960年

1961年

74　直良さんの著書（1952～1961年）

いってくる所にある神坂峠をはじめとして、大門、雨境、碓氷の諸峠があり、人々はその道を通って、上州に出て、それから遠く陸奥の旅にのぼった。当時武蔵は東山道に属していたので、多くはこの道を歩いてきたものである。

東海道筋を東に進むと、なんといっても最大の難関は、足柄、箱根の山を扼する足柄の峠越しであった。足柄峠の東が関東、西側は関西という名が出ていたほど重要な峠路であった。

私はそういう、いわれの深い峠をさぐり、古道をたずねて、そこにかつては咲きにおうていただろう、いにしえ人の歴史てきないぶきをかぐことが好きだった。そういう折りに、こつこつ書きためた原稿が相当の枚数になった。それらの中からめぼしい項目をえらんだのが本書である。こういう問題もかたぐるしく論議すると、学問的には一つの体系を形づくることになろう。が、それでは、一般の方々に、古道や峠の歴史的な重要性が、わかっていただけない。そうなると、せっかくの研究が、なんにもならないので、学術的な水準を落さないようにして、できるだけ平易に、紀行文風にかきあらわすことにつとめた。土にしみこんだ、古代人の生命のかおりを、掬いとっていただければ幸だとおもう。

調査や研究にあたっては、多くの方々のご厚意に接した。写真や図面についても、おこころあついもてなしをいただいた。また出版については、校倉書房の皆さんに、いつもながら、たいへんお世話さまになった。ここに共々に、厚くお礼を申し上げる次第である。

昭和三五年九月二〇日

121　一九六一年一〇月二日　「東京都中野区江古田一ノ二〇七三　直良信夫」さんから「明石市藤江県営住宅二六号　春成秀樹様」宛のハガキ

拝復　御手紙を頂いて居りながら御返事をさし上げることが大変おそく相成りまして失礼申しました。

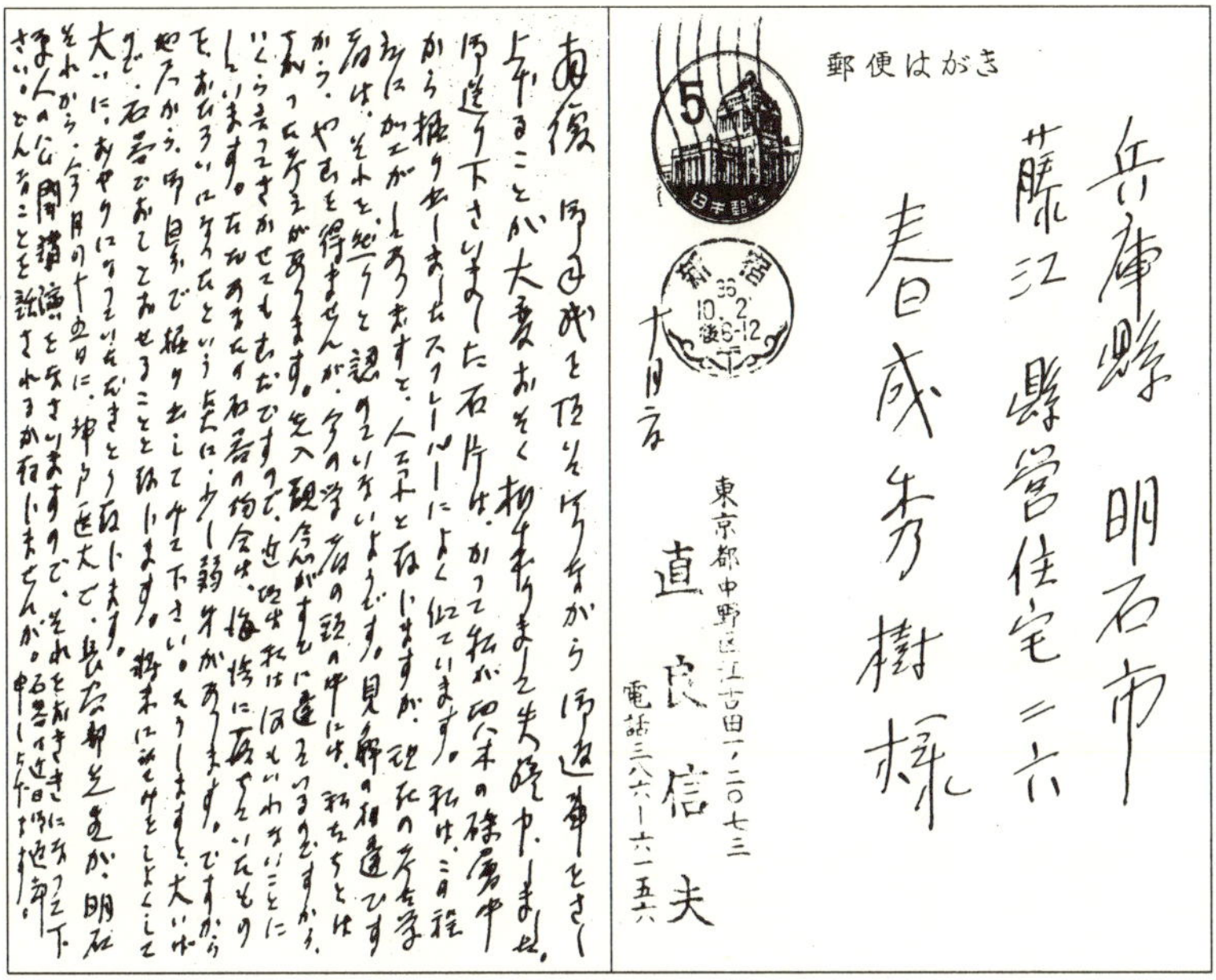

郵便はがき

兵庫県明石市
藤江　県営住宅二六
春成秀樹様

十月二日

東京都中野区江古田一ノ二〇七三
直良信夫
電話三八六一ー六二五六

御手紙を昨日から御返事をさし
上げることが大変おそく相成りました失礼申しました。
御送り下さいました石片は、かつて私が西八木の礫層中
から掘り出しましたスクレーパーによく似ています。私は、二ヶ月程
前に加工がしてありますと人工品とおもいますが、現在の考古学
者は、それを認めていないようです。見解の相違です
から、やむを得ませんが、今の学者の頭の中には、私たちとは
異った考えがあります。先入観念がすでに確立しているのですから、
いくら云ってきかせてもむだですので、近頃私はなにもいわないことに
しています。それですから、あなたも石器の物合は、格段に注意していたもの
をおひろいになったという点に、少し弱味があります。ですから
地元から御自分で掘り出して見て下さい。そうしますと、大いに
まで、石器であることを知らせることも出来ます。将来にわたってしよくして
大いにおやりになっていただきとう存じます。
それから、今月の十五日に、神戸医大で、長谷部先生が、明石
原人の公開講演をなさいますので、それをおききになって下
さい。どんなことを話されるか知りませんが。石器は近日御返却
申し上げます。

75　直良さんから春成宛のハガキ（1961年10月2日）

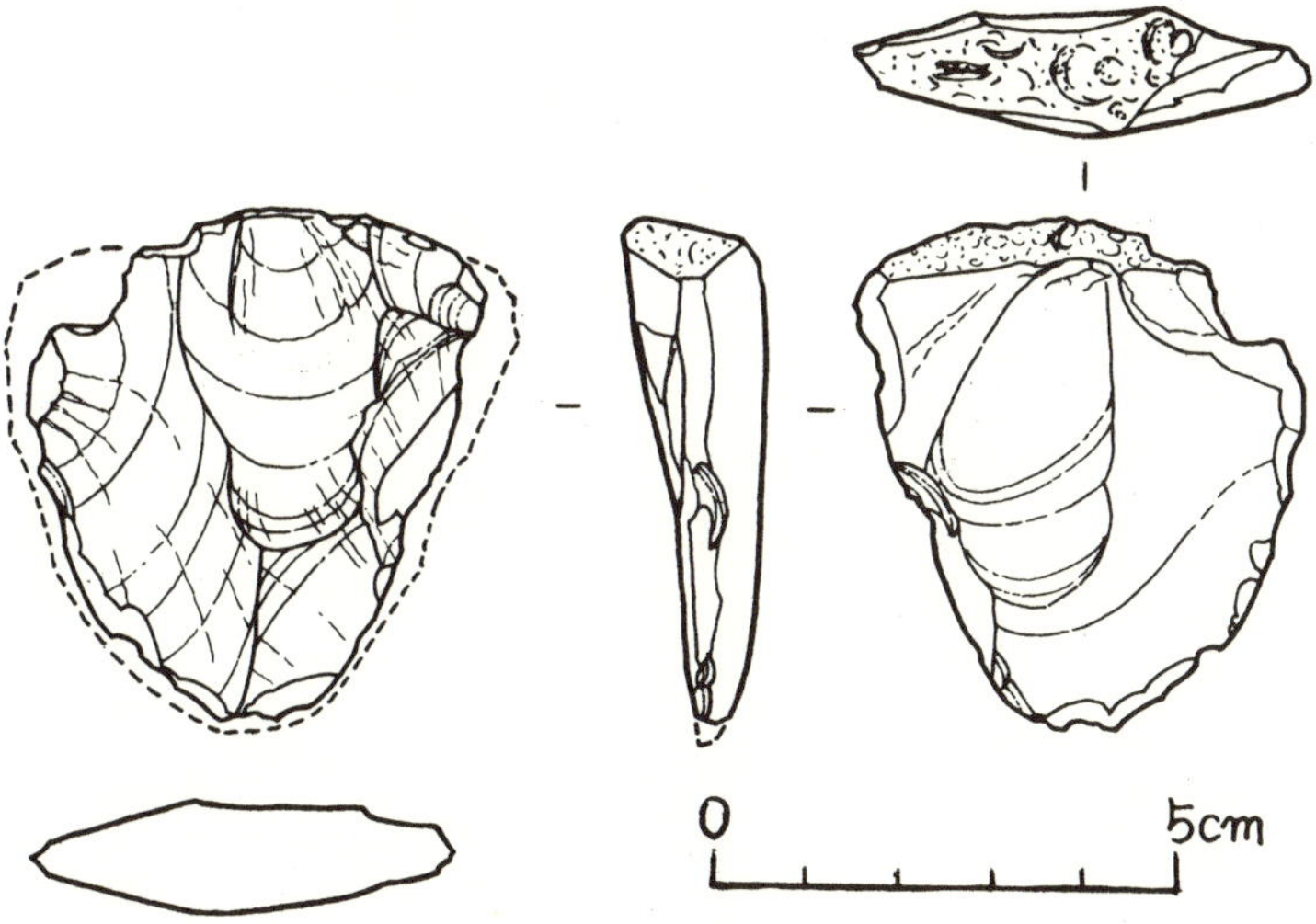

76　谷八木で春成が採集した安山岩製石器（春成図）

御送り下さいました石片(1)は、かつて私が西八木の礫層中から掘り出しましたスクレーパーによく似ています。私は、この程度に加工がしてありますと、人工品と存じますが、現在の考古学者は、それを然りと認めていないようです。見解の相違ですから、やむを得ませんが、今の学者の頭の中には、私たちとはちがった考えがあります。先入観念がすでに違っているのですから、いくら言ってきかせてもむだですので、近頃は私は何もいわないことにしています。ただあなたの石器の場合は、海浜に落ちていたものをおひろいになったという点に、少し弱みがあります。ですから地層から、御自分で掘り出してみて下さい。そうしますと、おおいばりで、石器でおしとおせることと存じます。将来に望みをしょくして大いに、おやりになっていただきとう存じます。

それから、今月の一五日に、神戸医大で、長谷部先生が、明石原人の公開講演をなさいますので(2)、それをおききになって下さい。どんなことを話されるか存じませんが、石器は近日御返却申し上げます。

（1）谷八木川川口のすぐ東の谷八木海岸の汀線で一九五八年二月九日の夕方に採集した安山岩の剥片。春成「明石人問題」『旧石器考古学』第二九号、一九八四年で発表。この石器は背後の崖に露出する西八木層にもとは埋まっていた可能性を考えつづけていたことが、一九八五年三月に西八木海岸を発掘調査するつよい動機となった。

（2）日本人類学会・日本民族学協会第一六回連合大会の公開講演「明石原人について」。会場は神戸新聞会館で、春成は聞きに行った。このとき、長谷部さんは七九歳、春成は一八歳、そして直良さんは五九歳であった。

122　一九六一年一一月一一日　『釣り針の話』を池田書店から上梓。その「はしがき」

昭和三十三年一月から同年十二月まで、つり人社のご厚意で、同社刊行の「つり人」に、不出来な「釣針物語」を、連載させていただいた。ところが、はからずも、今度池田書店のご厚情で、それを単行本として出版することになった。

当時、私は、日本における狼の研究に専念していたために、非常に多忙であった。そのため、ゆっくり文献を、あさっているゆとりがなく、てもとにあった材料で、そうそうにまとめては、毎月の原稿締切日に、まにあわせていた。そんなあんばいで、いっこうまとまりのない物語になってしまった。

本書はそのときの旧稿を、おおはばに補訂し、前半の一部と後半全部を書きたして、ともかくも一応物語ものとしてのていさいを、ととのえることにつとめたのである。

実際のことをいうと、まだまだ、私の見ることのできなかった資料や文献が、相当にのこされている。が、それらに全部眼をとおすということは、現状としてさっきゅうにはできない。

しかし、主要なものは、まがりなりにも、本書の中におさめておいた。

釣針の発達史をとおして、人間の生活史の中の、漁撈文化の推移発達の大要を、瞥見していただけるだろう。

私の郷里は、大分県臼杵市である。町の背後は山でかこまれ、前面には、いつも太平洋のあおい潮が、まんまんと湾をみたしていた。

父も、叔父も、兄もみんな釣りずきだったので、しぜんに、私もその仲間の一人になった。竿をかついで出かけていっても、釣るというよりは、釣られることのほうが多かった私ではあるが、それでも、どんなにたのしかったことか。

ある晩、沖釣りに出ていった兄が、夜中にまっさおな顔色をして、あたふたと帰宅したことがあった。それから十日ぐらいは、床に臥していた。舷側に手（？）をかけて、ニュとあらわれたものすごい怪物にきもをつぶし、ほうほうのていで、逃げ帰ったという。それっきり、兄の沖釣りはだめになった。そのかわり、こんどは磯釣り一方で、供はいつも、私ということになった。

クロダイは妙なくせがあった。話が少々くさみをおびて恐縮だが、夕方のあげ潮どきなどに、人糞をなげこんでやると、ワンサワンサと集まってきたことをおぼえている。そのクロダイを、兄はゆうゆうと、釣りあげていた。

私はいま、五十年前の、少年の日をなつかしみながら、遠く想いを古代にはせ、釣りには大切な釣針の生いたちをとおして、人と釣りの生活史を、考古学徒としての立場から、ここで述べようとおもう。
稿の成るにあたって、たいへんおせわになった池田書店、つり人社と同社の小口修平氏、それから南太平洋諸島で現在使用している釣針の貴重な写真を恵与されたビショップ博物館研究員篠遠喜彦氏、および文献についてご教示をいただいた早稲田大学の高野明氏に、心からあつくお礼を申しあげる次第である。

昭和三六年七月一〇日

123　一九六二（昭和37）年一月三日　中野区江古田の直良信夫さんから明石市藤江の「春成秀樹様」宛のハガキ

慶春
昭和三十七年一月元旦
よい御正月をおむかえの御事と存じ御悦び申し上げます。
八木出土の遺物、昨年中に御返送申し上げる心で居りましたところ、雑用に追われ、その機会を失し、延引いたして居ります。一月十日以後に御返送申し上げます。

124　一九六二年三月三一日　中野区江古田の直良信夫さんから明石市藤江の「春成秀樹様」宛のハガキ

前略　御ぶさた失礼申して居ります。ますます御清勝の御事と存じ上げます。
ながらく拝借させていただきました藤江(1)の出土物、先だって書留郵便で御返却申しましたので、御落掌下さったことと存じます。ありがとう御座いました。学年末及び入学期で多忙な上に、右手の拇指をヒョウソでやられまして、しばらく字がかけませんでした。いまだに十分筆をもつことができません。そんな次第で大変失礼いたしました事をおわび申します。ありがとう御ざいました。

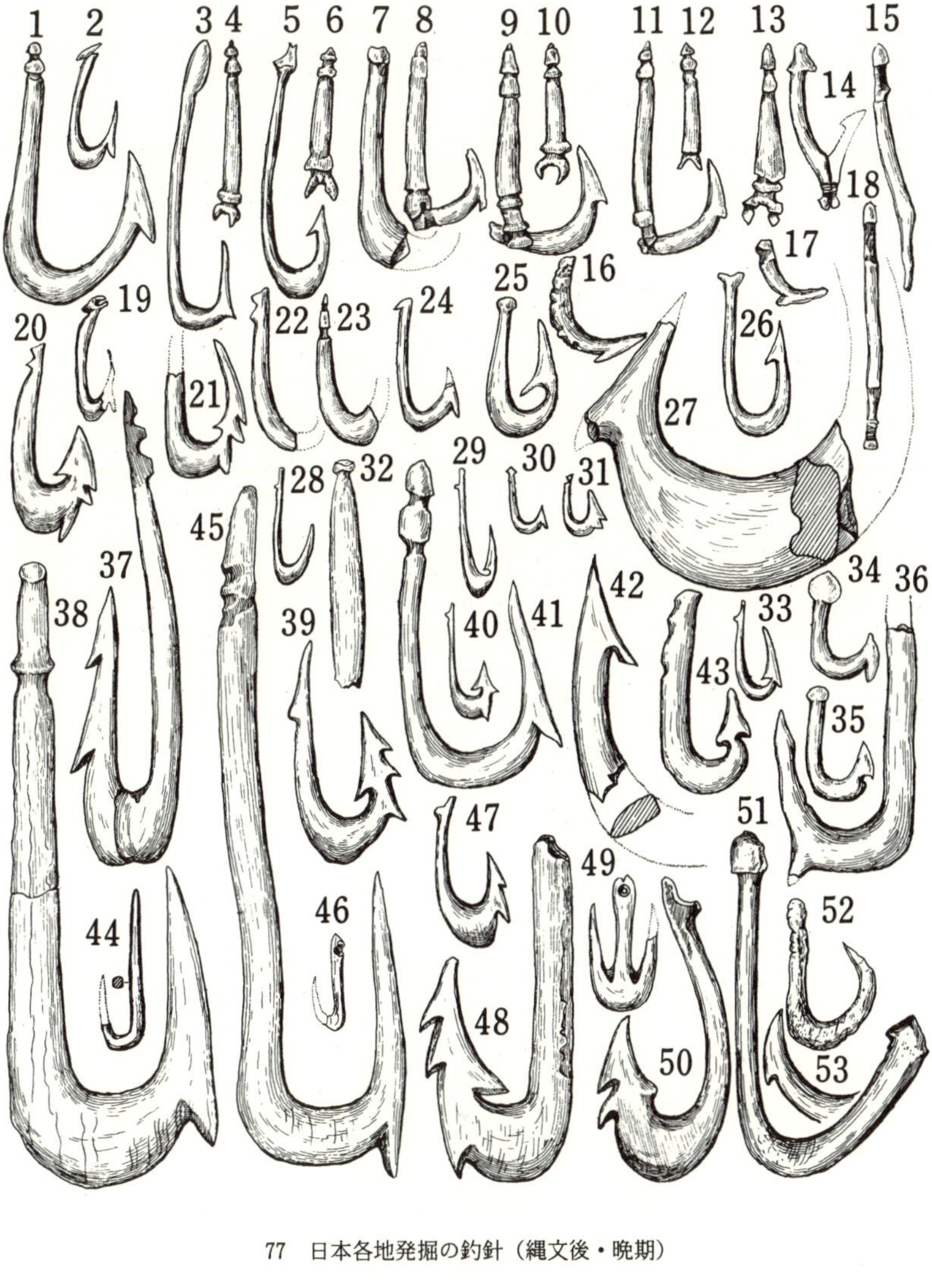

77　日本各地発掘の釣針（縄文後・晩期）

（1）谷八木川の東を藤江といっていたが、採集地点は厳密には谷八木であった。

125 **一九六四（昭和39）年八月一七日** 「東京都中野区松が丘一丁目一一番七号　直良信夫」さんから「長野県諏訪市和泉町　諏訪考古学研究所　藤森栄一様」宛のハガキ

毎日大変あつい日が続いて居ります。

皆さま御清勝の御事と存じ御慶び申し上げます。（おくさまにも、どうぞよろしくお伝え下さい。そのうちおめにかかれると存じますが。お大切に祈り上げます。）

さて、昨日は御高著「銅鐸」学生社から御送りいただき、ありがたく相受仕りました。厚く御礼申し上げます。諏訪社の銅鐸の件は「信濃」で拝見いたしましたし金井君からも承って居りまして大変興味深く拝読させていただきました。私もかつて銅鐸に熱中しましてあちこち歩きまわった事がございますので、ことにこの遺物について関心をもって居ります。私が調査行のときとは学界の事情もかなり変わっておりますし見解もまた異なったものをもって居ります。どうしても、とけないのが出土状態です。これは実際に現地でしらべたことのない方にはわかりにくい事でしょうし、又口や筆ではあらわしようもないことです。現状は銅鐸埋設当時の昔とは著しく変わっていますので。しかし、この件がいちばん大切なことがらと存じます。ありがとうございました。

126 **一九六五（昭和40）年二月一九日** 中野区松が丘の直良信夫さんから諏訪市の「藤森栄一様」宛の手紙

拝復

御芳墨ありがたく拝受仕りました。皆さまますます御清勝の御事拝承仕りまして何よりと存じ御悦び申し上げます。

御文面の御趣承りました。大変おもしろい題材で、私、[1]本になります日を心まちに御まち申して居ります。

写真(2)をさがしてみましたが、これはというようなよいものがみつかりません。戦後のもの（戦前のは凡て焼失しました）を三枚ほど同封いたしておきました。御気に召すかどうかと存じられましたが、御落掌の上御つかい下さいます様御願い申し上げます。写真はすべて私の思い出のものですので御つかいになられましたら、御返送下さいます様御願い申し上げます。

大変御迷惑さまに存じますが、ひとつどうぞよろしく御願い申し上げます。

時節柄御自愛のほど祈り上げます。

そのうち拝眉の機を得たく存じて居ります。

みなさまにどうぞよろしく御鳳声のほど御願い申し上げます。

敬具

二月一九日

直良信夫

藤森栄一様御侍史

（1）藤森さんの『旧石器の狩人』学生社、一九六五年。

（2）同右、一〇〇頁の写真。

127　一九六五年二月二五日　中野区松が丘の直良信夫さんから諏訪市の「藤森栄一様」宛のハガキ

拝復

昨夕貴重な御本(1)を頂戴いたしました。毎日の書評で拝見いたしていましたので、本屋さんにたのんでおきました。まだそれをもって参りませんが、御恵送いただきましたので早速よませていただいています。たいへんあかるくお書きになっておいでですので、うれしく拝見申して居ります。御本を拝見いたしまして、これは私もぜひ一度は井戸尻を訪ねてみなければならないと存じました。御厚情誠にありがとう御ざいました。厚く御礼申し上げます。奥さまにもどうぞよろしく御鳳声御願い申し上げます。

（1）藤森さんの著書『縄文式土器』中央公論美術出版、一九六五年。

128 **一九六五年一〇月二〇日** 日本産狼の化石骨、遺跡からの発掘品、伝世品、民俗例を集大成した大著『日本産狼の研究』を校倉書房から上梓。直良さんの代表作の一つとなる。そのあとがき。

私が家犬の研究と共に、狼の研究を思いたったのは、昭和八年の夏、北満州におもむいたときにはじまっている。北満州には現在なお多数に狼が棲息している。ことにこの地方に散存する遺跡を発掘してみると、どの遺跡からも、狼の遺骸の出土が多い。それが旧石器時代の遺跡になると、さらにその出土量を増し、狼と人間との生活上の関連性がいよいよ強かったことが知られる。さらにそれがシベリアになると、北満州以上に多量の出土が報ぜられている。こういうことから、私は狼が北半球での人間の生存には重要なつながりもつ獣類であることを、あらためて深く認識した。

爾後三十有余年、機会あるたびに、日本をはじめ近周大陸産の狼の研究にはげんできた。といっても、私は本来が古生物学徒であるために、もっぱらその対象が骨格にあった。

ニホンオオカミは、明治の末年に絶滅して、今日生存していないと説く人が多い。ところがその一方では、まだ棲息していることを信じている人もある。学者の多くは前者であり、後者はもっぱら猟師や土地の古老などである。最近真実の狼が捕獲されていないから、すでに絶滅したといわれることにも一理がある。が、たしかな証拠がないからといって、ニホンオオカミがまったく滅びてしまった、といいきってしまうのも少々早すぎた結論ではあるまいか。学にたずさわるものとしては、どちらの意見にも拘泥することなく、とにかく、ものには念には念をいれろであるから、もう一度日本全国をくまなく調べてみる必要があろう。ろくに、みずからは調べてみもしないで、単に机の上で棲息していないだろうと考えた思いつきを、いないという強い言葉でいいあらわしている今の学界人の仕打ちを、私はむしろある意味では、あきたらなく思っている。

そういうわけで、私は私なりに、山に入り、部落をたずねて、狼探しをつづけている。この先、何年かかってその目的を果たすことができるか、私自身にすらそれはわからない。幻影を探し歩く男と、ときにはひやかされたこともあるが、一向それが苦にならない。私は私の信ずる道をひたすらに歩きつづけていけばそれでよいと思っているからである。

こうして歩いているうちに、ともかくも探しあてたのが、現在、各所に秘蔵されている狼の骨や毛皮などであった。先祖伝来の秘物が多く、当の持主でさえもいまだに一度も箱のふたをあけたことがないという代物である。調査をことわられたこともあったし、いやみをいわれたことも両三度にとどまらない。でも、なかには学問の研究にたいへん理解をもたれていて、よろこんで神棚から先祖伝来という秘物をおろして開封してくれた方もあった。

いろいろなできごとやさまざまな心苦しさはあったが、ともかく、各地に遺存しているこれらの学術資料をあさってみて、日本に棲息していた狼や、いるいないで問題にされているニホンオオカミの動物学上のことなどが、ようやくわかってきたのはありがたい。

私が今日まで、ニホンオオカミの遺骸を、実際に手にとって調査することのできた資料は、五〇個足らずである。それらの中のある資料は、私の調査後、すでにいろいろな事情で、行方のわからなくなったものがある。そのうち若干はすでに海外に流れ出たという話も聞いている。惜しいことである。そういうことが、再びあってはならない、と私は念じている次第であるが、ともかくも、個々の資料を丹念に調べ、その記録を正しくとっておくことの必要を感じている。

最後に一言申しそえておきたいことは、二〇年前に集めた資料の大部分を、昭和二十年五月二十五日、東京が空襲をうけた際に戦災をうけて、その一切を焼失したことである。したがって本書は、それ以後あらたに蒐めた資料が、論考の根幹をなしている。それに戦前に雑誌その他に書きとめておいた二、三の短報を生かして、総括的にとりまとめることにつとめた。

遺体や資料を探して歩きまわっているうちに、私は多くの方々に、たいへんお世話になった。稿を結ぶにあたって、あつく感謝の意を表する次第である。ことに信濃では中沢保・小林和郷の両氏、丹沢地域では秦野文化協会の梅沢英三・安本利正・前場義男・柳川定春の諸氏、秩父方面では小林茂氏とその御一家、栃木県下では吉澤兵左・清水辰二郎両氏、奥多摩では小泉新策・市川敏両氏、それに国立科学博物館の尾崎博・今泉吉典両氏等の御厚情を忝うした。なお本書の出版にあたって、早稲田大学から過分の補助をいただいた。謹んでご厚情をあつく万謝するものである。

昭和四十年五月一日

129　一九六五年一一月五日　中野区松が丘の直良信夫さんから諏訪市の「藤森栄一様」宛の手紙

謹啓

いよいよ秋も深まって参りました。

皆さまますます御清栄の御事何よりと存じ御悦び申し上げます。

さて、先日は学生がおおぜいで参上申しまして何かと御せわさまに相成りました。御厚情あつく御礼申し上げます。お陰様で大変調査や研究の上で大だすかりいたしまして学生たちもよろこんで居りました。

その節中村様わざわざ御教導いただきました由、後で拝承申しました。御多忙のところわざわざ御導き下さいまして御厚情ほんとうにありがとう御ざいました。どうぞ中村様によろしく御鳳声下さいます様、伏願申し上げます次第で御座います。ありがとう御座いました。尚黒曜石の方の採掘はいま続行されていない由、承りました。エコノミッ

78　チョウセンオオカミの遺骨をたずねて（埼玉県王滝村三峯神社で）

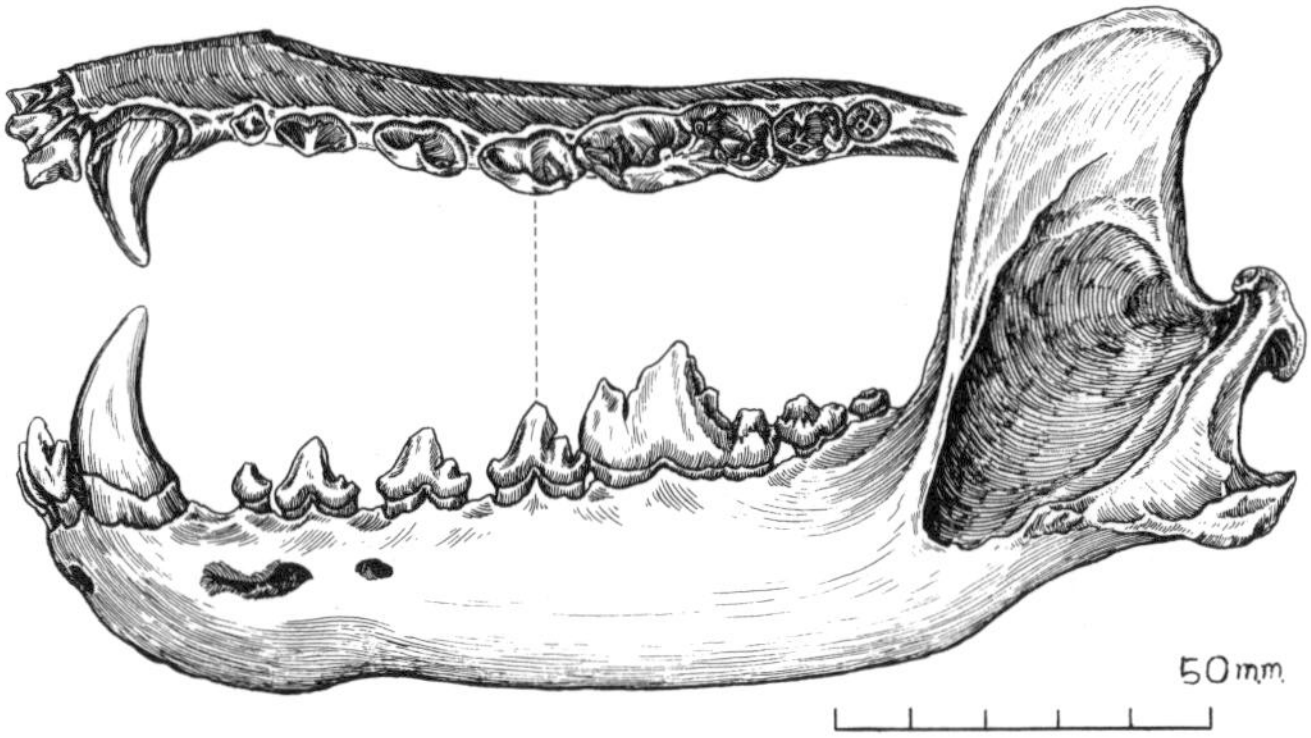

79　丹沢山麓産のニホンオオカミの下顎骨（1962年8月）

クな点で何かよい資料は御座いませんでしょうか。もしありましたならば、御教えいただきとう存じます。

又、三日の毎日新聞によりますと、御高著「銅鐸」が出版文化賞を御うけになられたとの御事相承申しました。ほんとうに御めでとう御ざいました。御悦び申し上げます。奥さまもさぞかし御悦びのことと拝察申し上げ御一家の幸、私心から祝福申して居ります次第で御座います。

日増しに寒くなって参ります。皆さまの御自愛御清栄の御事祈念申しております。有り難う御座いました。

拝具

一一月五日

直良信夫

藤森栄一様御侍史

二伸　井戸尻の炭化物の件その後いかがに相成りましたか。御返事をお待ち申しておりましたのですが。

130　一九六五年一一月二一日　中野区松が丘の直良信夫さんから諏訪市の「藤森栄一様」宛のハガキ

拝啓　その後は御ぶさた失礼申しあげました。皆さまますます御清栄の御事何よりと存じ御慶び申し上げます。さて本日は御高著「旧石器の狩人」を御恵送下さいまして御厚情誠にありがとう御座いました。厚く御礼言上いたします。（このお礼状をしたためて（前半を）いましたら、途中で急用ができ、その後あわてて後半をかき本日漸く投函した次第です。おそくなりまして失礼申しました）。明石のことはなにもかもが、遠い日の思い出になってしまいました。物のなくならない頃、皆さんが今日ほどの熱意で検討して下さっていたら、あるいはあんなことにもならないで、日本の旧石器時代の研究ももっとより早く、そして正しく前進していたのではあるまいか、と思うこともあります。読売の記者の方は、そういう点を十分くんで、あの一文をかいたようです。今後のことも考えの中にいれて。では御大切に。おくさまにどうぞよろしく御鳳声願い上げます。

131　一九六七（昭和42）年一二月　京都大学考古学教室　小林行雄さんの『女王国の出現』の「明石原人の発見」の節の一部

いまでは、日本にも旧石器時代から人類が住んでいたことを、疑う人はほとんどない。その端緒は、群馬県岩宿遺跡（新田郡笠懸村）において、昭和二十三年ごろに相沢忠洋氏が発見した石器の研究からはじまったという経過も、教科書などにさえ書いてあるほどの、周知のことである。

しかし、かつては、日本に旧石器時代の人類が住んでいたことを証明したいといえば、学界から異端者として排斥をうけることを覚悟せねばならぬほどの、勇気のいることであった。たとえ、その研究は賛否両様の評価をうけたにしても、この困難な作業に全力を傾倒した学者が、昭和の初年にあったことを忘れてはなるまい。その人こそ、現在、早稲田大学において後進の指導をつづけている直良信夫氏であった。

じつは直良信夫氏は、まだ旧制中学生であった私と二人の友人とが、考古学の手ほどきをうけた恩師である。私たちの中学生グループは、はじめは神戸市付近の第三紀層から植物化石を採集することを共通の趣味として、行動を共にしていた。それが、いつのまにか考古学に興味をもつようになり、その指導をしてもらえそうな人をさがして、ついに、当時、明石市に住んでおられた直良氏にめぐりあったのである。直良氏もその頃は考古学に専念しておられたので、執筆中の論文の話をしたり、調査に同行したりしてくださった。中学を卒業した後も、私たちの直良家訪問は、ほとんど日曜日ごとにつづいた。

ところが、直良氏はやがて、明石市西郊の西八木海岸に露出している洪積層から、旧象その他の動物化石を採集するという、新しい研究に着手されるようになった。もともと、植物化石の採集という共同作業からグループを作り、そろって直良氏に弟子いりをした私たちであるが、洪積層の動物化石は理解しようとしてもむつかしすぎた。ふたたび直良氏の調査は、単独行動にもどることになった。

やがて直良氏は、一家をあげて上京されることになり、私の生涯に思い出の多い明石時代は終わった。その後に直良氏の身辺をつつんだ不遇な雰囲気は、私の口からいうにはしのびないので、松本清張氏の小説「石の骨」にたくみに描写されているとのみ付記しておこう。とくに空襲による被災は、直良氏の家とともに、西八木出土の人骨や化石類をも灰燼に帰してしまったのである。

直良氏の採集した人骨や石片が、はたして、日本にも旧石器時代の人類が住んでいた事実を証明するものであるか否かの判定は、ほとんどの資料が焼失した現在では、むしろ、さしひかえるべきかもしれない。しかし、直良氏の研究がその着眼点において、後の学者とちがっていたことは、とくにあきらかにしておく必要がある。

直良氏が西八木海岸の洪積層に注目したのは、そこから洪積層の動物化石を採集することができるという事実から出発していた。そこで直良氏は、そこにふくんでいる化石の種類と年代とを、みずから古生物学の知識を身につけることによってたしかめ、人類が大陸から日本にはじめて移動してきたころの地層を発見しようという、遠大な計画に着手したわけである。

このような直良氏の苦闘を見たことは、同氏によって考古学への開眼をうけた私の心に、一人まえの学者になるためには、関連する他の学問の知識をもたない、たんなる考古学者に終わってはならないのだということを、大きな教訓としてきざみつける動機となった。

132　一九六八（昭和43）年九月三〇日　『狩猟』を「ものと人間の文化史」の一冊として法政大学出版局から上梓。その「はしがき」

地球上の生き物は、自分が生存を完うするために、他の生物のいずれかに犠牲をしいている。生存競争というと、その響きは、いかにも簡単に聞こえるが、現実には、それは厳しく恐ろしいことである。食うか、食われるかの阿修羅のくりかえしであるからである。

そうした犠牲を、最少限度におさえて、ともどもに生きて行くのには、どうしたらよいか。人間らしい生き方というのは、そこから生まれてくるのである。いや、人間が他のどの生物よりも、すぐれているということは、そういう心のもちかたに、価値がみとめられるからではあるまいか。もしそうでなかったとしたならば、人間と他の生き物とのほんとうの意味でのえらさの比較は、できないことになってくることだろう。

ふりかえってみると、人間はきびしい自然の掟の中にあって、人間としての生長のために、あらゆる努力を払ってきた。その前進のさなかにあっては、多くのもろもろの生物たちに、思いのほかの迷惑をかけている。ものの哀れさを感じとることの神妙さをもちあわせている人の中には、ねんごろな葬らいを忘れない向きもあった。とはいえ、供養のために、石の碑を建てたからといって、なんにもなるものではない。一念発起して、心の碑を建てることのほうが、どんなに、犠牲になったものへの供養になることか。

私はいまここで、人間のたくましい生長のために、犠牲になった、多くの生き物たちにあつく感謝の意を表しながら、昔の人の狩猟生活の内容を、物をとおしてのぞいてみようと思う。と、いっても、一つ一つのものについて、それだけをくわしく述べるわけにはいかなかった。長い歳月のあいだ、日本人はどんな狩猟をして暮らしてきたか。そのごくあらましを、大ざっぱにまとめあげることだけで、精いっぱいだった、といってもよい。

個々のことがらについては、不日また詳述するいとまもあることだろう。あらっぽい記述のなかから、狩猟がどのように、日本人の暮らしの裡に生かされていたかをつかんでいただければ、ありがたいのである。

稿を草するにあたって、本書の出版について、ご厚情をたまわった法政大学出版局の方々、日夕懇情をかたじけのうしている先学および同学の皆さまに対し、厚くお礼を申し上げるものである。

昭和四三年八月八日　秋立つ日

直良　信夫

133　一九六八年一〇月　「私の好きな場所」として写真（本書二頁）入りで『大法輪』第三五巻第一〇号、大法輪閣に書いた一文。

書斎

骨をいじっていると、あついことなど忘れてしまう。せまい書斎だが、ここは私の一生を賭けての仕事場である。だからこの世で、二つとない好きな場所であり、心のいこいの個室でもある。

つかれると本をめくり、窓外の青葉をながめ、また骨をいじる。

これが私の生活のすべてである。私はほんとにしあわせ者だと、感謝している。

134　一九七〇（昭和45）年一月二〇日　中野区松ヶ丘の直良信夫さんから「岡山市津島岡山大学考古学研究室　春成秀爾様」宛のハガキ

拝復　御清勝の御事拝承申しまして何よりと存じ御悦び申し上げます。今年は私は母を昨年九月に失いましたので年賀は欠礼させていただきました。御わび申し上げます。

一月三日に江坂氏と芹沢氏とが拙宅に御出で下さいました。いろいろと思い出話をいたしました。なつかしいことばっかりでした。

さて、明石海岸の倉橋氏撮影の写真(1)ですが、今朝早めに起きてさがしてみました。がどこにしまってしまいましたものか、一向にみつかりませんでした。実は昨年の夏、書庫を増改築いたしましたとき、トビ職人五、六人をやといまして荷物の始末をしましたのですが、この人たちにきいてみませんと、何をどこにしまってくれたものか見当がつきません次第です。たずねてもおぼえていてくれておりますことやら、それも案じられますが、荷物はリンゴの空箱につめまして庭の一隅に高く積みかさねて大きいシートをかけてあります。物置が出来るまで、という次第ですが、さてその物置のできますのが、今のところ一寸いつになるかわかりません。大工さんの手のあきましたときにつくっ

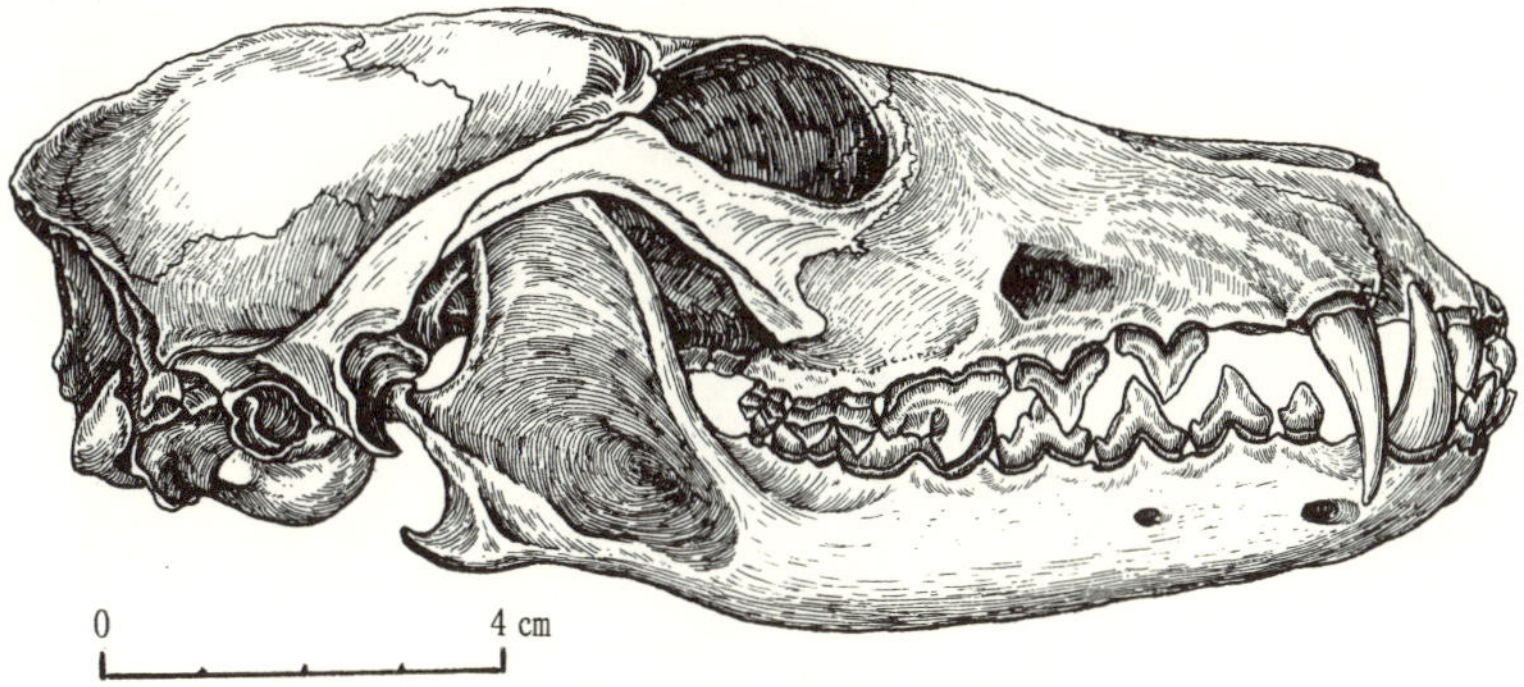

80　キツネの頭骨（栃木県安蘇郡葛生町）

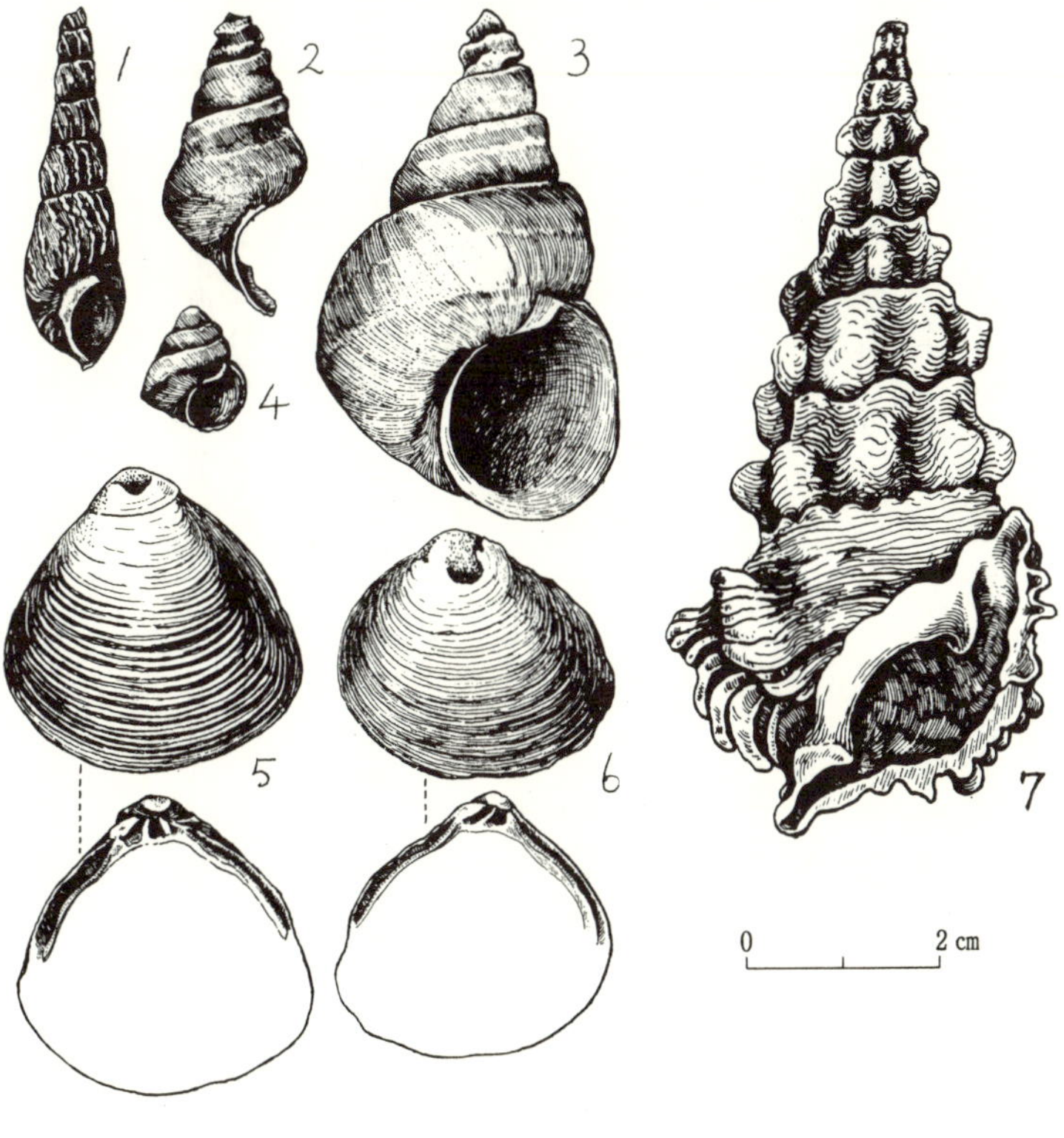

81　貝塚産貝類（滋賀県石山貝塚）1 イボカワニナ、2～4 ナガタニシ、5 セタシジミ、6 ムラサキシジミ、（沖縄県の貝塚）7 オニツノガイ

てくれることになっておりますので。そんな次第で、今すぐというわけに参りませんので、大変申し訳も御座いませんが、別の明石海岸の写真で間に合わせていただけませんか。大変不本意に存じますが、どうぞよろしく御願い申し上げます。

（1）直良さんの『日本旧石器時代の研究』一四四頁に掲載の西八木海岸の写真。『考古学研究』第一七巻第一号の芹沢長介さんの論文に付けるために借用を依頼。結局、有光教一さんが撮影した京都大学考古学教室蔵の写真を使う。

135　一九七〇年四月二二日　中野区松が丘の直良信夫さんから岡山大学考古学研究室の「春成秀爾様」宛の手紙

拝復

先だっては大変失礼仕りました。御わび申し上げます。ここのところ一週間ほど前からからだをこわしまして学校を休んで居りました。ねるほどの病気ではありませんが、やはり血圧が高くなってきたせいか少々調子が狂って休んで静養いたしておりました。私のは血圧が高いと申しましても上は150－160で普通ですが、下が106を越してきますので閉口いたしております。110になるといけないといわれておりますので、そうならないようになるべく肉体も精神もいらだたせないようにつとめております次第です。年をとりますとかくがんこになりまして気がみじかくなります。それをつつしんでいないと血圧がすぐに狂ってきます。

先日は貴重な御高著をたくさん御急送いただきましてありがとうございました。あつく御礼申し上げます。何かお返しをと存じましたがこのところ私もかくにはかいて居りますがまだ活字になって居りません。御返しができないのが大変残念ですし、又申しわけのう存じて居ります。その内何かまとまることと存じます。しばらく御まちいただきとう存じ御願い申し上げます。

四月一九日の会に御使いになるようにかかれて居りました「日本旧石器時代研究史」の要旨（と存じましたが）御恵

与下さいまして御厚志誠にありがとう御座いました。ながい間全く孤独の生活にたえて参りました私にとってやさしい御言葉をかけて下さった御厚意、身にしみてありがたく御礼申し上げます。することなすことといつもけちをつけられることばかりで私自身いつもくさりきって居りました。それでもなにくそと、心でさけびながら調査をつづけ研究を深めて参りました。が、とる年なみにはどうにも勝てないものだということをこの節痛切に感ずるようになって参りました。あと何年生きながらえて行くことやら、それは私にもわかりません。が、命ある限り研究はつづけて行きたく存じます」ものをかくこともどしどしおし進めてゆきたいものだと考えて居ります。たとえひとからさげすまされようとも、あるいは又相手にされないでも、せめてうそのない仕事だけはこれまで同様今後もずうっと続けてゆきとう存じて居ります。世の中に真実くらい強いものは他にないと思いますので。

昨晩、久しぶりに旧知のSさん(1)にあいました。この二十四日から東京新宿の小田急百貨店で「弥生人展」を開くとのことです。この会のことは他からきいておりましたのですが、企画者からあれこれくわしく内容のことをききまして、会が蓋をあけたらぜひみたいものだと存じました。話がたまたま明石のことに及びました。最近どなたか(2)あすこを掘っている方があるとのこと。御存じですか。なんでもあの礫層から粗末な打ちかぎのあります石器などを採集されたとかいうことですが、私のときでさえ掘りますとそれだけ陸地がなくなってしまうということで、地主からきつい言葉を頂戴したものですが、こうしてみますとその後かなりようすがちがってきたのかなと今考えたりいたして居ります次第です。

東京はようやく山桜が散りはじめました。早いところでは八重がさきそめたようです。今年は例年になくいつまでも肌寒い日が続いて居ります。一昨日私は赤米をまきましたが、こんな天候ですとうまくみのりますことやら、少々案じられてなりません。

どうぞ時節柄御自愛下さいますよう御健勝を心から御祈り申し上げて居ります。ありがとう御座いました。

拝具

四月二十二日　　　　　　　　　　　　直良信夫

春成秀爾様御侍史

（1）芹沢長介さん

（2）小林博昭さん。掘って出てきたのは石器ではなく、石垣を築くために石をはつった際に生じた剣片。

136　一九七〇年五月八日　中野区松が丘の直良信夫さんから岡山大学考古学研究室の「春成秀爾様」宛の手紙

拝啓

東京はここのところ毎日雨です。もう梅雨期になったのかしらとさっかくをおこさせるようなうっとうしさです。御清勝の御事何よりと存じ御悦び申し上げます。

先日来御厚情をたまわりまして誠に恐縮いたして居ります。御芳志ありがたく御礼申し上げます。(1) よくぞまああれほど沢山な文献をおあつめになったものだと感じ入りました。書いた当人の私もついつい忘れてしまっていたものも中にはありました。ふりかえってみますと、かくのもずいぶん書いたように存じましたが、どのようなものをどの雑誌に書いたかを記録しておきませんでした。おぼえていると申しましても、特殊なものかごく少数の報・論文くらいのものです。もっとも空襲で一切のものを灰にしてしまいましたので、それまでかきとめておいたものも、何が何だかわからなくなってしまった次第ですが、それに戦後は生活の復旧と女房が長年にわたって病臥して居りましたので、どうすることも出来ませず、物心両面の生活のひっぱくが記録をとっておくゆとりを与えてくれませんでした。けっしてじまんしていえることでは御座いませんが、私には報・論文の著作目録というものはととのわないことになってしまいそうです。単行本ですら約七〇冊かいているように思いますが、その全部が私のもとにそろって居りません。ちょっとかしてほしいといわれておかししたまま、そのままになった本がいくつかあります。

さて、いつか申しましたように戦前に日本の旧石器時代研究をはばんだのはO博士たちのかたくなな保守思想（というよりはむしろおもいあがった自負心といった方がよいかもしれません）が原因だったと思います。この人々のグループは今日全部他界されてしまいましたが、当時は誰よりも社会的な位置も名誉も高く、物質的にも誰よりもゆたかでした。このめぐまれた地位と環境を背景にして学問をしようとされているのですから、野良犬のような私如きが、いかにほえついたところでどうにもなるものではありませんでした。どの雑誌にでしたか「地位や栄誉をかなぐりすてて、一介の学徒として学問の討議をやってはどうか」といったような意味の文を書いたことをうろおぼえにおぼえて居ります（あの頃は私も若かったと、今そう思っているところです）。だから私はO博士は人物としてはきらいです。口にデモクラシーをとなえながら内実的にはそうではなかった人ですから。ただし、この人の学問のいきかたのうち「旧石器時代の研究には先史学だけではなくその姉妹学として地質、古生物、古人類学その他の学問をおさめる必要がある」と力説していた点には敬意を払うものです。私の考えでは「姉妹学」ではなく、実は旧石器時代研究の基礎学だとおもうのです。今日の日本の学者の中には一夜にして旧石器文化の研究に転身なすった方が多いようにおみうけいたします（これが決してわるいというのではありません）。そのため残念なことには、地質時代人類の文化や生活を研究するための基礎学を身につけていない方が多いように思うのです。新石器時代以降とはすべての点で異なったものをもっている地質時代の研究は、それがたとえ人類の文化や生活を研究する文化的の学問であったにしても、人類生活の根本をなす生存の舞台と人類そのものの立場を考えますと、新石器以降の研究とはおのずから異なった特色を有する研究対象であることがおわかりのことと存じます。言葉をかえて申しますと大変むつかしい研究の舞台だということがいえそうに存じます。このようなことを考えて参りますとO博士が、単に人類ののこした石器や骨角器を云々するだけではなく、それらをよりよく真実なものとして解明するために自然科学的な分野の学術の力を新石器時代の研究の場合に増して借りなさいといわれていたものの考え方は十分とりあげて然るべきではあるまいかと存じます。だから私は人としてはきらいですが、学問の生き方のある面には讃意を表する次第です。

つい最近、東京にお出になりました和島先生が私をお訪ね下さいました。あの日は日曜日でしたので家族のものたちが少々ねぼうをしておりまして、せっかく御出下さいましても一向御かまい申す事ができませず、大変失礼仕りました次第です。

あるいはおききかと存じますが最近一つ古人骨が手に入りました。(2) 皆さんがやっておいでになります後期旧石器時代の日本人の遺骸のように私考いたします。そのうちもう少ししらべてみて、研究の資といたしたいつもりで居ります。私も年とったせいか気ばかりあせる日が多くなかなか思うように仕事の方ははかどりません。若い時にもっとやっておくべきだったと、今にしてしみじみと思うことが多いわけです。時節柄御自愛のほど御祈念申して居ります。どうぞ御大切になさますように。近藤先生によろしく御申し伝えいただきとう存じます。

拝具

五月八日

直良信夫拝

春成秀爾様御侍史

（1） 春成の「日本旧石器時代の研究史から学ぶもの（1）」『考古学研究』第一六巻第四号、一九七〇年に対する礼状。
（2） 島根県境港市夜見ヶ浜発見の人の下顎骨化石。

137　一九七〇年八月二二日　中野区松が丘の直良信夫さんから岡山大学考古学研究室の「春成秀爾様」宛の手紙

謹啓

その後は大変御ぶさた申して居ります。御海容たまわりとう存じ御願い申し上げます。先だっては考古学研究を御送付下さいまして御厚志誠にありがとう御座いました。深く御礼申し上げます。

芹沢先生の綿密な御研究をいただきまして、旧石器であることを確認していただきました事を、(1) 私、大変光栄に存じ、慶んで居ります次第で御座います。

これで、今まで全くひの目をみることさえ許されませんでした遺物が、発見後約四〇年余を経ましてやっと陽のめをみる事になったとうれしく存じて居ります。

長い間、むしろしいたげられ続けてきたともいえそうな私の学究生活に、千万人の力を投じて下さったようなありがたさを、今ひしひしと感じていますような次第です。

これもひとえに皆さま方のあたたかい御心づくしのたまものと存じ感泣いたして居ります。戦後、東大関係の皆様が、明石のあの地点を掘られましたが（何一つの収穫もありませんでした事が否定論の拠点となって居りましたが）松本［清張］さんが推理されていたような妙な結末に終わってしまったことを、いまさらのようにおもいおこして居ります。いいわけをすることのきらいな私はただだまって、歯をくいしばって辛抱して参りました。あのときは全くなさけなくなりました。高い山のてっぺんで、誰にいうともなく、馬鹿野郎と吐き出すように、たたきつけるように、叫び続けたものです。くやしかったですよね。でもいつの間にか私も年をとりました。ただみじめだった自分の過去をかえりみて、むしばんだ自分のかいなをさすりながら、自分自身をいたわったものです。大学を正規にやらなかった者のみじめさ。それをしみじみと感じました。だから自分の子にはこんな思いをさせたくないとできる限りの学問をさせようと思いました。おかげ様で長男は私のこの心の願いをききいれて一生懸命に彼なりの勉強をしてくれました。目下キャンベラのオーストラリア国立大学にいるのがこの子です。私と長い間苦労を共にした亡妻が生きて居りましたら（今の女房は亡き妻とは親が兄妹ですから、いとこにあたります）、さぞよろこんでくれる事と思います。そのような思いをこめて、昨夕は静かに香をたいて手をあわせました。ありがとう御座いました。

大変結構な好物を沢山御恵送下さいまして誠にありがとう御座いました。あつく御礼申し上げます。私の方からこそ御礼に上らねばなりませんのに。ほんとうに恐縮に存じて居りますような次第で御座います。私は昔から秋になりますとブドウをいただくのが何よりのたのしみに致して居ります。今年はおかげ様で初物を頂戴いたしまして、好物を賞味させていただきました。ありがとう御座いました。まだまだあつさは去りません。どうぞ御大切にあそばしますよう御祈念申し上げております。ありがとう御座いました。御礼申し上げます。

拝具

八月二十二日

直良信夫拝

春成秀爾様御侍史

（1）芹沢長介さんの「兵庫県西八木発見旧石器の再検討」『考古学研究』第一七巻第一号、一九七〇年。会誌を編集していた春成が芹沢さんに原稿を依頼して世に出した。

138　一九七〇年九月一八日　中野区松が丘の直良信夫さんから「仙台市川内亀岡町六八亀岡住宅一の二十二　芹沢長介先生」宛のハガキ

拝啓

今年はどうした事か九月になりましてもいっこうに秋らしい涼しい日にめぐまれませず閉口いたして居ります。あついもさむいも彼岸までと申しますのでもうそろそろよろしいのではないかしらとは存じて居りますが。御清勝の御事拝しまして何よりと存じ御慶び申し上げます。先だっては紙上(1)で大変御厚情をたまわりまして老生感泣いたしました。誠にありがとう御座いました。あつく御礼申し上げます。本日はまた御高著(2)を御恵送下さいまして、かさねがさねの御厚情身にしみて万謝申し上げて居ります。生きていてよかったということを今日しみじみと感じ入って居ります次第です。ありがとう御座いました。ハガキで大変失礼と存じましたが、とりあえず一筆御礼言上に参じました。ありがとう御座いました。失礼御海容のほど御願い申し上げます。

（１）芹沢さんが九月一一日の『朝日新聞』文化欄に書いた「明石原人文化の再検討」
（２）芹沢さん編集の星野遺跡第３次発掘調査報告のことか。

139　**一九七〇年一二月二日**　中野区松が丘の直良信夫さんから岡山大学考古学研究室の「春成秀爾様」宛のハガキ

拝復　御無沙汰失礼申して居ります。

御健勝の御趣拝承仕りまして何よりと存じ御慶び申し上げます。先だっては大変御厚情をたまわりましてありがとう御座いました。あつく御礼申し上げます。江古田化石層の報文(1)手もとに抜き刷りがなくなってしまいましたので先日理工学部の事務所で紀要を一部頂戴いたすことができましたので御送り申しておきました。つたない報文で赤面の至りで御座いますが何かの御役にでもたちますればありがたいことに存じて居ります。もう師走。早いものです。あと一年で停年になります。近頃は耳が遠くなり眼がだめ。いよいよ老いぼれになったと、しみじみと考えこんで居ります次第です。

お寒くなります。御自愛をお祈り申しております。

（１）Nobuo Naora 1958, On the fossil plant bed of the Egota, Tokyo.『早稲田大学理工学部紀要』第二二集。

140　**一九七〇年十二月一〇日**　『日本および東アジア発見の馬歯・馬骨』を日本中央競馬会から上梓。その「自序」。

第二次大戦前に蒐集した多くの資料と、これらのものについての調査記録、および写真や測図などは、昭和二〇年五月二五日、東京が米機によって空襲を受けた際に、戦災にあって灰化した。同じ時刻に、私の勤務している早稲田大学理工学部採鉱冶金学科資料室も戦災によって焼失した。ただごく少数の資料と一部の記録類が採鉱冶金学科の図書室に置いてあったので、この分だけは焼失をまぬかれた。

戦後、研究のたち直りをはかって、一生懸命に資料の蒐集に努力し、記録の整理にはげんだのであるが、失った戦前の資料の補填はどうすることもできず、今さらのように失った物への愛惜が胸をつまらせるのである。

それから二五年、私もいよいよ古稀を迎え、定年で思い出の大学をも去らねばならないことになった。長いこと生きていて、ずうっと研究を続けたいのはやまやまである。だがそうは許されない。生来蒲柳なからだのもち主であった私が、この年まで生きながらえたということだけでも、すでに奇跡に近いことである。だから、元気のある今のうちにあれこれ整理し、わかっているものだけでも書き綴っておいて、後の日の学術研究の資料に役立てていただかねばならない。そう思ってここ両三年来、私は整理しやすいものから手をつけてきた。

このたび、日本中央競馬会のご厚意によって、それらの中の馬についての原稿が、活字に組直されることになった。ここに深くそのご厚志を感謝するものである。同時にまた長い年月にわたって私の研究のためにいろいろご厚情を忝うした先輩や同学の皆さま、資料提供の各位に対し、あつく御礼を申しあげるものである。ことに日本中央競馬会の松尾良正、高橋正彦両氏と農工大学の林田重幸教授、校倉書房の洞圭一氏ならびに鈴木健夫氏からなみなみならぬご厚情をたまわった。なお要旨の英訳は紺家孝雄氏のお世話になった。深く万謝の意を表するものである。

昭和四五年九月二九日

141　一九七〇年十二月一八日　中野区松が丘の直良信夫さんから「諏訪市和泉町　諏訪考古学研究所　藤森栄一様」宛のハガキ

ふだんは大変御ぶさた失礼申しております。皆さま御清勝の御事拝承仕りまして何よりに存じ御慶び申し上げます。一時おわるかった由承りましたが、御本で御夫妻の御元気なおすがたを拝見仕りまして何よりおめでたい事だと存じうれしゅう御座いました。

さて先だっては御本を御恵送下さいまして御厚志まことにありがとう御座いました。あつく御礼申し上げます。つぶさに拝見いたしておりますうちに、戦後参上いたしました折、うどん粉をいただいて、家族一同が大変よろこんだことやあなたが復員されました節、私に恵んで下さった海軍服のことなどが思い出されて、胸があつくなりました。あの頃は私もどんぞこ生活で、よくもなんとかきりぬけてきたものだと、ときどき思い出すことが御座います。皆々様がたのあたたかい御心づくしのおかげだと毎日深々と感謝いたしております。私も来年一年で停年になり、大学を去ることになりました。思い出が多い大学生活でした。あとは、どうやって暮らしていこうかと、目下考えているところです。御上京のせつは御たちより下さい。おくさまにどうぞよろしく御申しつたえ下さい。御子さま御立派に御成人の御事と存じます。

142　一九七一（昭和46）年一月二六日　中野区松が丘の直良信夫さんから岡山大学考古学研究室の「春成秀爾様」宛のハガキ

拝復　ゆっくり御手紙をかきたいと存じましたが、何しろ学年末の試験やレポートや論文の審査などに追われておりまして、それができませず、失礼に存じましたが、ハガキで一言申し上げることにいたしました。先日は大変めずらしい（私はすっかり忘れ去って居りました。何もかも焼いてしまいましたので、今の今まで、かつてああいったものを自分の手でつくりあげたといいますことも。やはり年をとったせいかもしれません）思い出の図とレポート[1]を複写して御送り下さいまして御厚情誠にありがとう御座いました。ほんとうになつかしさでいっぱいでした。すっかり忘れてしまっておりましたのですが、すじみちをたてまして、それからそれへと思い出をたどってゆきまして、やっとああそうだったと思い当たった次第でした。ありがとうございまいした。レポートの方は私の二十五、六歳の頃のもののようです。ずいぶん、ぶったもののいいまわしをしたものだと、少々顔があかくなりました。若かったですよね。ありがとう御座いました。

和島先生はその後いかがですか。それから私の馬の本、一冊謹呈いたしたく、別にしておきますから、御上京の折御立ちより下さい。それともどなたかにおたくしいたしましょうか。大変ふできな本です。あまりいそぎすぎましたのでミスばかりです。

（1） 直良さんの『播磨国明石郡垂水村山田大歳山遺跡の研究』一九二六年。

143 一九七一年三月二八日 「杉並区高井戸東一―二二―三 松本清張」さんから中野区松が丘の「直良信夫先生」宛の手紙

いつも電話でお邪魔し、また、いろいろ御高教を賜り、有難く御礼申し上げます。

先日夜、末永先生とほとときすで会食中に、思いがけなく先生の御高著が届きました。お心づかいの程恐縮に存じました。末永先生もたいへんよろこんでおられました。承れば先生と末永先生とは永年の御交遊の由、はじめて知りました。

末永先生は温和で慎重な学者です。小生の珍説を終始微笑みを湛えて聞いて居られました。

御高著[1]はたいへん有益で興味深かそうなので、なるべく早いうちに拝見することにし、たのしみにして居ります。貴重なものを恐縮です。

今後ともよろしくお願い申し上げます。

先は御礼まで

三月二十七日

松本清張

直良信夫先生侍史

（1） 直良さんの『日本および東アジア発見の馬歯・馬骨』一九七〇年。

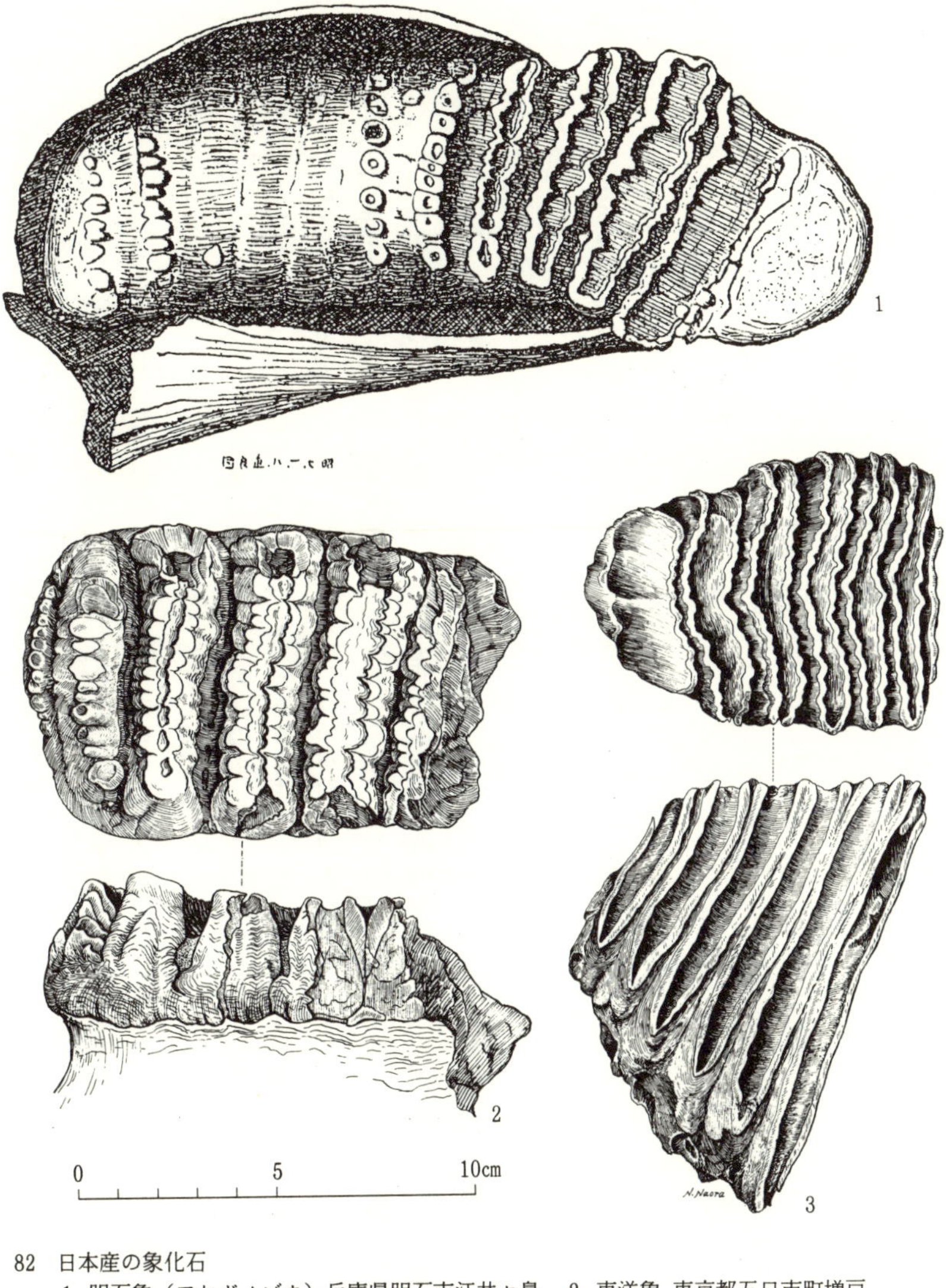

82　日本産の象化石

1　明石象（アケボノゾウ）兵庫県明石市江井ヶ島、2　東洋象　東京都五日市町増戸、
3　トロゴンテリー象　滋賀県多賀町芹川

144　一九七一年八月二五日　『野生動物観察記』を校倉書房から上梓。その「あとがき」

昭和一六年二月に、私は日本産獣類の生態を主体とした雑文をまとめ『日本産獣類雑話』と題して山岡書店から出刊した。が、その後まもなく日本は、戦時体勢にはいっていったため、再版をきりにしてこの本は廃刊しなければならなかった。早いもので、それからもう三十一年たってしまった。

その間、私たちの生活にも、いろいろなことがらがかさなり、ことに戦後は、世相や人心の変転が、あまりにも急テンポなため、ただもうあっけにとられてしまっているありさまである。これではいけない、と気づいた時には、私はもう古稀をむかえる老人になってしまっていた、というのが現実である。

恩師故徳永重康先生のもとで、アジア大陸や日本産の化石類を研究しはじめてから、もう半世紀になる、化石研究の基礎学は、結局現生生物の分類や形態、それから生態などの実際の勉強をしなければ駄目だと訓育されたのがきのうのことのように思い出されるのである。以来、私は常に現生生物の調査や研究にも専念してきた。

いよいよ大学で教鞭をとるのも今年一年ということになってみると、さまざまな思い出が胸によみ返ってくる。そこでそうした思い出の中から、いくつかのものをとりあげて、記録しておくことも、無意義ではないだろう、ということを感じた。そう思いついたので、折にふれて書きとめておいたメモを基にし、それに思い出を整理して、ここに一冊の本にまとめてみることにした(1)。

もちろん、学術論文というわけのものではないから、その道のお役にたつかどうか、とあやぶまれる次第である。が、もし何かお役にたつようなことがらでもあったとすると、私としてはたいへんうれしい。

この本をつくるのにあたって、いつもながら校倉書房の方々から、たいへんご厚情をたまわった。そしてまた、調査や研究にあたっては、常に多くの方々から並々ならぬ温かいご示教と便宜をかたじけのうした。ここにあつくお礼を申し上げる次第である。

83　直良さんの著書（1959〜1973年）

昭和四十六年六月三十日

直良　信夫

（1）ヤマネ、アカネズミ、アナグマ、タイワンリス、モズ、ホオジロ、ムササビ、ヒグマ、ニホンオオカミ、イノシシ、コオロギの生態について記述。例えば、ヤマネについては、姿態、棲息地、棲息状態、巣、産児、冬眠、食物、餌の食べ方、糞と小水、人との関係、頭骨、渡来期などについて記載している。前著の『日本産獣類雑話』では、アズマモグラ、カヤネズミ、シチロウネズミ、アカネズミ、カワウソ、ヒグマなどを扱っている。これらに加えて、コウモリとモズについてはそれぞれ一書にまとめているから、直良さんの野生動物の生態観察のレパートリーは広く深い。

145　**一九七一年一〇月二四日**　「高槻市西面玉川橋団地四一－四〇七　徳田御稔」さん(1)から中野区松が丘の直良信夫様宛のハガキ

金子之史君を通じ、御著「野生動物観察記」をうけとりました。直良さんの持ち味のよく出た本で、楽しく読んでおります。

私も目下「日本のネズミ・世界のネズミ」を執筆中で、たぶん半年後には出版になると思います。その際には、お送り致す所存でございます。

昨今は、めったに東京へ出る機会もなく、また学会へも稀にしか出席しなくなりました。ただし、大学にいたときの延長上の仕事は、少しずつやっております。そのこととマゴをかわいがることが生きがいのようなものです。

（1）動物学者。当時、京都大学理学部生物学教室教授。一九〇六～一九七四。著書に『日本生物地理』古今書院、一九四一年などがある。

146　**一九七一年一〇月二五日**　中野区松が丘の直良信夫さんから「春成秀爾様」宛の手紙

謹啓

東京はここのところ晴れの日が続いて居ります。やっと秋のよさを味わっているところです。近くの神社の落葉樹もようやく黄に紅に色づいて参りました。桜並木は今がちょうど見頃といったような気がいたします。中国路の秋も私は大変好きです。さぞかし美しいながめのことと存じます。新幹線が岡山まで四時間なにがしでゆけるということをききましたので、来年は一つぜひでかけてみたいと存じているところです。

さて、和島先生の御容体はその後いかがですか。案じて居ります。直接御見舞をさし上げたいとは存じながらいつかの御話しのようすでは病名を申しあげていないということなので、御見舞状をさし上げてよいものやらと迷って居ります次第です。一日も早くよくなられて、先生に大いに御活躍なさっていただきたいことが山ほどあります。生命力の非常に強い先生のことですから、ことによりますと、また丈夫になられて、活躍ができるのではあるまいかと存じられます。そうなられますよう、私はひたすらの御祈りいたして居りますような次第です。くれぐれも御無理をなさいませんよう御申しつたえいただきとう存じます。奥さまも御看護で大変なことと存じます。よろしく御申しつたえいただきとう存じます。

私はこの冬の寒さにそなえて、またまた漢薬にしたしんで居ります。洋薬は副作用がこわいので、私には漢方のほうがあうようです。御かげ様で昨今はよく眠れるようになりました。七、八、九月は不眠でこまったのですが、それが、昨今ではうそのように思われてならないほどです。ではあなたも御健康に御注意下さって御清勝のほど心から御祈念申し上げて居ります。どうぞよろしく御鳳声のほど御願い申し上げます。失礼仕りました。

拝具

一〇月二五日

直良信夫拝

春成秀爾様御侍史

147　一九七二（昭和47）年一月一日　中野区松が丘の直良信夫さんから「岡山市津島　岡山大学法文学部考古学研究室　春成秀爾様」宛のハガキ

賀　正

年頭に当たり皆様の御多幸を御祈り申し上げます。

昭和四十七年元旦

今年は和島先生がなくなられましたので年賀状を御遠慮申しておりましたような次第です。大変お寒いさ中ですから何卒御かぜなど召さないよう御大切に御祈り申します。本年も何卒よろしく御願い申し上げます。

148　一九七二年一月一日　「中野区大和町四ノ四〇ノ四　林田重幸」さんから東京都中野区の「直良信夫様」宛のハガキ

十二月に台湾と沖縄に行ってきました。台湾大保管の貝塚出土猪骨を持って帰りました。沖縄港川遺跡……石灰岩のフィッシャー20mのところから一万六千年前といわれる（カーボン測定による）人骨と驚く程に多い猪骨と蛇の遺骨……然しこのフィッシャーにはシカも少量出るといわれるが、私には確認出来ませんでした。猪骨は人為的破砕はなく、落ち込んだ状態で小形の他にやや大きいのもありました。その内、是非先生のご意見を伺いたいと思っています。

149　一九七二年四月一〇日『小田原考古学研究会会報』第五号、直良信夫先生古稀・御退職記念号に藤森栄一さんが書いた一文。

直良さん　古稀なんていわないで

地方にいて、じっと思いだすと、直良さんはまずその妥協を許さない三角の鼻と、その鼻にせまるきびしい眼が見えてくる。しかも、そのきびしさは不思議に温かく、ほのぼの心を染めてくれるのである。

わたしが大阪にいるころ、直良さんは明石にいて、明石原人の究明に情熱をかたむけていた。しかし、わたしにはあまり興味が持てず、むしろ余暇でやっていられたらしい銅鐸出土地の再吟味や、縄文前期末の大歳山調査の報告などに関心をもっていた。

わたしの先生故森本六爾さんは大変直良さんに私淑していた。別に数すくない東京考古学会の同志としてではなく、その執拗な追求心の在り方としてである。だから、東京考古学会のため、直良さんに頼みに明石へ行って来いなどということは、小林行雄さんにもいわなかった。わたしは、直良さんの研究や報告文を読んで、いっこうにアカデミックでなくて、写生文のような独特な文体に一種冗長なものを感じていた。

＊　＊　＊

直良さんが上京され、わたしも東京住いになった。江古田のお家へお尋ねしたのは、たしか昭和一四年である。二階建の家で、標本や書籍がいっぱいにつまっていた記憶だけある。直良さんは明石西八木のメノウ製旧石器をとりだして、一心にその出土層位を説明して下さって、「ねえ君、君はどう思う?」と私の眼を鋭い瞳でのぞき込んだ。私はそのとき、Sさんから西八木はダメと強く吹き込まれていたので、急いで話題をかえたように覚えている。それよりも、わたしが興味をもったのは哺乳動物の頭骨のコレクションの方だった。そのころ直良さんは徳永先生の早大の獣類化石研究室へいっていられた。私は、これはきっといいもの? になりそうだと感じた。その話を聞いたのが三鷹の酒詰仲男さんのそばで、本屋をやっていた山岡吉松さんである。これが山岡書店の処女出版で、直良さんにとっては処女作となった『日本産獣類雑話』である。

この本には直良さんも情熱のありったけを注いだと考えられ、とくに、挿画の見事さ丹念さは非常のものである。ところが、その頃、東京考古学会は三森定男さんのやっていた考古学研究会と合併して日本古代文化学会となって、『古代文化』の編集は三森さんがやることになり、わたしは失職して、いやでも出版屋でもやらざるを得ないことになった。わたしは直ぐ直良さんに何かやらせて欲しいとたのみこんだ。直良さんはニコニコ笑って一〇日ほどで書いてあげようといって下さった。約束通りできてきた原稿が『古代の漁猟』で、山岡さんとこの処女出版におとらない微細なスケッチのたくさん入った傑作だった。

それから、私はホンヤになったが、直良さんはエッセイストとしてラジオのタレントになったり、随筆家としても、丸善から本を出版したりして一流になった。それでも、わたしはいくども泣きこんでいって原稿をもらい『子供の歳時記』というのを出した。これもラジオで放送になった。校正のとき原稿でみるとあまりうまくない。ところが活字に組み上げるとひどく魅力的というのがその文の特色であった。

昭和一六年、わたしが応召することになった。直良さんは『古代文化』の編集も兼ねて、わたしが後を見ましょうといって下さった。そして、留守の出版のためにといって、一週間ほどで、『近畿古代文化叢考』という論文集をまとめて下さった。これは大歳山の縄文式をはじめ、ほとんどが書き下ろしであった。わたしなんか原稿料も印税も払えないのに。

*　*　*

わたしのやっていた葦牙書房は他人行儀の先生方には完全に印税をお払いしたが、親しい友人には一銭も払わなかった。ひどいことをしたものであるが、実は払えなかったのである。むろん直良さんもその方であった。今わたしはまだ諸知友にその点、借金になっている訳だが、どうも生きている中お返しはダメかもしれない。ただ、戦中、家内が、信濃へ逃げ込んだので、そういう知友たちに若干の救荒食糧の補給をできたことは、せめてもの恩返しと思っている。

戦争が終わって、わたしも生きて帰り、真先に直良さんをお訪ねしたとき、そこはもう見渡すかぎりの焼け錬瓦やコンクリートの土台だけが、背丈ほどもある鉄道草やアカザのなかに残っているだけで、街角もなく、荒地の中に一軒ぽつんと立った直良さんの小屋へはまっすぐにいけた。小屋は焼け残った丸太を集めてきて組み合せた本当の校倉式の小屋だった。小屋はたった一間で、そこには奥様が病臥していられた。奥の丸太の壁に小さな吊棚が一つあって書物が二、三冊立っていた。お嬢さんはいなかったが坊ちゃんが一人いた。高校生で、今おもえば癌研の直良博士だろう。

直良さんは家の戦災について何もいわなかったが、西八木の人骨化石が焼けてしまったことをしきりにくやんでいられた。わたしはなぐさめる言葉にきゅうし、何かのお手助けにもと思い、博人さんと中野へ出て、古本屋で手当り次第考古学の本を買い込み、その書棚へ収めて帰ってきた。

その後の苦悩の中から立ち上がった直良さんの不屈なファイトと、その中でも忘れぬ仁慈の心の厚さは若い誰でもが知っているだろう。なかでも昭和三五年、光文社から出た『日本の誕生』は直良さんのライフ・ワークの一つだった明石原人と西八木旧石器の記念碑であり、校倉書房から出た『峠路』は直良さんという人の感情の美しさのメモランダムとして不朽の名著になろうと私は思っているのである。なお、この上に願わしいのは『日本石器時代人食糧図説』の大成である。

＊　　　＊　　　＊

わたしは、いま直良さんが古稀はおろか米寿でもと祈ることしかできない躯になった。けれども、山の中でそういう心だけは祈りつづけているのである。

150　一九七二年四月一〇日　『小田原考古学研究会会報』第五号、直良先生古稀・御退職記念号に芹沢長介さんが寄せた一文。

直良信夫先生と旧石器研究

昭和一二、三年のことであろうか、まだ私が旧制中学生であった頃、友人の江坂輝彌・白崎高保君らとともに、東京江古田にあった直良先生の御宅にしばしば参上したものであった。その頃、先生の御宅の応接間のガラスケースのなかに、ちいさな石のかけらがいくつか並べてあって、これが明石から出土した旧石器なのだという御説明をうかがった記憶がある。しかし、約三五年も前のことでもあり、はっきりしたことは憶えていないけれども、中学生の私などには先生のお話がのみこめる筈もなかったにちがいない。それよりも、御宅のすぐ近くにあった江古田泥炭層の発掘がおこなわれたとき、全身泥まみれになった私たちが御風呂に入れて戴いたこと、また、壁の一隅には折れたスコップの柄がかけてあり、その表面に「顧郷屯発掘記念　徳永重康　直良信夫」などという記念の署名がくろぐろと書かれていたこと、などの方がむしろはっきりと頭のすみに残っている。このように考えてみると、私が直良先生から受けた学問上の影響は、自分でも気づかないような遠く深いところに発しているのではないか、という気がしてくるのである。このたび、直良先生の定年御退職を記念して特集号を出すので何か書くように、という杉山博久氏からの慫慂があったので、先生が日本の旧石器問題についてこれまでどのような業績をあげてこられたか、その一端について述べさせていただくことにしたい。

一九三一年五月と六月には、兵庫県西八木海岸発見の旧石器についての報告が発表された。この資料についてはすぐに鳥居龍蔵博士の否定的な見解が発表されたのであるが、大陸では同じ年に裴文中によって「周口店洞穴層中国猿人層内石英石器及他種石器の発見」という画期的な研究が発表されている。周口店の発掘が開始されたのは一九二七年であったが、当初は石器の存在はほとんど気づかれていなかった。裴文中は当時を回想して「発掘の当初には石器についての知識がなかったために、豊富な石器にも注意がはらわれなかった。一九三一年に私が石器を発見したときには、大部分の人たちがこれに反対したが、一九三二年になって大量の石器が出土していらい、それらの反対者も説伏されたのであった」と述べている。中国も日本も旧石器研究への出発点は奇しくも同じであったのだが、日本ではそれ以後、研究者にとってのひさしい苦難の道が続くのである。同年に発見された「明石原人」の腰骨についてはいまさら説明するまでもないが、学界に発表することさえも許されず、昭和二〇年の空襲とともに焼失する運命を負わされることになった。

明石海岸から石器や化石人骨を発見して旧石器時代研究への第一歩を踏み出した先生のつぎの目標は、栃木県葛生周辺の石灰岩地帯にむけられていた。この頃の調査についての詳細な報告はなされていないが、断片的ないくつかの文献によれば、動物化石を伴出する珪岩製旧石器の研究がかなりのところまで進められていたと考えてよい。洞穴内堆積物のなかから洪積世の動物化石とともに出土するチャートの角礫に先生は注目し、これらのなかには人間の手によって加工された旧石器がたしかにあるという考えに到達されたのであった。のちに発表された写真をみても、象の骨を加工した骨器とみられるものもあり、またアナグマの化石に伴出した尖頭石器のスケッチなどもきわめて貴重な資料であった。ただ惜しまれてならないのは、これらの重要な問題が報告や論文の形をとって発表されることなく経過したということであろう。

一九三三年以降になると、先生の研究活動は海をこえて大陸の旧石器時代文化におよぶことになった。潼関鎮においておこなわれた調査(1)は、朝鮮半島における旧石器研究に先鞭をつけた画期的なものであり、ここ数年来活発におこなわれている朝鮮の旧石器研究も、じつはここに端を発していることになる。さらに中国東北部の顧郷屯における大規模な学術調査の結果は、満蒙学術調査研究団の研究報告として出版されている。のちに裴文中は、直良博士が顧郷屯出土として報告した骨角器なるものの大部分は人工品ではなく、真の骨器とみられるものはわずかに1例だけだと批判しているが(2)、ともあれ、この頃から先生は、東亜の旧石器文化の特色は骨角器文化にあるという見解をつよく打ちだされるようになった。

第二次大戦が終ってからは、先生の研究はふたたび北関東の石灰岩地帯にもどり、数多くの洞穴調査が重ねられた。加工された加工骨や葛生の洪積世人骨の発見などについて、考古学協会の研究発表その他によって、私たちは先生の研究がつねに前進しつつあることを知ったのである。岩宿の発見が相沢忠洋氏によってなされたのもちょうどこの頃であり、先生のなされてきたような石灰岩洞穴の探索という方法とは別に、関東ローム層の追求という新しい方向が若い考古学者のあいだに浸透してゆくことになった。『西郊文化』第一〇輯のために計画された座談会「わが国の旧石器問題」（一九五四年）の席上で、上記ふたつの考え方が議論をたたかわしており、学史的意味でも非常に興味深い記録となっている。

一九五四年に刊行された『日本旧石器時代の研究』には、先生の半生をかけられた業績がほぼ全貌をあらわしていると考えられる。旧石器文化の研究は、地質学・古生物学などの自然科学を基礎とし、フィールドとしては石灰岩地帯の洞穴かもしくは礫層が選ばれるべきだという主張が、数十年間の研究成果とともにこの本には充満しているようである。私たちはこのような先覚者のあとに続いて、関東ローム層中の石器から旧石器の研究に踏み込んだのであったが、今後の進むべき方向としては、やはり先生が苦闘してこられたように、石灰岩地帯への困難な挑戦を執拗に試みるべきであろうと思う。いつの日か、先生に満足して戴けるほどの充分な資料を手土産にし、中学生のときのように江古田の応接間での御高説を拝聴したいものである。

（1）　調査をおこなったのは徳永重康・森為三さんで石器と骨角器の報文を直良さんが書いて発表した。

（2）　裴文中「中国旧石器時代的文化」『中国人類化石的発現与研究』科学出版社、一九五五年、八三〜八四頁。

151　一九七二年八月一〇日　『秩父多摩丹沢』を武蔵書房から刊行。東京に住み周辺の山村を調査をかねて歩くことが好きだった直良さんの歴史随筆。そのあとがき。

秩父・多摩・丹沢の三地域は、関東平野の西に発達している山地である。人びとは山峡のわずかな窪地や、山麓にひろがる傾斜地を開拓し、ときにはまた山地を削って、ここを舞台にして生活している。その多くが山に生き土に親しんで、つましいが人生の春を謳歌してきた。しかも、何千年という長い時の経過がそこによこたわっている。したがってここでは、自然と人間との、生存についての調和が、まことに素直にとけあって、相互が心ゆたかに、おおらかな毎日をたのしむことができた。

だが、しゃにむに押しよせてくる近代物質文明の波頭は、こうした山村の自然を破壊し、そこで営まれていた人間生活のまどかさを、すっかりたたきこわしてしまった。人びとの驚きと嘆きは、とても筆舌のよくつくすところではない。が、それでも人びとは、土地に愛着をもち、空に水に、そして緑の美しさにときほぐされ、住みなれたふるさとの生活に、みきりをつけようとはしない。人の世をまごころこめて、乗り切ろうとする者のあわれさが、そこに秘められているからだといえば、それもたしかに一理ある見方かもしれない。

年来、私は世相のあわただしい変転を託ちながらも、こうした山村僻地をめぐり歩いた。目的はそこで暮らしている人たちとの自然とのかかわりあいをさぐり、時にはまたその地にしみ込んでいる、昔の人のことなどを、深く考えてみたいと思ったからである。

いまそれらの記録をもとにして、ここに一書をまとめあげることにした。この本の成るにあたって、資料の提供やご教示をたまわった先輩知友および出版についてご厚情を忝のうした武蔵野書房に、私は深く感謝の心をささげるものである。

昭和四十七年五月十八日

152 一九七二年一一月二五日 『古代遺跡発掘の脊椎動物遺体』を校倉書房から上梓。そのあとがき。

一九歳の頃の私は肺浸潤の宣告をうけた。もう駄目だといわれたことをおぼえている。当時はまだ特効薬というものもなく、手術による治療法なども、まったく開発されていなかった。ただ、静養と栄養と精神療法の三つをしいられ、熱がでたらその熱が平熱にさがるまで、身動き一つしないで臥床することをすすめられた。これを化石療法と呼んだ人もあった。ある日私は、転地したいことを申し出た。主治医は気分転換のためにそれもよかろうと相槌をうってくれた。こうして東京脱出を決行したが、それからの私は安静療養どころか、畑を耕し、山羊を飼い、ニワトリやアヒルを養うかたわら、鍬をかついで、古代遺跡の探究をはじめた。無茶はするなと、諌めてくださったご仁もあったが、案ずるほどの失敗もなく、かえって健康をとりもどして、とうとう古稀をむかえて今日に至った。あの時からかぞえてみると、五〇年ほど生きのびたということになる。この長い歳月は私にしてみると、まったくのもうけものであったといってよかろう。この先何年くらい生きながらえていけるものか、それはわからない。が、ともかく若い時分に駄目だといわれた私が、七〇歳になったというのであるから、ただそのことだけでも感謝報恩のしるしに何か一つまとまったものを記録しておくことも無意味ではあるまいと考えられた。この三月私は早稲田大学を停年退職をした。思い出はいろいろあるけれども、恩師徳永重康先生の遺志をついで、古生物学の研究に精出すことができたのは、ほんとうにありがたいことであったという一言につきる。心あたたかい皆さまがたのご教導のたまものがあったからこそと、深く感謝申し上げている次第である。今そのような拝謝の念を抱きながら、老骨に鞭うってまとめあげたのが本稿である。もとより論攷というほどのものではなく、どちらかといえば報文に近いものである。が、本稿におさめた資料の大部分は、私がとりあげなければ、そのまま地に埋もれてしまい、ついには世間からも学界からも、忘れられてしまうようなものが多いのである。それらの学術的な資料のほとんどが、私のもとに収納されているものばかりであるからである。だから論考というよりはまず報文を書くということに重点を置いた。

本書の刊行は私の古稀停年退職を記念して企図された事業会のご厚意で進められてきたものである。ここに会を発起し会の運営と前進におつとめくださった先生方と、この事業にためにご厚意をお示しくださって、浄財をご寄付下さった皆さま方に対し、あつく御礼を申し上げる次第である。なお出版についてのすべては、いつもながら校倉書房のご厚情を忝うした。共どもに心からあつく御礼を言上するものである。

昭和四七年一〇月

153　一九七四（昭和49）年八月二八日　「島根県出雲市高松町九七六　直良信夫」さんから「岡山市浜二七八－二　春成秀爾先生」宛のハガキ

拝復　八月も末になってしまいました。稲の穂もそろそろ出そろいまして吹く風に頭をうちふって居ります。やがて黄熟して黄金の穂波がたちさわぐことでしょう。この夏、出雲に御でかけの節にはわざわざ御たちより下さいましたのに[1]一向御かまい申す事ができませず大変失礼仕りました。御わび申し上げます。あれから十人ほどつぎつぎと東京から知人や親戚の人々が参りました。ですから今年の夏はいたってにぎやかな夏でございました。昨今はもう秋の虫たちがよく鳴いて居ります。私の好きなコオロギも数種類がひるはひる、夜は夜でないて居ります。

さて、本日は御芳墨ならびにおとり下さいました写真御恵送たまわりましてありがとう御座いました。[2]娘一家と写真をとりますことはこれがはじめてで御座いますので、よい記念だと存じ、ありがたく御礼申し上げます。私も年をとったなあと、しみじみと感じました。やはり若い元気なうちに、やるべき仕事はやっておかないという気がいまさらのようにつっ走りました。まだまだ暑い日があることと存じます。御自愛のほどを御祈念申して居ります。ありがとう御座いました。

（1）一九七四年七月三一日、東森市良・宍道正年さんを連れて出雲の直良さん宅を初めて訪問、一泊する。

（2） 本書341頁の写真。

154 一九七五（昭和50）年九月一五日 「出雲市高松町九七六 直良信夫」さんから岡山大学考古学研究室の「春成秀爾先生」宛のハガキ

拝啓

やっと朝夕は涼しくなってまいりました。彼岸まであとやく七日、そしたらもっと涼しくなって出歩くのにあつらえ向きの日になるだろうと楽しみにいたしております。先だっては大変失礼仕りました。一向おかまいもできませんで失礼申しました事を御わび申しあげます。

きのう慶文堂さんから私の哺乳動物史を御送り下さいました。(1) 御厚志あつく御礼を申し上げます。やはり相当にきたなくなっておりまして、自分ながら少々あわれさを感じました。しかしこの本に使いました資料はほとんど戦災でなくなって居りますので、その点では大事にしなければと存じて居ります。

慶文堂さんにはあすか、あさってに街に出ますので、そのとき送金いたす心でおります。ありがとう御座いました。

（1） 直良さんが自著の『日本哺乳動物史』をもっていなかったので、東京の古書店の目録で調べて注文する。

155 一九七五年一〇月一四日 出雲市の直良信夫さんから岡山市浜の「春成秀爾先生」宛のハガキ

前略 御めん下さい。

大変急に秋めいて参りました。ホッとひといきつきましたところです。昔の本を新かな使いに直したり、文に手をいれたりしますことは大変めんどうな仕事だということをしらされました。労多くして効の少ない仕事。実は少々う

84　直良さん・升水さん一家の記念撮影（1974年8月1日）

直良信夫科学随想

春夏秋冬

<15>

ヤブカンゾウの花

今にでも降り出しそうな空模様だが、このところ雨はあまり降っていない。これが山陰特有の梅雨どきのうっとうしさというのかもしれない。が、おさえつけられるような息苦しさを感ずるのには、いささか閉口だ。こういうときには、うさ晴らしに野みちを歩いてくるのに越したことはない。私はこう思いついたので、雨傘を用意して家を出た。

きょうは用水路の水が、トットと流れていない。一時雨がひどく降ったので、圃(ほ)場の水の温度の低下を心配して、導入する溜池用水の量を規制しているからだろう。その流れのにぶい水路の中からヤゴが一匹、水路の壁面をやっこらさと、匍(は)いずり上がって来ているのが眼についた。実にすっとんきょうなおももちの幼虫である。私はそのおどけたふるまいに楽しいものを感じ、しばらくのあいだ、ヤゴのしぐさにみとれていた。

東京界隈(かいわい)だったら、このような情景をみたくてもみられないだろう。さすがは山陰である。大自然の不思議ないとなみに、すっかりほれこんでしまった。

雨がパラパラと落ちはじめて、田圃のあお草をぬらして去りすぎていった。その雨脚の逆さにひきずられて、私は農道を大またに歩き出した。そのとき、私はふと路傍の雑草の繁みの中に、花茎をぬっとつき出し、あかい唇を開くにあけたヤブカンゾウの花を見た。

一茎だが、その赤黄色の花の、なんと新鮮な美しさであったことか。どうせ、ここにこのままはうっておいても、満足に生きながらえてゆくことのできる草ではない。草刈りにであったら、たちどころに根元からちょん切られてしまうことだろう。もしそうだとしたら、せっかく残しておいても何にもならないことになる。いっそのこと、手折ってもって帰ろうかと、出しかけた足をひっこめ、後ずさりした。

が、まてよ。自然の状態だからこそ、この花は一層の見映えがするのだ。折ってもって帰って、花瓶にいけてみたからといって、それは自分だけのたのしみでしかない。

私は次の瞬間そういうことも考えた。そこで、花にさわってはみたものの、その手をすぐに花から離した。

ヤブカンゾウは、ユウスゲやノカンゾウなどとともに、ユリ科の宿根草である。日本の各地の原野にはどこにでも生えている。夏になるとユリに似た赤黄色の単弁花をつける。私たちは子供のころ、春早くこの草の嫩葉をつみ、ゆでておひたしにして食べたものであった。夏になると、花もまた精進揚げの具になった。漢方では、根を腫物や淋病の治療に使うという。みかけによらず人間の生活とかかわりあいの深い草である。

それから三日たった。

私は農道を横切って、駅への道をいそいでいた。そのみちすがら、ヤブカンゾウの花のあかさが、ふと心に浮かんだ。あの花はどうなったかしら、と妙に好奇心がかきたてられた。みると、今日は花茎も四茎にふえ、若々しいあかい花が、ぎっしりと雑草の上に口を開いていた。

よかった!。よかった!!。つい、そう口ばしったものだった。あのときもし私が花茎を手折っていたら、今時分、花茎をふやすどころではなかったろう。手折らないでよかった。やはり野のものは、そのまま野でながめた方がよいのだ―と、私はそのとき思った。

しかし、農道の草が繁って、圃場の稲におおいかぶさるようになってくると、どうしても農道の草は刈りとられてしまう。だからこのヤブカンゾウも、きょうあすのうちに刈りとられてしまうのではあるまいか。

私は、そういうことにならなければよいがと、祈るような思いで、雨の野みちでヤブカンゾウの花と対話を続けた。

ヤブカンゾウよ!。あすもまた私はここにくることにしよう。君も無事でいてくれるように―。

私はひたすら、そのように祈らずにはいられなかったのである。（元早稲田大学教授、地史学・文学博士、出雲市高松町）

ヤブカンゾウの花ひらく（カット・直良信夫）

85　直良さんが地元の『山陰中央新報』に連載した随想「春夏秋冬」（1976年6月13日）

んざりいたした次第でした。御気に召しますような本[1]ではございませんが、今はまったく消え去った過去の日の武蔵野の記録としてお受取りいただきとう存じます。それから大変なつかしいいろいろなコピーを御送り下さいましてありがとう存じます。記憶にはありましても、実物は一枚も私の手元にはございません。なつかしく拝見させていただきました。ありがたく御礼申し上げます。森本義夫氏とおっしゃいますと、昔、明石中学の博物の先生ではございませんでしたか。もしそうだといたしますと、私は在明中大変おせわになりました先生でした。同年輩あるいはゆかりのあります方々が、つぎつぎと他界されてゆきます。さびしさを感じております。

（1） 直良さんの『秩父多摩丹沢』、武蔵書房、一九七二年。

156　一九七五年一一月二四日　出雲市の直良信夫さんから「大阪市北区中之島三の三　朝日新聞大阪本社の高橋徹様」宛のハガキ

先日は大変失礼仕りました。御わび申しあげます。本日は又御芳葉をたまわりましてありがとう御座いました。御礼申し上げます。九州生まれの私には山陰は少々さむくて、やっぱりこれは九州に帰った方がよかったかなあと、ときどき思うことが御座います。でも魚はとてもおいしい所です。御出向の節にはぜひ御立ち寄りいただきとう存じます。お寒くなって参ります。御自愛専一の御事御祈念申して居ります。

157　一九七五年一二月六日　出雲市の直良信夫さんから「朝日新聞大阪本社　高橋徹様」宛の手紙

謹啓
年末御多忙の御事と存じ上げます。今年はストのあおりを受けまして何だかひとしお暮れが気ぜわしく感じられます。

先日お電話いただきました原稿、とにかくしたためてみました。が、なかなか思った事をおもうように書けません。大変ふできで申しわけも御座いません。本日御届け仕りましたので何卒御落掌のほど御願い申し上げます。

来年は一度帰臼いたしたい考えで居ります。山陰地方に御出向の砌りには御立ち寄りいただきとう存じます。先ずは右要用言上まで。寒さが日増にきびしさをます事と存じます。御自愛専一のこと御祈念申し上げます。

拝具

一二月六日　　　　　　　　　　　　　　　直良信夫

高橋徹様　御侍史

158　一九七六（昭和51）年一月一六日　出雲市の直良信夫さんから岡山市浜の「春成秀爾先生」宛のハガキ

拝啓

今年は正月の三ヶ日ともとてもあたたかで静かなよい日で御座いました。御多幸な御正月を御むかえの御事と存じ御慶び申し上げます。三ヶ日がすぎますと出雲は、北西の季節風が毎日吹き荒れておりまして、雨と雪が枯れ田をたたいたり覆うたりいたしております。さむざむとした風景が冬のきびしさをひときわつよく印象づけて居ります。暮れの三十一日には、山奥の真言宗の山寺に除夜の鐘つきに参りました。生まれてはじめてのことでした。帰ってまいりましたのが、元日の夜中の二時頃でしたが、なんともいえないすがすがしさでした。暮れから正月にかけまして、神戸から親戚のものたちがまいっておりまして、今年の正月はかえって何やかやで多忙でした。雑用、出歩きが多くてせめて正月はうちのものだけでむかえた方がよいなあと思いました。今年は、出雲から京都に旅をした昔の人の古文書をもとにして、万延元年の人馬関係と古駅の調査をしてみたい考えです。馬はやはりなつかしい動物ですから。そのうちに（春以後）勝山、津山・土居などと歩いてみたいと考えて居ります。

159　一九七六年三月二日　出雲市の直良信夫さんから「枚方市村野東町　高橋徹様」宛のハガキ

拝啓　大変御ぶさた失礼申しております。御清勝の御事何よりと存じ大慶に存じ承ります。御つとめの場がおかわりに相成りました由、大変御多忙の御事と存じ上げます。御無理をなさいませんように、御自愛のほどお祈り申し上げております。

本日は臼杵の写真を沢山御恵送たまわりまして御厚志のほど誠にありがたくあつく御礼を申し上げます。ありがとう御座いました。大変なつかしいお写真ですので、あれから幾度もくりかえしては拝見させていただいております。大体昔のおもかげをとどめておりますが、部分的にはいろいろと変わってきているようです。眞光寺さんが無住のようですが、御家族の方はどうされたのでしょうか。板かべがはぐれ、窓ガラスがこわれているところなどは、もう廃屋といった感じがいたしました。藤島さんも、ずいぶんとしをとられましたが、江藤さんご夫妻がお若いのにはおどろきました。私なども、もっと若い気をだして、元気でいなくてはと存じました。五軒長屋は一時私の兄が全部を買い取りまして、補修の手を加えたことがございました。ただスリーウェイになっていた道の崖によった所に、昔は共同便所がたっておりましたが、そこのところを改修いたして道をつけ、崖の上に人家ができていますが、かなりの変わり方だと存じました。これから又ゆっくり拝見させていただこうとたのしみにいたしております。ありがとうございました。

160　一九七六年三月四日　「福岡県春日市春日一五三三ノ二八　鏡山猛(1)」さんから「島根県出雲市高松町　直良信夫様」あての手紙

先般は御目にかかれて大変うれしく思いました。

京都で韓国の遺宝展を見て去る二日帰宅いたしました。湯ノ谷の御舎弟(2)に昨夜電話で御挨拶いたしました。近く拝眉の機を約し楽しみにしています。

筑紫路もはや春を迎えることと思います。

山陰では松江の博物館を中心にまた米子の青木遺跡を見学することが出来ました。何時も山陰の風光と史蹟には心ひかれます。帰宅以後九大の岡崎君はじめ考古学仲間に先生の近況を伝え是非九州にお出での節は御迎えし度いと申しております。私どもの希望のかなえられますことを心より御待ちしています。

まずは御礼のことばにそえ御挨拶まで。

不一

三月四日

鏡山　猛

（1）考古学者。当時、九州大学文学部教授。一九〇八～一九八四。著書に『北九州の古代遺跡』至文堂、一九五六年。『九州考古学論攷』吉川弘文館、一九七二年などがある。
（2）義弟の直良勇二さん。第三部64参照。

161　一九七六年三月一四日　出雲市の直良信夫さんから「朝日新聞大阪本社　高橋徹様」宛の手紙

拝復
先だっては御多忙のところわざわざ御出ましいただきまして恐縮に存じ御厚情のほどあつく御礼申し上げます。せっかく御出たまわりましても、いっこう御かまいもいたしませず大変失礼仕りました事ふかく御わび申し上げます。申しわけもございません。御海容のほど御願い申し上げます。桜井様にもそのこと何卒よろしく御願い申し上げます。
いろいろ考えてみましたが、自分の事を自分でかく事のつらさをつくづくと感じました。ゆたかでふくよかな人生を踏んでまいって居りましたら、かくなと申されましてもかきたく相成りますが、私のように、ふみにじられた雑草では、とても気が重くて筆がもてません。何人かの人たちが、生きる事の苦しさをかみしめながら、早く世を去って居ります。運命であったかもしれませんが、そういう薄倖な人々の心のうちを思いますと、今日私がのほほんと生きながらえている事すら申しわけないと思う事さえ御座います。ずっと以前に娘がオヤジの歩んだ道をかくんだといっておりましたが、病弱で子もちですから、いつの事かあてになりません。そのうちこちらの方が先に旅立つかもしれませんから。といって、いつか申しましたN氏では筋と話をおもしろくするために多分に潤色されるでしょうから、うっかりイエスということがいえません。

もし今年の秋までに私が臼杵に帰ることができましたら思い出をかくための取材を致したく考えておりますので、そういたしましたら、昔と今の臼杵のうつりかわりが、おわかり願うことができるかもしれません。その一文の中に、子供の頃の感懐を少し盛ってみようかとも考えております。私を知っていて下さる御老体の方が、臼杵にいくたりおいでかと思いますと、今浦島の感がしないでもありません。でもふるさとはやはりなつかしいです。年をとるにしたがいまして日増にそのきもちがつのって参ります。私が臼杵で暮しました歳月は子供の頃に限られて居りまして、それもほんのわずかな年月でした。あまり早く故郷を出るということは人間にとりましては幸では御座いません。この節そういう事をしみじみと感じて居ります。

ここのところ出雲はとてもあたたかです。さっき私の庭でアマガエルがないておりました。これから私の仕事が一段と忙しさを増してまいります。書くことの他に百姓仕事がひかえておりますので。

何かと御多忙の御事と存じ上げます。何卒御無理をなさいませんように。御健勝の御事御祈念申し上げて居ります。ありがとう御座いました。

御厚志厚く御礼申し上げます。

敬具

三月一一日

直良信夫百拝

高橋徹様御侍史

二伸
本日御芳墨相受仕りました。「邪馬台国」大変有益に興趣深く拝読させていただいて居ります。御完成を心から御祈り申して居ります。文中に御座いました「シトギ」のことで御座いますが、普通の方はよく御存じでないように存じますので、どこかに「神前にそなえるために、米粉でつくった餅のこと」とでも註をいれてさしあげると、尚更わかりよいのではないかと存じました。あとは大変有益でけっこうだと存じました。「兵庫探検」の本は、昨日神戸新聞の方から送ったという御便りをいただきました。

162　一九七六年三月一八日　出雲市の直良信夫さんから「朝日新聞社　高橋徹様」宛の手紙

拝復
今度は「韓国美術五十年展」と「帝釈峡洞窟遺跡」御恵送たまわりまして御厚志のほど洵にありがたくあつく御礼申し上げます。ありがとう御座いました。
ぜひ展覧会を拝見申したく存じて居りますが、田舎にひき込みましたら出かけますことが大変な上に、血圧の事が気になりまして、いつも二の足を踏んで居ります。そんなに案じなくてもと家内は申しますが、これまで二度ほど私ひっくりかえって居りますのと、ハナ血の大出血が気になりまして、どうしても思いきって旅に出ることができないで居ります。近くですと自動車で何か異変がありましてもすぐに引き返す事ができますので、出歩きたいと存じて居ります。二、三日前にも広島県境にあります王貫峠を調査して参りました。朝早く家を出て、夕方帰ってまいりました。全部自動車を使いました。
韓国展はあの目録を拝見いたしておりますと、じかに遺品を拝見いたしておりますような心地がいたしまして大変参考になります。私、白内障で常に眼圧をはかってもらっておりますが、やはり年一年と視力が落ちてまいって居ります。少しうす暗いと殆ど物がよく見えませんが、その点目録の図ははっきりと出て居りまして、大変ありがたく存じて居ります。年をとりますと、情けないものだと、しみじみと思うことが御座います。これは年をとってみないと、仲々おわかりになれないと存じますが。

帝釈峡の洞窟（殆どが半洞窟かロックシェルターのようですが）は、いったいに指標になる哺乳類遺体が若い時代のもので原人骨が出る見込みはございません。出土いたしたとしましても真正人類（ワイデンライヒの原人、旧人、新人の区分は非学術的であれはいけません）のもののようです。まだ秋芳台の方が同じ後期旧石器時代にいたしましても、一寸帝釈のように古い時期のように存じられます。西日本で原人級の人骨をさがします地域はやはり北九州市付近から刈田の石灰山にかけての洞内堆積層かと存じます。門司の瀬戸内にのぞむ地域の洞窟をどうしてさがさないのかと私はふしぎに思うことがございます（もっとも九大の地質の諸氏が戦後さがしてはいましたが）。私ももう十年ほど若いと、やりかけの洞窟あさりをやってしまうのですが、もうこの年では年をとりすぎました。断崖にたって、足がふるうようになりましては、洞窟調査は不向きで危険です。事故をおこして人さまに御めいわくをおかけ申したのでは、ほんとに相済まないと考えました。洞窟内の堆積層の研究は普通の方にはできません。地質や地理（自然）をやっております人ですら、経験のすくない方には無理です。ヨーロッパでは洞窟学は一〇〇―一五〇年の歴史をもって居ります。日本では横浜国大地質の鹿間氏と私とが若い時分に競争して調査したのがきっかけで、この節、後進の若い人たちがようやく注目して洞窟あさりをはじめている程度ですから。まだまだ日本の洞窟学は赤ん坊時代だと、少なくとも私個人は考えております。洞内堆積層の層序は、常に堆積と浸蝕とを繰り返しまして複雑に地層ができてまいりますので、その実体をつかむ事がむつかしゅう御座います。臼杵の奥にありますオナガラ洞窟などは私がはいってみましたが大正の終わり頃から昭和のはじめにかけての頃は、大変な洞窟で、すばらしい光景であった事をおぼえて居りますが、今はどうなってしまいましたか。昔のことを私よく思い出してなつかしく思うことがございます。帝釈峡地域の洞窟を実見いたしたいつもりで一度新見付近にまいろうかと存じた事も御座いました。が、調査されておいでの方々の御じゃまになっては相済まぬ事と存じましたので、やめた事も御座います。おかげさまで展覧会は拝見いたす事はかないませんが、目録を拝見させていただきまして大変大だすかりいたしました。心から深く御礼を申し上げます。ありがとう御ざいました。

ここのところ山陰は急に春めいてまいりました。早咲きの彼岸桜はもう満開をとおりこして散りはじめて居ります。私のうちの畑の菜類も、いまが八分位の花ざかりです。どうにかカジカガエルも冬眠からさめたようです。これから私も生き物の世話でいそがしくなりそうです。

時節柄御自愛専一のほど御祈り申しております。

ありがとう御ざいました。かさねてあつく御礼を申し上げます。

拝具

三月十八日

直良信夫拝

高橋徹様御侍史

163　**一九七六年五月二〇日**　『釣針』を「ものと人間の文化史」の一冊として法政大学出版局から再刊。その「はじめに」。

昭和四十七年三月、早稲田大学を定年で退いてからまもなく、私はガンセンター病院で、前ガン状態であった胃の手術ををした。病後の保養が東京では思うようにできなかったので、思いきって脱東京を敢行、養子先の出雲に引き移った。

中国山地と島根半島の間にひらけた簸川平野は、日本でも有数の穀倉地帯である。ここには、まだ純朴な自然と古い人情社会が遺っている。その上、食物が豊富で新鮮で美味しいので、私たちのその日その日が、たのしいものになっている。おかげさまで、このところ私は元気になった。

ところが、田園地域だから近くに店屋がなく、郵便を出すといっても、ポストまで二キロ三キロと歩いて行かなければならない。これには、いささか閉口している。その矢先き東京からは電話一本で、用件を言ってくる。長いあいだのおつきあいなので、たまにはよい返事の一つもしなければならない。田舎にひっこんでよかった、と思う反面、不便と繁忙にとっちめられている現状である。

さて、海に近い所に転居したので、世間では釣りができてよいでしょう、といってくださる。ところが当の私は釣りに行くひまなど全くなく、毎日書くことに追われている。その矢先き、釣針の本の再版の話が出た。ありがたいことには相違ないが、どうしたものかと迷った。が、せっかくのご厚意なので、お断りするわけにもいかない。といって、すっかり書き直すとなると、資料を東京においてきた関係で、急いでどうすることもできない。この際、直したいと思う個所もあるにはあるが、なまじ直しかかると、そのために方々に手を入れないといけないようなことにもなりかねない。それでは急々のまにあわないので、今度は数項目を書き足し、部分的に補修や改訂を行う程度にしておくことにした。

なお、本書新版の上梓にあたって、ご厚情を忝うした法政大学出版局の皆さまと、初版刊行の際お世話になった池田書店に対し厚く万謝の熱意を披瀝するものである。

昭和五十年八月　八雲立つ出雲の自宅にて

直良　信夫

164　一九七六年五月二〇日　『峠と人生』をＮＨＫブックスの一冊として日本放送出版協会から上梓。趣味の峠歩きをテーマにした三冊目の本。そのはしがき。

日本は山国である。だから峠が多い。人は峠を中にはさんで、それぞれの平地に住んでいる。そのために、どうしても峠が問題になってくる。峠を無視しては、生活が成り立たないからである。が、乗りものが発達したおかげで、昔のようにじかに峠を歩かないですむことになった。こうしたことから、昨今では坂越えのつらさは、遠い日の思い出の中に、わずかに生きていることになってしまった。

だが、よきにつけ、あしきにつけ、やはり峠は日本人の生活に密着している。言葉を換えていえば、峠と日本人とは宿命的な関係に置かれているといっても、過言ではない。したがって、私たちは、いろいろな面から、峠というものをよく理解しておくことが必要になってくる。

私は子供の頃から、峠歩きが大好きだった。古稀を迎えたとはいえ、今後も、まだまだ暇をみては、からだの許す限り、峠歩きを続けるつもりである。

路が坦々としておれば、たとえ少々くらい重荷を背負っていても、そう歩きづらいことはない。が、坂道はえてして険阻な上に、路面は荒れ、歩くほどにきびしさがつのってくる。だから並大抵ではない。そこをどうやって歩きつづけ、苦しさを耐え忍んで、息災に目的を達するかが問題である。私の峠歩きは、もちろん峠そのものがいろいろな意味で私の嗜好に適していることに端を発していることはいうまでもない。しかしその反面では、多分に人生行路の実践をまどかに遂行するのには、どうしたらよいかという心情とも、関連性をもっていることは事実である。まったく峠みちは、人間の一生の縮図のような気がしてならないのである。

昭和三十六年に、私は校倉書房から『峠路』という本を出刊したことがある。この書物は、すでに絶版になったが、内容は、峠の考古学的な解明に重点をおいたものであった。歳月がたってみると、なんだか、それだけではあきたらなくなって、もう少し、峠を身近なものに考え直してみたい気持ちになった。考えたあげく、まとめてみたのが、この本である。

じつは、昭和四十九年の十月、ＮＨＫ広島放送局から、昼間のテレビ「女性手帳」で五回、〝峠みち〟という話をしたことがある。その時、担当の山田允夫、佐々木敦、北村真征の諸氏に日頃書きためてあったこの原稿を元にして台本を作っていただいた。そんな縁もあって、このたび日本放送協会からＮＨＫブックスの一冊として出刊することになったのである。同編集部の皆さま及び教示をたまわったり、写真を提供してくださった方々に対し、あつく感謝のまことを披瀝するものである。

昭和五十一年四月

165　一九七六年五月二三日　直良信夫さんが『山陰中央新報』に連載した「科学随想　山陰　風土と生活」の葱坊主（ねぎぼうず）

葱は、シベリアが原産地である。それがいつごろ、日本に渡来したものか。今の私にはよくわからない。が、今日では日本人の生活からは、除外することのできないほど、なじみ深い食べ物になってしまった。味噌汁の具はもちろんのこと、日本人の大好物、すき焼きにしても、葱が加わらないでは料理がととのわない。さらにそれがそばやうどんになると、葱の加薬（かやく）がついていないと、箸がつけられないとぼやく人がある。こういうことになると、葱は単なる野菜というよりは、必需的な具物といったほうが、適切だということになろう。

葱にはたくさんな種類がある。ワケギ、アサツキ、オオネブカ、イワツキネギその他なお数種がある。が、どの葱も、春から初夏になると、円柱状の花軸の先端に、小花を簇生させて、球状の花塊をつける。普通これを葱坊主という。所によって「葱ぽっぽ」とも言っている。

今年の冬は、ねぎまをつくり、すき焼きを頻繁にやって、ずいぶん葱を食べたつもりであった。しかし春になって、葱の薹（とう）だちがあまりにも見事なので、こんなことになるのだったら、もっと気前よく食べればよかったのに——とも思った。いまさらぐちを言ってみたところで、どうにもなるものではない。こうなったら、ひとつ種子のよいのを採って、この冬すばらしい若葱を作ってやろう。私はそうひとりごとをいいながら、ニョキ、ニョキつっ立っている葱坊主の頭をさすってやった。

おもしろいことには、今年は西洋葱といわれているチブが、葱坊主をつけた。日本の葱とちがって、この葱はなかなか栽培がめんどうなので、種子をまいても、芽をきらなかった。幾粒かまいた中のごく少数のものが、苦心の末育ったわけだが、葱坊主がうす紫色をしていて、実に風雅である。小さいピンポン珠ほどの簇生花だが、花をひらいたかっこうは、アザミとヤグルマソウとのあいの子ようの花をつけている。だから、この葱は、花だけをめあてに栽培しても、栽培価値は十分にある。

さて、初夏になって、葱坊主が畑を飾るようになると、私は毎年のことだが、五十余年前の明石での療養生活の昔を思い出す。

あのころ、まだ神戸一中の生徒（多分一年生のころではなかったかと思う）であった小林行雄さんは、同僚二人とつれだって、よく私の家を訪ねてくれた。小林さんは絵が上手だったので、いろいろなものを、キャンバスにおさめては、たのしんでおられた。ことに、私の畑の葱坊主をかきとめた油絵は、私は大好きだった。やっとそれを頂戴したので、私は大事に床の間にかけておいた。

神戸の高等工業学校の建築科を出られると、京都大学の考古学研究室にはいられた。やがて日本は戦争の泥沼に足をつっこんだ。私の家も昭和二十年五月二十五日に、戦災をうけて焼けおちてしまった。まったく一物も残すことなく、灰燼に帰した。もちろん、小林さんの葱坊主の絵も、運命を共にした。小林さんは昭和五十年に、功成り名をとげて、京都大学を定年退官されたわけだが、思い出の若き日（むしろおさない日といった方が適切だろう）のかたみを失った悲しみは、年をとるごとに、切々と私の心をさびしくさせて行く。

ことに、三羽烏の一人であった木村さんは、戦時中病を得て仆れてしまった。戦時中であったが故に、何一つ面倒をみてあげられなかったすまなさが、今この年になって、ひしひしと私の心をかきむしる。ことに、木村さんは、頭髪をぼうぼうとのばしていて葱坊主然としていたので、私の心に強くやきついていた人であった。

小林さんとは、同学でありながら、研究の分野がちがうせいか、その後あまり昵懇にゆききはしていない。が、もう一人、松山の高商を卒えて毎日新聞社のエコノミスト編集部につとめておられた松木勇さんからは、ときどき便りをいただいて、昔をなつかしんでいる。

お互いに、人間は年一年と歳をとって行くわけだが、そういうこととは縁遠く、春がくると、畑では毎年同じような顔かたちで、葱坊主が頭をもたげる。世代はかわっても、年々新鮮な姿で太陽をあおぐことのできる葱坊主を、ときとして、私はうらやましくも思うものである。

遠い若き日の思い出を、あれこれと、たぐり出しながら――。

166　一九七六年八月五日　出雲市の直良信夫さんから大阪府枚方市の「高橋徹様」宛のハガキ

拝復　御芳墨ならびに原稿(1)のコピー本日落掌仕りました。御多忙のさなか、何かと御高配をたまわりまして御厚志のほど誠にありがたくあつく御礼申し上げます。ありがとう存じます。

お仕事のあいまあいまに、筆をおとりに相成ることほんとうに申しわけもございません。恐縮至極に存じ深く万謝申し上げて居ります次第です。先だって御送りいただきました「臼杵」の本、誠にありがとうございました。お代をおとり下さいますよう懇願申し上げます。ほんとにどうもありがとう御ざいました。私のとっときの本「日本旧石器時代の研究」（予約出版で今は絶版になっております）御礼までに謹呈仕りたく存じますのですが、既にお持ち下さっておいでになりますとダブりますので、どうしたものかと考えております次第です。原稿のコピー、これから拝見申したく存じておりますが、九月いっぱい、先客万来で閉口いたしております。今年はオーストラリアの長男一家も帰ってまいります。とりあえず粗状で御礼言上に参じました。御大事にお祈り申します。

（1）　高橋さんがまとめた『明石原人の発見―聞き書き・直良信夫伝』の草稿

167　一九七七（昭和52）年六月一〇日　出雲市の直良信夫さんから枚方市の「高橋徹様」宛の手紙

謹啓

毎日御多忙の御事と存じ上げます。おからだに十分御気をつけ下さって大いに御活躍のほど御祈念申し上げております。私の問題につきまして、いろいろ御高配をたまわりて万謝申しております。

実は六月一七日小学校時代の知友が集まって、懇談後、宴会をひらくから帰ってくるように江藤さんから御ハガキを頂戴しました。が、御存じのように昨秋十月脳コーソクをやっていらい、どうも健康がおもわしくなく、ことに長い旅にたえられそうにもありませんので、参会することをやめました。実に残念ですが、途中でへたばってしまうようなことになったのでは、こまると存じましたので。

＊　＊　＊

つきましては、私の件でいつもおせわさまに相成っておりまして恐縮いたして万謝申し上げております。

いろいろ考えてみましたが、私が入夫結婚した年月日は、いろいろな事情で、明瞭に何月何日とおかきにならないで、ただ大正十三年頃と、ぼやかしておいて下さいませんか。それと共に、私が入夫結婚しましたのは、私は「療養生活者の身で当時は職を失って食べるのにこまっていたこと」も、入夫結婚した原因にもなっておりますので、そのことを、どこかに書き加えておいて下さい。大正十二年の関東大震災で失ったと思い込んでいた内縁の妻だった女（本人はすでに病没）の遺家族がまだ東京にいるはずですので、その人たちとの関係が、気になりますので、この辺の事は、あまり文にしない方がよいと考えます。この事、ちょっと気になりましたので、とくに御配慮のほど、懇願申し上げます。

尚、本文の初校（ゲラ）が出ましたら一応私のところに御送り下さい。私も以上の点が気になりますので、拝見いたしたく思います。その上で、ことによりますと、少々書き加えさせていただくかもしれません。よろしく御願い申しあげます。

このところ、私、夜ねむれないで閉口いたしております。いよいよ先が短くなったかなあと自分で思うことがあります。去年の病気の後遺症が、今頃になりましてボツボツあらわれて参ったようです。こまった事だと思いますと、よけいに、寝つかれないで、時によりますと、一晩中めがさめて、あくる日はがっくりです。では要用至急よろしく御高慮のほど御願い申し上げます。御大切に祈ります。

拝具

直良信夫拝

高橋徹様御侍史

六月十日

*　*　*

168　**一九七七年九月二〇日**　高橋徹さんが『明石原人の発見ー聞き書き・直良信夫伝』を朝日新聞社から上梓。この書によって直良さんの生い立ちから現在までの生涯が初めて明かされる。その「あとがき」。

この本をお読みになられた方、あるいは、今から繙いて下さろうという方は、この特異なスタイルの伝記にとまどいを覚えられたことと思う。直良信夫博士自身が筆をとった自叙伝でも、ゴーストライターによって自叙伝風に書かれたものでもない。かといって、第三者が、直良に関する記録などを基にして、第三者の目で客観的に記した評伝でもない。表題にもかかげたように、筆者が直良から聞いた話、つまり「聞き書き」を中心にした伝記である。もっとも全文が聞き書きなら、よく知られている勝海舟の『氷川清話』や柳田国男の『故郷七十年』のような自伝風読物になるが、この本では、直良博士からの聞き書きの部分と、筆者の主観による記述が、複雑に入り混じっている。だから、自伝的なものでありながら、評伝部分もある、というややこしい文体になっている。なぜ、こういう伝記をまとめたのか、それについて少し説明しておきたい。

お読みいただければ、おわかりと思うが、明石原人の発見だけではなく、古生物学界、考古学界、地史学界などいくたの面での直良博士の学問的貢献は大きい。彼の生涯は、小説のモデルにもなったようにドラマそのものでもある。当然ながら、出版社は、競って自叙伝執筆のすすめを、かなり前からしつづけてきた。

実は、私も、朝日新聞社出版局の友人と共に、「資料を後世に伝えるという意味で、ぜひとも」と、自叙伝の執筆をお願いしたことがあった。しかし、博士は、やはり、それを辞退した。

なぜ、自叙伝執筆をためらうのか。博士の言葉で、それを書いておこう。

「いろいろと考えてみましたが、自分の事を自分で書く事のつらさをつくづくと感じました。ゆたかでふくよかな人生を踏んでまいって居りましたら、書くなと申されましても書きたく相成りますが、私のようにふみにじられた雑草では、とても気が重くて筆がもてません。何人かの人たちが、生きることの苦しさをかみしめながら、この世を去って居ります。運命ではあったかも知れませんが、そういう薄倖な人びとの心のうちを思いますと、今日私がのほほんと生きながらえていますのすら申しわけなく思うことさえ御座います。」（自叙伝執筆を辞退した筆者あて私信）

学位を取得、早稲田大学の教授を務め、単行本だけで六十余冊を出版しながら「貧乏」「無学歴」が生涯彼を苦しめてきた。「恥ずかしいような極貧の農家に生まれ、よせばいいのにこんな道（学問）にはいっちゃいました。それで終生、頭のあがらない生活になっちゃいました。日本では、ちゃんと学歴がなければ、頭は出せませんよ」。むかしを語るとき、口ぐせのようによくこう言う。いささか、自虐的過ぎる気もしたが、そうも言いきれない何かがあった。「私は負けん気が強いくせに涙もろくて困る。思い起こすだけで涙が出てしまう。とても、自分で、その思い出を文字にする心のゆとりはありません」とも言った。

確かに、聞く方も、つらくて、ついその先をうながしにくいこともあった。おそらく、仮に自叙伝を書かれるとするなら、涙なしでは思い出せないところ、いやなところは、カットされてしまうだろう。自叙伝を、書かないのではなく、書けないという方があたっているのかも知れない。

しかし、第三者としての私は、あるときには冷酷までに突っ込んで聞いてしまった。それゆえ、自叙伝なら、ふれないだろうところまであえて書いた。とはいえ、この本は、あくまでも直良博士の立場に立って書いたものであることを、了解しておいていただきたい。ジャーナリストの私には、広い範囲に及ぶ、彼の学問を、十分に評価できる能力はない・その意味で、評伝としての部分は、かなり物足りないことは認めるにやぶさかでない。直良博士が自叙伝を書くことはないだろうが、彼の評伝については、そろそろだれかが書くべき時期に来ていると思う。客観的に、彼の業績を評価できる若い学者も育ちはじめている。学界の中に、博士を正当に位置づけるすぐれた評伝の誕生する日も、そう遠くないことと思う。この書が、その時までの繋ぎの役目を保てれば幸いである。

ここで、私事にわたるが、直良博士と学問的に何のつながりもない私が、なぜこんな本を書くことになったか少し説明させていただきたい。私は、新聞記者になって以来、たびたび文化財関係のニュースを担当する機会に恵まれた。考古学、人類学、歴史学などの学者と接することも多く、直良博士の名前もよくおうかがいしていた。明石原人の発見者ということは、存じていた。しかし、それだけのことだった。ところが、四十八年秋、出雲市へ転居されて以来、私が大阪本社勤務という地理的な関係で、ときどきお会いしたり、電話でご意見をお聞かせ願うようになった。そのうち偶然の機会に、直良博士と私が同郷の人間であることに気づいた。それがすべての出発点である。

同郷人であるとわかってからは、特別親しみを寄せていただくようになる。そのうち先生の心の奥深くに、ふるさとに寄せる激しい思慕の念が蓄積されていることを知った。私はそのふるさとへ、年に二度も三度も帰郷する。申し訳ないと思う一方、文化財記者を自認しながら、先生のことを何も知らなかったことを恥じた。同時に、多くの人々に先生のことを知っていただきたいと思い、自叙伝の執筆をおすすめした。しかし、それはことわられ、「その代わり、もし、君が何か私のことについて書くなら、洗いざらい話す」といわれ、この伝記が誕生することになったのである。

執筆しはじめたときは、学芸部の文化財担当記者だったが、間もなく社会部へと転部、この伝記にさける時間が、非常に少なくなった。資料を当たり直したり、多くの関係者から話を聞けば、はるかに充実した内容のものができたに違いないと、大変残念に思っている。しかし、不足分は、今後、評伝を書かれる人たちが、きっと補ってくれると信じている。

一九七七年盛夏

著者

169　一九七七年一〇月二八日　出雲市の直良信夫さんから枚方市の「高橋徹様」宛のハガキ

拝復

庭の草木も大分色づいて参りました。実生の渋柿の葉がまっかです。若い頃登った甲州の山里の秋景色のことなどを思い出しているところです。御芳墨によりますと臼杵に御出になられた由、うらやましゅう存じます。私は血圧が高く（薬をのまないと二二〇位）行きたいと思う所にも外出禁止でくさって居ります。去年の今頃は病院暮しでしたので、家にいる事が出来るだけでも幸だと思いましてあきらめているところです。

今度は本のことで一方ならぬ御芳情をたまわりまして、いつも万謝申し上げて居ります。ありがとう御座いました。ゆっくり御手紙かこうと存じますが、病気におかされて筆をもつ事もできません。そのうち血圧がさがります事でしょう。その日の早くくるのをまって居ります。朝晩はめっきり寒くなって参りました。御自愛をお祈り申して居ります。

ありがとう御座いました。御礼を申し上げます。

170　一九七七年一一月八日　出雲市の直良信夫さんから「福岡市東区筥松二の一四の三　ちくし荘(1)　春成秀爾先生」宛のハガキ

拝復

御芳葉まことにありがたく拝受仕りました。ふだんはごぶさたがちで大変失礼申して居ります。御わび仕ります。考古学協会の研究会(2)には残念ですが私は出られそうにもありません。血圧が高くて不安定ですので。昨秋脳梗塞をわずらいまして二ヶ月入院加療の結果とにかく一応はよくなりましたが、その後どうもやはり本調子ではございません。東京から何人か参りますが、一四日のお出をお待ち申して居ります。(3)では要用まで。失礼申します。

（1）春成は当時、九州大学に内地留学中で福岡に住んでいた。
（2）この年の秋の大会は松江市で開催する予定になっていた。
（3）春成は一一月一四日に直良さん宅を訪ねることにしていた。

171　一九七八（昭和53）年一月一四日　出雲市の直良信夫さんから福岡市東区の「春成秀爾先生」宛のハガキ

拝復

毎日お寒い日が続いて居ります。山陰はきのう約一〇センチ（平野部で）ほど雪がつもりました。寒いものですから、血圧の急にあがるのがこわくて、どこにも出かけません。さむい間はしかたがございませんので、春の来るのをどなたよりもまちこがれて居ります。御送りくださいました私の旧稿。(1)誠にありがとう御座いました。思いがけなく自分の子供にあったような、なつかしさを感じました。御手数をおかけ申しましたことを恐縮に存じ、あつく御礼を申し上げます。私は東京が空襲された日、すべてのものを焼失いたして居りますので、ほんとうにありがたく頂戴いたします次第です。お寒さ中でございます。何卒御自愛専一のこと御祈念申し上げて居ります。ありがとう御座いました。

(1)「史前遺跡出土の獣骨」『古代文化』第一二巻第九号〜第一四巻第一号、一九四一〜一九四三年、のコピー。

172　一九七八年五月二十七日　出雲市の直良信夫さんから枚方市の「高橋徹様」宛の手紙

謹啓

大変しのぎよい新緑の季節でございます。皆さま御清勝の御事と存じ御慶び申し上げます。

さて、先だっては私事で大変御無礼を申し上げましてまことに失礼仕りました。心から深くおわび申しあげます。いろいろ御高配をたまわりました事、きもにめいじてありがたく、万謝申し上げます次第で御ざいます。ありがとう御ざいました。

さっそく横浜在住の長女を私のかわりといたしまして、新人物往来社の編集主任田中さんに拝眉いたさせ、事の次第を言上。先きさまもよく事の真実を納得いたされ、どうにか円満に話がついたようで御ざいます。同誌の八月号に(1)訂正文を登載する由で御座います。私は別に、筆者をせめてどうしようという気持ちがあるわけではございませんから、よく事実を認識いたされまして、自分のまちがっていた事を、みとめてくだされば、それでよいと存じて居ります。ですから、これ以上現在としては深追いはいたさないつもりで居ります。一時は先方の出方によりましては、名誉毀損で訴えようかと思いました。あまりにも、あの雑誌の文章の書き方が下劣でしたので。でも、そういう事をしなくてすみましたのは、なによりだと、今は思って居ります。私はカッカといたしますと、血圧が上がりますので、極力自分ではそれをおさえて辛抱いたしております。この年で顔色をかえてカッカとするのは、みっともよいものではございません。自制するつもりでじっと虫をおさえて居りましたが、あすこまで強引に、うそをでっちあげられますと、もうだまって、ひきさがっていられなくなりました。これまでずいぶんいやなことをいわれ、はらのたつ思いをいたしてまいりましたが、M氏の書き方は、その書きあらわし方よりも、そのもとになる心根が卑劣だと想定されました。いろいろな事を、教えてくださった方もございました。が、今はもう、すべてを水に流して、忘れようとつとめて居ります。

いろいろ御高配をたまわりました事をあつく御礼申し上げます。ありがとう御ざいました。今のところは雨がちょっとも降りませず、今年はからつゆかもしれないと案じられて居ります。でも、そのうち降り出しましたら、こんどはしょぼしょぼ降り続く事と存じます。時節柄何卒御自愛専一のこと御祈念申して居ります。ありがとう御ざいました。奥さまにも何卒よろしく御鳳声の程を御願い申し上げます。ありがとう御ざいました。

拝具

五月二七日　　直良信夫拝

高橋徹様御侍史

(1)『歴史読本』昭和五三年五月号に掲載の「日本の原人一〇の謎」で松崎寿和さん（広島大学教授）が、「明石原人骨を収集したのは土地の篤学者で直良さんではない。直良さんはそれを収集した人から譲りうけた」と述べている件。

173

一九七八年七月　小林行雄さんの「研究をはじめた頃」『創意』第六号、京大生活協同組合院生理事会

最近、身近な人びとを主人公とする二冊の書物が、あいついで出版された。そのどちらにも、二十歳前後の私が登場している。私にとっては、ようやく考古学の研究をはじめたころである。

一冊は、高橋徹氏の『明石原人の発見―聞き書き・直良信夫伝―』である。直良信夫さんは、私たちが旧制中学生であったころから、考古学の手ほどきをしてもらった恩師である。この書物の中で直良さんは、私のことを、つぎの

ように語っている。

――（小林君は）安満遺跡に通っているうちに、弥生式土器に興味を持ちはじめ、本気で考古学に取り組んでみたいといわれました。「考古学をやっても、飯は食えないぞ」、と忠告しましたが、それでも「やりたい」という。それだけ決心が固いのなら、とめられない。しかし、弥生時代をやるならぼくではだめだ。友人の森本がそのころ「日本青銅器の研究」ということで、弥生式土器を中心に研究しはじめたころだったので、森本に指導を引き受けてくれるように頼みましたよ。――

直良さんは、自分では十分に指導できないと思ったので、森本六爾さんに肩がわりを頼んだようにはなされたらしい。そんなことがあったのかもしれない。しかし、私の記憶に強くのこっているのは、一、二度森本さんに会ったあとで、直良さんが私を説得しようとされたことである。

森本君が一心に弥生時代の研究をすすめようとしているが、手伝ってやる人がいない。君が協力してあげないか。君がその気になるなら、自分が発表せずにもっている資料も提供しよう。皆で森本君を助けてやりたいのだ。こう直良さんはいわれたものである。

直良さんの資料というのは、直良さんが発見された現神戸市吉田遺跡の弥生式土器のことである。その中に木の葉状文で飾った土器があるのを、銅鐸の文様と関連するものと考えて、直良さんは発表の時期を待っていたのである。しかし、直良さんと二人で吉田遺跡の土器の報告を書くことになった私は、この報告に、もっと重要な意義をもたせようと計画した。

私の考えでは、吉田遺跡の土器を発表するということは、近畿地方の弥生式土器のうちに、これまで正当に評価されていなかった古い様式の存在をあきらかにすることであった。それはまた、一地方の弥生式土器の様式には、時期による変遷があるという事実を認めることであった。

それは、現在の考古学界から見れば、なんの不思議さもないことである。しかし、弥生式土器には地方差はあっても、一地方のものだけをとって見れば、そこには単一の様式があるのみで、時期差はあらわれていないというのが、当時の常識的見解であった。

たとえば、同じころ、九州地方でも同じような様式の弥生式土器が注目を集めつつあった。遠賀川遺跡の土器がそれである。九州大学医学部の中山平次博士は、これにたいして、ふつうの弥生式土器とはちがった民族が使用した土器であると主張していた。一地方の弥生式土器に時期差のあらわれることはないという常識にしたがうかぎり、様式の相違は、民族の相違にでもするほかなかったのであろう。

森本さんの主宰する雑誌『考古学』の昭和七年十月号に、吉田遺跡の報告が掲載された前後のことを、いろいろ書いているのが、もう一冊の書物、白崎昭一郎氏の『埋もれた王国―古代を追う人々』である。たとえば吉田遺跡の報告について、白崎氏はつぎのように述べている。――ここではまだ、中山の第二系を新しいとする見解に対する批判は表面には現れていない。しかしそれがもはや一歩の距離にまで追って来ていることが看守される（中略）。還暦を迎えた中山は、若い学徒の鋭い追究に、駸々たる時代の流れを感ぜずにはいられなかった。――

中山博士は弥生時代研究の先覚者であり、また第一人者であった。私としては、著明な学者の学説を批判することによって、あたかもその学者と対等の学識をもつかのようにふるまう気はなかった。中山博士の解釈の当否にかかわらず、そこで問題になっている土器様式が存在することだけを確認すればよいと考えていたのである。

正直にいって、学界がすぐに私の考え方を受けいれてくれるとは、期待していなかった。しいていえば、私とはちがった考え方をする人が多いという事実こそ、私の考え方の独創性を保証するものと思っていた。しかし、森本さんにだけは、一日も早く、私の考え方を認めてほしいと願った。その森本さんを説得するのに、それから一年以上もかかった。

森本さんが昭和八年の八月に中山博士を訪問したことにふれて、白崎氏は述べている。

――中山は相変わらず柔和な微笑を老顔から絶やさなかったが、森本の眼には昔日の張りと迫力が失われているよ

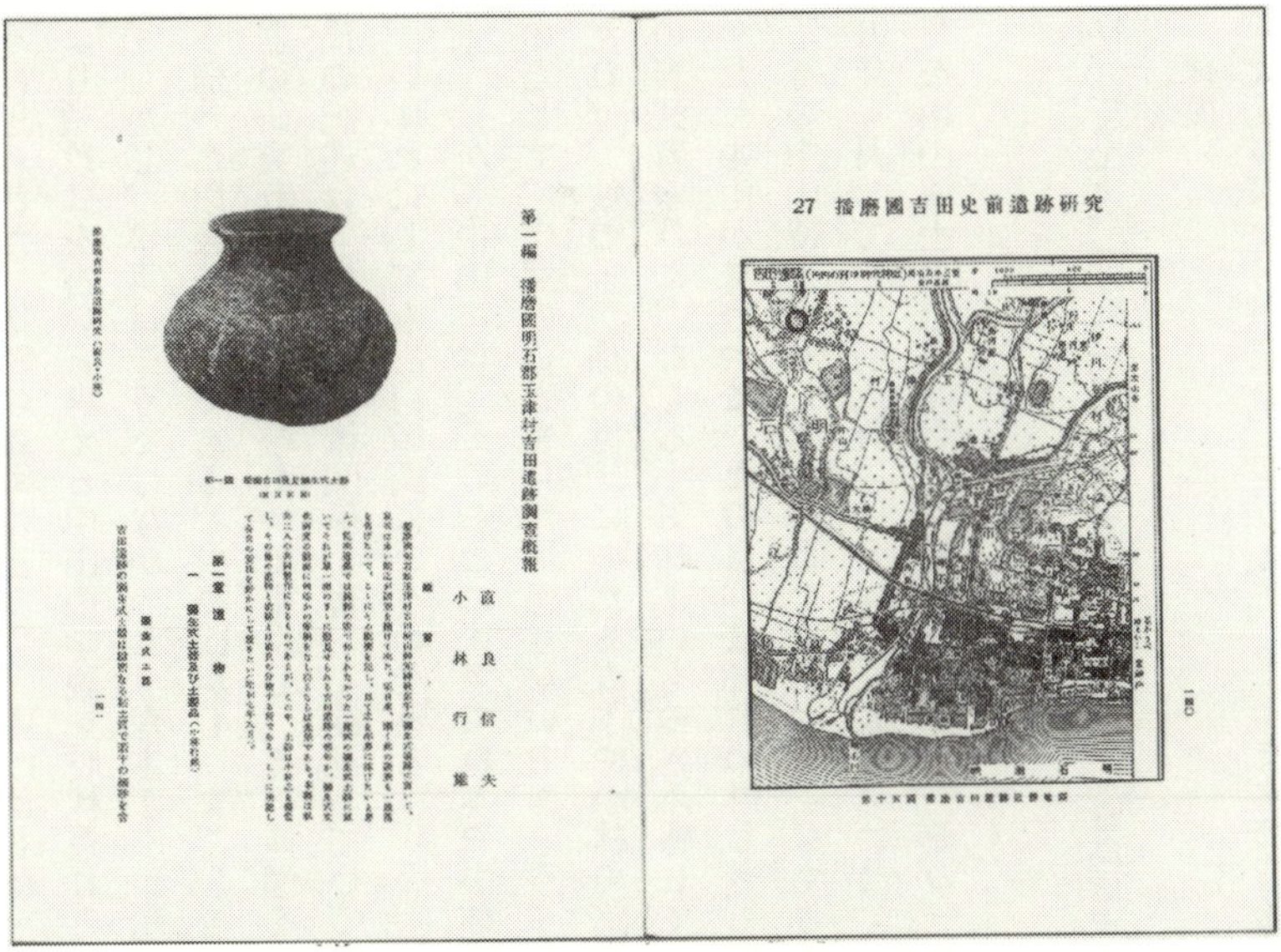
第一編　播磨國明石郡玉津村吉田遺跡調査概報

直良信夫

小林行雄

27　播磨國吉田史前遺跡研究

86　小林行雄さんと連名で発表した吉田遺跡の調査報告（1932年10月）

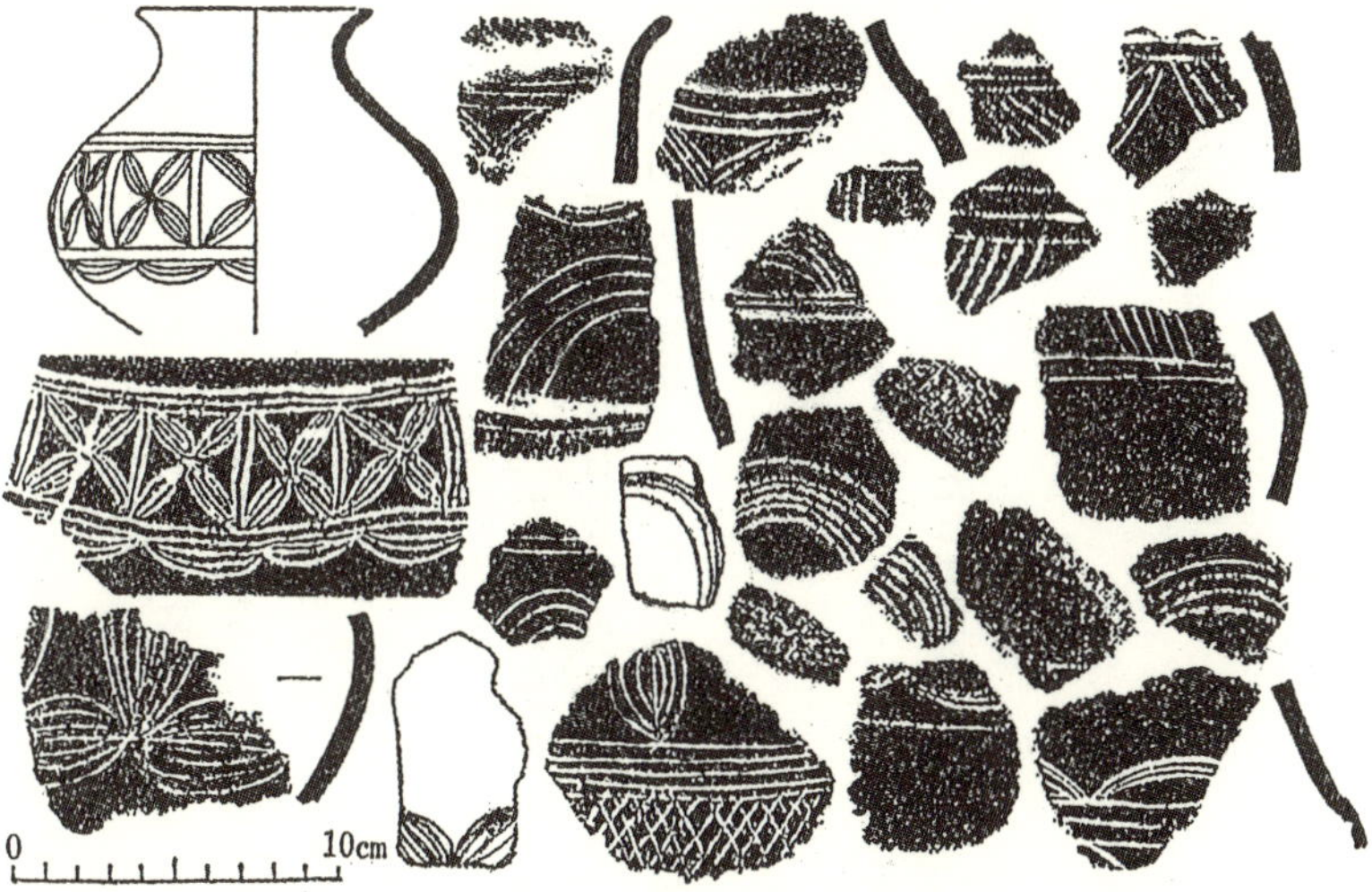

87　吉田遺跡の弥生式土器実測図（小林行雄さん作成）

うに思われた。気鋭の森本にとって、中山はもはや怖るべき先達ではなくなっていた。森本はすでに、遠賀川式土器より須玖式を古いと考える中山の学説を時代遅れと考えていた。――

しかし、事実はそうではなかった。森本さんが私の考え方に賛成するほかないという気になったのは、この旅行から帰った以後のことである。白崎氏がもうすこし後で紹介しているように、この年の十月末、わたしが「遠賀川式土器の研究」という原稿をもって上京し、その挿図を使って連日にわたって説明した結果であった。このあたりの白崎氏の記述は、事実の前後関係が著しく混乱している。

いずれにしても、白崎氏はいうのである。

――しかし中山には、そのことによって森本や小林を怨む気持ちは少しも起きなかった。それは学問の正道を歩むものとして、当然のことをしたに過ぎないであろう。ずっと独身を通してきた中山には勿論子供はいないが、年齢を考えれば、彼の子か孫の世代にあたる森本や小林の論理の冴えは客観的にみて見事であった。中山は自分を斬った彼等の若武者ぶりに、むしろ小気味よいものさえ感じていた。

ただ中山が味わっていたのは、底知れぬ淋しさと空しさであった。――

その中山博士の淋しさを一番よく知って、なぐさめようと努力したのも森本さんであった。雑誌『考古学』の昭和九年一月号で、白崎氏流にいえば、「致命傷ともいうべき痛打」を中山博士にあたえたはずの森本さんが、同年七月号を中山博士の原稿ばかりで編集したのも、その一つのあらわれであった。

174　一九七九（昭和54）年一月三〇日　出雲市の直良信夫さんから枚方市の「高橋徹様」宛のハガキ

拝復

大変お寒い日が続いて居ります。ますます御清勝の御事拝承仕りまして何よりと存じ御慶び申し上げます。今年は郵便事情が悪うございましたので、新年といった感じがしませんで、いつの間にか一月も終り近くになってしまいました。今日は山陰はつめたい季節風がビュービュー吹いて居ります。私のような老人にとっては、つらい一日です。さて先だってはアサヒグラフ増大号を御送り下さいまして御厚志誠にありがとう御座いました。まったく昨年は考古学界にとってはすばらしい年でした。が、また考え方によりますと、みごとな歴史が、つぎつぎにあらわれては消えていったような心地もいたしまして、悦んでよいのか、ものをいとおしんでよいのか、ここのところしどろもどろのていたらくです。遺跡は一度発掘いたしますと、もとも子もなく失われてしまいますので、惜しいという気がいたします。将来の日本のために、大切にとっておく事も考えねばと存ずる事も必要のように思ったりいたしております。山陰は魚がおいしい季節です。おひまの節御出かけ下さい。

まだまだ大変お寒うございます。御自愛専一のこと御祈り申し上げます。ありがとう御座いました。

175　一九七九年二月二二日　『神戸新聞』明石版連載の「聞き書き　あかし昔がたり」の一部

出雲の直良信夫さんの家。庭には菜園があり、天気がよければクワを振るう直良さんの姿が見られる。早大を定年退職して東京から出雲に移って六年、晴耕雨読の毎日である。

「明石は保養向きでした。青白い顔をした人がずい分ふらふらしていました。大蔵谷小辻の両馬川のすぐ東、何軒か並んだ二階建てのはしっこに住んだんです。明石高女で先生をしていた女房に子供ができましてね。不便になるので、高女とは地続きで地番は山崎といった山の中腹にある家を借りました。そこではアヒル・ヤギなどを飼う半農の生活でした。」

直良さんの親しみやすい人柄は、明石時代にも同好の士、師匠などの輪を広げた。

「ずいぶんお世話になったのが、明石女子師範学校（神戸大教育学部の前身）で博物学を教えておられた倉橋一三さんです。両馬川のがけっぷちに住んで居られた。
桜町の土岐写真館の土岐義政さんが古物好きで、須磨や舞子の料亭で庭石などになっていた象の骨などをもらって、倉橋さんに渡してました。倉橋さんは学校に郷土室を作って一メートルもある象のキバなどをそろえてましたね。西八木の地層から化石が出るのを見つけたのは、私が先か、倉橋さんが先かわかりません。でもお互いに見つけたものを貸し借りして気持ちよかったですよ。倉橋さんはドイツの古生物学者チッテルの『古生物学教科書』（哺乳類）をもっておられた。分厚い本で動物の図が三、四百もあった。高い本で手が出ず借りて全部写したんです。おかげで満足な絵がかけるようになりました。

原人を見つけた海岸線も、ノミを取るように目を凝らして歩きました。例によって八木で探していたら〈おまえさん、何してんだ〉とがけの上から声がかかったんです。瓦屋の桜井松次郎さんといって、古物好きで瓦を焼きながら茶を楽しむ方でした。鹿、象、植物の化石をさがして土地のおいたちを探る学問をしていると説明したら、桜井さんも自分で集めるようになった。これは何だ、何だ、と聞かれ説明しているうちに、私よりよく物を見るようになったんです。」

桜井さんが集めた中の一つである象の臼歯は、東大の高井冬二さんによって象の新種と折り紙がつき、パラステゴドン・アカシエンシスと命名された。昭和十一年、アカシ象の誕生である。

「当時のことで忘れていけないのが舞子介類館です。矢倉和三郎さんが舞子浜にあった自宅を博物館にして開いておったんですよ。三千個近くの標本がありました。

小林行雄君（京大名誉教授）も神戸の白川峠に化石を集めに来ていた神戸一中（現、神戸高）の一年生で、化石の名を教えてくれと、よく私の所に来ました。そこで化石より土器がおもしろくなり考古学へ進んだんですよ。」

直良さんの脳裏には「良き明石」がきょうもよぎっているようだった。

176　一九七九年三月一六日　出雲市の直良信夫さんから岡山市の「春成秀爾先生」宛の手紙

拝復

久しく御ぶさた申しまして失礼いたして居ります。心から御わび申し上げます。歳をとりましてからだが思うように動きませんのと、たえずどこかが、ぐあいが悪う御座いましてはればれしい気分になれませず、くさりきって居りますような次第で御座います。そんな次第でどちらさまにも御無礼申して誠にあいすまない事と存じ、御わび申して居ります。先日は鹿間先生の御著書からの抜粋(1)を御送りたまわりまして御厚志のほど洵にありがたく、なつかしく拝読させていただきました。ありがとう御座いました。実は私、鹿間先生が、御亡くなりになりました事を最近になりまして存じ上げました次第で、おくやみも申し上げる機がございませんで大変失礼申して居ります。田舎に引き込みましてからは中央の方との交流が殆ど御座いませんものですから、近頃は全く知らない事ばかりで、自分乍らなさけなく存じて居ります。一流の新聞にはきっと訃報がのっていた事と存じますが、私の方のは地方紙で御座いますので、だめでした。心の中で御わび致してごめいふくを祈っております。ありがとう御座いました。お大切に祈り上げます。

（1）『鹿間時夫論文選集』四二頁、鹿間時夫論文選集刊行会、一九七八年。

177　一九七九年四月一〇日　出雲市の直良信夫さんから「岡山市浜一九七　春成秀爾先生」宛のハガキ

拝復

御芳墨ならびにお写真(1)を御恵送下さいまして、御芳志のほど誠にありがたく拝受仕りました。心から厚く御礼を申し上げます。ありがとう御座いました。また御光来の節は一向御かまいも仕らず大変失礼申しましたこと深く御わび申し上げます。御写真を拝見いたしまして、私もいよいよ老骨に相成りましたこと身につまされて感じ入りました。

やはり歳はかくせないものだと、しみじみと思いました。それから大歳山のつたない報文ですが、いつか明石の渡辺様から頂戴いたしました文献類の中に、原物が御座いました。でももうずいぶん年月がたっておりますので、字が消えましてよめない部分がございます。今となりましては、どうにもしょうがないように考えられました。又、御出かけ下さいますよう御まち申して居ります。ありがとう御座いました。

（四月四日から四、五日の予定で家内は奈良・京都に旅をいたしました。無理をいたしまして帰宅後、心臓をいためて大騒ぎいたしました。）

（1） 一九七九年三月三〇〜三一日に直良さん宅を訪ねた際に撮った写真。

178　一九七九年五月一一日　直良信夫さんから岡山市浜の「春成秀爾先生」宛のハガキ

拝復
御懇篤な御芳志誠にありがたくあつく御礼申しあげます。ありがとう御座いました。自分の描きました図、今さらのようになつかしく見させていただきました。標本はすべてといってよいくらい焼失いたして居りますので、記載とてらしあわせてみます(1)のが一苦労かと存じて居ります。が、できるだけ一生懸命に検討いたしてみるつもりで居ります。御厚情をかさねてあつく御礼を申し上げます。老来視力がにぶり、すぐにつかれを感じ、昔のような馬力がでなくなりました。出来上りますまでに、相当長い月日がかかるのではないかしらと案じられますが、万事よろしく御願い申し上げます。ありがとうございました。

（1） 直良さんの未発表稿本「日本産化石鹿」を公刊するには付図を用意しなければならないことを伝え、直良さんの『日本哺乳動物史』等の図のコピーを揃えて記載との照合を促した。しかし、結局、この作業は直良さんの没後、春成がおこない、一九九七年一一月に『日本および東アジアの化石鹿』と題して直良信夫論文集刊行会から上梓した。

179　一九七九年七月一〇日　出雲に住んで七年、その間に地元の新聞『山陽中央新報』に連載した『山陰 風土と生活』を一書にまとめる。そのあとがき。

日本海沿岸の住民は、裏日本という呼び方をきらう。日本列島に裏表はないはずだという。同じように、山陰道の人たちは、山陰という地域名をいやがる。山陰かならずしも、山かげではないからである。だが、好ききらいは別として、昔からそういうふうに、呼びならされた土地名があるわけだから、きらいだからそんな地名は受けつけないと言ってみたところで、どうにもなるものではない。太平洋側を日本の表とみれば、その裏側があるのは当然だし、瀬戸内海沿岸を中国山地の表側と考えれば、その北側の山かげは、いやおうなしに山陰と呼ばざるをえないからである。

要はそのような表現のいかんにとらわれないで、自然と共に、すなおにたのしく生きてゆくことを考えなければならないのである。

さてその山陰に、私が籍をおいて、もう五十余年たった。といっても、この地には、昭和四十七年に大学を定年で退職してから、病後の保養をかねて、転居してきたわけだから、住みついたといってもまだいくらもたっていない。

山陰は、山のかげとかくから、年がら年中陰になっていて、陽のあたらない陰気な所かというと、どうして、どうして、陽もよくあたるし、黒潮が岸近くを流れているので、存外あたたかい。そんな陰気くさい所ではない。ただ、北西の季節風が吹きあれる冬場は、さすがに山陰は、天候のきびしい、土地だということを感ずる。

山陰の小便雨というから、だらしない、雨が降り続くのかというと、そういうわけでもない。むしろ多くの場合、雨は夜によく降るのでひるまは雨具を必要としない。

第一、工場が少ないので空気はさほどよごれていない。お米はおいしいし、魚は新鮮豊富。だから、健康生活には、もってこいの所といえよう。住んでみて、つくづく感じたことは、人情がこまやかな点である。これはありがたいこととほめあげねばならない。が、それだけにまた、旧来の陋習が淀んでいて閉鎖的で、人を抱擁する力が乏しい。家柄や表面にあらわれた生活状況だけをとらえて、人間の真価を評価しようとするところがあるのは残念である。

が、私はここでもうまる五年、暮らしてきた。はじめは、晴耕雨読のつもりで家を建てたのだが、なかなかそうはうまく行かない。が、うまく行かないところに、人間生活のほんとうの姿があるのかもしれない。ともかくも、尻をたたかれ、たたかれての生活であったが、その間いろいろなことを考えたり、かみしめたりして、人間生活の実体をみつめてきた。自然と人間とのふれあいなど、まだまだしっかり、味わってみなければならないものが多い。が、こまかいことはまたの日にして、ここでは感じたこと、気づいたことのあらましを、まとめてみることにした。

この原稿の半分は、土地の新聞やその他のものに載せたものである。あとの半分を、新たに書きたした。稿の成るのに際し、いろいろご教導をいただいた方々、および二年間にわたって、私のつたない原稿の登載に、貴重な紙面をおさきくだされ、そしてまたこの本の上梓にあたってたまわった山陰中央新報社のご厚志に対し、深く御礼を申し上げるものである。

180　一九八〇（昭和55）年四月一日　『小田原考古学研究会会報』第九号、直良信夫先生喜寿記念号に直良信夫さんが書いた一文。

出雲から

私は明治三五年一月の生まれであるから、今年で七七歳になる。

昔流にものを考える方は、喜の字の祝い歳にあたるから、おめでたい事だとおっしゃる。それもたしかにそうである。考えてみると、一九の歳に、もう君は駄目だと、お医者さまに宣告された私が、どうした事かこの歳まで生きながらえてきたのだから、それはたしかにおめでたい事には相違ない。

が、ただもう生きながらえたというだけで、役に立つようなことは、何一つしていないので、いささか私も恥ずかしさを感じている。

ふりかえってみて、もう少しなんとか、世のため人のために役立つような、実のある人生生活ができなかったものかと、思うことさえある。そう思うと、穴があったら入りたいものだと、自分の人間としての小ささを痛感している。

だが、私自身は、私の力でできることは、せいいっぱいにがんばって、やってきたつもりである。

何せ、貧乏人に生まれたために、思うように身動きができず、自分の力で生きるということに夢中だった。その上、肺病という痼疾をもっていた弱虫であったため、進んで上級の校門をくぐることができなかった。したがって、学問的に飛躍するための底力に欠けるところが多かった。それが一番私のなやみのたねであった。しかし世の中には、捨てる神ばかりがあるわけではない。私は多くの善意の人々のご厚情とご教導によって、ともかくもまがりなりにも、学問の道にいそしむ事が出来た。今私は、しみじみと自分の過去をふりかえってみて、お心あついそれらの方々のご芳志に対して、心から万謝の誠を披瀝しているものである。

昭和四〇年頃から血圧が高くなり、早大を定年で退職した四七年には、強度の不眠症も加わって閉口した。さらにその頃から、胃ガンの疑いをもたれるようになって、これではとてもこれ以上生きて行くことは無理だろうとあきらめにた心地で、毎日を送った。が、ガンセンター病院での胃の手術のおかげで、とにかくガンからのがれることができた。誠にありがたいことであった。

しかし、退院後、肉体的にも精神的にも、東京での生活にたえられないという事がわかったので、思いきって東京脱出を決心した。

最初は、東京周辺地域に転出するつもりで、各地での売地をさがした。当時は土地の買いしめが流行していて、私の希望はついに満たされなかった。といって、私の郷里の大分県臼杵市に帰ってみたところで、肉親者とは長いあいだの疎遠から連絡がつかず、そのため養子先の出雲に地をトして、転住する結果になった。田園地帯に家を建て、ここに住みついて、今年でまる五年になる。

その間いく度か、ひどい病気をしたが、幸いにも二度とも死線を越えた。現在では高血症になやまされながらも、とにかく毎日を百姓生活者として送っている。

出雲市は、地方都市であるため、研究に必要な文献や図書を入手することが、なかなか思うにまかせない。遺跡や遺物を調査に出かけるといっても、交通事情が思うようにいかず、行動するのに容易でない。したがって、せめて報文でもと考え、もっぱらその方向でペンをとっている。と共に、自然と人間の生活関連を、深く追求してみたい念願から、今その方面の研究にも力をそそいでいる。

この年輩になって、つくづく思うことは、人間は若い時、体力が充実しているので、万難を排してでも、やりたい仕事をやっておくべきだということである。年をとってから、やってみようなどと考えても、それはただ口先だけのことに終わって、実がともなわない。それを心深くに刻み込んで、私は若い方に申し述べたいと思っているものである。

今後何年くらい、生きてゆかれるものか、それは私にもわからない。が、生きている限り、何かもっとまとまった仕事をやってみたいものだと考えている。

はるかに、皆さまのご清栄を祈りながら、今後とも何卒よろしく、ご教導ご鞭撻のほどをお願い申したく、念じているものである。

昭和五四年一〇月二一日　出雲平野の茅屋にて

181　一九八〇年四月一日『小田原考古学研究会会報』第九号、直良信夫先生喜寿記念号に八幡一郎さん（当時、東京教育大学名誉教授）が寄せた一文。

ナチュラリスト直良博士

直良信夫博士が山陰に隠棲されたと聞いて既に数年を経た。なおお元気で著作に専念されておられることと思う。

私は、たまたま博士と同年輩であり、途は必ずしも同じではなかったが、自然の中の人類の来し方を自然との関わり会いを探ろうとする点で、ほぼ近かったと考えている。博士は、自然界の移り行きの中に人類の営みを置き、私は人間の生活を規制する自然に人間が如何に順応しつつ新しい可能性を見出していったかという方に重点を置いた。しかし、それは結局表裏一体であり、基調をなす自然界の認識において博士に教えられること多大であった。博士は岩倉鉄道学校で化学を専攻されたと記憶している。つまり、自然科学の素地を身につけておられたのである。そのことは、村本の姓で書かれた初期のころの旧目黒川流域の先史学研究に表れている。後の江古田泥炭層の調査に際して、洪積層中から野生稲を発見して、学界に波紋を起させた業績からも直良学の真骨頂が窺われる。

こうした学問的傾向は、明石原人の発見を可能ならしめた。病気療養中、常に散策を楽しんでいた明石海岸において、崖から崩れ落ちた砂礫の間から加工された石片を発見、更には人類のものらしい化石化した腰骨の一部を見出した。普通の考古学者ならば看過して了ったであろうこれらの物が、古人類の化石と古い石器であろうと直観された博士は、異常の関心をもって更に資料蒐集につとめつつ、当時の『人類学雑誌』に長文の報告を寄せられた。東京人類学会では、前代未聞のこの発見を伝える報告について疑議を重ねた。日本解剖学の鼻祖である小金井良精博士や人類学教室主任の人類学者松村瞭博士は、それらが果たして洪積世人類とその加工物かは将来その真否を明らかにすべきであり、事実は事実として公表すべきであるとして、この報告の採択が決せられたのである。偶々、当時『人類学雑誌』の編集を担当した私は、編集上のことで両三回明石と書信を交わしたのであった。それから一、二年後、東北大学解剖学教室におられた長谷部言人教授が上京され、人類学教室を訪われた。開口一番、直良論文を『人類学雑誌』は何故載せたか。このような重要な事柄は学界の検討を経た上で世界に公表すべきである。軽卒と云わざるを得ぬと極言された。長谷部博士の師匠である小金井博士、僚友である松村博士は、事実は事実として報じ、その正否を今後に委ねるのだという言葉にも納得されなかったようであった。

それから十年余後、小金井、松村両博士が逝かれて間もなく、長谷部博士も東京大学に新設された人類学の講座を担任されるため東京に移られた。ある時、教室の廊下に並ぶ陳列棚を覗いて、そこに異様なもののあるのを発見、引出して点検されたところ、直良氏発見の化石骨の石膏型であることを知り、驚愕して、この原品は何処にあるかと騒がれた。その原品は直良博士の自宅にあったが、残念ながら、戦災により焼失したと知った時の博士の落胆振りはひどかった。それからは石膏型についての検討が始まり、やがてその腰骨をもった人類は、これまで発見されている古生人類の列にでも加えてもその古い位置を与うべきだとの結論に達し、これに「明石原人」の名を付し、それから両三回明石海岸を訪れて、人類学の学生とともに崖面の掘鑿を試みた。しかし、積極的に論証すべきものには行き当らなかったようである。研究に対して厳正な長谷部博士は、何故、直良論文が出た時に原品について確かめ無かったかという反省と残念無念さを、口にこそ出されなかったが、心中で繰返したことであろう。長谷部博士は直良博士の慧眼に屈した形となったのである。当時、某新聞社は「明石原人銀座進出」と異様な扮装をしたマネキンを、数寄屋橋付近で撮影したものを週刊誌に載せた。こうした追憶を書くのも小金井・松村・長谷部という日本人類学黎明期の諸先生今やなしという追慕の念の中に明滅するナチュラリスト直良博士の姿が大きく浮かび上がったからである。

西欧往時のナチュラリストの多くがロマンチストであるように、わが直良博士も亦ロマンチストである。例えば、後年、武相西辺山地の峠路を次々と遍歴されるなどのことがあったのはその現われと云えよう。

ただ、長寿を保たれ、次々とその業績を公刊されて学界を嚮導して戴きたい。妄言多謝。

182　一九八〇年五月七日　出雲市の直良さんから「岡山市浜一九七　春成秀爾先生」宛のハガキ

拝啓

その後は大変御ぶさた失礼申して居ります。ますます御清勝の御事と存じ御慶び仕ります。

この度、杉山先生から御心あつい御高配をたまわり、記念号(1)を出していただきまして恐縮に存じ御厚志のほどを万謝申し上げております。

先生にはまた御多忙中にもかかわりませず御立派な論文を呈上くださいまして、かさねがさねの御厚志のほど誠にありがたく心からあつく御礼申し上げます。ありがとうございました。

この節私も少々ボケましてもの忘れいたすことが多くなりまして失礼ばかり申して居ります。御海容のほどお願い申し上げます。血圧がやはり高くて不安定なものでございますので、旅ができませず、いささかよわって居ります。一筆粗状で御礼言上に参じました。ありがとう御ざいました。

（1）『小田原考古学研究会会報』第九号、直良信夫先生喜寿記念、一九八〇年。杉山博久さんが編集。春成は「縄文晩期の装身原理」を献呈。

183　一九八一（昭和56）年一月二二日　出雲市の直良信夫さんから枚方市の「高橋徹様」宛のハガキ

拝啓

大変お寒うございますが、皆さまにはますます御清勝の御事、何よりと存じ御慶び申し上げます。

さて、先だっては大変結構な好物を臼杵のトキハ店から御送り届けいただきまして御厚志のほど誠にありがたくあつく御礼申しあげます。ありがとうございました。最初御送り下さいましたものが荷造りのまずさから、破損いたして居りましてだめでした。それで御電話をかけまして事の次第を申し上げましたところ、今度は荷造りをちゃんといたして無事に到着いたしました。たえて久しいふるさとの味を、賞味させていただけます幸をかみしめ、御厚志を万謝いたし乍らよもやま話にひたる事のできます幸を心から万謝申して居ります。ありがとうございました。御大切のほど御祈念申して居ります。

（昨日東京の佼成出版社の方が見えられまして、私の事を又おかきになられる由。先さまは出版社なので、こまるともいえません。それならそれでほんとの事を伝えていただくため私もできないながらも協力いたさねばと存じています。）

184　一九八一年六月一七日　出雲市の直良信夫さんから枚方市の「高橋徹様」宛のハガキ

拝復

先日は御懇篤な御芳墨頂戴仕り御厚志の程誠にありがたくあつく御礼を申し上げます。御情栄の御事何よりと存じお慶び申し上げます。私ももうあと半年でまる八〇の老朽になります。この節では腰がいたくて老人はやはりだめだなあと感じている次第で御座います。佼正出版社の件いろいろ御高配をたまわりまして恐縮いたしております。実際におかき下さった渡辺さんのお名前を出さないで、私の名前で出版されようといたしていることに、少々閉口いたして居りまして、目下どうしたらよいか考慮中でございます。こんな事だったらはじめから話にのるのではなかったとも考えられ、こんわくいたして居ります。雨の季節でございます。御自愛専一のこと御祈念申しております。

185　一九八一年七月一日　出雲市の直良信夫さんから「佐倉市城内町一一七　国立歴史民俗博物館　春成秀爾先生」宛のハガキ

拝復

久しく御ぶさた失礼申して居ります。御かわりも無く御情勝の御事拝承仕りまして何よりと存じおよろこび申し上げます。

先日は御高著を御恵送下さいまして御厚志のほど誠にありがたくあつく御礼申し上げます。大歳山でああいったものが出ましたという事(1)、私は初耳ですので、実はなつかしく拝読させていただきました。私があの遺跡を調査いたしました頃にはまだ旧石器の事などはよその物のように考えられておりましたので感無量なものがございます。

さっこん私の伝記をかいて下さる方の著者名記入の件でなやんでおります。私の名前はどうにも出したくないんですが、何かよい案はないものかと今日も考えているところです。御大切に。

（1）春成「神戸市大歳山採集の旧石器」『旧石器考古学』第二二号、一九八一年。

186　一九八一年八月一五日　出雲市の直良信夫さんから国立歴史民俗博物館の「春成秀爾先生」宛の手紙

謹啓

大変お年あつい日が続いて居ります。

ますます御清栄の御事相承仕りまして何よりと存じ大慶に存じます。

さて、今度私の伝記の本[1]の作成にあたりまして大変御厚情をたまわりまして、厚く御礼申し上げます。

つきましては、過日オーストラリアの長男から送って参りましたネガを、こちらで焼き付けいたしてみましたが、残念ながらずぶの素人の写真のため一枚も良好な作品がなく、ほとんど全部だめでございました。それにそれほど必要な対象にもなりません。それでも万が一お役に立つようなものでもありましたらと思われますので、比較的良いものの二、三枚を御送り申すことにいたしました。

御笑納いただけますれば幸甚に存じますが、いったいにあの本には不必要なものが多いように存じられますので御使いいただかないでも結構に存じ上げます。

とりあえず要用言上迄。失礼仕ります。

まだ大変おあつい日が続くことと存じます。御自愛専一のこと御祈念申して仕ります。

八月一五日　拝具

春成先生御侍史　直良信夫拝

（1）『学問への情熱』佼成出版社、一九八一年。

187 **一九八一年一〇月六日**　直良さんの自叙伝『学問への情熱』佼成出版社の「はしがき」。本書はその後、一九九五年十二月一五日、岩波書店から「同時代ライブラリー」の一冊として再刊。もっとも詳しい直良さんの著作論文目録と春成「直良さんを想う」を付す。

私は自分の貧しい履歴を、自分自身の手で書くということがきらいなのである。自分がいかにみじめったらしい人間であったかということを自身で記録するということは、自分に対してあまりにも過酷であるように感じられてあわれだからである。

だから、さきに出版した高橋徹著『明石原人の発見―聞き書き・直良信夫伝』（朝日新聞社、昭和五二年）が出されるについても、当初は私に書くように慫慂されたのであるが、それをおことわり申し上げた。

今度も、私の学問・人生論を書くようにというお申し越しを受けたが、やはりご辞退申しあげた。私はもう八十歳に手の届く老人であり、そのせいか最近はとみに視力が落ち、原稿用紙のマス目がはっきり見えなくなって、とても原稿が書きづらいということもある。

にもかかわらずこのような本ができあがったのは、気鋭のライターである渡辺誠氏が、私への取材と高橋徹氏に話した時の録音、国立歴史民俗博物館助教授の春成秀爾氏が提供された資料をもとにまとめあげられ、それを春成氏が補訂されたものに私が加筆したことによる。したがって、『明石原人の発見』と異なる点は、学究生活者としての直良信夫伝をえがいている点である。本当に渡辺氏、春成氏には、感謝申しあげるしだいである。

また、朝日新聞大阪本社社会部の高橋徹氏、小田原の高校で教鞭をとられている杉山博久氏、佼成出版社図書編集の方々、ことに三原嘉幸氏と斉藤佳子には、この稿をまとめるにあたって、終始多大な協力と支援を得たことをのべておかなければならない。

明石の人骨発見後、今年で五十年目にあたる。私にもいささか感慨無量なものがある。

まとまった勉強もしてこなかった私の、たどたどしい足跡を、この本でご理解いただけるとすれば、それで私は満足である。と同時に、本書がこれから学問を志す若い人たちに、多少なりとも励みになれば、私にとってこれ以上の悦びはない。

昭和五十六年初夏　出雲にて　　直良信夫

188　一九八一年一〇月三日　出雲市の直良信夫さんから枚方市の「高橋徹様」宛のハガキ

拝啓
先日はご本を御恵送下さいまして誠にありがとう御座いました。あつく御礼申し上げます。佼正出版社刊の本（学問への情熱）見本刷りをこのあいだ頂戴いたしましたが、皆さまに大変お世話様に相成りました事をうかがいまして恐縮に存じ、御厚志を深く御礼申し上げて居りますところでございます。誠にありがとう御ざいました。心から御礼申し上げます。ただほんとうの著者でない私が、ほんとうの著者になって居りますのが心苦しい次第です。

189　一九八一年一〇月三日　出雲市の直良信夫さんから「習志野市津田沼二の七の一－四〇一　春成秀爾先生」宛のハガキ

拝啓
御清栄の御事と存じ御慶び申し上げます。佼正出版社刊の本（学問への情熱）先だって見本刷りのものを頂戴いたしました。大変御世話様に相成りました事を心からあつく御礼申し上げます。ありがとう御座いました。おかげ様で立派な御本になりました事を深く万謝申し上げて居ります。殊に後の方にのって居ります文献の整理は大変だった事と拝察申し、御厚志のほどを深く御礼申し上げて居ります次第です。ありがとう御座いました。あつく御礼申し上げます。
御自愛の程を御祈り申して居ります。
旧満州に御出かけの後ではないかと存じましたが、粗状で一筆御礼に参じました。

190　一九八二（昭和57）年一月一七日　小林行雄さんが『神戸新聞』に連載した「わが心の自叙伝　2」の一部

昭和三年四月、多くの級友が高等学校に入学して去っていった。［神戸一中］五年生に残った私たち三人［木村次雄・松木勇・小林］は、やはり博物教室を溜り場にしていた。ある日、難波庄作先生は一冊のプリントを示された。私たちの集めた化石の報告書である。表紙には神戸一中博物学会研究発表と麗々しく記している。難波先生の名はどこにもないが、進学校として有名な中学に、運動部のほかにはなかったクラブ活動を、あたらしく育てようという意図がひめられていた。事実、難波先生は、下級生を集めてその計画をすすめて行かれた。

三人の中ではリーダー格の木村君が、考古学の話をはじめたのはそういう時であった。どこに古墳がある、どこに石器が落ちている、どこに遺物をもっている人がある、そういう情報を、彼はつぎつぎに入手してきて、私たちに教えてくれた。

夏休みに三人で高槻の京大農場へ行く計画を立てたのも、木村君であった。農場は建設中で、弥生土器の包含層が露出していた。現場の人は、神戸からきたと聞いて、私たちが土器片を掘り出すことを許してくれた。

明石に直良信夫氏がおられることを聞いてきたのも、早速、手紙をだして訪問の承諾をもらったのもまた木村君であった。

考古学の知識といえば、後藤守一氏の『日本考古学』をたよりに、目下、用語から勉強中であるという程度の中学生を相手にしながら、直良さんは親切に、いろいろな話をしてくださった。行けばいつでも、近くの遺跡に案内してもらって、夕食の御馳走になって帰るのが習慣のようになった。

昭和三年の十二月中旬、六甲山麓の篠原で、区画整理の道路工事現場に、弥生土器の包含層がひろがっているのを、木村君が見つけてきた。放課後、西へ帰るべき道を東にとって、私も幾度かこの遺跡を訪れた。

ついに私は、口縁部に渦文を押印した弥生土器を、篠原遺跡で見いだした。直良さんに見せて、御意見をうかがったことはいうまでもない。自分でも簡単な報告を書いて『史前学雑誌』に投稿したのが、翌年、その第一巻第四号に掲載された。私の文章が活字になった最初のものである。

191　一九八二年二月二日　出雲市の直良信夫さんから国立歴史民俗博物館の「春成秀爾先生」宛のハガキ

拝復
大変おさむいですが、御清勝の御事何卒と存じお慶び申し上げます。出雲はゆうに三十センチ以上の積雪です。大歳山の考古のこと(1)、大変おなつかしく拝読させていただきました。あんなに沢山いろいろなものが出土いたした由を御教示いただいて驚いて居ります。私が毎日のように参りました当時は古墳は一つくらいしか見られませんでしたのに――。久々ぶりで大変めがしらをあつくして拝見いたしました。御礼申し上げます。
お大切のほど御祈念申しております。

(1)　春成「神戸市大歳山の古墳ほか」『兵庫考古』第一五号、一九八一年。

192　一九八二年四月一六日　出雲市の直良信夫さんから国立歴史民俗博物館の「春成秀爾先生」宛のハガキ

拝復

先日御来駕下さいました節はいっこうおかまいも仕りませず大変失礼申しました。御無礼を深く御わび申し上げます。おかぜを召しておられました御ようすなので、旅を案じて居りましたが、御無事で御帰宅の御事拝承申しまして安堵仕りました。小林先生の自伝(1)、はじめていろいろな事をしることが出来ました。これで今までよくわからなかった事がわかるようになりました。ありがとう御ざいました。ご苦労の時は大変だった事と存じますが、今日の先生の事を思いますと、深く感銘いたすところが多々ございました。ありがとうございました。御大切に祈り上げます。

（1）『神戸新聞』に連載の小林行雄さんの「我が心の自叙伝」。

193　一九八二年六月二七日　出雲市の直良信夫さんから国立歴史民俗博物館の「春成秀爾先生」宛のハガキ

拝復

久しく御ぶさた失礼申しました。御清勝御事何よりと存じお慶び申し上げます。私もどうにか事なく暮しておりますが、年にまかせてませずぐちをこぼしながらの生活です。

さて、本日は速達で写真(1)を沢山御送り下さいまして御芳志誠にありがとうございました。皆私の思い出の所なので、なつかしく拝見仕りました。ありがとうございました。とくにクーシャントンがひどく変わりましたのに驚きました。私が参りました時のありさまとは大変な変貌です。葛生の前河原も変わりましたね。みんな思い出の場所なので、思わずなみだが出ました。

御自愛をお祈り申しております。

（1）　中国ハルビン郊外の顧郷屯、淡路の慶野松原や栃木県葛生の前河原を訪ねる機会があったので、その折りにとった写真。

194　**一九八二年八月一五日**　出雲市の直良信夫さんから「習志野市津田沼二の七の一－四〇一　春成秀爾先生」宛の手紙

残暑御見舞申し上げます。

大変あつい日が続いて居ります。御清勝の御趣何よりと存じお慶び申し上げます。

この度は御高著二部(1)御恵送下さいまして御厚志の程誠にありがたくあつく御礼を申し上げます。かつて私がすんで居りました地域にあんなにもたくさん遺物がのこされていたのかと驚いている次第です。まだあついですから十分御自愛の程御祈念申して居ります。ありがとう御座いました。

（1）　松本正信・安川豊史・春成「播磨南部採集の旧石器」『旧石器考古学』二四号、一九八二年。

195　**一九八二年一一月五日**　直良さんから朝日新聞社の『科学朝日』を編集していた河合信和さんに宛てて書きながら、投函しなかった手紙

謹啓

秋も深まってめっきり寒くなってまいりました。御健勝の御事相承まして何よりと存じお慶び申し上げます。

さて本日は明石の人骨についての記事ののって居ります科学朝日十二月号を御恵送下さいまして御厚志誠にありがとう御座いました。あつく御礼を申し上げます。

明石の骨は十六、七才の育ちざかりの人間の骨ですので成人となった場合どういう風にかわってゆくかが問題ですが、現状では形態的には旧人と真正人類のものとの中間様の有様を呈しているように考えられました。ある点ではむ

しろ旧人的といってよいような気もいたしました。吉岡先生も多分これに近い答え(1)を出しておいでになっていたようにもおぼえて居ります。

あの骨の出た地層は、下層の青粘土層（下部洪積世）に不整合状態でのって居ります地層（昔の流れ川跡）です。かつてナウマン象や鹿角などの化石を出しています。ですから骨が保存されないというのは一方的な見方ではないかと存じられます。明石の人骨はたしかによく化石化していました。鹿間さんは一ヶ月以上もあの骨をもち出して朝に夕べに見て居られました。松村先生も化石であることを認めておられました。化石という言葉は洪積世以前の地質時代の生物の遺骸や遺跡以外のものには使いません。私は明石の骨が、十分に化石化していたことを忘れる事は出来ません。

長谷部先生は下と上の地層の堆積状態に不整合を認めない方の説をとりましたので、あの骨を下部洪積世のものとお考えになったようです。この点は私とも意見が異なりますが、しかし、長谷部先生がお出しになりましたあの骨学上の特徴は、真実を伝えているものと存じます。

電算機で割り出した答えもさることながら、先生自身の観察も大切にしなければならないようにも存ぜられます。承りますところによれば、今の模型は一度破損したものを接合したとかいうことで御座います。もしそうだといたしますと長谷部先生がごらんになった時の形の完全な模型についての観察記が一番重要な意味をもつことになるのではないでしょうか。

一寸感じました事を御言葉に甘えて申し上げました。失礼をお許し下さい。御高教をいただきましたことあつく御礼を申し上げます。今後とも何卒よろしく御教導の程をお願い申し上げます。ありがとう御座いました。

敬具

十一月五日

直良信夫拝

河合信和様御侍史

（1）吉岡郁夫「明石西八木出土人骨（寛骨）についての再検討」『びぞん通信』第五一号、一九七八年。

196　一九八三（昭和58）年一一月一四日　出雲市の直良信夫さんから「佐倉市宮前二－一〇－三　春成秀爾先生」宛のハガキ

拝復

さむくなってまいりました。御情栄の御事何よりと存じお慶び申し上げます。

玉稿[1]ありがたく拝見仕りました。コピーさせていただきましたので、原文は御返送仕ります。西八木のあの地点に墓地があったといいますことは土地の人も信じておりません。何かのまちがいではないだろうかと存じます。化石であるか否かは、私にすぐにわかりますから。お寒くなりますから御大切にお願い申します。

ありがとう御ざいました。

（1）春成「金関先生と明石人骨」の原稿。一九八四年四月に『旧石器考古学』二八号に発表。そして、一九八五年三月に西八木海岸を発掘する。

197　一九八三年十二月二一日　出雲市の直良信夫さんから国立歴史民俗博物館の「春成秀爾先生」宛のハガキ

とりいそぎかんたんに御返事申し上げます。

このところ返事のいる来信が多くて、返事をしたためるのにおわれて居ります。失礼をどうぞ御許し下さい。金鈴別刷[1]ありがとう御座いました。なつかしく拝見仕りました。金関先生の明石の人骨についての書いたもの[2]は、私の手もとに何もございません。家の引っ越しをなんどかいたしましたので、その際にゆくへ不明になったのかもしれないと存じます。失礼を御海容願上げます。

（1）直良さんが江古田学人の筆名で書いた「若人よ熱気をもって進め」を収載した『金鈴』第二号、一九五三年の記事。

（2） 本書第三部20の手紙。

198 一九八四（昭和59）年一月一〇日 『全集日本動物誌』21、講談社に収録の『日本産獣類雑話』（一九四一年刊）に付している藤原英司さんの「解説」

この作品の著者、直良信夫氏はわが国の数多いナチュラリストの中でも第一級のナチュラリストの一人である。ナチュラリストは自然現象のあらゆることに関心を抱き、その対象をあらゆる表現手段によって記録、表現するものであることは、今までに何回も解説の中でふれてきた。直良氏の関心は、この点、まことに広く、獣、鳥、虫、化石、人類学、農業、漁業、地質学等の多方面にわたっている。しかもそれぞれの分野での研究が、自分の足と目で確かめた実地調査にもとづく記録で、資料価値が高い。それは、この『日本産獣類雑話』を一読すればすぐにわかることである。

私は直良氏のこの著作に接した時の新鮮な驚きを、三十数年たった今も昨日のことのように鮮やかに思い出す。当時、虫や鳥についての本はいろいろ出ていたが、獣についての本はじつに少なかった。あっても図鑑的な記述のものだったが、この本には図鑑の世界とは全く異なった獣の世界が描かれていた。ここには現に生物として私たちの身近に生きている小さな獣たちの生活が活写されていたのだ。家ネズミが私たちの家に侵入してくることは当時の一般家屋ではごくあたりまえのことで、私もドブネズミなどは日常生活の中で知っていたが、そのほかにヒメネズミやカヤネズミなど可憐な野ネズミ、またネズミやコウモリのほかにもモグラやジネズミなど、すばらしい生き物が身近にいることを知った。しかもそれらの生物たちの世界は、実生活の模様がほとんど何も知られておらず、どんな些細なことでも、それが記録に価する新発見なのだということを、この作品が教えてくれた。なかでもびっくりしたのは糞の研究で、ウンコや小便が生態研究の対象になるとは、まったく驚きだった。これは野生動物、とくに獣類の生態研究ではイロハに類することで、今日では市中に出回っている子供向けのハンドブックにも書いてあることだが、そういう物が少なかった当時、この著作によってそれを知らされたことから受けた衝撃は相当なものだった。すごい人がいるとなると臆面もなくのこのことその人に会いに行くのが当時若僧だった私の悪いくせだったが、直良氏の場合のやはりでかけていった。当時直良氏はすでに哺乳類と化石研究の分野では一流の研究者であったが、青二才の私を快く迎えて下さり、カヤネズミやモグラの研究方法を親切に伝授して下さった。私がモグラのトンネルのそばでネコのように、一日中モグラが通るのを待ったり、ノネズミの巣を探し歩くようになったそもそものきっかけは、この『日本産獣類雑話』であり、この本はその後長く私のフィールドワークの座右の宝典となった。この作品が刊行されてからすでに四十年以上経過しているが、内容の新鮮さはいささかも衰えていない。それはノネズミやモグラたちの生活が今日も変わっていないからだ。しかしこれらの小動物がすむ環境は著しく変わった。この作品の主な舞台となっている東京の中の近辺では、もはや一般の人家の近くでカヤネズミやカワネズミをみられるところはなくなってしまった。モグラも激減した。農薬の乱用でミミズが死に絶え、モグラたちは生きていけなくなったのだ。コウモリもむろんいないし、カワウソは日本全体で幻の動物となった。それだけにこの作品の歴史資料としての価値は相対的に高まったわけだが、大都会からはずれた地域では、ノネズミやモグラの類はまだ生き残っていて観察や研究が可能である。その時にこの作品は今もなお若い研究者を勇気づけ、導く内容に満ちている。野鳥観察は今日流行現象を呈しているが、ノネズミ・ウォッチングはまだやっと黎明期をむかえたにすぎない。ノネズミの行動は主として夜で、闇の中だから見られるはずがないというのが一般の考え方だが、赤色電灯を使えば、これが可能だ。直良氏のこの作品に、ネズミが赤色を好むことが記されているが、これを利用して携帯用野外発電機を用い、四〇ワット位の赤電球をつけて、ネズミの穴のそばにがんばっていると、ネズミが出てきて動きまわるさまを観察する事ができる。

直良氏は明石原人の発見者として知られているが、化石人類学と化石動物学の研究で大きな足跡を残しており、その研究の一端をこの『日本産獣類雑話』からうかがうことができる。それは「過去の獣類」の章で、著者は生物化石の鑑定においてわが国の考古学、古生物学界の第一人者とされており、その実力の一端をこの章にみることができる。

直良氏のもう一つの卓越した才能は文筆の力で、考古学的な断片事実から、観察と推理を働かせて古代人類や生物の生活を再構築してみせる手腕は堂に入っている。読者はこれをやはり「過去の獣類」の章で知りうるであろうが、不動の事実をちりばめながら、それらの断片を流動的な生きている姿に組み上げてみせる腕前は、直良氏の外の多くの著作にほぼ共通してみられる大きな特徴である。例えば名著の誉れ高い『狩猟』や『釣針』、『日本哺乳動物史』、『古代人の生活と環境』、『日本古代農業発達史』、『人類発達史』、『日本旧石器時代の研究』など、いずれも高度な学問的事実と独創的な推理に基づく洗練された文筆の肉付けがほどこされた著作群である。

直良氏の文章の冴えは、今回のこの作品の「炉辺叢話」の随所にもよく表れている。この章に収録されたいくつかの物語は、動物学的事実に基づく動物文学の短編作品と考えられるものがあり、こうした習作を見ると、直良氏の文科の教養が卓越したものであることがわかる。いっぽう直良氏は一般の通念に反して文学博士の学位を持っているが、直良氏の学際的知識の豊富さからみると、これは当然という気がする。今日のわが国の学位制のもとでは文学博士号はその他の学位にくらべて極めて取得がむずかしいものとされている。それはこの学位を授与するに価する人物が広範な分野の知識をもつとともに、とかく論議の分かれる専門分野において高度のレフェリー能力を発揮する独創的な判断力、類推力、表現力、事実査定能力と真理の追求力を総合的に持っていることが要求されるからだ。

直良氏が動物の分野で珍しく、事実追究を正面にすえて、理学的硬派調の強い論著を世に問うたのは昭和四十（一九六五）年で、この年に刊行された『日本産狼の研究』がその代表である。この大論文はすでに絶滅したとされているニホンオオカミについて化石、古文献、フィールド調査の各分野から徹底的に洗い上げたもので、直良氏の動物学分野での学理追究能力の精華の一つであり、世界に誇りうる偉大な業績といえよう。

『日本産獣類雑話』は直良氏が早稲田大学理工学部の獣類化石研究室にいる時にまとめられたが、その後も直良氏はこの種の観察記録を蓄積しつづけ、その一部を整理して昭和四十六（一九七一）年に『野生動物観察記』を刊行した。この著作は事実上『日本産獣類雑話』の続編とみなしてよいもので、内容と記述も前作に似て、数多くの断片記録が動物別に集められている。だがこの第二作には獣ばかりでなく、鳥や虫もおさめられており直良氏の研究レパートリーの広さをうかがわせる。直良氏の以上の第一作と第二作の間には三十年の歳月がながれているが、この間太平洋戦争もあって、わが国で哺乳動物に関する断片記録を集成する活動はふるわず、この分野での論文雑誌、『動物学雑誌』や『哺乳動物学雑誌』を除けば、博物誌的成書は見るべきものがなく、この長い期間、それはほとんど直良氏一人の独壇場であった。それだけに直良氏のこの分野でのナチュラリスト・ヒストリー史上の功績は余人の追随を許さぬユニークなものである。今日、直良氏のこの独得の記録に類似したものとしては、昭和四十七（一九七二）年から信州哺乳類研究会が信州大学の宮尾嶽雄助教授を編者として刊行し始めた『日本哺乳類雑話』がみられるていどである。これは一巻が平均一五〇頁ていどのブックレットだが、今までに四巻が刊行されている。これは複数の報告者の記録を集成したものであるから、個人の記録で直良氏のレコードを破った人はまだ一人もいない。

（中略）

さいごに直良氏の学究活動で特筆に価する特徴を二つ付け加えたい。一つは直良氏が研究に際して、ロシア語文献を渉猟することで、英文偏重の傾向が強いわが国の博物誌史上、これも又、直良氏の独壇場の観が濃厚である。今一つの特徴は、直良氏がプロ級のペン画の特技を身につけていることで、論文や自著にはみごとな標本画と生態画がちりばめられており、『日本産獣類雑話』の原著にも豊富な美しいペン画がある。

199　**一九八四年一月二十七日**　出雲市の直良信夫さんから枚方市の「高橋徹様」宛の手紙

謹啓

先だって御出下さいました節は一向おかまいも仕らず大変失礼申しました。

御無礼を深く御わび申し上げます。その節には大変結構なおみやげを頂戴仕りましてありがとうございました。あつく御礼を申し上げます。

一昨日社会思想社の方から印税を御送り下さいましてあついおもてなしを万謝申して居ります。ありがとう御座いました。私はまったく予期いたして居りませんでしたから、頂戴したものやら御返送申した方がよろしいやら実は迷いました。が、せっかくの御厚情で御座いますので、ありがたく拝受仕る事にいたしました。まったく申しわけもない次第でございますが、ありがとうございました。

私も、八二になりましたせいか急に少々ボケぎみがこゆくなりまして、近頃は書くのもあまり書けなくなりました。一つには眼がわるくなりましたせいもございますが。ですから古く書きましたものを整理いたして、刷り直そうと考えております。出雲は毎日雪です。私はもう出歩くことができませんので、あんかにあたりながら思索にふけって居ります。

お寒いですから御自愛を御祈りいたしております。ありがとうございました。奥さまに何卒よろしく御鳳声のほど御願い申します。

ありがとう御座いました。

敬具

二七日

直良信夫拝

高橋徹様御侍史

200　一九八四年六月一一日　出雲市の直良信夫さんから国立歴史民俗博物館の「春成秀爾先生」宛のハガキ

ひなたに出ますと焼けつくような気がいたしますが、ひかげにはいるとすうっとした、そうかいさが心をなごませてくれます。御清勝のおん趣何よりと存じ御慶び申し上げます。私の論攷のことで大変御厚情をいただきまして恐縮いたして居ります[1]。明石の骨の件も、もうこのへんでけりをつけたいと存じまして、御高見をとくとみつめているところです。ありがとう御座いました。だんだん暑くなってまいります。御自愛をお祈り申しております。

（1）　直良さんの論文集『日本旧石器人の探求』を編集、六興出版から刊行する件。

201　一九八四年八月　「東京都新宿区水道町二－七　金子浩昌」さん[1]から出雲市の「直良信夫先生」宛の手紙

前略

その後お変わりもございませんでしょうか。先日はわざわざお返事を有難うございました。また、静岡放送から電話で先生のお話しもうかがいました。イヌのことは、何とかやっておきました。同封したささやかな書物[2]、この八月にやっと刊行されました。少々なものですが、どうぞお納め下さい。私も、この年になってはじめて、こんな本を書きました。時間がなくて原稿や図の整理は旅行先や電車の中でやる仕末でした。もっともその方が集中できたのですけども。

先生の『日本哺乳動物史』や『古代日本の漁猟生活』を幾度となく読み返し、いつかこのような本を私にも書くことが出来ないものかというのが私の夢でした。もちろん今回のはとても先生の御著書に及ぶべくもなく、恥ずかしい限りのものですが、先生から受けた学恩のほんの少しでもお返しすることができないものかと思っております。最近は発掘資料は以前とは比較にならぬ程多いのに、それを調査したりじっくり考える余裕というものが、少なすぎます。また、掘るだけ掘ってあとはそのままという行政ペースも問題です。それにただ骨の鑑定ができればといった安易な考えも一方で出てきているようです。

先生の御著書をくり返しよんで学んでいた頃がなつかしく思い出されます。この次はもう少しましなものを書きたいと思っておりますので、待っていて下さい。私が本を献呈して本当にわかって下さるのは先生御一人ではないかと思っているのですから。

出雲の夏もお暑いことと思います。でももう間もなくさわやかな秋の候になるでしょう。どうかくれぐれもお体お大事にして下さい。奥さまにもよろしくお伝え下さい。

敬具

昭和五十九年盛夏

金子浩昌

直良信夫先生

（1）早稲田大学講師。一九三一～。
（2）『貝塚の獣骨の知識』東京美術、一九八四年。

202　一九八四年一〇月一一日　出雲市の直良信夫さんから国立歴史民俗博物館の「春成秀爾先生」宛のハガキ

拝啓
大変しのぎよい気候になりました。むしろすずしすぎるほどです。

御清栄の御趣何よりに存じます。

本日は御高著「最古の銅鐸」一部御恵送下さいまして御厚志まことにありがとうございました。かつて私もそのような問題に大変興味をもって歩いてまいりましたので、御高説大変興味をもって拝見申しております。ありがとう御座いました。

御たいせつに祈ります。

203　**一九八四年十二月一九日**　出雲市の直良信夫さんから国立歴史民俗博物館の「春成秀爾先生」宛のハガキ

拝啓
年末まで御多忙の御事と存じ上げます。
本日は明石の骨についての御見解をおかけ申しまして御高説(1)ありがたくよませていただきました。寒うございますのであんかにあたりながらゆっくりとお読みいたすのを楽しみにいたしております。近頃少々からだの調子が変なので、きをつけております。ありがとう御座いました。

（1）　春成「明石人問題」『旧石器考古学』第二九号、一九八四年。

204　**一九八五（昭和60）年一一月二〇日**　直良さんが亡くなったあと『山陰中央新報』に書いた春成秀爾の追悼文

故直良信夫博士と山陰

出雲市を終焉の地に選ばれた古生物学者の直良信夫博士（元早稲田大学教授）は、明石に住んでおられた昭和初期にしばしば山陰旅行を企てている。銅鐸・銅鏃と縄文土器の研究のためである。

結核にかかり療養中といいながら、実際には夏の一番暑いさかりに、山陰線の駅に未明に着き、夜が明けるのを待って活動を始めるという健康な人にもまねのできないずいぶん無茶な調査行を何回もやっておられる。調査の足跡をのこしたのは、島根県浜田市上府、鳥取県北条町米里などの銅鐸出土地、鳥取県岸本町長者屋敷など砂丘地帯の遺跡であった。

そのころ直良氏は自宅に「直良石器時代文化研究所」の看板を掲げていたが、実体は大正十四年の創設時の直良所長は二十三歳、夫人が助手であった。しかし、氏の意気込みには、計画性と実行力という裏付けがあった。氏は、

『研究所々報』を次々と発行していったのである。大正十五年刊の第一輯は、神戸市大歳山遺跡の調査報告であったが、それはコンニャク版というガリ版刷りより古い印刷法で発行部数はわずか三十部のまことにささやかなものであった。

その第五輯は『山陰道発見の縄紋式土器』、第六輯は『日本海海岸に於ける石器伴出の銅鏃』にあてられた。後年、私がそのうちの数冊をコピーして差し上げたところ（先生は戦災で焼失していたので）、「ずいぶん、ぶったもののいいまわしをしたものだと、少々顔があかくなりました。若かったですよね」、と言われたように、自身の新造語の多い文章でつづられていた。

しかし、そのころの氏は一年十数編の割合で実によく書かれている。おそらく書くことによって、「あなたの体はもうダメだ」と医者に宣告された自分の生の証（あかし）としたかったのであろう。直良先生は生涯に七十冊以上の著書をのこされたが、その出発点は明らかにこの『所報』にあった。そして、この時代における文章の訓練が、三十代後半にいたって、エッセイストとしても頭角を現す基礎をつくった、と私はみている。

東京から出雲へ移られた晩年に本誌に掲載され、のちに一書にまとめられた科学随想『山陰 風土と生活』は動植物に精通していただけでなく、それらを愛し、また自分の住んでいる土地を愛しつづけた直良氏にして初めて書きうる山陰の自然誌であった。私は先生からこの書を送られたが、少年時代の小林行雄氏（考古学者・京大名誉教授）からもらった葱（ねぎ）坊主の油絵を戦災で失った悲しみを切々とつづった一文は、涙なしには読むことができなかった。

私が最後に博士にお会いしたのは、二年まえの七月のことである。直良先生が赤米についての未発表の原稿をもっていることを民俗学の坪井洋文氏に話しているうちに、それをぜひ出版してあげようじゃないかということになり、二人して出雲行きをすることになったのである。しかし、博士は「これは未完成なので、このまま活字にするのは遠慮したい。八十一歳の老人に恥をかかせないでほしい」と笑いながらいわれたものである。

学問の道をひたすら求めてきた古いタイプの学者をまた一人私たちはうしなった。ただ私にとって唯一の慰めは、

1972年

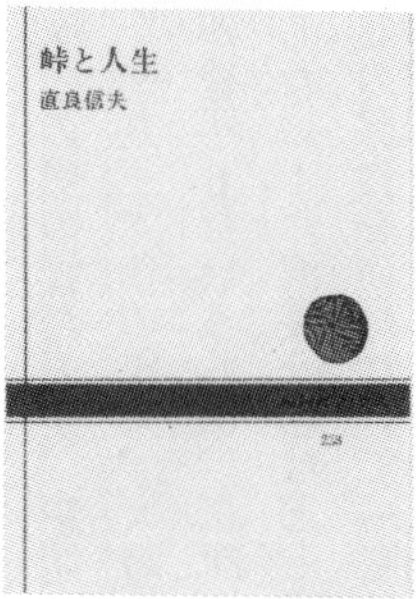

1976年

1979年

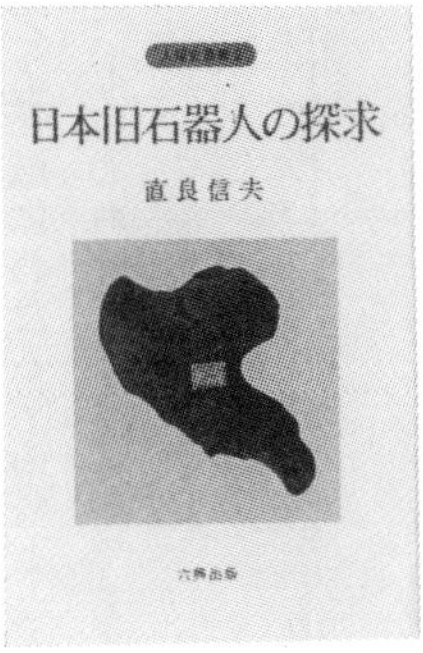

1985年

1983年

1991年

1987年

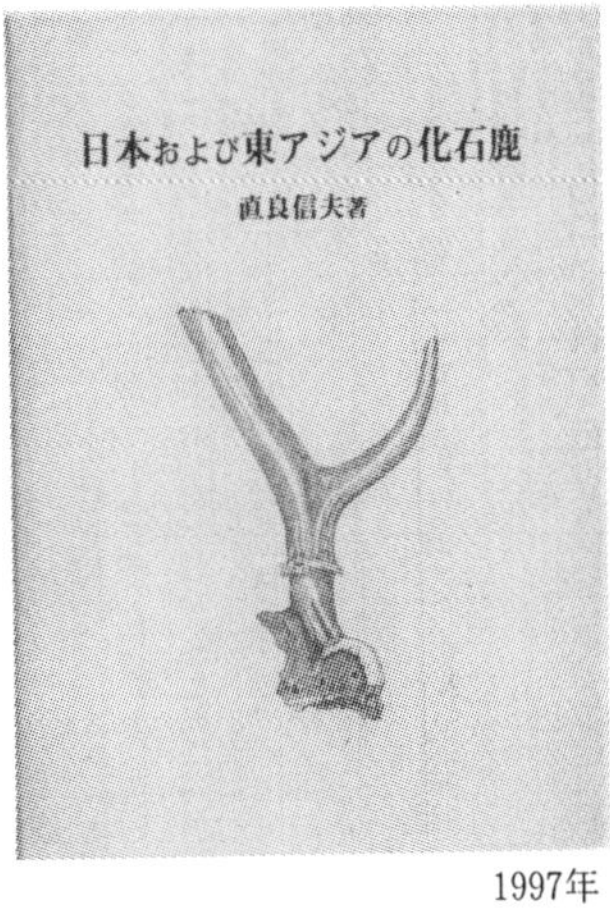

1997年

88　直良さんの著書（1972年～1997年）

先生が古生物・考古学・生態学など広領域にわたる学術書とともに随筆をも多数のこされたことであって、詩情あふれる「直良信夫の世界」は決してうしなわれることはないであろう、と私は信じている。

205　一九八六（昭和61）年一二月　『古代』第八二号、直良信夫先生追悼号に江坂輝彌さん（当時、慶応大学教授）が書いた一文。

直良先生を偲んで

私が江古田の先生のお宅へ最初に伺ったのは一九三五年頃のことであった。

先生は中学生の私達を快く迎えて下さり、板橋区の小豆沢貝塚などで発掘した鳥獣魚骨などを手にとって、これはエイの顎の骨だとか、懇切丁寧に御教示下さった。

一九三六年の年末、大晦日に先生の発見された妙正寺川流域の江古田のコニファーベッドの泥炭層を河川改修工事が終了しないうちに、二次堆積の白色火山灰層の下に堆積したイラモミ、エゾマツ、トドマツなどの炭化種子を採集したいと芹沢長介君などと川に入り、泥まみれになって発掘、夕刻先生宅に戻り、お湯で体を洗って、奥様の心ずくしの夕食をいただいて帰宅した思い出もある。年末の御多忙な時も考えず、少年時代の唐突な行動を快くお許し下さり、種々お世話いただいたことは、昨日のようにも思われる。

先生は青年期に結核をわずらい、明石海岸などで永い闘病生活を行われたために、健康維持にはことのほか注意をはらわれ、私などには先生の行動は大変潔癖に思われ、これまでしなくてもと思うことが屡々であった。

一九四〇年前後に先生のお伴をして貝塚などを歩くと、昼食前に手を洗った後、先生が携帯された医者の使うアルコール消毒容器から脱脂綿を出され、これでもう一度手をふくようにと差し出され、全員が指先をふいた後、初めて食事を始めることを許されるといううきびしさがあった。

一九四七年、横須賀市若松町平坂貝塚を見学した時、湘南電鉄の横須賀中央駅で下車、貝塚見学後、駅付近で真夏

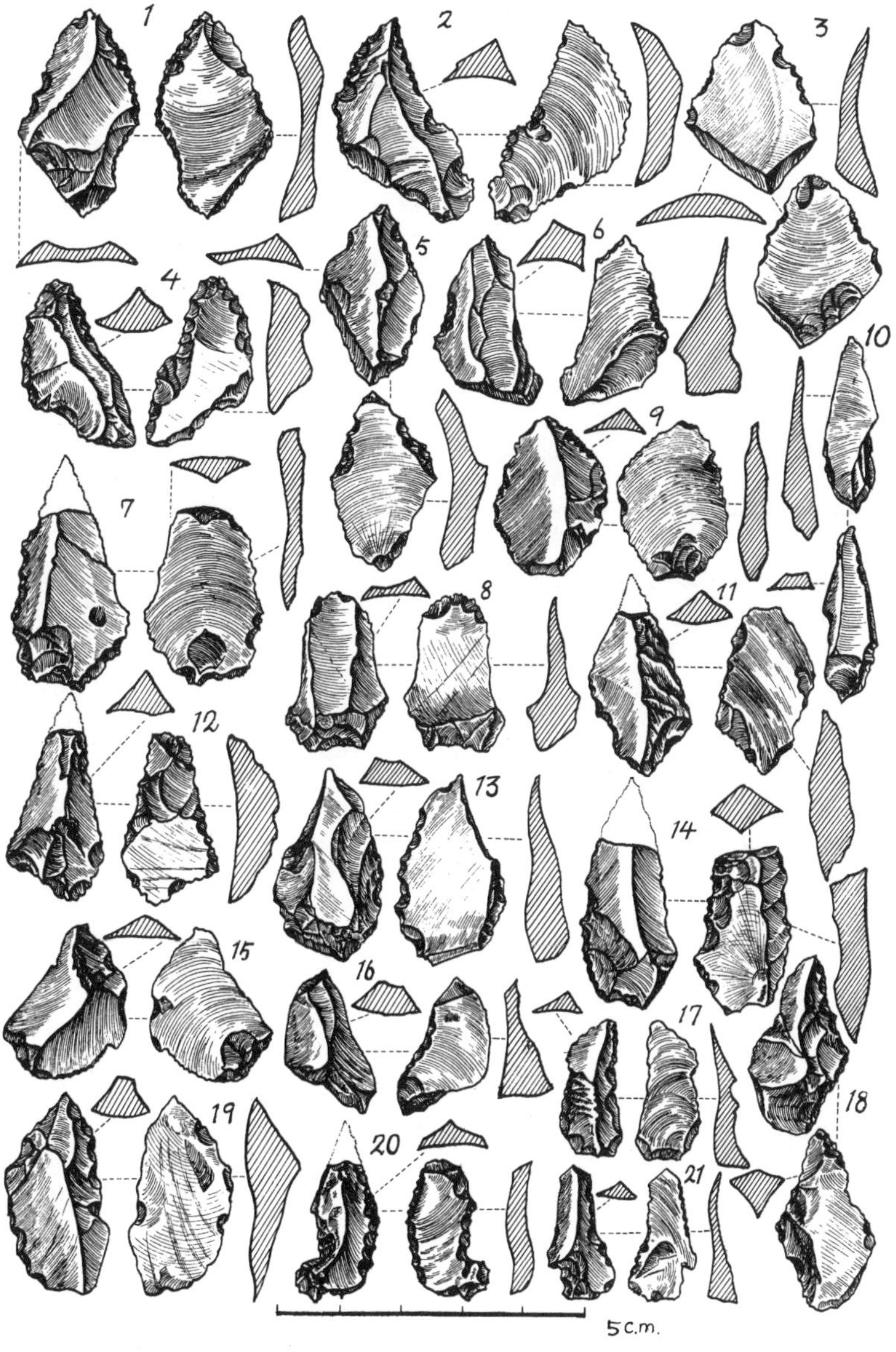

89　埼玉県秩父郡吉丸遺跡発掘の石器

の暑い日であったのでアイスクリームを購入し、先生にも一つ食べられるよう奨めた。それから数日して先生にお目にかかったところ、「君にアイスクリームを奨められて食べたところ、夜になって下痢をして大変だった」と話され、町のアイスクリームなどは食べぬ方がよいと注意を受けてしまった。先生は食した後、下痢をするのではないかと神経質になりすぎ、神経性の胃炎を起し下痢腹痛を起こされたのではなかろうか。

甲野勇氏が一九四一年五月刊の『古代文化』(一二―五)に先生の『日本産獣類雑話』の書評を執筆された中で、先生が自宅にカヤネズミを飼育されている姿を描写され、「粟つぶを指先につけて出されると、小鼠達は枯草の中からカサコソと出て来てこれを食べた。可愛には相違ないが私などから見るとペストの兄弟分の様な気のする小鼠を、潔癖家の氏が愛撫されるのは実に意外でもあり、不思議でもあった」と紹介されているが、これなど先生の生活の一端を如実に物語っているように思われる。

江古田の先生のお宅は西斜面にあり、門を入り斜面に沿って北へ向かうと東面した玄関があり、その北側に先生の書斎兼応接室があり玄関から入ったドアの北側、西壁に接したガラス戸棚の一番上の棚に、先生が一九三一年兵庫県明石市の西八木の海岸で発見した人類化石腰骨やこれとともに付近で採集されたという青灰色のチャート製の小型な前期旧石器時代の石器と考えられる石器が数点ガラス箱に収められていた。

最近また一部の人類学研究者により長谷部言人博士が明石原人と命名したような古いものではないという意見が発表され、全く新しい人骨の混入のようにおもわれがちである。かつて某博士が西八木海岸の崖上にある墓地の近世の病的奇形な人の腰骨ではないかとの説も出されたことがあった。しかし、私は一九三五年頃、実物を何度か手に取って観察しており、そのような新しいものではないことだけは断言できる。

先生は明石での療養期に、西八木の海岸の崖からくずれ落ちた青粘土層中の土層からステゴドン象の下顎骨や、石器だけでなく、人の腰骨化石も採集されている。崖面から抜き取ったものでないため上面から落下したとの疑いも持たれたことと思うが、先生の談によると下部の青粘土層以外の崩壊土壌はなかったとのことであり、黝黒色をした腰

1977年

1981年

1995年

一九九四年

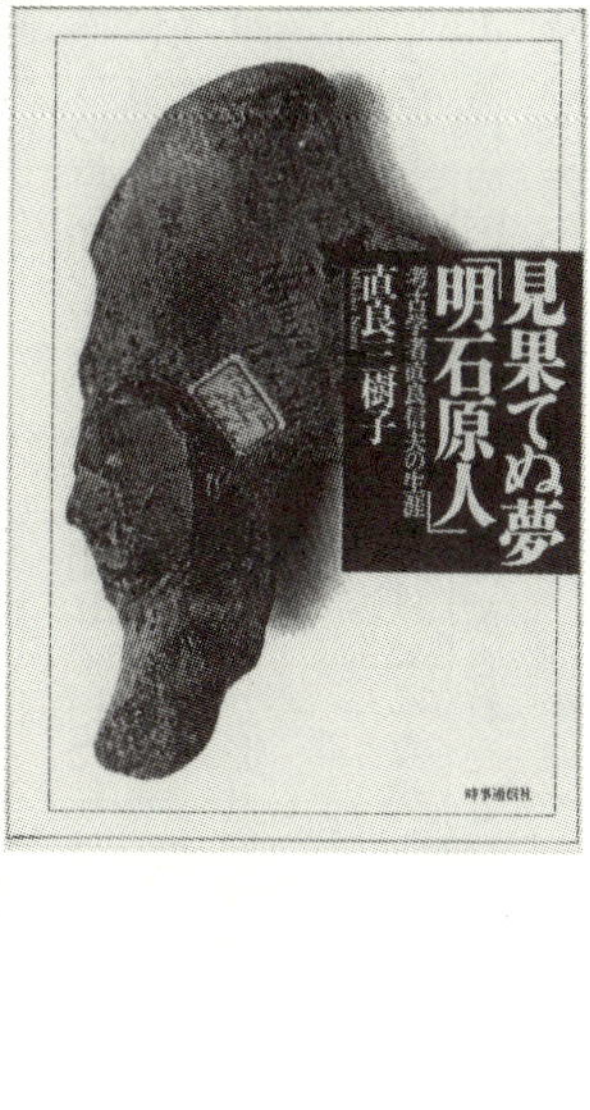

一九九九年

90　直良さんの伝記類

骨は永く低湿地の堆積層内に包蔵され、化石化したもので、化石化も進み、貝塚出土の骨に比較し、かなり重量があるものであった。唐古や橿原遺跡などで発見の弥生、縄文の獣骨と同様に炭化しているが、化石度はこれらより進んでおり、最近発見の縄文文化前期ないし早期の鳥浜貝塚出土の骨も西八木の腰骨のように化石化はしていない。

このように考察を進めると、中部更新世の原人の時代のものではないとしても上部更新世より下るという蓋然性は極めて少ない化石人骨のように考えられる。今日石膏模型のみで実物なく、探索は困難を極めると思うが、今一度、各方面から再検討がなされるべき資料のように思われるが如何なものであろうか。

206　一九八六年一二月　『古代』第八二号に桜井清彦さん(1)が寄せた追悼文。

直良先生の文章

まだ、私が直良先生の謦咳に接する以前のことであった。御著書『子供の歳時記』を手に入れた。どのような経緯で入手したのか定かでないが、先生独得の、明るさの中に何となくもの淋しい雰囲気をもつ文章に、すっかり魅せられてしまった。内容は、先生の郷里、大分地方の子供たちの生活——それは先生の幼年、少年の頃の思い出と重なっていた——を情緒ゆたかに語ったものであった。当時、黒崎義介、岡本帰一らの童画の世界に夢を馳せていた私は、ひそかに、この書物に自己流のさし絵を画いて座右に置いていた。それは第一回の学徒出陣の前後のことであった。ところが、この本は、昭和二十年五月二十五日夜の空襲によって、あの明石原人の化石骨が先生のお宅で炎上した時刻に、私の家で焼けてしまった。

戦後まもなく、先生の『三光鳥の鳴く朝』を入手した。『子供の歳時記』と同じように、自然にとけ込んだ清々しい文章に、私は再び強い感動をもった。あとで知ったのだが、その一部が小学校の国語の教科書に掲載されたという。

その頃、たぶん夏休み中であったと思うが、滝口宏先生のおつかいで、焼跡の先生のお宅を訪ねた。何のおつかいであったか思い出せないが、貴重品であったカルピスを御馳走になり、ひきとめられるままに、初対面にもかかわらずつい長居をしてしまった。先生は半袖シャツで、うちわをぱたぱた使っておられた。髪は短く、鼻下にはヒゲがあったような気がする。お話の節々に前記二冊の書物の文章が舞った。頑固そうだが一方、涙もろそうなお人柄という印象を持った。

その後、『峠路』『峠と人生』などの文章にひかれ、それらの本をリュックに入れて、峠や低い尾根々々を歩いたものである。また、教室や研究室、あるいは遺跡において御指導をいただくようになったが、先生の幅広い学識に常に啓発されつづけてきた。それにつけても学術論文、随想を問わず先生の文章は依然として感傷と情熱の調和の上に展開した。先生が出雲に移られてからは直接のお言葉に接する機会が少くなったが、山陰地方のさまざまな風物詩が活字になって伝ってきた。それはあの『子供の歳時記』や『三光鳥の鳴く朝』の文章と同じように人をひきつける文章であった。

（1）　考古学者。一九二二年〜。当時、早稲田大学文学部教授。現在、昭和女子大学教授。

207　**一九九六（平成8）年一月八日**　直良三樹子さんの『見果てぬ夢「明石原人」』時事通信社刊を紹介した『赤旗』の「本と人と」欄の記事

封印された父の夢を追って

床の間のゾウの牙の化石の横に、ひっそりと置かれていた黒い四角い海苔（のり）の缶。「大事な物だから、決してさわるな」と父からいわれ、「どうせまた、石ころだろうと思って、開けてもみませんでした。だから、私は明石人骨を一度もみてないんです」。

一九三一（昭和6）年、現兵庫県明石市の西八木海岸で発見された太古のものと思われる人骨——「明石原人」。発見した直良信夫が著者の父です。それまで日本では洪積世（二百万～一万年前）の人骨は一つも出ていませんでした。明石人骨は、洪積世中期の旧人なのか、もっと古い原人なのか。半世紀にわたって論争がくり返されてきました。(1) 人骨そのものが空襲で焼けてしまったため、なぞはいっそう深まりました。

「明石原人」の存在そのものを否定する学説が発表されて以来三年間、それについて、ひとことも触れず、人生の幕を閉じた父。「忘れたわけではなく、終生の夢を、これ以上、他人に踏みにじられないよう心の中に封じこめたのだと思います」。

週刊誌のライター、作家として活動してきた著者。「どうしても書かずにはいられなかった」本です。独学で考古学をきわめ、明石人骨のほか、東京・中野の江古田植物化石層、栃木県の葛生人骨などを発見し、博物学者としての功績もあげながら不遇だった父に捧げる本であり、「母へのレクイエム（鎮魂歌）でもあるんです」。

貧しさゆえに学校へいけず、石段に腰かけて勉強していた十四歳の信夫を「偉い人になりなさい」と励ましてくれた女学校の先生。後年、数奇な運命で再会した二人は結婚。妻は教師として働き、生涯、夫を支えた。「父は見たいものを見、生きたいように生きた、ある意味では幸せな人だったと思います。その陰で苦労した母の思いを描きたかった」。

医者が絶対安静といったからと、娘に寝返りも許さず、床ずれをつくらせてしまう謹厳実直な父。ざっくばらんな娘。「顔も性格も似ていないと思っていたけど、そっくりなところがあったの」。忙しいとメモだけして、後で日記をつけ直すという「記録魔」。日記に手紙や箸袋もはりつけます。「父の日記を見たら同じだったんです」。

（1）更新世（洪積世は旧称）の化石人骨か、それとも現代人骨かの論争というのが正しい。

第四部　直良さんを想う

長野県保福寺峠を歩く直良さん（1961年8月24日）

我が道を歩んだ人

春成　秀爾

1

今世紀の終わりが近づいてきた。『日録20世紀』（講談社）は、一九三一（昭和6）年におこった出来事として、「満州事変」勃発、電子顕微鏡の誕生、「のらくろ」「黄金バット」登場などのニュースに加えて、「明石原人」の発見に一ページをついやしている。

しかし、「明石原人」の骨（左側の寛骨、腰の骨の一部）は直良信夫さんが発見したあと、否定・嘲笑されたまま十四年間は放っておかれたし、その骨が戦災で焼失したあとでその骨の精巧な石膏模型に長谷部言人さんが注目し、ニッポナントロプス　アカシエンシスと命名して、一九四八年に西八木海岸を発掘したときも、一時的には騒がれたけれども、また世間からは忘れられていった。そして、一九八二年に、形態的にみて明石人骨は現代人の骨であるとする石膏模型の再検討の結果が人類学の遠藤萬里・馬場悠男さんによって発表されると、人類学界あげて、まさに「さらば、明石原人」の風潮は高まった。遠藤・馬場説に反対する者は「半ば感情論的」であると極言する人類学者まで現れた。一九八五年に私たちは西八木海岸を再び発掘した。しかし、その人骨が化石化していたと直良さんや松村瞭さんが判断したことを追認できるような確証はなにも得ることができなかった。

明石人骨は縄文時代以降（一万年前）の現代人の骨、と遠藤・馬場さんが発表してから一七年たつ。最近、馬場さんは「明石人骨はサピエンスだということは確かですが、うんと新しいとはいえない。比較資料がでてこないといえません。たとえば五万年前だってありうると思います」と述べている。ホモ　サピエンス（新人）の出現が西アジアでは一〇万年前までさかのぼる一方、ネアンデルタール人（旧人）がヨーロッパでは二万数千年前まで生きていることがわかり、旧人は絶滅した人類で、新人は旧人を経ずにアフリカで原人から進化し世界各地にひろがったという仮説が有力になってきたからである。この説にしたがえば、明石人は骨の形が現代人のような新しい特徴をもっていたとしても、一万年前以降の骨とはいえないことになる。人骨を含んでいたという西八木層の年代を六、七万年前と私は推定している。東アジアではこの時代の人骨はまったくみつかっていないから、議論ができなくなったのである。直良さんの「明石原人」の夢はついえていないのであろうか。

直良さんが明石人骨を見つけたころは、日本では数万年、数十万年前に人が住んでいた痕跡は知られていなかった。しかし、現在では宮城県で六〇万年以上前の石器が見つかっているし、数万年前の遺跡は五〇〇〇個所近く確認されている。だから、明石人がどう転ぼうと、大勢には影響はないようにみえる。しかし、現在のように、新人の起源をさかのぼらせて考えるようになってくると、明石人骨が古いのかどうかを確かめるすべがのこっていないのは残念である。

2

直良さんと明石人骨を世間にだしたのは、松本清張さんの初期の作品、「石の骨」（『別冊文芸春秋』第四八号、一九五五年）である。登場人物はみな仮名にして、松本さんが直良さんになりかわって書き上げたフィクションであった。松本さんがこの作品のなかで、「黒津」の長男を戦死させ、妻を病死させ、長女を悪役にしたのは、主人公の人生をより劇的に仕立てようという考えがあってのことであろう。この小説は、学歴をもたぬ学者の悲劇のヒーローとして

「黒津」を描き、一人苦闘する彼に暗い陰を与えることによって成りたっていた。

直良さんが歩んだ学者人生は、変化に富んだ劇的なところが多かった。直良さんが明石時代に見つけた人骨の研究は、一九四五年五月に現物が焼失したことによって、一切不可能になったはずであった。ところが、まったく意外なことに、人類学の松村瞭さんが作らせた明石人骨の石膏模型がのこっていた。焼失したのに、形態学的な研究は可能だったのである。

人類学の長谷部言人さんは焼失前にすでに明石人骨のことを耳にしていた。しかし、敗戦前の日本は、ジャワも中国も占領しており、長谷部さんはジャワや北京の原人骨を日本に運んできて研究するつもりでいた。その夢が破れたときに初めて明石人骨の石膏模型が眼中に入ったのである。長谷部さんは直良さんの存在も知っていた。しかし、直良さんに会いに行こうとはしなかった。人骨の消息、研究の許可を得るのに、当時、大学院の学生であった渡辺仁さんを派遣している。長谷部さんは、五年前まで東京帝国大学理学部の教授であり、天皇の勅任官であった。私立大学の講師に礼を尽くすことなどできないのであった。直良さんの発見した人骨を長谷部さんが研究して名前を付け、しかも直良さんを加えずに発掘を実施し、調査の結果が直良さんに有利にならなかったことは、直良さんの悲劇性を高め、直良さんにとって今度こそ生涯にわたる屈辱感をのこすことになった。松本さんの「石の骨」のテーマは、そこにあった。明石人骨は、直良さんにとっては古傷であった。その発見は直良さんの青年時代の重大な出来事ではあったとしても、戦災で焼失したあとは、時間さえたてばその傷はいやされたはずであった。こうして、明石人骨を認めた長谷部さんが直良さんに再び深い傷を負わせることになってしまった。直良さんはせっかく下ろしていた重荷を再び背負わされることになったのである。

松本さんが「石の骨」を書いたあとも、そのつづきは四〇年間も存在した。その後の歴史の経過をふりかえってみると、無理にフィクション化する必要はなかったのである。しかし、まだ幕を閉じたとはいえないことは、先述のとおりである。焼失したはずの明石人骨は、石膏型におきかわって復活した。しかし、直良さんや松村さんがいうように化石化していたのかどうかは、謎としてのこることになった。そして、証明不能な部分がのこったために、かえって明石人骨は不滅の位置を獲得することになった。戦災で焼け出された直良さんが見事に立ち直ったと同様に、直良さんの分身となった明石人も、焼失したが故に、人類学の学説の変化・発展にともなってそのときどきに不死鳥のようによみがえった。

直良さんだけでは劇とならず明石人骨だけでも劇とならなかった。明石人と一体となった直良さんは、血の通った研究者として活動をつづけ、たくまずして一つの物語をつくっていった。

3

直良さんというと「明石原人」の発見がもっとも大きな業績のように思われがちである。たしかに、直良さんの人生において、それは大きなパトスになった。しかし、直良さんの業績をふりかえってみると、真髄はむしろそれ以外の古生物学や生態観察にあったと理解すべきであって、明石人骨の発見は直良さんの多彩な活動全体からみると、むしろプラス ワンといってよいものであった。直良さんが亡くなったあと、鹿、象その他各種の脊椎動物の化石、貝塚出土の動物骨、現生動物の骨についての原稿やメモに私は目を通して編集・印刷の作業をつづけている。その私には、明石の一件などは忘れて、ただひたすら学問の道に精進している直良さんの姿しか見えない。直良さんはたしかに明石人骨にこだわってはいた。けれども、それは更新世の日本に人が住んでいたという主張を裏づける証拠として重要視していたのであって、古生物学者としての自分自身の研究対象としては大きな存在とは考えていなかった。それは発見時に研究を松村瞭さんにゆだね、返却後も短報すら書いていないことからもわかろうというものである。

東京へ再度出てきてからの直良さんは徳永重康さんのもとで、古生物の研究に専念していた。顧郷屯発掘の獣骨化石の詳細な記載報告（一九三四・三六・三九年）、「史前日本人の食糧文化」（一九三八年）を手始めに『日本産獣類雑話』（一九四一年）、から『古代の漁猟』（一九四一年）、『蝙蝠日記』（一九四三年）、『日本哺乳動物史』（一九四四年）にいたるまでの直良さんの研究者としての充実ぶりはまことに目をみはらせるものがあった。明石時代の考古学研究の成果も、『近畿古代文化叢考』（一九四三年）と題して一冊にまとめた。誰の目にも直良さんが不断の努力を惜しまぬ卓越した実力の持ち主であることは明らかであった。また、『日本産獣類雑話』の中の「炉辺叢話」や、多忙な研究生活の合間に書き綴った『子供の歳時記』（一九四二年）は、直良さんが文筆の才能をもつナチュラリストであることを天下に知らしめた。それは、本書に収録した『日本産獣類雑話』や『古代の漁猟』の新刊紹介文（一八七・一八九・一九四頁）や、同じ古生物学の鹿間時夫さんの一文（二五五頁）をみればわかるだろう。東亜考古学会の発掘報告書『赤峯紅山後』や『羊頭窪』などの獣骨の項を担当したのも、かつて中傷に加わっていた研究者たちに実力を認めさせたことの証であった。直良さんは、肩書きこそ早稲田大学理工学部の書記であったけれども、研究方面では押しも押されぬ第一人者になっていた。直良さんの描いた図は、このころがもっとも精細である。『日本産獣類雑話』の獣類の図や『日本哺乳動物史』の獣骨化石の図の、精魂込めてのペン使いには感嘆するほかない。一本の線の乱れのない描図にも、直良さんが一九四〇年代に、青年時代の苦悩をのりこえて静寂の境地に達していたことがあらわれていた。

直良さんは戦前に古生物学・動物考古学の研究者としてすでに認められ、明石時代にうけた誹謗中傷の傷を治していた。この勢いでいけば、直良さんはもっともっと大きな学問的な成果をあげたことはまちがいなかった。ところが、太平洋戦争末期に、それまで収集してきた厖大な量の標本と図書、そして大量の未発表の原稿のほとんどを米軍の空襲で焼失してしまう。貴重品の待避に遅れをとった直良さんの一生の痛恨事であった。

しかし、直良さんには不屈の研究者魂と、身につけた鋭い感性や該博な知識、精密な技術がのこっていた。被災後、ただちに再開したのは、近所に棲むモズの生態観察であり、東京近辺の研究者の手元にある獣骨の記録とりであった。紙と鉛筆とノギス、ペンとインクさえあればできるのが直良さんの強味であった。モズがつくった早ニエを見つけては丹念にスケッチした。同じようなものがあってもまた描いた。『モズの生活』（一九四七年）は、その成果である。

一九五三年、直良さんは『日本旧石器時代の研究』を一気にまとめ、翌年に早稲田大学考古学研究室報告第二冊と

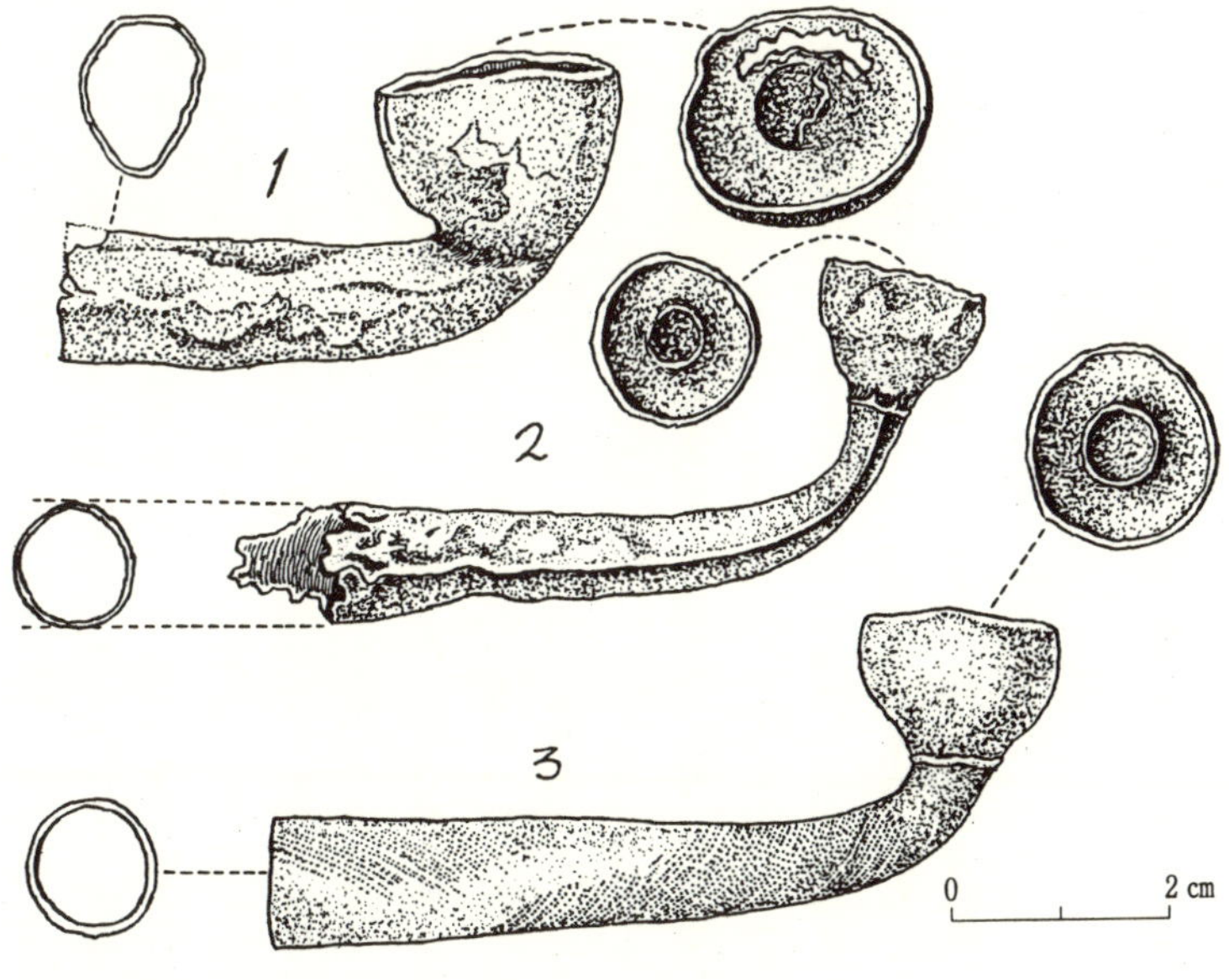

91　秩父市黒谷精錬所址発掘のキセルの雁首。おそらく江戸時代。当時、銅の精錬作業に従事していた労務者の愛用品。

92　群馬県岩宿の民家（1949年10月2日）

して上梓する。一九四八年の長谷部さんたちの発掘調査の結果、直良さんの主張していた明石の人骨についても石器についても疑問ないし否定を表明する報告が相ついだのが、直良さんがこの本をまとめる動機になったという。そして一九五六年に、今度は『日本古代農業発達史』を著してその成果を世に問う。これは古代遺跡発掘の炭化米を大量に計測し、福岡県朝倉町下須川の弥生前期遺跡出土の幅広の炭化米を基準にして下須川種を新たに提唱して、日本古代に四種類の稲を作っていたこと、東京都江古田の植物化石層から採集した稲籾を更新世のものとみなし、日本にも野生稲が存在したこと、弥生・古墳時代に稲作だけでなく、畑作・園芸が並存したことなどを説いた野心作であった。獣骨の研究を専門にしていると言いながら、大正時代の終わりごろから直良さんは植物遺体の収集と研究も怠っていなかったのである。一九五六年に上梓したこの労作によって直良さんは文学博士の学位を得ることになった。

戦災で標本を失った直良さんが再び集めた資料をもとにして研究した成果を著書の形でもう一度世に送り出すようになったのは、戦後二〇年、一九六五年からのことである。それは、『古代人の生活と環境』(一九六五年)、『日本産狼の研究』(一九六五年)、『狩猟』(一九六八年)、『日本および東アジア発見の馬歯・馬骨』(一九七〇年)、『野生動物観察記』(一九七一年)、『秩父多摩丹沢』(一九七二年)、『古代遺跡発掘の脊椎動物遺体』(一九七二年)、『古代遺跡発掘の家畜遺体』(一九七三年)、『峠と人生』(一九七六年)、『山陰　風土と生活』(一九七九年)と怒涛の如くつづいた。直良さんが六三歳から七七歳までの間の業績である。直良さんは生涯に約七〇冊の本と、大小約五五〇篇の論文・報告・随筆等を著した。成果の発表のピークを見ると、昭和十年代と昭和四十年代にあったことは確かであるけれども、倦むことを知らない精励刻苦の研究生活の積み重ねの賜物であった。

4

古生物学の亀井節夫さんは、直良さんの『日本および東アジアの化石鹿』を読んで、直良さんの学問についてこう述べている。「化石鹿を生物種として認識することを基本とする記載論文とは異なり、一つ一つの鹿の化石標本について詳細に記載することを基本としている。………しかし、直良の行った記載をよく読むと、種の認定に当たって、直感的に種の重要な形態学的な特徴をよくとらえていることが分かる」（「書評『第四紀研究』第三八巻第四号、一九九九年）と。今、私の手元には、昭和十年代に直良さんが書いた象化石の未発表の原稿（文章だけ）がある。それを見ると、当時知られていた日本産の象（臼歯）化石を直良さんはすべて手にとって計測し、特徴を記録するつもりであったらしいことがうかがえる。一つ一つの標本について詳細に記載するという直良さんの行き方は、明石で縄文土器や銅鐸の研究をしていたころから一貫したものであった。

直良さんの学問は、自分が見つけたり、手にとって観察した具体的な材料から出発した自然発生的なものであった。近畿地方の縄文土器の研究は近所の大歳山遺跡から、明石人骨の発見は明石西郊海岸での現生貝の殻の採集から、野生動物の生態観察は少年時代の農作業時の自然観察から、江古田植物化石層の研究は近所の妙正寺川の改修工事からと、すべて自分の住まいの近所で始めたことであった。それは、なによりも研究費をあまりかけることができない直良さんのおかれていた研究環境と生活事情に由来していた。出発点は何によらず物事に対する素朴な興味とあくなき探求心であった。

松本清張さんの小説では、「黒津」をただ研究一点ばりで、おおよそゆとりのない研究者として描いている。しかし、実際の直良さんは、純粋学問だけでなく、もっと豊かな自分の世界をもっていた。趣味的な世界で大いに遊んだ人といってまちがいない。峠を歩き、たくさんの小動物を飼い、植物を育て、随筆を書くゆとりを十分にもっていた。しかし、直良さんは単なる趣味の人ではなかった。好きな峠歩きは考古学や歴史・文学を混えた紀行文となり、動物の飼育は生態観察の記録となり、少年時代の故郷の風物・民俗や季節の移ろいへの感傷は歳時記としてまとめ、いずれも本にした。先にあげた以外にも、『三光鳥の鳴く朝』（一九四六年）、『秋』（一九四六年）、『野外手帳　秋』（一九四八年）、『春』（一九四九年）、『峠路』（一九六一年）を著しており、これらは、直良さんの鋭い感性と観察眼、そして豊かな表現力を示してあまりある著作群となった。そして、滅びゆくものに対してもっていたつよい哀愁と情感あふれる人間性は、考古学の一般書である『古代の漁猟』（一九四一年）や『釣り針の話』（一九六一年）、硬い専門書の『日本産狼の研究』（一九六五年）にまで反映し、学術書なのに根底に美しい詩情がながれる構成と内容をもっている。趣味もすべて学問に昇華させたのである。その芽生えが、大正時代にすでにあったことは、本書に収録した明石時代の直良さんの手紙からもうかがうことができるだろう。

直良さんの野生動物の生態観察の価値の高さは、本書に収録した藤原英司さんの解説（三八八頁）に尽くされている。日本のカワウソは、一生のうちに五回、二年に一回の周期で子を生み、一度に四ないし六匹の子を生み、妊娠期間は六～八ヶ月である。東京の松阪屋で飼っていたカワウソの観察に通った直良さんの記述は、生態の記録がほとんどないままに絶滅寸前になっていた日本のカワウソに関する貴重な証言として小原秀雄さんが引用している（『日本野生動物記』中央公論社、一九七二年）。「日本のファーブル先生」の尊称を与えられた直良さんは日本における野生動物の生態学の草分けであった、と藤原さんは評価している。直良さんの徹底した観察と記録は、趣味を学問に変えたのである。

直良さんは、一九五二年から五三年にかけて、人間の歴史を、人間、漁と猟、農業、食べ物、住まい、きものに分けて原稿を書き、うち五冊までを本にした。初校まで終えたのに惜しくも未刊に終わった『きものの歴史』をひもとくと、ルネッサンスのころのフランス女性のスカートや平安時代貴族の十二単の着物についてまで筆が及んでいる。動物を飼いエサを与えながら観察の記録をとる一方、化石骨の採集に出かけ、標本をスケッチし計測し特徴を記述する直良さんとは、おおよそ異なるイメージの直良さんがそこにはいた。

向学心に燃えながら小学校をでただけですぐに働かなければならなかった直良さんと共通する境遇で育ったのが、作家の松本清張さんであった。その松本さんが描く「黒津」は、松本さんが直良さんに成り代わって、人に学界に認めてもらうことだけに心を砕く研究者の気持ちを作品にしたものであって、松本さんの作品としてはそれほどよい出来とは思えない。清張さんは、直良さんの一面を強調することによって作品に仕立てた。小説「石の骨」は、ナチュ

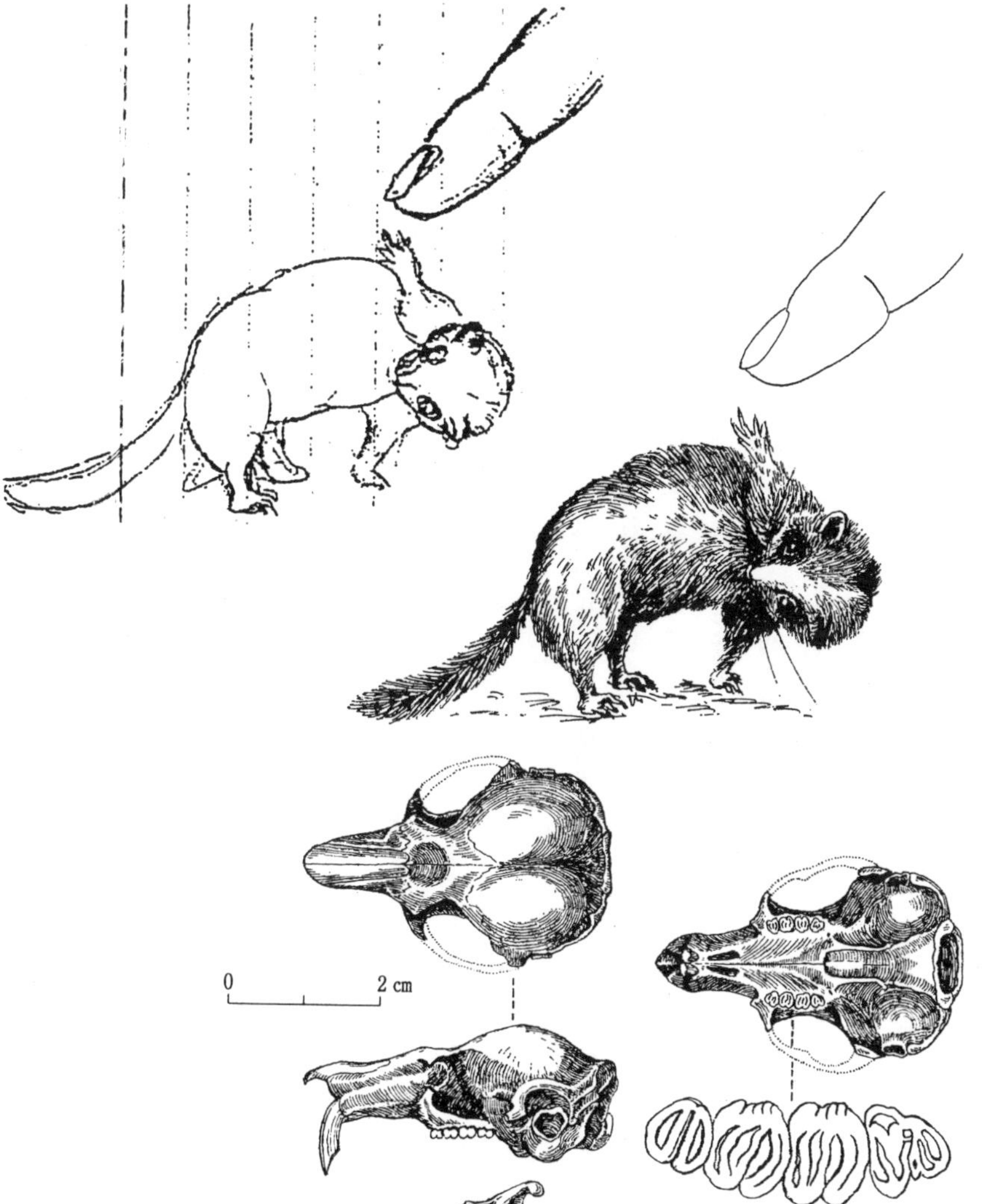

93　ヤマネの生態と頭骨のスケッチ
（左上は鉛筆を使った下描き）

ラリスト、エッセイストでもあった直良さんをモデルにしながら、直良さんからかけ離れた、あまりにも卑小化した人物に描いていることは確かである。

直良さんの人間像は、松本さんが作り出した「黒津」ではなく、また、直良さんが晩年に自らの生涯を「みじめな人生だった」と語った総括でもない。むしろ、直良さんを相対化して描いた像こそ直良さんの本当の姿ではないかという気がしてならない。

5

自分の力で知り得た事実を大事にする直良さんにも大正・昭和時代に生きた多くの日本人と同じ無意識の前提があった。それは、「お国」のために生きるということであった。本書におさめた日記の一部（一九五～二〇〇頁）や序文の一部（二〇二・二〇六・二一一頁）には戦時色が強烈にみられる。一九四一～四二年の日記に記した直良さんの感情は、戦時下の日本人の九九パーセントがいだいていたものであって、特別に不思議なことではない。一九三七年発行の文部省編『国体の本義』には、「大日本帝国は、万世一系の天皇皇祖の神勅を奉じて永遠にこれを統治し給ふ。これ、我が万古不易の国体である。而してこの大義に基づき、一大家族国家として億兆一心聖旨を奉体して、克く忠孝の美徳を発揮する。これ、我が国体の精華とするところである。」と規定していた。一九四一年、文部省教学局刊行の『臣民の道』は「皇国臣民の道は、国体に淵源し、天壌無窮の皇運を扶翼し奉るにある。………国民のあらゆる生活、活動は、すべてこれ偏へに皇基を振起し奉ることに帰するのである。」から始まっていた。昭和十年代はそういう時代であった。一九四一年一二月に太平洋戦争が始まると、それまで皇国史観との関わりをもたなかった直良さんも、天皇の忠実な臣民になっていく。

直良さんは皇国史観の立場で子供向きの本『古代日本人の生活』（一九四二年）と『上代日本人の生活』（一九四四年）を書いている。出版の統制がつよくなってくると、国策にそって書ける文筆家だけに著書を出す権利が与えられた。

考古学では、皇国史観に自らの学問をもっとも積極的に合わせていった筆頭は東京帝室博物館監査官、國學院大学教授の道を歩んだ後藤守一さんであった。後藤さんは、当時、最古の弥生土器とされていた遠賀川式土器の東への伝播を神武天皇の東征の考古学的証拠とみなした。後藤さんと親しかった直良さんもまた、皇国史観の立場にたとうとした。根っからの皇国史観の持ち主であった後藤さんはすでに五十代、直良さんは病弱で戦場に赴くことができないという引け目を感じていた。銃後をペンで守るというのが後藤さんや直良さんがとった道であった。

「私共の祖国、大日本帝国は、そのちょっと数へ切れない程の遠い昔から、今日まで、上に一天万乗の大君を戴いて、太陽の輝く天が下に、正々堂々と生きぬいて来たのである。こんなに古くて、しかも明朗な歴史をもった国が、世界のどこにあるだらうか。」「神武天皇の御東征の御砌り、その錦旗のもとにいち早くはせ参じた各地の忠臣や、それとは逆に、畏くも、錦旗に弓を引き奉った不徳の人達が、草莽《そうぼう》の蔭にかくれて、日本のあちこちに、散ばっていたといふ事を、既に承知されている事だらう。此の人々こそは、古くから日本の諸所に住まっていた、土着の人達の子孫なのであって国史の上ではしばしば国津神の名によって知られている。」と書いている。しかし、直良さんは、このようなことを、一体どこまで信じていたのか。若き日に熱中した大歳山遺跡の縄文土器や淡路島の銅鐸などの研究との関係を頭の中でどう整合させていたのであろうか。敗戦後、直良さんは神武天皇のことなど一言も触れることはなかった。直良さんは「お国」のために尽くし、その「お国」の犠牲になり、多くのものをうしなったのだった。

直良さんは、貧苦のどん底にあった大分での生活からはいあがり、東京で大正デモクラシーの空気をすって自由奔放な精神を身につけ、大きな、しかし身分不相応な発見に結びつけた。そして、うけた屈辱感をバネにして並大抵ではない努力を重ねて、最後には少年時代にあこがれていた早稲田大学の教授、文学博士となった。明石人骨はアマチュアの考古学の世界にいた直良さんを専門の古生物学の研究者へと引き揚げるきっかけをつくり、その焼失は彼の人間像を永遠のものにした。それを可能にした背景には、明らかに昭和の時代風潮があった。その意味において「明石人」の発見は、確かに二〇世紀を、一九三一年を特徴づける出来事ではあったといえよう。

直良さんは八〇歳のときに自叙伝で、「私は自分の貧しい履歴を、自分自身の手で書くということがきらいなのである。自分がいかにみじめたらしい人間であったかということを自身で記録するということは、自分に対してあまりにも苛酷であるように感じられてあわれだからである」と述べている（三八〇頁）。しかし、直良さんのこの卑屈とも言える自己表現は、若い頃に味わった学歴がないことに対していだいたみじめな気持を、一生そうであったと思い込んでのことであって、正当な評価とは思えない。人間誰しも幸福な毎日ばかりをおくるわけではない。直良さんは、貧乏、病気、屈辱、戦災、妻の病臥と死など数々の苦難を乗り越えながら、たくさんの喜びを見いだし、明日への希望をもって、すばらしい我が道を歩んだ人であった。直良さんは誰にも真似ができないほどの立派な人生をおくったのであって、それはひそかに誇りに思ってよいことであった。不幸だったのは、かえって戦後になってから明石人骨の石膏模型が見つかり、それをめぐる論争に弄ばれ、さらには、マスコミ等でくり返し取りあげられる松本さんの小説中の「黒津」の人物像が、直良さんに影響を与えたようにみえることであった。

いずれにせよ、自らに関するたくさんの資料をのこした直良さんの生涯もまた、二〇世紀という時代を理解するうえで、貴重な研究対象になってきつつあるといってよいだろう。

93　宮本武蔵が描いたモズの墨絵をペンとインクで直良さんがトレースしたもの

あとがき

本書を作るきっかけになったのは、大正時代末から昭和時代に渡辺九一郎さん宛にだした直良さんの手紙類の複写を、渡辺さんが一昨年一一月に許可されたことである。

それまでに直良さんから私がもらった手紙や、私が収集していた直良さんの書いた手紙の複写があり、さらに一九八五年一一月に直良さんが亡くなったあと、長男の博人さんから寄贈された直良さん関係の資料の中に混ざっていた他の方々から直良さんに宛てた手紙類も私の手元にあった。これらの手紙類も、貴重と言えば貴重な資料であったので、いつの日にか印刷に付したい、と私は思っていた。しかし、直良さんの生の姿を伝えるにはそれらの材料だけでは明らかに不十分であった。というよりも、若い日に渡辺さんに宛てて書いた手紙がたくさんのこっていることを知っていたので、それらを加えて初めて一書の体裁をなすものと私は考えていたからである。

直良さんについて書いた本は次のようにすでに何冊もある。

1 『小田原考古学研究会会報』第五号、直良信夫先生古稀・退職記念号、直良信夫・赤星直忠・浅田芳朗・芹沢長介・滝口宏・藤森栄一・洞富雄執筆、一九七二年

2 高橋徹『明石原人の発見－聞き書き・直良信夫伝』朝日新聞社、一九七七年。再刊、教養文庫、社会思想社、一九八四年

3 『小田原考古学研究会会報』第九号、直良信夫先生喜寿記念号、直良信夫・八幡一郎・渡辺九一郎執筆、一九八〇年

4　直良信夫『学問への情熱』佼成出版社、一九八一年。再刊、同時代ライブラリー、岩波書店、一九九五年

5　『古代』第八二号、直良信夫先生追悼号、滝口宏・春成秀爾・杉山博久・江坂輝彌・芹沢長介・椚国男・西村正衛・桜井清彦・前沢輝政・金子浩昌・杉山荘平・石井則孝・吉川国男執筆、一九八六年

6　杉山博久『直良信夫と考古学研究』吉川弘文館、一九九〇年

7　春成秀爾『「明石原人」とは何であったか』ＮＨＫブックス、日本放送出版協会、一九九四年

8　直良三樹子『見果てぬ夢「明石原人」』時事通信社、一九九五年。再刊、角川文庫ソフィア、一九九九年

9　金子浩昌『金子浩昌著作目録』金子浩昌著作目録を刊行する会、一九九九年。

2は、朝日新聞社の記者であった高橋徹さんが直良さんから聞いた話を整理してつづった直良さんの伝記のスタンダード。4は、高橋さんの本とそれを書くときの録音テープを活用し、さらに春成が資料を提供してフリーライターの渡辺誠さんが書いた草稿に春成が修正と加筆をおこない、それを直良さんが手直しして完成したもの。6は、直良さんの明石時代の考古学研究を四テーマに分けて解説したもの。7は、「明石原人」を主題にして直良さんと他の学者による研究等の歴史を時代背景をとりあげながら叙述した学史。8は、直良さんの娘、美恵子さんからみた直良家の歴史を描いたもの。9は、直良さんの教え子であった金子浩昌さんが早稲田大学での直良さんの学生教育についてふれている。

また、直良さんの明石時代を中心とする研究業績は、私が編集した左記の論文集等にほぼ完全に収録し、解説を加えてある。

1　『日本旧石器人の探求』人類史叢書2、六興出版、一九八五年

2　『大歳山遺跡の研究』真陽社、一九八七年

3　『近畿古代文化論考』木耳社、一九九一年

4　『日本および東アジアの化石鹿』直良信夫論文集刊行会、一九九七年
5　「日本新石器時代貝塚産貝類の研究」『動物考古学』第一二号、動物考古学研究会、一九九九年

したがって、直良さんの書いた手紙・日記、直良さんの自著の序文・あとがき、他の研究者からみた直良さんの一面を書いた記事等を集めた本書を加えることによって、直良さんの人間・学問の全体像を、いっそう詳しくうかがうことが可能になった、と思う。その意味では、本書は「直良学」の資料集であるとともにその入門書である。また、直良さんを一国民としてみるならば、本書は激動の大正・昭和時代を一生懸命生きた一人の庶民の社会史である。二〇〇〇年を迎えた現在、一九〇〇年代とはどのような時代であったかをみる際の一つの資料にもなるといえよう。

本書を編むにあたって、江坂輝彌、小林麗子（小林行雄さんの奥さん）、桜井清彦、芹沢長介、高橋徹、藤原英司、直良三樹子さんたちは、すでに書いておられた印刷物からの転載を許して下さった。今里幾次、江坂輝彌、芹沢長介、高橋徹、藤森英二（藤森栄一さんのオイ）の皆さんは、直良さんからの手紙を新たに提供して下さった。読みづらい大量の資料を苦心して読みパソコンに入力して原稿を完成する作業にあたったのは尾崎幸恵さんである。手紙等の資料を何十年ものこされた多くの方々に対しても、深く感謝の気持ちをあらわしたい。

二〇〇〇年一月一〇日

編者

日本産狼の研究（1965年）……304
狩猟（1968年）……310
私の好きな場所（1968年）……312
日本および東アジア発見の馬歯・馬骨（1970年）……321
野生動物観察記（1971年）……326
秩父多摩丹沢（1972年）……337
古代遺跡発掘の脊椎動物遺体（1972年）……338
釣針（1976年）……349
峠と人生（1976年）……350
科学随想 山陰 風土と生活（1976年）……352
山陰　風土と生活（1979年）……371
出雲から（1980年）……372
学問への情熱（1981年）……380

直良博人

日記（1945年5月25日）……222
医学のための基礎を（1954年）……275

直良三樹子

封印された父の夢を追って（1996年）……403

長谷部言人

明石市付近西八木最新世前期堆積出土人類腰骨（石膏型）の原始性に就いて（1948年）……239

春成秀爾

故直良信夫博士と山陰（1985年）……395

藤森栄一

旧石器時代の狩人（1965年）……230
直良さん 古稀なんていわないで（1972年）……331

八幡一郎

ナチュラリスト直良博士（1980年）……375

読売ウィークリー

糞学（1951年）……260

渡辺九一郎

思い出（1979年）……108
お別れ（1985年）……133

満州帝国吉林省顧郷屯第一回発掘物研究報文（1934年）……173
日本の最新世と人類発達史（1936年）……174
満州帝国吉林省顧郷屯発掘ノ古生人類遺品（1936年）……176
史前日本人の食糧文化（1938年）……178
大きな足跡を遺された徳永重康博士（1940年）……181
日本産獣類雑話（1941年）……186
古代の漁猟（1941年）……191
新刊紹介 森本六爾『日本農耕文化の起源』（1941年）……192
日記（1941年12月31日）……195
日記（1942年2月14日）……196
日記（1942年4月18日）……198
子供の歳時記（1942年）……200
古代日本人の生活（1942年）……202
考古秋想（1942年）……204
近畿古代文化叢考（1943年）……206
蝙蝠日記（1943年）……208
上代日本人の生活（1944年）……211
日本哺乳動物史（1944年）……214
日記（1945年8月15日）……218
古代日本人の食生活（1946年）……229
秋ー科学随筆ー（1946年）……231
三光鳥の鳴く朝（1946年）……235
モズの生活（1947年）……236
地球と生物の生いたちー化石の話ー（1948年）……243
野外手帖　秋（1948年）……246
春－科学随筆－（1949年）……250
動物の歴史（1950年）……257
子どもは土の子 しぜんの子（1951年）……265
きものの歴史（1953年）……268
日本旧石器時代の研究（1954年）……272
日本古代農業発達史（1956年）……279
日本の誕生－原始カオス期の歴史－（1960年）……289
峰路－その古えを尋ねて－（1961年）……293
釣針の話（1961年）……298

序文またはあとがき、日記その他

頁

江坂輝弥

直良信夫先生を偲んで（1986年）……398

神戸新聞明石総局

聞き書き　あかし昔がたり（1979年）……367

小林行雄

女王国の出現（1967年）……309

研究をはじめた頃（1978年）……362

わが心の自叙伝　2（1982年）……382

桜井清彦

直良先生の文章（1986年）……402

鹿間時夫

骨学（1950年）……255

芹沢長介

直良先生と旧石器研究（1972年）……334

高橋　徹

明石原人の発見――聞き書き・直良信夫伝（1972年）……356

直良　音

近況（1951年）……126

直良信夫

目黒の上高地に於ける先史人類遺跡遺物及文化の化学的考察（1923年）……10

直良石器時代文化研究所開設あいさつ（1925年）……12

播磨国明石郡垂水村山田大歳山遺跡の研究（1926年）……20

姫路から明石へ（1979年）……116

明石の浦（1961年）……119

松前の昆布売り（1947年）……124

松帆の浦（1973年）……125

私の生い立ち（1965年）……127

歴史と私（1982年）……129

王子の狐（1975年）……130

つらぬいた勉強好き（1953年）……132

播磨国西八木海岸洪積層中発見の人類遺品（1931年）……161, 167

日記（1932年４月１日）……172

直良さんの著書の紹介文など

索　　引

直良さんが書いた手紙

直良さんがもらった手紙

直良さんの明石時代――手紙で綴る――

2000年10月10日発行

編　者　春成　秀爾
　　　　直良信夫論文集刊行会
　　　　〒285-0005　千葉県佐倉市宮前2－10－3
発行者　八木　環一
発行所　有限会社　六一書房
　　　　〒101-0051　東京都千代田区神田神保町3-17-11
　　　　　　　　　　一ツ橋KIビル1階
電　話　03（3262）3889　FAX 03（5276）0136
URL　http://www.book61.co.jp/
組　版　野ばら社
印　刷　㈲エム企画印刷

ISBN4-947743-08-5　C3021